蒙古史與多語文獻研究叢書　　烏雲畢力格 ／ 主編

轂原先生奏議

[明]蘇祐 ／ 撰　張閌 ／ 整理

上海古籍出版社

國家社會科學基金冷門絶學研究專項學術團隊項目“明代西域多語種文本與國内民族交流史研究”(21VJXT017)階段性成果

中國人民大學科學研究基金項目團隊培育計劃(23XNQT10)結項成果

中國人民大學國學院跨學科實踐課程《明清文史史料學》建設成果

目　録

點校説明

《穀原先生奏議》，明朝蘇祐撰。蘇祐（1492—1571），字允吉，號舜澤，晚年更號穀原，濮州人（位於今河南省濮陽市），明朝中期著名政治家、軍事家、文學家。嘉靖五年（1526）進士，初授吴縣知縣，補東鹿縣知縣，歷任廣東道試監察御史，實授本道監察御史，巡按直隸監察御史，江西按察司提學副使，山西布政使司右參政，大理寺右少卿，都察院右僉都御史，保定巡撫，山西巡撫，都察院右副都御史，刑部右侍郎改兵部右侍郎，陞兵部左侍郎。嘉靖二十九年（1550）六月十八日，以原職兼都察院右僉都御史，奉敕暫行宣大總督事。嘉靖三十二年進右都御史，陞兵部尚書。致仕。

本書是蘇祐於明世宗嘉靖年間歷任巡按直隸監察御史、保定巡撫、山西巡撫、宣大總督時奏議的彙編，係其門人李汝寬於明嘉靖三十七年（1558）任大名府清豐縣知縣期間匯集、整理並刊刻的，有四卷本《穀原奏議》和十二卷本《穀原先生奏議》兩種版本。四卷本内容包括王廷撰《穀原先生奏議序》、《穀原奏議》卷之一至卷之四，及附録《爲辯明節討兵糧部臣措吝不發乞賜查明以保全孤忠生命事》。其中，正文部分的《穀原奏議》四卷包括《巡按疏草》《巡撫疏草》和《督府疏草》，共收入蘇祐的奏議四十篇。該版本十分稀見，不見於明清時期主要目録學著作，現收藏於湖北省圖書館。2009 年，全國圖書館文獻縮微複製中心將其納入“中國文獻珍本叢書”影印出版。2023 年，上海古籍出版社出版的河南省濮陽市博物館研究館員王義印點校《蘇祐集》收録相關内容時，亦選用此版本。

十二卷本包括正文《巡按疏議》一卷、《巡撫疏議》四卷和《督府疏議》七卷，附録《爲辯明節討兵糧部臣掯吝不發乞賜查明以保全孤忠生命事》和李汝寬撰《穀原先生奏議跋》。李汝寬在《穀原先生奏議跋》中對恩師蘇祐的功績進行了高度評價，並敘述了刊刻該書的緣由：“不肖自丁酉辱先生鑒知，師生骨肉之愛二十年于此，幸承乏隣封，因求是集刊之。”該版本信息見於明代目録學著作黄虞稷《千頃堂書目》、焦竑《國史經籍志》和朱睦㮮《萬卷堂書目》。清初，萬斯同在纂修四百一十六卷《明史稿》時，亦曾在《藝文志》中著録。然而，在其後王鴻緒三百一十卷《明史稿》及張廷玉三百三十二卷欽定《明史》中，均不再著録該書。這應是由於《穀原先生奏議》所記“皆邊境事”，特别是對明中葉蒙古的情況記載頗詳，故清廷在纂修《明史》時刻意予以迴避。正因如此，該版本的傳佈範圍極爲有限，曾收藏於國立北平圖書館（今中國國家圖書館），列入甲庫善本。抗日戰爭期間，爲保障珍貴文物、古籍的安全，國立北平圖書館將包括十二卷本《穀原先生奏議》在内的珍貴善本古籍南遷，輾轉運送到美國。抗日戰爭勝利後，該版本又轉運中國台灣地區，現收藏於台北圖書館。

四卷本和十二卷本的版式、字體均有明顯不同，可見並非因一次刊刻。四卷本的内容全部見於十二卷本，篇幅約爲十二卷本的四分之一，可以視爲十二卷本的節本。

嘉靖年間，明朝的北邊防禦體制日益敗壞，與蒙古諸部的關係日趨緊張，發生了包括大同兵變、庚戌之變、庚戌馬市在内的一系列具有深遠影響的重大事件。蘇祐既是這些事件的親歷者，又是當時地方上的主要決策者，其奏議詳細記載了宣府、大同、山西等地邊防佈置、敵情哨探、邊墻修築、邊關貿易、作戰情形、糧餉籌集、官兵獎懲等情況，具有極高的史料價值，是研究明朝北邊防禦體制和明蒙關係變遷的第一手資料。

然而，十二卷本收藏於台北圖書館，長期以來鮮爲人知，至今罕見學者利用。2013 年，中國國家圖書館影印出版《原國立北平圖書館甲庫善本叢書》1 000 册，其中第 220 册第 1—376 頁爲《穀原先生奏議》。遺憾的是，該本係依據早年拍攝的縮微膠片影印，許多頁面漫漶不清，難以閲讀。整理者在利用《原國立北平圖書館甲庫善本叢書》第 220 册的基礎上，又查閲了台北圖書館的高清掃描圖片，作了全文標點，并與四卷本《穀原奏議》進行了對勘。整理過程中，底本所用異體字、俗别字盡量改用規範字。底本刓缺、漫漶不辨之字，以缺字符“□”代替。如果改字，以圓括號（ ）括被改之字，以方括號［ ］括正字。補字放置於方括號［ ］内。期待該文獻整理成果，能夠爲明史相關領域的研究略盡綿薄之力。

因整理者學力有限，古籍整理經驗不足，疏誤之處在所難免，祈請各位讀者指正。

巡按疏議

叛逆軍士謀殺主將疏

嘉靖十二年十月初九日，准巡撫大同右僉都御史潘倣揭帖，爲總兵官員用刑過當，興工緊急，激變地方事。

職自到任以來，每見總兵官李瑾，比較誤事軍人，多用牛皮大鞭，赤身責打，致失衆心。累次勸止，不肯聽從。既又督發無馬官軍，各往地名孤店兒東西地方挑空壕塹，每日差人督併緊急，以此人心不堪，怨聲載道。嘗與副總兵官趙鎮盡言阻當，天氣將寒，相應暫且停止。議掣間，不意十月初六日，人心忿怒，三更聚衆，將總兵官衙門圍遶燒燬。李瑾又不合不行撫諭，用箭射傷軍人，以致愈加激怒，當將本官射打身死。比遣中軍官楊德，把總潘棟、張昇執持旗面前去招撫，及令總兵官趙鎮、游擊戴廉前去撫安，聊爾解散，尚各不安。會同左副總兵官趙鎮、户部郎中詹榮、分守冀北道右參議高登，參看得："總兵官李瑾行事乖方，致兹變故。其死乃所自取，固不足恤。但今代府殿下及諸宗室俱各危疑，各軍忿怒，原出有激。如蒙伏望皇上軫念邊方重鎮，曲賜寬宥，特降恩赦，姑免其罪，俾令各圖保全，另選相應官員充任總兵官，與職協同，專一撫安招集。"除具題外，等因到臣。本日又據南路參將劉江差千户楊傑報稱："代王於初八日到西城，陽和參將李璟等差夜不收徐和尚等報，初六日三更，大同城放砲，至初七日巳時方止。"各到臣。

臣伏思變雖成於激起，姦實本於玩生。大同地方再興變亂，良由驕軍悍卒，蔑視朝廷，干絶違天，動逞脅制，法徒羈縻，略存紀綱，恩屢布宣，益見姑息。據齎揭帖舍人口報：“巡撫衙門大門并卷房亦皆燒燬。”已後巡撫消息亦不可知。縱云變由總兵，亦既火延都院。由是觀之，則臺臣之重，已就迫驅；具題之詞，任其指畫。參照巡撫都御史潘倣，知人心之將變，不能弭消，致禍胎之既成，轉乞赦宥。事不得已，罪亦難辭。伏望皇上軫念大同一鎮，禍變再生，安危所關，綱紀所係，敕下廷臣集議，務俾計出萬全，罪人必得。庶國法昭明，人心帖服，斯宗社無疆之福。若夫持守故常，非臣之所知也。

謹題請旨。①

明大義以正人心以安社稷疏

頃者，大同之變，臣已具題，伏候敕旨外，本年十月十一日，代王自順聖川西城復報東來。義緣親王時遭姦變，議同總制、鎮巡等官，已於本日迎入鎮城彌陀寺方丈内暫居，本府亦具本差承奉吴聰齎奏外，本月十二日，准巡撫大同右僉都御史潘揭帖開稱：“前日作亂各犯，昏夜行兇，黎明解散。查訪不知姓名，止有無籍光棍軍民餘丁張林等數百人，夜間乘機吶喊搶奪，今幸招安平妥。”等因。是欲以乘機之人，而當逆惡之衆也。臣始而疑之，繼而駭之，終竊大懼。夫自逆軍構變之後，道路不通，差來人役，語言深隱。親王私出，曾無追探之人；母妃潛行，復據西城之報。今遽稱平妥，見之文移，撫臣威迫之詞，逆賊探聽之計，皆不可知。臣安敢不疑？聞之人者，皆云陽和按伏之兵，不俟將命，皆解散入城；沿邊駐牧之虜，儻乘危機，至大舉入寇。

① 《穀原奏議》無此四字。

軍不率令，其心叵測，虜更乘虚，其憂方大。臣安得不駭？

夫禮莫大於分，分莫大於名。名分者，朝廷之所以立紀綱者也；紀綱者，朝廷之所以振教化者也。總兵者，閫外專制；巡撫者，臺内重臣。今則殺總兵，無異犬豕；脅巡撫，無異臺輿。大義不明，人心不正。不曰苟全性命，則曰事宜招撫；不曰制御無謀，則曰變出倉卒。人臣之義，以死爲正。若律以國君守社稷之義，代王亦不可私出。顧以軍馬城池，原無干涉，變由内作，勢須暫移，母妃流離，尤可驚惻。親親之義，出自朝廷，臣不敢輕議。初聞圍殺總兵，作亂軍士止六七十人，各官聞變，不循牆而走，則閉門不出。人各爲心，士不用命，人心向背之機，邊鎮觀望之日。臣曰終竊大懼，是天下之憂也，豈臣之私計哉。語曰："明者睹未萌，況已著乎？"使賈誼復生，當不止於痛哭。忌器者，固難於投鼠；解腕者，亦止於傷蛇。事當權其重輕，勢當審其大小。意彼姦逆，多緣朝廷恩念宗室，故敢屢興惡逆。照得代王、母妃已皆在外，逆賊之筭已窮。臣愚之心，必當大行誅討，雖極天下之力亦可，何也？恐臃腫大潰，上延心腹故也。再照宣大總制、文武大臣，皆聖心簡在，邊鎮讋服，忠義素聞，謀勇嘗試者，合無專賜敕旨，俾相度機宜，極力進剿。仍望明頒詔諭，脅從必分，更戒濫刑，無及良善。臣雖至愚，亦努力從事，以紓朝廷之憂。臣知天赫斯怒，人情自順，脅從格心，羣逆授首不暇，豈能抗我王師哉！情出迫切，言獻狂瞽，不勝隕越待罪之至。唯聖明留神，儻合朝議，早賜施行，天下幸甚。

謹題請旨。[①]

①《穀原奏議》無此四字。

惡逆軍士復倡變亂殺死軍官鎖閉城門疏

嘉靖十二年十月二十六日，據兵部差來千户薛永、李椿，總制衙門差回旗牌官百户郭鎮、趙洪各口報稱：“前到大同鎮城，本月二十四日夜，東門内忽聽軍士吶喊，隨將遊擊趙綱、擺隊官張欽殺死。又將旗牌官郭鎮等追趕，幾被殺害，奔至帥府門前，遇有中軍官楊德率領軍士，奮勇打死賊軍一人。副總兵官趙鎮初仍閉門不出，後方輕裘緩至。楊德見事勢緊急，恐更成大患貽罪，欲行自刎，激以利害之言，趙鎮方取披軍士之甲，領兵追殺二名，擒獲二名。次日，巡撫大同右僉都御史潘倣在帥府内坐左，朱振坐右，趙鎮、戴廉分坐左右，各聽朱振發放指揮，而各官一人不能使令，東門鎖閉不開，各從北門出回。”等語。臣惟朝廷恩威，本自分明，各官惑脅，不能申諭。今大兵已進，平亂有期。撫鎮等官另行議請外，參照先任總兵官今閑住朱振，向受逆軍之推戴，已干謀上之嫌；今脅巡撫而指揮，不無廢閒之望。責以《春秋》無將之義，是豈靖共有道之臣。人心不明，故敢稱亂。巡撫不察，方以爲能。是朱振者，法所難逃者也。伏望陛下急賜敕旨，將朱振先行議處，以勵人心。天下幸甚，邊鎮幸甚。

謹題請旨。[1]

叛逆軍士據城阻兵姦惡畏罪自毒身死疏

嘉靖十二年十月二十八日，據提督等官郤永等差夜不收各報稱：“兵臨大同城下，逆軍乘城放砲阻抗，兵馬未能遽入。”等因。本日復據分守大同東路地方左參將李璟呈：“據陽和、高山二衛巡捕指揮曹鎮、卜隆呈，據已死舊任總兵官朱振家人朱福

---

① 《毅原奏議》無此四字。

供，本年十[1]月二十五日，蒙總制衙門差閒住参將李蓁請福家主，二十七日至陽和城相見，稱説大同無事，請兵馬入城撫安不妨。”等語。出來投尋千户徐江家住歇，未時分聽聞大同軍士放砲吶喊，不放兵馬，又兼見獲逆軍王弓兒供攀朱振造意主謀，圍殺李總兵，自知情罪難掩，將福身邊帶來信毒要去，本夜服喫，三更身死。等因。各到臣。照得，朱振罪狀臣已具題外，再照大同逆軍不遵赦令，雖有前日解稱首惡之人，未委真正，即援先年姑息了事之例，屢止兵馬，是生殺不由於朝廷，而進止皆從於惡逆也。人心之壞，一至於此；事機之大，尤在於斯。伏望乞敕户、兵二部，先議處兵糧，以需後報緩急。臣前謂雖極天下之力，亦可計也。瑣瀆宸嚴，臣愚不勝惶悚之至。

謹題請旨。

決誅討以勵衆心明誣惑以裨聖斷疏

臣惟賊軍叛逆，關係匪輕。仰賴皇上赫然震怒，命將出師，廷議允協，大行征討，天下幸甚。然猶念及無辜，脅從必分，則神武不殺，仁義並用也。大兵西來，再踰旬日。然堅城山立，未收即勝之功；皇威天臨，猶阻怙終之賊。雖釜魚不免於烹膾，暫爾優游；恐市虎屢報於姦欺，將成疑惑。事機之會，豈可再失。臣待罪監察，叨司紀驗，敢冒昧先爲陛下陳之。儻意有扶同，事涉欺枉，天鑒在上，臣安所逃罪，惟陛下察之。竊惟大兵未發，總制、提督等官先屢申諭朝廷恩威，及繼至陽和，猶按兵遲緩，聽其自處。恐兵一入，玉石俱焚，致孤陛下好生之德也。後兵馬之入，欲將獲解之人并有名餘（儻）［黨］，明正典刑於首惡之地，以勵人心，以正國法。不意撫鎮諸臣終被惑脅，不能宣諭，

① 《穀原奏議》第 23-24 頁空白。

屢止兵馬不敢從者，恐損陛下無敵之威也。今者不曰激變地方，則曰貪邀功次。聖明在上，豈容是非淆亂一至此乎？且兵未至城三十里外，即聞城上鎗砲之聲；及至城下，關厢之人皆驅之入城，同爲抗兵之衆。提督總兵官郤永方按轡而入，猶不虞其敢爲惡逆也，致將報效遊擊曹安火砲打死，并殺傷官軍，幾覆大衆，則變反自外生耶？若夫脅從良善，朝廷明白宥免，提兵馬將領乃敢不分而并殺之，違犯之罪，將無所逃。況與上功首虜有間，又何功可貪之有？撫鎮之臣苟全性命，甘爲媚悦之計，不顧國體；傳聞之人不審理勢，輒惑巧飭之詞，輕議軍機。幸賴陛下明見萬里，剛破羣疑，禁兵復來，内帑大至，有以仰見陛下天錫[①]虜智，逆賊不足平矣。竊念逆軍戕殺主將，阻抗王師，誘通虜酋，姦汙良善，無所不至。所以不即殺害撫鎮等官，不及掠劫倉庫財物者，猶欲誑惑朝廷，退掣兵馬，以成脅制之權，借支月銀月糧，不行做工殺賊，凡事自由如前日耳。寧使權不在上，不使權不在下，則萬段逆賊，可勝誅哉。照得先年之變，兵至陽和，一聞抗阻，遽爾班師，日長月化，禍變未已。誤國之臣，猶當追究；倖免之詞，更望審察。審料逆賊之勢，已就窮蹙；忠憤之人，各效謀勇。伏望皇上大奮乾剛，少假時日，則終收奏凱之捷，而大正觀望之心矣。

謹題請旨。[②]

逆賊招誘虜寇大舉攻圍官軍疏

嘉靖十三年正月十八日，據提督總兵官郤永差旗牌官口報：“十七日，達賊約有五千餘騎在大同城西北劄營，一千餘騎到城

① 《穀原奏議》作“賜”。
② 《穀原奏議》無此四字。

西衝突。遊擊王鎮圍城官軍至晚回還，城上逆賊立看，不放鎗炮。”等因。本月二十日，復據提督郤永、總兵官魯剛差百户王達等報稱：“十九日，虜賊大營進入約有五萬餘騎，衝圍官軍。大同城内逆賊約有三千餘人，亦突出夾攻，將王鎮人馬衝開，殺傷官軍，一時查考不出，至晚收聚人馬，南北二關厢團住。”等因。各到臣。除失誤等項查訪的實另行具奏外，竊惟賊軍叛逆，罪惡滔天，招誘虜夷，屢有聲息，參照提督總兵郤永、總制侍郎劉源清等專閫外之寄，失先事之圖，乃延引日時，欲坐收克捷，不能早平禍亂，更致滋長逆姦，罪將何辭。今大虜猶未解散，雖地凍草枯，勢難持久，恐更出壘入，計當預防，顧臨敵有易將之嫌，姑使過責收功於後。伏望敕下該部查照先議，仍遣文武大臣各一員，大發兵糧，星夜前來應援，會同提督、總制等官相機戰守，仍乞敕下切責郤永、劉源清等，俾戴罪殺賊，奮心自贖，地方幸甚。

謹題請旨。

内應斬獻首惡疏

嘉靖十三年二月二十二日，據委官都指揮宋贇報稱：“本日三更時候，大同城内馬昇、葉大洪、邢通事、劉通事、高通事，并在獄脱逃楊名、劉天相，俱各斬首，獻出其王安兒并未盡餘黨。待至天明，陸續斬報。”等因。到臣。本月十四日，先據大同城鎮撫王寧齎到城中各該官員并師生鄉官執結保稱：“黄鎮等七人不是首惡，王寧因前稟説城中人不敢不具保狀。見勢不解，郎中詹榮與寧并游擊戴廉、都司紀振亦要拏斬首惡，但未得便，今乘齎執結稟知議處。”等情。臣隨宜以印批廻，與之密諭遣送。又以臣先審出王弓兒原招無干王道并伊父王賢、陳鉞同至城下省諭。去後，本日至聚落堡，巡撫都御史樊繼祖亦遣諭使還。十六日，總制侍郎劉源清、提督總兵官郤永給與印信，内應密票入城。至十八日，户部郎中詹榮自北城出見軍門，密稟馬昇等欲内應斬捕首惡，恐自不免，猶豫未決。侍郎劉源清遂與提督郤永、兵部主事楚書、工部員外郎李文芝議同，更以印信手字厚賞票帖給照而入。十九日，城中師生復請西門講説主事楚書隨與副總兵梁震奮義，單騎入城，大諭朝廷恩威并逆順禍福而出。黨與方順而首惡孤，乃内應謀成，俘馘以獻。照得，鎮城逆命，久勤王師，窮蹙格心，始爲内應，其厪陛下宵旰之憂久矣。除效力運謀各官并候報斬獲首惡與入城平定事宜另行具題外，謹題知。

請地方辯功罪乞刑賞以昭勸懲疏

照得，大同之變節經具題，荷蒙皇上大彰天討，用全紀綱，殲厥渠魁，脅從罔治，地方平靖，本無大難。但受命進勦者，動止鮮中機宜；稔惡不悛者，迫脅因爲口實。然天威不能以久抗，而人心終至於自明。逆賊脅黨，勢孤力窮，内變將生，外謀始應，延及四月，斬獻渠魁。仰賴陛下好生之心，格於上下，除殘之師，不至濫刑，地方幸甚，生靈幸甚。其二月二十二日并陸續捕斬及先未獲今亦斬首王安兒、周璽共二十六名，是皆殺害總兵、迫脅良善、勾引胡寇、迎敵官軍首惡元兇，驗各真正，除造册另行具奏，其圍城内外效力運謀各該官員功罪可辯疑似未明者，臣查訪的實，謹爲陛下備陳，伏候刑賞，以勵人心。

照得，總制兵部侍郎張瓚先督糧餉，績著勤勞，繼總戎兵，謀協機會，慰人心於初定，允孚先聲；解王師於久勞，實安重鎮。提督總兵官郤永久膺大寄，幸與衆謀，乃掠發縱之功，罪難績掩；報具奏捷之疏，事因人成。革任總制侍郎劉源清，心實義激，而久無成效，已彰罰於休問；身極事勞，而晚克授謀，足補失於既往。給票可證，而不肯言功；聞報以還，而猶爲知義。巡撫大同右僉都御史樊繼祖，會謀以靖地方，心良勤苦；入城而安反側，機更周宜。巡撫宣府左僉都御史韓邦奇，調度而應援多勞，處給而供億不乏。户部郎中詹榮、遊擊戴廉、都指揮紀振、鎮撫王寧，困圍城而不忘報國，心在乘時；斬首惡而用全鎮城，功先内應。若詹榮、戴廉，當事勢之危險，極籌畫之周詳，首出訏謀，尤可嘉尚。指揮使馬昇、指揮僉事楊麟受逆軍之推戴防守，罪固難辭；斬首惡而悔罪效忠，功亦可録。兵部主事楚書、工部員外郎李文芝、副總兵梁震，授密計於北廠，與有籌謀；示大信於西門，能審機勢。其脅從之黨不固，斬捕之功可成，則楚書、梁震入城之功，尤爲懋著，實内應外授之計，固已應符。户部主事李琪、王養正、劉繼禄，郎中陳璣、主事陳价，軍需充足，均勤力於度支。山西布政司右布政使曹蘭、按察司副使陳毓賢、僉事劉耕，刑賦瑣煩，各勞心於處辦。應州知州郭從道、廣靈縣知縣公志真，大同府通判宋光、郭時敘，宣府通判侯寧、蔚州知州王師古、委官都指揮宋贇，是皆分佈召買，運送出納，與有勤勞而可録者也。

但照先任巡撫都御史今革任潘倣、先任僉事今革任孫允中，已經各該衙門參劾外，然而倉皇討赦，雖循舊例，而亦出迫驅，委曲忍生，尚安宗室，而捕解首惡，身已離任，辯明者衆，而公出羣情，謀曾與聞，窺探者多，而怯緣孤跡，此則倣在圍城之心迹也。聞初變，在外而還，多著捕獲之績；當再變，縋城而下，尚懷撫戢之圖。但言涉内嫌，遂見疑於聚落，致身不能入，乃伏處於懷仁，此則允中出圍城之始末也。參照副總兵官趙鎮，有兵戎之寄，徒身家之謀，雖隨人而捕賊，難贖罪於坐視殺人；及知人之效忠，更疑阻而幾敗成事。以至各該衙門掌印軍政中軍坐營千把總管貼隊等官，世受國恩，忍辱待死，心惟家計，禄養何爲，備數不下千員，論法俱屬有罪。伏望陛下敕下該部查照欽定賞格，將有功官員議擬陞賞，有罪官員亦即議處定奪，庶大法昭明，而人心允服矣。

謹題請旨。

兇逆叛軍戕殺主將稔惡謀叛等疏

行據山西按察司分巡口北二道副使陳毓賢、僉事劉耕各呈，會問得："犯人王弓兒即王寶，招係大同後衛後所軍，在本城騎操，有寶因會弓匠，時常與先未死間住總兵官朱振脩弓。嘉靖十二年五月内，有鎮守大同已殺死總兵官李瑾點寶馬瘦，重責四十棍。本年七月内秋季分，輪該監故首惡季當兒即吉党、王進禄前往地名黄土坡墩哨備。各軍下班，多在朱振宅内答應。吉党私逃下墩，李瑾訪拏，重打三十纏腰，二十順腿。吉党回墩，與王進禄商説，李總兵酷刑，幾時得便，將他殺害了。王進禄依聽在官首惡張斌、王宣，并先未到打死千户吴忠、軍伴張天禄、軍人王進禄、小賈兒即賈彪、黄大頭即范大頭、段禄、謝雄、張璽、劉小三、狄文漢、小劉子、黄見、韓欽、張石匠、邵保、李璽、徐直、監故王章、小趙兒即趙清、靳木匠即靳宣、陳五即陳鉞，柴茂、賈鐸、王雄、徐文全、趙世禄、胡鋭、李秃子、王原、柳買買、張玉，并已獲脱獄今擒斬首惡劉天相各因誤事等項，節蒙李瑾弔打，懷恨。本月二十六日，寶與朱振脩完舊弓一張，去送向朱振，告稱李總兵刑重難受。朱振誘説是我也受不得，若他下去，我還做幾年好總兵，看顧你們。又説他是你老子不成等語。寶聽記在心。

十月初一日，吉党、王進禄班滿回城。初六日，游擊戴廉請李瑾去伊宅飲酒。吉党聽事跟臺茶盒，比本城官軍關到本月分糧銀分畢，各買酒聚飲間，本夜一更五點，李瑾散回伊宅，傳令四更吹號，下班軍五更出城脩邊。衆軍聞知發怒，吉党在大門外直房上宿，王進禄尋到直房商説，日前黄土坡話，今日幹了罷。糾同張斌，各亦不合依從，各披執盔甲、弓箭、鎗刀、骨朶，添糾張添禄、吴忠、范大頭、狄文漢、趙清到彼共謀，令王進禄等用小車搬載安樂廟荒草。衆因人少，逼令坐鋪不知名姓四五人隨行助聲吶喊。三更時分，同到李瑾門首，用草發火燒門。李瑾聽知，因常時有聲息，在宅放砲齊軍。當時放大砲三箇，候救不至，同伊已殺死弟李四各披執，上房拒敵。賓在家聞砲出門，見李瑾宅火發，思起朱振前言，幸便不合謀令賈彪、段禄、謝雄、張璽、劉小三、小劉子、黄見、韓欽、張石匠、邵賓、李璽、徐直、王章、靳宣、柴茂、賈鐸、王雄、徐文全、趙世禄、胡鋭、李秃子、王原、柳買買、張玉、劉天相及脅同監故李鉞、曹秀、崇謙等，擁衆進李瑾宅内，向房上將李瑾、李四圍攻，吶喊射打。戴廉聞砲，單騎來阻，衆軍不從，拖送伊家。王進禄、陳鉞等騎馬沿街吆叫，殺了李總兵，少死的還不起身，脅衆助惡。狄文漢、李秃子等又將都察院大門卷房燒毀，衣服等件盡行搶訖。衆兇益聚，急攻李瑾。有戴廉復來，衆軍怒説連你也要殺了。戴廉復回。至初七日辰時，李瑾力弱，賓又不合將李瑾射中一箭，趙清用瓦打斷弓弦，范大頭用鐵鍒鈎將李瑾鈎扯下房，賓與胡鋭、賈彪、王章等衆刀砍爛身死。李四惶懼跑走，衆軍赶上，殺死，賓又不合與徐文全、趙清、吴忠并監故牛端公即牛廷璽，故違支解人爲首監故者將財産斷付被殺之家，妻子流二千里，仍剉碎死尸梟首示衆事例，賓與徐文全、趙清將李瑾開膛支解，吴忠抽腸纏項，牛廷璽剜眼摘膽，各將衣服家資混搶。又糾添已獲脱獄今擒斬首楊名，監故董全、員恭、員福、李堂、郭鉞、張友直、陳伏貴、梁仁卿、侯江、白客、李花、晉選、劉奉、賈鉞、張彦成、賈真、王太平、左茂、趙見、席彦深、孫玘、解敖、張璽、杜杲、劉紀、曹秀、王原、楊回子即楊海、楊鞍子助惡，沿街吶喊，驚疑人心，又到廣聚等店搶奪貨物。

本日，潘都御史被各軍迫脅，具本討赦，題行該部，覆奉欽依敕行劉總制并卻提督進剿首惡，并降黄榜曉諭，除首惡不宥，其餘脇從許令解散，悉從宥免。有能擒獲首惡送官，一體論功陞賞。

未到，初八日已死光棍張林、王五子、滿川、李杲、陳敖、劉敖、董元、吉五斤、鄧良良、李胡、張安、劉伏、袁畢、王江、郭春、龐名、賀成、張紳、陳大玘、趙世全、張鐸、司成、李璽、任友、曹鉞、李清等各就乘機吶喊，俱到大同縣預備倉，打開廒，混搶官糧，并將府縣重輕囚犯打開監門，劫放脱走。當蒙潘都御史督令副總兵趙鎮等，將王進禄、徐直并張林等二十六名捉獲，責打枷號各死。初十日，張玉懼罪，棄原搶盔甲，走投馬邑縣。未到，户丁張文處詐討軍錢，隱住二十日。蒙分巡冀北道孫僉事出巡回城，會蒙都堂督令趙鎮、戴廉差在官把總指揮王賢等將寶等二十一名捉獲審實，吴忠、狄文漢、段禄、謝雄、張璽、劉小三、小劉子、賈彪、黄見、韓欽、張石匠、范大頭各杖八十，邵保自刎，俱死。寶與王章、徐文全、靳宣、趙清、吉党、牛廷璽、王雄俱蒙孫僉事押解總制軍門。寶等恨王賢等拏獲，又不合妄供王賢已省放男王大官人即王道，并已省放許宗堯、刑仲安同殺李總兵等情俱送，蒙巡按蘇御史監候。二十四日，蒙都堂又督官軍麻勇等，將張斌、陳鉞、楊名、董金、員恭、員福、李堂、楊海、郭鉞、張文真、陳伏貴、梁仁卿、侯江、白榮、李世榮、晉選、劉奉、賈鉞、張彦成捉解軍門，送分巡口北、冀北二道劉僉事、孫僉事帶同宋通判、公知縣，各取□詞間，寶將朱振誘言前情招説。蒙劉總制轉送蘇御史，會同劉僉事、孫僉事復審相同。本日，總制提督差遊擊趙綱并陣亡報效革任遊擊曹安領官軍三百員名進城，訪擒有名首惡賈鐸、張璽、崇謙等，又脇逼衆軍沿街吶喊，將管隊百户張欽殺死。又蒙都堂將賈鐸、張璽、崇謙、趙世禄并助惡搶劫杜杲、曹秀、王原、胡鋭、李禿子、賈真、王太、左茂、趙見、席彦深、劉玘、孫紀、解敖、楊鞍子、病故任仲祥并已省放楊彪婿張鉞、陳鉞家屬陳貫及許宗堯、邢仲安俱捉解至聚落堡迎，蒙孫僉事審得，許宗堯、邢仲安原拏首惡帶回釋放，止將賈鐸等解，蒙蘇御史監候。二十六日，卻提督統領各路官軍進至聚落堡，總制因寶説出朱振前情，寫書差革任參將李蓁取朱振，早赴軍門共事，以釋羣疑。朱振當日前來，柳買買、張天禄、柴茂、王宣知官兵將近，各逃出城。柳買買投楊老莊村，未到，不知情。餘丁張完、張天禄投孟家皁村，未到，不知情。范廣、柴茂改名朱寶、王宜改名朱宣前到應州北站村，投已省放不知情民段傑各家内隱情潛住。有已擒斬首惡把總千户曹璽軍王安兒、周璽、郭全、葉大洪、許章、盧拳、康五十八、洪政、鄒見、高朝用、常文珍、王世鳴、劉禄、徐甫、周遜、王太平、張朋、張天福并已打死宗淮、舒彪、馬浩、郭鋭、葛英、薛廷璽、王淮、小馬兒、李山兒、關友、李名、王月、劉玹、徐安六、張玉、趙君讓、衛錦、裴清、劉玘各知官兵近城，要行拒敵，俱到三皇廟，聚衆沿街訛傳大軍前來洗城，惑衆乘夜放砲吶喊。蒙都堂令趙鎮差千户賈鑑等遇宗淮等一十九名，打死王安兒等，到都司并南城樓，打開官庫，劫搶盔甲、鎗刀、弓箭，各叛披執。又到神機庫劫出火藥、大將軍佛朗機銃砲，般去城上及四門關厢各處裝擺。又將調到外城奇兵尖兒手赶殺，搶剥盔甲、刀箭散走。

二十七日辰時，朱振至陽和。本日巳時，提督兵至三十里鋪，聞城内砲響，傳令遼東遊擊武瀅從南門，延綏遊擊徐淮從西門，宣府副總兵張鎮從北門，提督自從東門進兵。王安兒、周璽并監故李通等脇衆架執各様火器、火車，出四門，抗拒官兵。張鎮攻奪北關草場并大將軍火車，武滢攻開南關，徐淮攻敗西門。叛軍各叛入城拒守。提督進東關，被城上用佛朗機射打，回却數里，復進入關。本夜，朱振在千户徐江家内，懼罪服原帶毒藥身死。在官家人朱福亦不合失覺。二十八日，王安兒、周壐、郭全、曹壐等倡衆，將大同府在監别卷先問斬罪今已擒斬首惡黄鎮劫出，令爲領軍頭兒。又脇今自首悔罪效忠革任中軍指揮馬昇、把總楊麟，各跟黄鎮調度守城。王安兒等又脇在官蕭激不合依從，與監故李鉞、甯文英、刁清、張九兒、朱小臘子、閻宣、董良臣、徐鉞、朱江、嚴廣擺城射打官軍，將各城門砌塞，止留東西門各一扇出敵。

十一月初三日，黄鎮、王安兒等謀差通事二三十人勾引達子來，裏應外合，殺退官軍。當令曹壐差已斬首邢通事、黄達子即任鉞、丁達子即丁清、盧拳、康五十八等并監故李彦、閻宣，於初四日五更，各帶段匹、煤炒等物，從西北、東北二城角弔下。約至初九、初十日，至黑山兒墩，取齊出境各走間，李彦、閻宣、張天禄俱被捉解蘇御史審實，監候。初六日未時，邢通事從境外還到野口門墩，向監故墩軍曹小春説，我去調達子，不肯來。當與曹小春虜中拏回鹿肉一塊，皮條、毛繩各一條，接收邢通事夜至城下弔入。

十一日辰時，達賊約有一千餘騎入境，來衝東關。黄鎮、王安兒并許章、盧拳、康五十八等瞭見賊至，打旗率衆從東門突出夾攻。郤提督急調武滢策應。因晚，達賊退去，叛軍入城，仍舊拒門擺城。十五日，黄鎮等疑，恐城内有人謀捉，要得嚇衆，將先年擒斬首惡獲功耿指揮、左指揮、鄭指揮等各家男婦盡行殺死，拆房搶財俱盡。二十四日，黄鎮、王安兒等令李鉞、刀清、張九兒、甯文英、朱小臘子下城，般近城房木燒用。三十日，令董良臣、徐鉞暗帶刀器下城探事，俱獲，解蘇御史監候。又令張滿川出城招人外應。續蒙蘇御史自大同左衛城提取王道來與竇面證，委將伊讎攀釋放。十二月初一日，郭全弔李江下城，帶銀買牛，在北草塲宰賣，打聽軍情。初二日，張玉改名姜恒，前到渾源州，盤獲，送軍門監故。初三日，黃鎮將已省放無目張愷姐夫劉山山皮襖與蕭激穿下城，尋張滿川，同訪外事。初五日夜，黃鎮等令監故高景月拏鐵銃一箇、鐵子三十箇、石子七十四箇、火藥一包，下城放銃，驚散擺圍官軍，當被捉解蘇御史監候。本夜，張愷買求西南角坐鋪人弔下。初十日，蕭激回往城，假背草賣打聽，遇同張愷，向火問軍馬薄厚。張愷撲扯，叫知官軍拏獲。十三日，柳買買與李江各復入城捉解蘇御史，審招監候。本月二十二日，蒙總制提督城下豎掛黃旗，招撫叛軍，首降給票免死，黃鎮、王安兒等稔惡不從，返行放砲，打傷豎旗官軍，又令洪政等率領衆出門搶旗入城。二十九日，曹小春回到城下，要行上城，被捉解蘇御史監候。本日夜，有高山衛原監劉天相、楊名越獄，蘇御史取問，官禁招詳，責限挨拏王章等陸續監故。

嘉靖十三年正月初四日，郭全、鄒見、高朝用、常文珍、王世鳴、劉禄、徐甫等率衆出西門，彼有已死趙鬍子即趙洪跪阻，當被殺訖。與出衝官軍連戰三日，被官軍殺敗，郭全等復走入城拒守。初七日，各叛將博四王府并致仕潘總兵民許宗堯等房木、衣糧、家活盡行拆搶。又拆總兵、遊擊官宅、府縣學、都司兩衛廊房木。又因把總、錢指揮等各家訪記逆軍姓名，當將家口殺死，房木、家財拆搶。黃鎮、王安兒等商説，如今兵厚，只可在内死守，將前東西二門砌塞，西門止留小洞。

本月十八日午時，任鉞等勾引達賊入境，前哨賊三四千騎來衝，王鎮、徐淮各營拒戰，突至城下，與逆軍答話，當晚賊退西門劄營。至十九日寅時，前項并後來虜賊共約四萬餘騎俱到西門。卻提督令王鎮、武滢、徐淮等單擺長圍。王安兒、曹壐等因見陣薄，與達賊乘機内外齊力夾攻，官軍腹背受敵，將武滢、王鎮等官軍殺傷數多，卻提督退走入關。二十等日，各關官軍固守，王安兒、曹璽等誘引達賊越至東關，叛軍前逼，達賊後射，連日急攻，官軍死戰拒守。二十二日，復攻東關，張鎮出兵，分勢靠牆排戰，達賊叛軍果捨東關來砍官軍。達賊又從東夾攻，張鎮等預備大砲、佛朗機，一時齊放，達賊多死，内將穿紅督戰賊酋一人打死落馬，衆賊扶救退去。兀喇一會攔住叛軍，打剥盔甲，奪去兵器，官軍乘便亂射，叛軍多死。至二十四日，虜退，與各叛約至二月半復來。比有已監故林惠、已斬首林通、董繼洪乘叛投跟外虜，行至中途，被賊趁赶回莊。慮恐鄰莊小石子墩哨備墩軍泄漏叛情，却又糾同已斬首陳欽、胡剛、任文舉、董彪、康仁亮并未獲張鉞、譚華、任文秀、蘇三、趙林、董海朋謀殺害墩軍六名及軍人賈洪妻小，被趙奉首報擒送總制提督軍門，將陳欽等七名斬首梟掛外。王安兒、曹璽等入城，與董鎮等仍舊擺城。二月初九日，已省放岳名撞遇柴茂、王宣，稟官拏解蘇御史審實監候。十一日，黄鎮等又令嚴廣下城打聽，捉赴總制軍門審實，與柴茂等節次監故。先總制親臨城下督勵各營填壕乞洞急攻，人心驚慌，欲令通事再引胡虜，外圍嚴謹，無便得出，各叛始懼。

戴遊擊、詹郎中、紀都司乘便與馬昇密謀内應，猶豫未決。至二月十一日，外圍益急，達賊不至，各叛益懼，逼令王寧遞各首惡保結，十三日下城，十四日見樊都御史并蘇御史。蒙各密諭内應及批迴遣還。十五日至城下，劉總制給與王寧鈞帖内應執照。十六日，王寧入城，同戴遊擊、詹郎中、紀都司，與馬昇等密謀拏各首惡内應。十八日，詹郎中下城，張鎮引見劉總制，謀同當與馬昇等印信免罪陞賞。鈞票卻提督亦從給與，縫在詹郎中衣内，復弔上城，與馬昇等約定。十九日，請楚主事到西門，梁副總兵因張總制密諭，一同入城，宣布朝廷恩信。官吏、師生、軍民人等沿路跪接叩頭乞生。次日，楚主事又同李員外入城諭撫。二十六等日，馬昇、楊麟密率官軍舍餘王寧、馬玉等，節將黄鎮、劉天相、楊名、郭全、葉大洪、曹璽、邢通事、任鉞、丁清、許章、盧拳、康五十八、洪政、鄒見、高朝用、常文珍、王世鳴、劉禄、徐甫、周遜、王太平、張朋、張天禄、張天福共二十四名擒斬首級，獻總制軍門并蘇御史紀驗訖，其餘脇從逆軍自行解散。二十一等日，蒙張總制、樊都堂、蘇御史、魯總兵、守巡冀北道曹布政、陳副使各進城撫定。閏二月初六日，蒙張總制會同樊都御史，論令馬昇等，將首惡王安兒、周璽亦各擒斬，地方始靖。

除將各營有功、陣亡、被傷等項另行委官查勘造册外，將竇等人卷發行分巡冀北、口北二道陳副使、劉僉事會勘，委大同府郭通判、宋通判，應州郭知州會問提竇等，連日研審，竇等謀殺總兵并各軍謀叛是實，將竇等解赴二道復審，招同取問罪犯。議得，王竇等所犯，王竇除謀殺本管長官，并違例罪名不坐外，合依支解人者律，凌遲處死。張斌、王宣俱爲從者律，蕭激依拒敵官兵，以謀叛已行論律，與張斌等各斬俱決不待時。朱福依不應得爲而爲之事理重者律，杖八十，有《大誥》減等，杖七十。係家人審無力的決，随住王竇等俱重刑牢固監候，會審轉詳待報處決。内王竇與已死徐文全、趙清、吴忠、牛廷璽，照例將財産斷付被殺之家，妻子流二千里，仍剉碎死屍梟首示衆。照出朱福該民紙一分，折穀四斗，發天城衛追收官倉備賑。王竇等家財産，委官查明，給付已死李瑾家屬收領，各取實收，領狀繳照。已死李璽等、監故張天禄等與毒死朱振各身屍，委官相埋。黄鎮等首級已經紀驗明白，另行造册繳報。馬昇、楊麟遵奉黄榜，擒斬首惡，一體論功陞賞。王竇等係死罪紙分，照例免追。其謀叛斬首黄鎮等妻妾子女，例應給付功臣之家爲奴，財産入官，父母、祖孫、兄弟不限籍之同異，皆流二千里安置，候另行追給入官。未獲張鉞、譚華、任文秀、蘇三、趙林、董海，行巡捕官兵訪拏，至日另行。餘無再照。”等因。備招連人呈解到臣。覆審無異，除將各犯仍發監候及未獲叛軍張鉞等六名行令挨拏外，臣看得王寶情罪固已合律，但張斌、王宣、蕭激謀殺總兵兄弟二命，輒回勾引胡虜拒敵，殺傷官軍數多，情犯極惡，比與常犯不同。若依前罪處決，恐失輕縱，無以警戒。合無將張斌、王宣、蕭激比照王寶事例俱押赴市曹，淩遲處死，仍將首級梟掛，曉諭示衆。其混搶倉糧并助惡打死及監故軍餘張林、杜杲等不究外，其謀叛已斬首黄鎮、楊名等二十六名并監故及打死吉党、張天禄、董全、林惠等情犯亦重，身雖已死，罪不容誅，妻妾、子女、父母、祖孫、兄弟仍查招情，依律施行，庶國法大彰，而人心痛快矣。再照自毒已死朱振，要君之罪已著之先年，幸變之心難掩於一死。其馬昇、楊麟係奉黄榜擒斬首惡，一體論功陞賞人數，伏乞皇上敕下該部再加查議明白，上請定奪。

臣未敢擅便，謹題請旨。

紀驗功次參劾將臣以勵人心疏

奉都察院勘合，爲追録官軍以激勸人心以圖後功事，備劄到臣。已經親詣大同城下審取各營將領斬首、陣亡官軍姓名文册，并不致隱匿漏報，執結覆勘相同，除造册另行具奏及總制侍郎劉源清已奉欽依革任外，今大同事變已寧，而兵馬已掣，其各該將臣功罪，臣得之查訪聞見者，證明事顯，歷可指陳，雖巧於彌縫，而終難掩飾。

參照提督總兵官卻永任叨主帥，命司三軍，險巧相資，剛愎自用，人言違拗，物議沸騰，處事而屢乖機宜，聞虜而責人多報，不察地勢，列長圍於城西，怒阻裨將之議，致我軍横罹死傷；不諳虜謀，縱輕騎出關外，首摧戰士之鋒，致虜酋大肆猖獗。乃奔馬而入，但乘屋以窺，連日攻圍東關，不遺一矢，不有參將葉宗、李彬、段堂死敵於内，副總兵張鎮、參將劉江、京營參將譚鉉、營千總張忠應援於外，則東關而不守，南關將不能獨存。及至虜賊已去，心膽喪落，卒議掣兵，不有都指揮宋贇行稟聚落，我兵一離，則兩關灰燼，軍棲無所，糧運無援，則賊心益驕，而大同將不可復有，濟貪飾詐，無所不爲，誤國失機，莫此爲甚。遼東遊擊武滢、宣府遊擊王鎮，地當鋭虜，勢受夾攻，已受命轅門，而死無所避，致殺傷軍士，而罪亦難辭。但奪關斬首之功，在武滢亦有可録；以寡敵衆之敗，在王鎮似有可原。及照宣府副總兵張鎮攻奪草場，面帶箭傷，亦與俘馘之議；陝西遊擊徐淮衝當虜騎，軍全營壘，先多斬首之功。東關之禦敵，葉宗、段堂、李彬之勇，皆爲可録。若夫奮激以義，而三軍效死，則宗爲尤著者也。東關之應援，張鎮、劉江、張忠之功，不言自見，若夫砲摧敵首，而羣醜漸還，則劉江、張忠亦當量加甄録者也。總兵官魯綱、副總兵李鳳鳴、都指揮杜煇，防賊禦虜，皆效勞於圍城，乞塹穴城，各犯難於矢石。京營參將譚鉉、趙卿、傅鐸、任鳳，宣府遊擊夏杲、大同副總兵蕭陞、遊擊趙綱、參將李璟各應援近城，而護防糧運。以上各營將官才雖不同，役俱已久，欲圖後效，以勵人心，敢僭歷陳，而煩聖覽。伏望陛下敕下該部通行查議奏請，將郤永亟賜罷黜，武滢、王鎮酌行議擬，張鎮等量加犒賞，庶罪無隱不彰，功無微不録，而人心自勵於刑賞之下矣。

謹題請旨。

除宿惡洗積疑以圖永安疏

據大同府呈抄，蒙巡撫大同右僉都御史樊繼祖案驗，准兵部咨，准刑部咨，節該本部議擬，合候命下，移咨兵部，作急轉行彼處撫按官員，將王福勝等三十三名即行查照原擬處決，其妻妾、子女、財産、父母、祖孫、兄弟不限籍之同異，各查勘明白，俱依擬施行，仍將王福勝等首級傳梟九鎮，及所犯招情并圖畫處決屍形通行榜示，以爲惡逆之戒。其白奴兒等四十一名，該部先編定衛分，并郭經等四十九名，俱轉行巡撫都御史緝捕。獲日，將郭經等審擬罪名，奏請處決，白奴兒等查照該部原定衛分，各發遣充軍。等因。題奉聖旨："依擬。欽此。"備呈到臣。

查得，原擬淩遲處死梟首重犯張進寶等一十一名，斬罪重犯張玉等一十七名陸續在監病故。會同巡撫大同右僉都御史樊繼祖於七月二十六日午時，將見監淩遲處死重犯王福勝、陳名、許淮，斬罪重犯穆通、屈文恭押赴市曹，各照原擬處決。及將張進寶等死屍，俱各斬首，大彰國威，人心稱快。將各首級并所犯招情圖畫處決屍形刊刻榜文，分送各鎮懸掛曉諭。及各犯妻妾、子女、財産、父母、祖孫、兄弟，查照原擬施行。其郭經、白奴兒等嚴行緝捕，獲日另行外，今將處決過各犯姓名開坐。

謹具題知。

巡撫畿内疏議卷之一

奉敕巡撫保定等府地方兼提督紫荆等關都察院右僉都御史臣蘇祐交代疏

臣前任大理寺右少卿，嘉靖二十四年三月二十四日，該吏部會同各部、都察院、通政使司等衙門會題爲缺官事。本月二十六日，奉聖旨：“蘇祐陞都察院右僉都御史、巡撫保定等府地方兼提督紫荆等關，寫敕與他，著上緊去。欽此。”欽遵。臣隨赴鴻臚寺報名，次日詣闕謝恩，四月初八日辭朝，欽奉敕諭一道，臣稽首拜領起程，至本月十八日前，到所屬真定府，與前巡撫都御史鄭重交代。臣接捧敕諭六道及達字三百五十號符驗一道、巡撫京畿關防一顆收用接管行事外，謹具題知。

周邊防以御虜患疏

據總理紫荆等關易州兵備副使陳爼、整飭井陘等處兵備副使王崇各呈稱：“會查得，倒馬關守備原管領真定衛守禦中千户所馬步旗軍八百三十五名，騎操馬一百一十匹；插箭嶺把總指揮原管領真定、定州二衛旗軍共三百名，騎征馬三十匹，俱各在彼常守。及查紫荆故關參將統領該前巡撫都御史劉隅、丁汝夔各奏留保定、真神等衛京操班軍各二千名，兑給馬各五百匹。浮圖峪守備管領本峪常守軍三百名，騎操馬一百匹，保定等衛守禦班官六百名。等因。爲照倒馬關改設參將，比與紫荆等關參將事體相同，亦應統領軍二千名，馬五百匹。除本關軍馬外，尚少軍一千一百六十五名，馬三百九十匹。本關守備移於插箭領駐劄，比照浮圖峪守備事體，亦該領常守軍三百名，馬一百匹，輪班守禦軍六百名，馬七十匹。合無將附近居民，或本關千户所操餘，揀選年力精壯者，顧募一千七百六十五名，乞爲奏請發銀，照依先年欽奉聖諭事例，每名給銀五兩，置辦軍裝，共該銀八千八百二十五兩，每軍月糧一石，每年計糧二萬一千一百八十石，給馬四百六十匹，俱應題請，行移户部，坐派徵運該關倉收貯。按月關支馬匹，行移兵部，就於真定府各州縣該解嘉靖二十四年秋季備用馬内，照數兑給。騎征料草自十月起，至次年三月止，每匹日支料三升，草一束，俱於易州管糧主事處支領餧養。其四月至九月下塲牧放，惟復將定州衛，或真神二衛京操班軍内存留，撥湊各官統領常守，以免召募銀兩之費，亦免加派月糧之需，尤爲便當。”等因到臣。

據此，查得接管卷内，先准兵部咨，該前巡撫都御史鄭重會題前事，兵部覆議倒馬關改設參將，而守備移於插箭嶺。但設參將，必須增添兵馬。前項議留班軍，擅難輕議。查將二處守備、把總原領官軍若干不足，若干或於各千户所選用，或將附近居民召募，務足二千名數，合用馬匹并募軍銀兩計筭停當具奏，再行酌處。等因。題奉聖旨：“准議行。欽此。”欽遵。備咨前來。已經通行各兵備道查議，去後，今據前因，臣會同巡按直隸監察御史裴紳、胡植、袁鳳鳴議照倒馬關所轄廣闊隘口不一，其插箭嶺吴王等口外鄰宣大，去冬虜寇突入侵犯，寔爲要害，所以議設參將，正以守護京畿。

夫將之所需在兵，而兵之所恃在馬，糧料草束又兵馬之所甚急，議處給發，誠不可緩。所據兵備副使陳俎等查過倒馬關、插箭嶺二處將領，共該增添軍一千七百六十五名，每名召募銀五兩，共銀八千八百二十五兩，月糧每年計二萬一千一百八十石，馬四百六十匹，并餧养料草，似應急處統領操練，以防不虞。伏望皇上軫念畿輔邊關重地，乞敕户、兵二部速爲議處，早發銀兩，召募近關居民壯丁，或本官千户所操餘，以充行伍。合用月糧料草，坐派徵運該倉收貯，按月關支。仍於真定府屬備用馬匹兑給騎征，使將有所統，卒有所恃，而緩急有賴矣。惟復或照紫荆故關参將事例，於定州、真神等衛京班軍内，照數存留與見在人馬，湊足統領，非惟省費召募之銀，抑且免增月糧之額。如此，庶軍馬足數，糧料有備，將領可以展布，關隘可以保障矣。

謹題請旨。

處置錢糧以濟急用以定成法疏

行據總理紫荆等關易州兵備副使陳爼、整飭井陘等處兵備副使王崇、整飭大名等處兵備副使喬瑞、整飭天津等處兵備副使朱鴻漸，各呈送查完保定等衛所，自嘉靖元年起至嘉靖二十四年止，已未解軍器數目緣由造册，呈報到臣。據此，查得，接管卷内，先准工部咨，該本部虞衡清吏司案，呈奉本部，送户科抄出山東道監察御史黄如桂題前事，該本部覆議内開，合候命下，通咨各該巡撫及咨都察院，轉行各該巡按御史，通自嘉靖元年爲始，保定撫按查勘應該何省何府造解軍器供應，要見某年有無收過某處或本色，或折色若干，本色堪用不堪用若干，折色造過某樣軍器若干，發用若干，存留若干，要見某年某官監造，某官管局，某官解運到京取有批迴若干，未解若干，未完若干，侵欺若干，見造若干，逐一查明，仍自嘉靖二十五年以後，比照雲南布政司事例，監收銀兩通解布政司。如直隸府分於本府各貯庫，各呈撫按議處；如原存留各邊者，咨行各鎮巡撫聽其要解本色，即行如法成造轉解；如願折色者，即與解發，以便成造；如該解京者，聽後彼中或近守、巡守、巡官監造，或近兵備兵備官監造。完日，照舊試驗堅利，填註各官職名，就差原日管局指揮匠作管解到部，兵部本部各委官主事復行試驗。如果堅利堪用，方許轉發戊子庫、戊字庫，仍會同科道官試驗堅利堪用，方許搬運入庫。若本部兵部官驗不中式，即將彼處堅造驗收官參究，官匠監追料價。如科道官驗不中式，即將兵部本部委官參究，不許姑息。若本處軍民每年願解折色，聽從其便，本部委官當年忝造，俱送戊字庫收貯，以聽取用。前項查報各該撫按，事多路遠，每每寢閣不行，以致延誤。北直隸限三月内造册，會奏到部，以憑議處。一定之規，以免紛紛之論。若違限不到及過期不至，本部指名參究。等因。題奉聖旨："依擬行。欽此。"欽遵。

備咨前巡撫都御史鄭重通行易州等兵備道查造。去後，因臣會同巡按直隸監察御史裴紳、胡植覆查所屬額造軍器，俱係解部，并無額解邊關，止係緊急軍情，咨准明文，暫行借用各衛所自嘉靖元年起至嘉靖二十三年止成造軍器并奉例徵銀已完起解，獲批在卷，俱各明白。其侵欺拖欠料價與未解軍器及寄庫銀兩并茂山衛文卷，自嘉靖元年起至嘉靖十三年止，失火燒燬，無憑查數，恐有姦弊。通行兵備副使陳沮等嚴行查究，催併各該經手官員另行起解外，臣等議照各衛原無精巧匠藝，縱令成造，終是粗拙不堪，徒費無益。合無將嘉靖二十四年見徵并二十五年以後未造料價額辦銀兩，通徵解部，發局徑造，庶事體𥶡便，造作如法，軍器得以實用，而委官亦免侵欺矣。除將查完軍器銀兩數目備細造册送部查議外，謹具題知。

保留給由兵備官員以安地方疏

據整飭大名等處兵備兼管河道河南提刑按察司副使喬瑞呈，爲給由事，竊照本職見年四十九歲，山西平陽府霍州人，由嘉靖五年進士，嘉靖六年十二月除授陝西西安府推官。嘉靖十二年七月内，行取赴部。因族屬見有儀賓一人，自陳王親，陞授直隸蘇州府同知。丁母憂，回籍服闋，起服到部。嘉靖十六年四月内，復除松江府同知。嘉靖十七年三月，族屬儀賓已故。嘉靖十八年九月，陞授山東濟南府知府。嘉靖二十一年七月十五日，陞授今職，本年八月十五日到任。扣至嘉靖二十四年七月十四日止，連閏實歷俸三十六箇月，例應給由，預呈照詳。等因。

臣除查本官并無違礙，臣會同巡按直隸監察御史裴紳議照，大名兵備副使喬瑞，凝重之資，已負遠大之器；精明之政，亦實通變之才。積有年勞，事多詳於議處；孚兼聲實，報已見於陪推。今當三年給由，例應准放。但所轄大名、廣平二府地方連年災傷，水旱相仍，兼防虜患，出辦車需，修築邊墻，民貧事劇。且地連河南、山東，盗賊竊發，况當百姓困苦之餘，不無意外之患。一方保障，全賴兵司。相與督理，方得有濟。伏望皇上軫念大名等府係畿輔重地，乞敕吏部將本官暫免赴部給由，容令照舊支俸管事，庶幾政久任專，地方有賴。合無行令本官將歷過政蹟造册送部查考。如果資望相應，量爲陞擢，則遷轉之缺易補，不至稽時；考績之典自存，亦無廢事矣。

謹題請旨。

地方旱災疏

節據保定府申所屬易州、清苑等二十州縣，河問府申所屬滄州、獻縣等一十八州縣，真定府申所屬武强、衡水、武邑、棗强、臨城、高邑等縣，并直蒲州守禦千户所，各陸續申稱："據里老田倫、王臣等各呈告，本處地方連年災傷，去歲大水渰没，秋禾少收。八月中水退，稍得佈種麥田。一冬無雪，今春至夏不雨，地脈乾燥，風霾沙打，苗盡枯死，民無所望。秋禾未得佈種，中間有佈種在地，亦不能生。遍野赤地，斗米價至百五十文。軍民缺食，鬻男賣女，父子不顧，餓莩盈途，十室九空，老幼悲號，人心驚惶，日不聊生。所有本年夏税并莊田籽粒等項錢糧，將何輸納，乞爲分豁蠲免。”各備由具申到臣。

及訪得，撫屬順德、廣平、大名等府各所屬州縣、衛所地方旱災亦各相同。臣會同巡按直隸監察御史裴紳、胡植議照所屬地方連年災荒，加以防虜，修築邊墻，買運糧餉，時實多事，賦役繁興。雖入夏之雨四野霑足，而秋成可望；但三春之旱二麥多槁，而糊口實難。所有税糧，豈能辦納？且時亟當困苦，亦宜少加寬恤。除將已報續報災傷州縣即行各府查照勘災體例，隔别委官踏勘分數，明白覈實造册，另行具奏外，謹具題知。

預擬分佈人馬以禦虜患疏

卷查先准總督宣大偏保等處地方軍務兼理糧餉兵部右侍郎兼都察院右僉都御史翁萬達咨前事内開：“煩爲會同副總兵督同各該兵備、參守等官量度本鎮地方遠近險易、兵馬多寡强弱，斟酌可否，或照三關大同分佈，或仍照本鎮上年事規，或别有禦虜長策，逐一計議停當，咨報施行。”等因。已該前巡撫都御史鄭重會行督同易州等兵備道及參將程棋整理分佈，未報該臣接管查行。催據易州兵備副使陳洱呈報：“自紫荊關迤北沿河口起，至倒馬關迤南吴王口止，分佈過人馬，除原額常守軍士四千三百二十九名外，增加今年奏留暫准防守真、神、定、茂四衛京操班軍并各府衛操餘壯勇，共計八千九百八十三名，協同守禦。”緣由前來。

照得，虜馬入寇常在秋高計月之期，每數月圓，今年閏月，或以六月即爲七月。二十一年六月，入寇山西，亦其時証。隨案行該道，轉行各該衛所州縣，俱限六月初旬到道點，發原擬隘口併力把守，不許違誤。又據本官揭開團操人馬保定副總兵成勳二千名，參將程棋一千名，盧鉞二千名，都指揮白蘭、田琦各一千名，王芝、陳奇、趙吉各五百名，丁時五百九十二名，指揮張能、單潤、劉璉各五百名，達官都指揮劉淮一千名，楊璋一千二十一名，達官指揮常瓛六百五十名，安璋四百四十三名，共計一萬三千七百六名。漢達官軍相兼操練，聽候有警，調發會合，併力截殺。數目到臣。亦隨備行副參等官，將所部人馬簡練精壯，相度地形，并修理盔甲，置備什物，仍將簡練相度修理置備緣由回報，查考其馬匹、盔甲不足爲奏討。去後，臣會同巡按直隸監察御史袁鳳鳴議照，虜勢憑陵，頻年侵犯，未遭挫衄，歲慎隄防，輓輸苦召買之勞，戰守困過時之費。時當急遽，事多取於應酬；例拘因循，弊遂憚於更改。兵糧請給，國儲不無告空；賦役繁興，民生亦已坐困。重廑皇上宵旰之懷，建議者雖日紛紜，而大要豈出戰守。但勢有緩急，兵貴合變，古人須馳至金城，圖上方略，言兵事機宜，不可懸斷也。臣今閱視諸關，備采衆議，倒馬、紫荆最爲緊要。蓋二關山勢雖稱險絕，中有河流，山形斜亂，各該隘口隨險分兵，勢分力弱，恐難持久。且外恃宣大掎角，勢又在人。密邇京師，易爲震動，此其緊要之大略也。若夫龍泉之守，外有平刑、故關之衝，必由雁塞，距其地里，平行至龍泉，不下三百餘里，山勢聯絡，中鮮居民，搶掠無以爲藉食之資，險阻必困踣恃長之騎，以此爭鋒，非計之得。兵有勝筭，必我之利也。山西三關，萬一可入，澤潞汾沁，足以四馳。而謂東犯太行之地，以當守險之兵，勢既紆回，時應躭閣，虜人狡黠，志在搶掠，或不出此。又況山西連年修守，俱有次第，似可無虞乎。龍泉故關，緊要次之，此其大略也。

查得，先奉欽依修築墻塹，近該臣查勘完者已十之九，其不完者計以六月之終，俱可報完，守有依憑。若無人拒列，金城湯池，有不可恃爲固者，况區區墻塹乎。故常守之外，酌量險易，加之防守之兵，若徒拘於守，勢分力弱，有難可持以久者。爰分撥將領，相以地形，責以應援之效，謀協衆議，亦已僉同，不敢自專，以誤任使，臣之責也。竊念宣大不守，而復軼之山西；山西戒嚴，而復窺於畿甸。各該將領肅承明命，各懷敵愾之心；大昭威靈，行見犂庭之捷。决無姦藏觀望，弊襲譸張。如往年勢分彼此，人懷一心，則虜雖狡黠，進有城塹之守，未易遂其長驅；退有腹背之虞，亦先圖其歸計。萬一驕虜尚肆憑陵，是上天悔禍之期，而醜虜覆敗之候，成掎角之勢，勵戰守之圖者，臣之責也，尤諸將之責也。

查得，本年三月十八日，前巡撫都御史鄭重已咨行總督侍郎翁萬達，於宣府鎮摘撥兵馬三千，在舊保安州岔道堡駐劄，專應援馬水口。再摘撥大同鎮人馬三千，在平刑關駐劄，專應援吴王口。仍摘撥别鎮人馬三千，在廣昌縣駐劄，專應援浮圖峪、插箭嶺等處。但臣查得，舊保安州桃花堡比與岔道堡相去馬水口尤近，相應改移駐劄應援。又查得，白羊口與臣所屬地方相近，計去京師路實咫尺，勢尤緊要，亦須周防，亦當添兵，以防意外之患。該前巡撫都御史鄭重題外，該兵部咨行順天巡撫都御史郭宗皐無容再議。如蒙敕下兵部，再加查議上請，更乞天語丁寧宣大將臣，并行總督、巡撫各臣，查准咨議施行，地方幸甚，臣愚幸甚。

爲此除井陘兵備分佈龍泉、故關等處兵馬至日另行具題外，今將紫荆等關分佈過緣由戰守事宜具本，謹題請旨。[1]

預擬分佈人馬以禦虜患疏

照得，近該臣巡歷紫荆、倒馬等關隘口，督同易州兵備副使

① 《毅原奏議》無此段。

陳俎、参守等官程棋等相度地形，已將分佈戰守機宜會題外，續准兵部咨，爲急處撫臣以飭邊防，申諭本兵以恢戎務事内開："調度兵馬，嚴謹關隘，整飭器械及一應籌邊防虜事宜，仍再申明，咨行各鎮總督及各撫鎮等官，查照本部節題事例，務要用心經畫，及時修舉，務保萬全。仍將遵行過緣由星馳奏報，各勿稽期僨事，自貽後艱。"等因。題奉欽依："依擬行。欽此。"欽遵。備咨到臣。

又經催據整飭井陘等處兵備山西提刑按察司副使王崇呈稱："龍泉關所屬印鈔石口起，至故關迤南虎寨溝止，隘口九十一處，分佈防守人馬，除原常守軍壯四千五百名，今議添防守軍壯八千八百二十二名，協同守禦。其征戰人馬，故關参將錢濟民統領官軍二千名，本道團操壯勇二千八十四名，俱聽有警調遣，按伏截殺。"整飭大名等處兵備河南提刑按察司副使喬瑞呈稱："所屬不係邊關，并無防守，惟有壯勇四千名，遇有聲息，趨赴涉縣，會合山東、河南人馬併力堵截。"又本道團操壯勇三千八百名，聽調策應各緣由數目開報前來。

臣隨會同巡按直隸監察御史袁鳳鳴議得，事有專司，固當力於防守；兵無定勢，尤宜相以機宜。除備行副總兵成勲、参將錢濟民查照分撥按伏，應援堵截，務使守者不離信地，戰者各相機宜。期奏膚功，以圖報效，不許有違，致誤任使外，今將分佈過龍泉、故關并團操兵馬數目，謹具題知。

急缺把總官員疏

照得，紫荆關把總尹逵、龍泉關把總施義俱該兵部題奉欽依，將尹逵革任回衛，施義陞三河等城守備。去訖。爲照紫荆等關内屏京師，外連宣大，黠虜窺伺，顧已見於往年；鎖鑰周防，尤當嚴於要地。况防秋伊邇，邊報不常，隘口分司，責先把總。

所據各該官員不可久缺，臣會同巡按直隸監察御史袁鳳鳴訪得，原任插箭嶺把總今聽候别用保定左衛指揮同知薛昂，遭頓挫而不懈其志，精騎射而克稱其官；定州衛指揮僉事夏時，儆敏之性，弓馬亦閑，疏通之才，戎務尤練，俱堪任紫荆關把總。神武右衛指揮僉事胡宗舜，向曾管總，勤勞可驗其才，近改巡捕，安戢尤見其守；真定衛指揮僉事閻爵，力富而騎射尤長，心慎而操持亦著，俱堪任龍泉關把總。乞敕兵部再加察訪，如果臣言不妄，疏名上請簡用，庶設官各有其人，而有警不致誤事矣。

謹題請旨。

乞憐邊關貧軍借支增添月糧急救群生以蘇困苦疏

照得，近該臣巡歷保定等府紫荆、倒馬、龍泉等關，節據各衛各關防守團操軍人李來住等連名狀告前事："來住等在關守禦，上半年月支折色銀六錢五分，下半年月支銀四錢五分；在衛上半年月支折色銀四錢五分，下半年月支銀三錢四分。豐稔之年糴米度用，尚且不敷。今嘉靖二十四年二月以來，米價騰貴，每米一斗值銀一錢五分，雜豆一斗值銀一錢二分，來住等所支糧價六錢五分，買米不過四斗二三升；支銀三錢四分，買米不及二斗三升，貧軍家口不彀食用。如蒙准告，乞照上年事例增糧养贍，或將在倉粟米借支一二月，接待秋成，扣價還官，以存軍命。"等情到臣。

行間，又據倒馬關參將盧鉞呈同前事内稱："各軍專靠月糧，即今粟米時價高貴，實難度日。合無比照嘉靖二十年題准事例，將七月、八月每軍增添糧價銀二錢，以蘇軍困。"等因。具呈到臣。

據此，看得，前項官軍在邊關者日夜防守，不敢擅離，在各衛者常川操練，聽調策應。况兼修築之役，夫匠日費數多，節遇地方災傷，米價加倍騰湧，適當責其效力之時，豈忍聽其待哺之訴。欲借支在倉預備客兵粟米，以濟其急，又恐遇警缺乏，致誤軍機。若漠然不爲之所，不惟無以效責驅馳，抑恐患生窮困。隨查卷内爲荒旱災傷乞憐貧軍增添月糧以救極苦事，嘉靖二十年七月内，准户部咨，該前巡撫都御史劉隅題奉欽依，行易州管糧主事，將保定等衛官軍下半年七月、八月分，照上半年事例，每月給銀五錢二分；紫荆等關官軍下半年七月、八月分，亦照上半年事例，每月給銀六錢五分。其領馬官軍再與多支二箇月。其各關倉若積有本色糧米數多者，内將一箇月暫支給本色，以後俱不爲常例。等因。通行欽遵外，今據前因臣會同巡按直隸監察御史袁鳳鳴議照，防守以軍馬爲急，鼓舞以糧餉爲先，相應速處，以慰其心。合無比照前例，將七月、八月糧價防守官軍每名加增給銀六錢五分，團操官軍每名亦增給銀五錢二分，領馬者再加一月，時歉可少被體恤之仁，時豐不得援以爲例。伏望皇上軫念畿輔重地官軍貧苦，乞勅户部早爲查議，奏行易州管糧主事，照例增加糧銀施行，軍士幸甚，臣愚幸甚。

謹題請旨。

查給馬匹以備追勦疏

據紫荆關參將程棋呈前事，據馬水口守備楊汝棟呈稱："本口所轄地方係紫荆關迤北一帶咽喉，密邇宣大。既蒙添設守備、把總等官，防禦區畫精詳，分古無逾。但原議摘發步軍一千名，止堪步戰，并無馬匹。查得，倒馬關、浮圖峪、插箭嶺守備、把總俱有聽用戰馬。本職所管三總，尤爲緊要，乞爲議處，照例施行。"等因到臣。

行間，又據倒馬關參將盧鉞呈爲請討暫發遊兵騎征馬匹事，准紫荆關參將程棋手本内稱："本關參將下官軍二千員名，馬五百匹，比前撫院因本關軍士貧難，草料不及，恐致瘦損，是以票行參將梁臣，撥與浮圖峪守備陳明馬三十匹，插箭嶺把總李洡馬二十匹，暫給各軍寄养，乃一時之權也。今已近秋，兵當預備，前項馬匹送回騎征。"等因准此。

行據原任倒馬關守備今移插箭嶺駐劄趙承懋稟稱："本關中千户所景泰二年發下太僕寺官馬一百三十匹，至正德年間撥去龍泉關、插箭嶺把總各馬一十匹。嘉靖二十三年三月内，蒙將龍泉關撥與故關參將所轄已經陞任守備葉滋要行掣回前馬，呈蒙撫按衙門批行。井陘兵備道議報，各關騎征俱係官馬，原無彼此之分。相應照舊給軍騎征，免其掣回。今本職改移插箭嶺駐劄，隨將倒馬關原額前馬一百一十匹，遵照周邊防以禦虜患事，交與添設參將下官軍，并續議添馬三百九十匹，共足五百匹之數，統領騎征訖。本嶺除寄養紫荆關馬二十匹，并倒馬關原發馬一十匹外，亦續蒙議添馬七十匹，共一百匹，則紫荆關又將前馬掣回，尚少二十匹。其原發龍泉關馬一十匹，亦應掣回。"等因到臣。

據此，卷查先爲增修緊要之隘添設官員防禦以保安畿輔事，嘉靖二十三年六月内准兵部咨，該前巡撫都御史吴瀚題奉欽依添設馬水口守備、把總各一員，李家嶺把總一員，摘發紫荆關官軍一千五百名，分給統領，已經通行。欽遵。去後。今據前因，除批行各官照舊騎征，其不敷之數聽候奏請兑給外，臣會同巡按直隸監察御史袁鳳鳴議照，關隘雖險，非添設兵將不足以重周防；兵將雖設，非給領馬匹不足以備馳突。是皆勢所相需，而議不容已者也。所據馬水口、李家嶺守備、把總，俱無騎征馬匹，而紫荆關、插箭嶺又復具呈掣取，况近報虜賊窺伺，而乘機入寇，難保必無。若夫賴以追逐，而遲速緩急之分，則馬爲緊要。又查得摘撥借發馬數，以各關勢分彼此，固應給還；在御虜皆爲地方，似爲一體。蓋近因添設兵將，大約馬匹俱缺。若取回浮圖、插箭二處以還紫荆，而龍泉以還插箭，則浮圖、插箭、龍泉又當請給，是自紛紛也。隨查倒馬關守備原額馬一百匹，插箭嶺把總馬三十匹，今馬水口既設守備，則馬數當照倒馬關守備之額，給領馬一百匹；李家嶺把總當照插箭嶺把總之額，給領馬三十匹。其紫荆關欠馬五十匹，龍泉關欠馬二十匹，通共欠馬二百匹，俱應請給，分發守備、把總等官，督令各該官軍用心餧養，以便征戰。其原借撥馬匹，不必告掣，以滋紛擾。合用料草，行易州管糧主事，照例支給施行。伏望皇上軫念地當門户，時近防秋，乞敕兵部查照守備、把總各官額數，議發太僕寺寄養馬匹，或保定府所屬備用馬匹，照數兑給官軍騎征。倘有倒死，追納樁朋銀兩收庫買補料草。乞敕户部查處，庶將有所統，兵有所恃，而緩急有賴矣。

謹題請旨。

趂豐稔蓄邊儲以備虜患疏

據總理紫荆等關易州兵備山西提刑按察司副使陳爼呈："查得，嘉靖二十三年分，屢蒙户部發到銀兩，俱經分發保定、涿州等處糴買糧草。適值地方去秋今春旱澇相仍，米豆草束價值騰貴，而收買之數甚少。加之去年聲息緊急，調集客兵自六月二十日起至九月十九日止，又自十月十四日起至今年二月十九日止，本折兼支，至踰八箇月有餘，而支放之數甚多。是以紫荆新城等倉場見貯實在止有粟米五萬七千八百八石五斗六升八合，黑豆六萬五千八百六石五斗九升九合，草一百六十四萬三千一百六十六束，貯積有限，而支給無窮，安能足彀防虜支用。今年防秋之計，姑以六箇月爲率，調來京營、遼、薊、真、保、河間軍士、義勇、鄉夫等項客兵約有六萬餘員名，馬有三萬餘匹，共該支粟米一十六萬二千石，料豆一十六萬二千石，草五百四十萬束。除見在糧草外，其不敷之數，仍該再備粟米一十萬四千一百九十一石五十斗，黑豆九萬六千一百九十三石五斗，草三百七十五萬六千九百束，發銀召買，方彀今年軍馬支用。况今秋熟在邇，米豆草束價值稍平，所得糴買之利比之去年不止於加倍。揆度事勢，未有甚於此時者。失今不處，非惟無以適平價之利，亦且無以備防秋之用。臨歧倉皇，輸運不前，貽誤軍機，關係不小。與其噬臍不及之悔，孰若爲先事預備之圖。相應亟處，呈乞題請，行令户部早發銀十五萬兩，趂秋收價平之時，分發糴買，運送各該倉塲完納，則外以禦虜，而無缺乏之憂；内以紓民，而有蓄積之利，或可裨安攘之計矣。”等因。

又據整飭井陘等處兵備山西提刑按察司副使王崇呈：“查得前項防虜芻糧會册，每歲以四箇月爲限。因上年十月尚有聲息，故今年務足六箇月支用。然此皆專指户部錢糧而言，未嘗一及地方也。若地方之徵派，則有如義勇民壯之工食，防守團操之行糧，部額官生之廩餼，亦悉當以六箇月爲期。而關口額設軍壯參將分守人馬，器械什物之置辦，解運起撥之供應，修邊夫役之幇貼，則又當終歲取盈，而不能以一日缺也。凡若此類，莫非民脂。奈自入夏以來，二麥不收，穀價騰貴，干戈之任甫歸，而版築之令復下；賑貸之粟已竭，而老羸之命未甦。前項徵求，即何能納見。今龍泉故關額守軍人之各缺月糧，太原府等四路撥兒馬之各缺行糧，參將聽征人馬之各缺草束，各關隘口之各缺鎧甲、箭枝，雖經行屬處應籌，且萬方而借貸那移，終非常策。况所查户部錢糧，見在彀支之數，却又往往按索舊規，牽拘常格，目前粗了，意外殊疏。萬一虜情叵測，軍機靡常，則每歲之費恐不止於六箇月日之支，而數月之支又恐不止於上年所用之數。即如嘉靖二十三年紫荆、倒馬一帶防秋之費，（因）［固］已倍於二十二年以前，安知二十四年之費不又倍於二十三年者乎？夫以邊疆之費既加多於往年，而地方之供却甚難於往年，時非易爲，事不可已，誠宜破常思濟，周慮作謀，不敢一付長吁，坐令匱乏。爲今之計，惟有奏發内帑銀兩，庶幾濟事，他無及也。且天下勢而已矣，頃歲虜犯山西，芻輓亟飛，一惟山西是急。匝歲之間，無慮數十百萬。上年不犯山西，而直犯畿輔，畿輔之重，固百於山西也。而或者乃曰，守在邊關。山西門墻，而畿輔固堂室耳。夫固知欲扞堂室，守在門墻。其若時移寇，翫踰門墻，而扣堂室，何廣昌之寇皾，膳房之獤魆，去冬已明鑒也。而保定等城只隔一山，是時鵰囊既盈，胡馬殆自旋耳，尚可復諉曰堂室且奥邃乎？此不可不深爲之灸心也。夫料事之謀，貴全勿悔；籌邊之策，寧過無傷。昨蒙前撫院痛懲虜患，大議修邊，近又蒙本院鎮臨爰度險易，次其緩急，民庸工度，悉爲調停，莫大邊工，即期告峻，且蒙備嘗險阻，遍爲閲視，所至操點人馬，酌量分佈，真所謂天險既周，人謀亦備，所少者只錢糧耳。如蒙特爲題請，發下户部官銀七八萬兩，便可趁此秋成，及時買糴，每銀一兩可得粟穀二石有零。方之今歲斗米百五十文，所得蓋三倍也。辰下雨水頗調，六府之中豈無一二上熟，一二中熟，相時量買，如法收貯，則今歲秋冬之防可以無憂，而至于來年，則民力既舒，邊需自裕，而願長恃久安之策，悉次第而可施也。”等因各到臣。

據此，卷查先爲早處客兵糧餉以備虜患事，該户部議題奉欽依，發銀七萬兩，差主事王嘉謨文與前巡撫保定都御史鄭重分發真、保二府各三萬五千兩，轉發各該州縣收買糧料草束，上納各該倉場收候支用外，今該臣接管以來，又經備行易州等四兵備道查議。去後，今據前因查議間，又准總督宣大偏保等處地方軍務兼理糧餉兵部右侍郎兼都察院右僉都御史翁萬達咨：“爲預查客兵錢糧事，該本院咨，據易州兵備道呈所屬紫荆等關新城等倉并軍馬經過州縣倉塲共二十二處各糧料草束，上年客兵支過并餘剩及今年糴買大約以上年支過數目爲則，其紫荆關新城倉、浮圖峪倉、大龍門陸辔倉，應該再備粟米一萬一千一百八十二石八斗七升，料豆三千四十八石一斗八升，草一十四萬七千八百五十五束，以備不虞。等因到部。爲照紫荆新城等處皆係緊要地方，欲行再備糧芻，以防不虞，委俱相應。況防秋在期，尤宜亟處。煩將前項應備糧料草束支給堪動銀兩，委官趂時召買。”等因。備咨到臣。

查得，紫荆關新城等倉欠備前項糧草，易州道查議已明，井陘道所議加買之數，是亦易州道預防之意，俱應酌處。爲照醜虜連年搆患，每失先事之圖，迨其兵馬既集，方有召買之舉，時日已甚倉皇，價值又甚騰湧，止見騷擾，而民已告疲；不見充積，而儲常告乏。慮先安攘之謀，此不可不爲之處也。看得，撫屬地方，入夏以來，雨澤霑足，田野秋禾，時就稔熟，價值比昔，似頗平減。若得發銀及時收買，倘或聲息緊急，調到客兵數多，自可取給無窮。若防守如常，則倉廪皆盈，不致臨時召買，以重斯民之困。又況秋禾既成，糧米必賤，用銀平買，又農之利乎？今兩道所議之數，似應通請給發。但連年請發内帑銀兩已多，皆非得已，而臣子仰體朝廷用財之意，亦當通融。伏望皇上俯念時當多事，戰守慎先事之圖；糧當預儲，軍民免坐困之弊。乞敕户部酌議，准先發銀一十餘萬兩，運赴易州管糧主事史鶚，分發豐熟州縣，選委廉幹官員，趂時糴買，上納各該倉塲收貯，以備客兵不足之用，則内外緩急，咸有所濟。

謹題請旨。

清查屯田以實軍伍疏

據整飭潼關兵備兼分巡關内道陝西提刑按察司副使程尚寧呈稱：“直隸潼關衛原額旗軍八千二百五十三名，原額屯田四千七百八十四頃六十二畝，坐落河、陜二省同、華二州朝邑、華陰、渭南、郃陽、澄城、韓城、靈寶等縣地方，屯種津幇軍裝。今查該衛實在旗軍正有二千二百二十九名，調撥京衛、延寧、鄜州操備二千七十二名，止存在衛局匠等役一百五十六名，逃亡事故尚有六千四名，遺下前項屯地俱被官豪人等占種。雖經發册清勾，十無一二解報，以致城操缺人。軍雖逃亡，事故屯地依然有人佃種。見今城操及守把各關，俱係審編軍舍，操丁日告缺乏，種地之人坐享地利，安然無事，乞爲委官清查。”等因到臣。

據此簿查，先據潼關衛申爲陳時弊申國法以脩軍政事内稱：“該衛屯田有被别軍多種者，有被豪强吞併者，亦有本軍艱難違法自行典賣者，又有軍逃抛荒迷失處所者。今各軍耕輸以十分爲率，大槩不及二三，申乞清查緣由前來。已該前巡撫都御史鄭重批仰大名道查議報繳，續據該道河南提刑按察司副使喬瑞呈議，屯地於例不應私賣私買，但沿襲年久，姦弊遂生，先年巡按直隸監察御史鮑象賢曾令自首，將民買地畝歸給原軍承種，軍頗稱便。後因買地人户却又奏行巡按衙門，行委大名府推官施山，將前頃地土復斷與民，遂使軍丁無田，軍伍仍缺。清查之舉，委不可已。方今災傷，軍民俱困。合候豐收之年，奏請委官專理其事，以復屯田。”等因到臣。

案候間，今據前因，爲照前項屯田，每軍給田百畝，不許私自盗賣，禁例甚嚴。但其間或有軍人數外開墾，不係原額屯地，私賣私買，向後朦朧影射，雖正額屯田混作餘地盗賣盗買，中間亦有勢豪兼併，謀遂其方圓；富室侵漁，巧移其畔界。占種於軍官者，亦衛所之常業；詭寄於民户者，又小人之自利，作弊多端，不能悉舉，以致軍士貧困，棄伍而逃。行伍不充，戰守何賴。又查得，近因虜勢憑陵，當議者欲屯田之處，亦不屢行奏章。今各官呈要委官丈量，似宜急處。然年久事湮，其田不知易幾主矣。若使照當施行，不惟勢多沮撓，任事者難以展布；姦襲奏告，終事者徒成紛擾。再照法有厲禁，固當嚴爲之查；事或病民，亦當善爲之處，則因民所利而利之，亦有法不廢而事易集者。前項屯田盜買盜賣非一日，亦非一人，或起蓋房屋，或修立墳墓，或開成園圃，或砌塘池。若一旦查出，悉令釐正，固亦執法之常，但或有前項等業，必行起拆，恐亦非導利之順。合無許令出首，免其問罪遷改，從公丈量若干，照數於就近膏腴田地撥補，明立界址，填入格眼，歸還軍伍。如此，則情法兩盡。及照前項姦弊，非獨潼關一衛，而各衛皆然。況今雨澤霑足，秋成可望，農功既畢，查勘其時，相應題請通行清查。如蒙皇上軫念，屯田實足兵之本，姦頑多善幻之謀，乞敕該部查議上請，命下聽臣行各該兵備道，分委府佐州正風力官員，分投會同各衛掌印官悉心處畫，毋憚紛更，不撓於群議，不沮於權勢，將各屯田沿坵履畝逐一清查原額屯田若干，新增若干，要見某地係某軍自種，某地係某人占種，姑免問罪，頂補軍伍，編入城操，與正軍一例操備。如不肯承當，照例問罪，地退還官，出示召令，舍餘軍民人等頂軍種地，就將姓名填寫，本軍屯地格眼項下某人頂軍，某人種地。如或本軍解到，地給管業，頂軍人役開豁，其果有蓋成房屋，立成墳墓與塘池、園圃等業，仍查照許令出首免罪，撥補還軍。等議施行。如有姦豪仍前占種，不服退出者，申呈撫按挐問發遣。委官亦不許徇情受賄，朦朧勘報，將已成業者故令拆毀，搘薄遠田，縱容撥補，聽臣參究，事完造册奏繳，以後年分照依民間事例，每十年清造一次，庶屯政一清，而軍士不至失所矣。

謹此請旨。[1]

---

① 《穀原奏議》無此四字。

奏繳符驗疏

照得，嘉靖二十四年六月十一日，准兵部順差都察院新撥當該典吏陳永賫到達字二十三號符驗一道，筒面開稱："都察院右僉都御史蘇祐領達字二十三號雙馬符驗一道，硃紅漆皮箇一箇，巡撫保定等府陞調回還，徑自奏繳。"等因到臣。當即望闕叩頭祗領訖。及照臣於本年四月十八日交代接收前巡撫都御史鄭重轉交先巡撫都御史許宗魯於嘉靖十一年五月十七日親領達字三百五十號雙馬符驗一道收掌外，今奉前因，理合奏繳。

謹具奏聞。

奉賀廟建疏

恭聞九廟告成，該禮部題稱大卿等衙門具本稱賀。臣誠懽誠忭[①]，稽首頓首上言：

伏以盡倫達孝，情莫大於尊親；備制妥靈，禮尤嚴於假廟。新宮成建，列聖居歆，垂一代之典儀，奠萬年之宗祀。神人胥悦，中外騰懽。兹蓋伏遇皇上道本性成，聖由天縱，制兼述作，淵源肇敬一之傳；化茂經綸，心思焕穆清之秘。相巍崇之堂構，孝本因心；舉精潔之明禋，義緣稽古。於穆嚴有閟之制，象祖宗功德之難名；默孚申罔極之懷，儼睿考精神之如見。崇堂邃室，龍彩焕日月之文；隆棟厚基，燕翼定乾坤之位。爰頒鳳詔，溥四海以同仁；篤衍鴻休，後百王而起義。是宜慰孝思於有永，而協玄祐於無窮也。臣祐幸際明時，忻逢盛典，拊循畿輔，職莫與於駿奔；瞻仰闕庭，歡曷勝於雀躍。伏願本支綿遠，靈貺協泰清之符；福禄悠長，工歌衍穆雍之頌。臣無任瞻天仰聖，激切屏營之至。

---

① 《穀原奏議》無此四字。

謹具奏聞。[①]

周邊防以禦虜疏

行據易州兵備副使陳俎、天津兵備副使朱鴻漸、井陘兵備副使王崇、大名兵備副使喬瑞各呈："將保定、河間、真定、順德、廣平、大名六府所屬州縣共顧募人夫四萬六百八十九名、匠作四千九百三十七名，修完紫荆等關沿邊一帶正城共長一萬二千七百五丈三尺，稍墻九千八百七十四丈二尺，女墻一百八十五丈，泥頭墻九十六丈，夾道雙城五十丈，垛口三萬四千九百六十九箇，剷削七千九百七十三丈八尺，壕塹一百九十七丈，攔馬墻八百八丈，攔水堤五丈七尺，垛塞一十四丈二尺，石墻二丈，敵臺一百九十座，墩臺一百六十五座，石臺三座，敵［樓］二座，窩鋪九百二十二箇，城門樓房六間，城門三座，水門一十四座，營房官廳一百九十間，水槽三百八十九箇，鐵裹門一座，攔馬鐵索二條，城墩小房九十五間，郛頭十座，添修長橋、長嶺等處正城一千二百六十二丈，墩臺二座，敵臺一十四座，每座上蓋房三間，共用過工食等銀三萬九千六百一十六兩八錢八分五釐，粟米二千一百八十六石八斗三升，米穀一千一百三石二斗二，合各數目并委官職名造册。"繳報到臣。

據此，案照嘉靖二十四年閏正月二十九日准兵部咨，該前巡撫都御史鄭重，巡按直隸監察御史揚本深、胡汝輔、黄洪毗各會同條陳八事内一款："邊關一帶路徑甚多，防守不足，而虜之突入，多不於溝澗，而於岡嶺；不於正口，而於間道。故修治之法有二：一曰剷削偏坡，一曰修築墩墻。剷削舊規，俱於山脚施功。山脚多土，一時雖易爲功，而水衝人踐，未幾即就平漫。須

① 《穀原奏議》無此四字。

於山脊近頂處用石工鑿石，除原係峻壁不可攀援外，餘非壁立處，俱鑿石高一丈，延袤一帶，皆成峻壁，則人馬自不可越。此惟居庸有此剷削，而紫荆迤西皆無之，固可按而爲也。山脊既有偏坡，則山頂方可據守，險絶險天城處外，餘如上連岡阜，傍接隘口，下臨溝澗處，皆築稍墻一道，五十步設敵臺一座，稍墻上砌垜口，下剷平地，使人可住立，以發矢石。敵臺上蓋小房三間，使人可依藉以避風雨，以儲器械，以謹瞭望。各隘口正城低薄者增高加厚，緊要隘口未有周垣者，築城一周，以居官軍於其中，懼賊之佚入而反攻也。然此所費當不貲，臣查所屬庫藏空虛，無可動支，地方災傷，勢難復派於民，乞敕該部議照宣大山西脩邊事例，多發銀數萬兩，以濟此大工。其工匠量工顧募民匠，起集民夫，與常守、調守軍民相兼興作，仍委各州縣賢能正官計度督責，務要堅固，用垂久遠，則金湯之勢成矣。”等因。題奉聖旨：“該部知道。欽此。”該本部覆議，移咨户部，題奉欽依，於太倉銀庫量發銀二萬兩，備咨前巡撫都御史鄭重差官給文領回，酌量分發各府與州縣積貯贓罰銀兩、米穀相兼支用。顧募夫匠，選委各屬正佐等官，各照依派定工程分投督併及令防守軍夫採柴、積石、燒灰，協同修築。

去後，今據繳到除覆查相同造册各另奏繳外，臣會同巡按直隸監察御史胡植、裴紳、袁鳳鳴議得，紫荆等關内屏京師，外連宣大，延袤六七百里，緊要隘口亦百有餘處。但山形糾紛，頗難防禦，故黠虜窺伺，大肆憑陵。適今依形據勝，修築墻垣，剷削壕塹，堵塞間道，增蓋營房，官軍有所依憑，庶幾可備戰守。然甫及半載，工用報完，所據建議者始當籌畫之難，而督工者各著勤事之效，亦宜分别以示懲勸。除各州縣違慢等官隨時提問戒飭及合掌印義散等官雖頗效勤難以别處者，行令各該府州縣以禮獎勸，俱不開外，查得，易州兵備副使陳俎、井陘兵備副使王崇、天津兵備副使朱鴻漸、大名兵備副使喬瑞，分工畫制，各得建築之宜，而王崇、喬瑞會議工程，尤著賢勞之績，似宜各照年資，量加擢用者也。廣平府通判張倌，久事邊關，親履危險，總理諸關工作，終始不隳，稽查六府錢糧，出納詳慎，盡心王事，宜以優論，所當量加陞賞者也。保定府通判左翼、真定府通判武宣、廣平府通判田雲、真定府同知今丁憂孫璧，各照派定工程而督率争先，分攝一府事宜而料理極當。保定府通判今致仕張佑、河間府通判今陞真定府同知畢鸞、順德府通判李天倫，督未完之工，而勤苦亦瘁；役久憊之民[①]，而駕馭尤難之數，臣者所當量加賞賚，以酬其勞者也。及照前巡撫今回籍聽調都御史鄭重，分工創始，區畫悉心，勞亦難泯，如蒙乞敕兵部查議上請施行，庶工程有稽，而臣工有勸矣。

謹題請旨。[②]

條陳邊務以裨安攘疏

准兵部咨，該兵科抄出吏科等衙門給事中等官李文進等條陳事宜内一款，集群才以弘大業，該本部覆議，除文職咨行吏部徑自查覆外，查得，武職先爲乞究邊弊責成將領以禦戎狄事，該雲南道監察御史馮彬題稱："各邊總制、巡撫、兵備及副、參、遊守等官通行會選，應存留者存留，應改易者改易，怯懦不堪任用者具奏罷黜。"等因。該本部議擬，題奉欽依，將巡撫、兵備等官咨行吏部酌量優劣，會同本部查處。其副、參、遊守、守備等官咨行總督官，會同各該撫按官，將各鎮將官備悉臧否，或守爲兼備可責之以久任，或謀勇優而性情别可施之以駕馭，或守有餘

① "役久憊之民"，《轂原奏議》作"役久勞之衆"。

② 《轂原奏議》無此四字。

而才不足可移之於偏緩，或虚名冒任及貪婪誤事不容一日留者，具奏罷黜。已行。去後，今該前因，大略與本部所議相同，合候命下，通行各鎮總督，會同各該撫按官再加嚴行精選，某可久任，某可更調，某才武不堪可降處之，某貪婪有跡可罷黜之。仍將該鎮謀勇出衆，膂力過人，守爲俱優，地方相宜者，疏名指實，會薦前來，以憑更代任用。庶幾群策畢集，智勇共濟，虜患自平，邊陲可保無事矣。等因。題奉聖旨："准議行。欽此。"欽遵。備咨到臣。

除參守以下官員會同巡按御史諮訪明實，甄别臧否，另行議題外，臣查得鎮守保定等府地方副總兵署都指揮僉事成勳，氣質明爽，志向端嚴，才與守兼勇，能謀協政事，詳而得體，軍士愛而知威，一年之間，俱有成勳，誠於地方相宜，似應久任，以責永圖者也。近該巡按直隸監察御史袁鳳鳴論薦循資稽績，時將遷轉，臣竊謂紫荆三關内拱京師，外連宣大，地屬緊要，固在得人。若夫節制諸將，號令三軍，事存體統，尤須加重。臣查得雁門三關原止設參將，繼改設副總兵，近於嘉靖二十年該部議題，又改設總兵官，則紫荆三關衛護畿輔要地，較諸雁門地方事體尤重。伏望皇上敕下該部查訪副總兵成勳，如果資望兼隆，相應陞轉，比照偏關事例，量加以總兵職事，或署銜都督，仍令鎮守保定地方，奏請定奪，庶幾任用得人，而安攘有所頼矣。

謹題請旨。

巡撫畿内疏議卷之二

奉敕巡撫保定等府地方兼提督紫荆等關都察院右僉都御史臣蘇祐起復疏

據大名府開州申：“照得，本州原任户部右侍郎兼都察院右僉都御史總督宣大山西偏保軍餉趙廷瑞於嘉靖二十五年正月十八日服闋。”等因到臣。隨會同巡按直隸監察御史裴紳查訪得，本官讀書秘閣，擅詞藻之華；列職諫垣，著匡襄之略。銀臺超拜，僕寺載遷，政績所存，咸可考述。撫綏全陝，共武膺錫命之隆；經略諸關，督餉裨戎功之振。况孝友敦敘，素增重於鄉評；而資望重深，咸允協於輿論。兹時當多事，而正在用人。伏望敕下吏部，遇缺早爲推補，庶禮遂終制，已逵乎人情；而才無後時，大裨於明政矣。

謹題請旨。

周邊防以禦虜患疏

案照，先准兵部咨，該巡按直隸監察御史裴紳、袁鳳鳴各題稱：“添設倒馬關參將并改設插箭嶺守備，各缺少軍馬錢糧，或發銀召募，或坐派徵運，或照紫荆關浮圖峪事例，於定州、真神二衛軍内照數存留，乞要速爲議處。”該本部覆議得，守關隘必設將領，設將領必備兵馬，將領雖設，兵馬不足，進戰退守，皆無所資。所據各官題請事情，委當速處。但防秋期逼，若待發銀召募，動經踰時，緩不及事。縱使召募易集，亦不過市井鄉民，本非練習之兵，難責戰守之效，徒費錢糧，坐誤大計。查得，前項紫荆關浮圖峪先年題准存留京操班軍事例，與今事體相同。合候命下本部，移咨該鎮巡撫都御史，會同巡按巡關御史，將各官所擬前項定州、真神等衛京班軍内暫時從宜照數存留分撥防守。本部一面劄行太僕寺，於保定營寄養馬内亦照數撥給，各具由回奏。待防秋事畢，另議經久之計，上請聖裁。等因。題奉聖旨："依擬行。欽此。"行間，又該臣會同巡按直隸監察御史胡植各題同前事，俱奉聖旨："該部知道。欽此。"欽遵。通抄送司，案呈到部。查係一事，備咨併行到臣。

隨行真定守備閻鋭，將神武右衛春秋兩班旗軍王中等一千一百六十五名發倒馬關，真定衛春班旗軍馬仲仁等六百名發插箭嶺，各統領操練。又該太僕寺發到容城、新安、雄縣寄養馬四百六十匹，給倒馬關旗軍劉來興等二百匹，神武右衛旗軍賈成等一百九十匹，插箭嶺旗軍趙之奇等七十匹，各統領征操，事寧掣放訖，原兑馬匹交與該關嶺常守官軍，暫代餧養，已經移咨户部處給草料。去後，就經案行真定府管關通判武宣查議申稱，行准分守倒馬關地方參將署都指揮僉事盧鉞手本："查得，本關自景泰二年因虜寇犯境，調發真定衛中千户所官軍八百餘員名防守。兵部發騎操馬本關一百一十匹，插箭嶺一十匹，草束俱於本所均徭僉派，協軍修關餘丁一千二百名，每年十月初一日上班打草，十一月終下班料豆，俱於真定府庫貯新增地畝銀内，大月黑豆九斗，小月黑豆八斗七升，每斗折銀四分，支給各馬軍，自行買豆餧養。嘉靖十五年，守備崔環因各餘採打秋青白草，不堪餧養，呈允撫按衙門，除逃亡事故，每馬軍一名，編給採草餘丁九名，每名每年出銀三錢，共銀二兩七錢，各軍自行收討，買草餧養。

又准真定守備崔官手本開稱，真定衛原編倒馬關備冬操餘五百一十三名，定州衛原編倒馬關備冬操餘六百二名，各數目緣由到職。查得，倒馬關原因常守不足，故防秋之後另編前項操餘，遞年九月上班，分佈各口防守，至十一月終下班，名爲備冬。今已添設參將，統領正軍二千名，常川戍守，則備冬操餘似不必設矣。合無就將真定衛原編備冬操餘改充正軍，撥補統領，其不足之數，仍於採草餘丁内揀轃倒馬關與舊額旗軍，務足二千名。再照插箭嶺路當險要，連原額旗軍務足一千名，各常川防禦，一體食糧。其舊馬料豆，仍於真定府照舊支領。新舊馬匹草束并新馬料豆與各軍月糧、布花、盔甲、什物通爲議處施行。"等因到臣。

又經案行易州兵備副使陳爼覆議得："倒馬關、插箭嶺俱係緊要關隘，既設參將、守備，以重其事，必須補足兵馬，以壯其威。除馬匹已設太僕寺撥給騎征，但原缺軍數未經撥補，爲照備冬操餘，上班始有口糧，遇警不時調用。採草餘丁多係貧難之家，况復雜差之累，俱皆情苦可憫，相應通行議處。爲今之計，將二項餘丁選充軍役，月有食糧，冬有布花，則人皆便益而願從，亦且同衛共所，附關依屯，則人多親識而易聚，人情事體，似爲兩便。比之召募市井之民，則虛費而無實用；議請京班之軍，則暫留而無定體。合無將真定衛採草餘丁一千八十九名内，揀選六百六十七名，并備冬操餘五百一十三名，俱改應軍役，發與該關旗軍八百二十名，共轃二千名，聽參將統領。再於採草餘丁内選一百九十八名，并定州衛備冬操餘六百二名，亦改應軍役，發與該領旗軍二百名，共轃一千名，聽守備統領。各給盔甲、器械，常川防禦，一體食糧。其採草餘丁，除改充正軍外，尚剩二百二十四名，行令該衛歸入均徭，審當正差。其倒馬關新添軍一千一百八十名，每名月糧一石，每年該糧一萬四千一百六十石，新馬三百九十匹，除夏秋牧青外，春冬二季六箇月，每匹日支草一束，每年該草七萬二百束，每匹日支料三升，每年該料豆二千一百六石，俱該新興倉場添派關支。插箭嶺新添軍八百名，每名月糧一石，每年該糧九千六百石，新馬七十匹，除夏秋牧青外，春冬二季六箇月每匹日支草一束，每年該草一萬二千六百束，每匹日支料三升，每年該料豆三百七十八石，俱該軍儲倉添派開支，與同各軍冬衣、布花，俱應會計派給。其倒馬關舊馬一百一十一匹，插箭嶺舊馬一十匹，料豆原於真定府庫關支外，其草束原派操餘採辦，今既改充正軍，則前項馬匹每年春冬二季共該草二萬一千七百八十束，相應一體會計加派解納，各該倉場照例支給。及據井陘兵備副使王崇呈稱，備冬操餘并採草餘丁收充正軍，常川防禦，事體甚便，本道無容再議。"等因各到臣。

隨會同巡按直隸監察御史裴紳、徐祚議照倒馬關新設參將、插箭嶺改設守備各缺，統領正軍，比因防秋期逼，議於京操班軍暫留充補，事寧放回，未有定擬。適今議處，欲從召募之法，俱係市井鄉民，素非練習之藝，必難責其戰守，有費無益。仍欲奏留班軍，徒事紛更，終非經久之計。所據副使陳俎等議，將真定、定州二衛備冬操餘并真定衛採草餘丁收充正軍，分撥各官統領防禦，委實公私不費，事體穩便。相應題請，伏望皇上軫念邊關重地，急缺統領正軍，乞敕下户、兵二部早爲查議，合無將真定衛原編倒馬關備冬操餘五百一十三石及於採草餘丁内通融揀選六百六十七名，共一千一百八十名，俱收充正軍，發倒馬關，與舊額旗軍八百二十名，共足二千名，聽參將盧鉞統領。仍於前剩採草餘丁内冉選九十八名，并定州衛原編倒馬關備冬操餘六百二名，亦收充正軍，改撥插箭嶺，與舊額旗軍二百名，共足一千名，聽守備官統領。仍行工部，各給盔甲、什物，常川防禦。其合用糧料、草束并冬衣、布花，一體會計解納，各該倉場照例支給。庶幾人心樂從，部伍充足，經久可行矣。

謹題請旨。

預處客兵錢糧以防虜患疏

行據易州兵備副使陳沮呈稱："紫荆、倒馬等關峪，新城等倉場，俱係緊要防守駐劄之地；其易州、淶水、唐縣、完縣，又係客兵分駐處所；清苑、定興、安肅、慶都、定州、新樂、新城、雄縣，亦係官軍經行之路，糧料草束，俱應預備。併將各該倉場上年防秋客兵支過粟米四萬五千七百五十七石一斗一升三合，黑豆二萬七千九百二十九石三斗一升五合，草七十二萬六千九百六十束，并見在及應該再備各數目造册。"呈詳到臣。

尤恐未的，就經批仰該道，備行户部監督主事衙門查議，去後，隨據本道呈行，准户部監督主事曾茂卿手本開稱："看得，紫荆關、浮圖峪等處委係緊要處所，防秋軍馬節年叢集，一應糧草應先預備。及照各倉場糧草，本道原議俱備六箇月支用。蓋事貴有備，變難預圖，邊關蓄儲六月之備，固未爲多，欲從少減，則五月之防，亦不可闕。姑以上年軍馬數目，約以五月爲準，相應如數請銀召買，庶爲有備。否則臨期倉皇，緩不及事。"等因。呈覆前來。

臣隨查得，嘉靖二十四年閏正月十九日，准户部咨，爲早處接濟客兵糧餉以備虜患以安地方事，該前巡撫右僉都御史鄭重題，該本部覆議，題奉欽依，於太倉銀庫折糧折草銀内動支七萬兩，發下糴買糧草。本年七月二十三日，又准户部咨，爲趁豊稔蓄邊儲以備虜患事，該臣題，該本部覆議，題奉欽依，於臨清倉折糧銀内動支四萬兩，咨發到臣。俱經分發保定等府州縣糴買糧料、草束，運送各該倉場上納。已支見在數目未經清查。又經行據易州申，蒙監督主事曾茂卿紙牌粘單開稱："今年防秋姑以五箇月爲期，紫荆關新城倉尚有粟米一萬六千四百六十三石九斗三升六合一勺四抄三撮，黑豆一萬三千六百五十石九斗二升五合二勺，穀草五十九萬一千一百三十五束，應該再備粟米二千石，黑豆一萬八千石，穀草四十六萬束。浮圖倉塲尚有粟米九千三百四十石三升三合四抄，黑豆五千七百六十四石二斗三升七合六勺六抄，穀草二十三萬二千五百四十束，應該再備粟米六千四百一十石，黑豆七千七百四十石，穀草二十二萬束。倒馬關新興倉塲尚有粟米五千二百七十八石九斗七升九合三勺三抄四撮，黑豆一萬二千四百四十九石三斗二升一合一勺九抄，穀草四十萬一千二百七十九束，除豆草足用外，應該再備粟米一千四百七十石。插箭嶺軍儲倉塲尚有粟米五千一百四十六石一斗七升一合五勺六抄三撮，黑豆七千一百三十五石五斗五升四合九勺，穀草一十七萬二千五百四十七束，除豆草足用外，應該再備粟米一千六百五十七石。軍城倉塲尚有粟米六千七百七十三石三斗八升一合六勺七抄，黑豆七千一百五十五石四斗一升三合八勺，穀草一十萬四千一百三十束，除米豆足用外，應該再備穀草一十二萬束。陸礬倉塲尚有粟米八千八十一石七斗六升一合五勺六抄四撮，應該再備粟米五千四百石。易州倉塲尚有粟米一千八百八十四石六升一合七勺一抄四撮，黑豆二千四百一十七石六斗，穀草一十二萬一千三百五十三束，應該再備粟米四千八百六十石，黑豆二千一百石，穀草三萬束。唐縣倉塲尚有粟米九百三十一石九斗三升一合，黑豆一千八百五十石二斗七升，穀草一萬五千九百四十束，該縣地方比之易州頗簡，姑以三箇月爲期，應該再備粟米三十石，黑豆八百五十石，穀草七萬四千束。以上各倉塲共該再備粟米二萬千七百九十七石，黑豆二萬八千六百九十石，穀草九十萬四千束。其淶水、完縣、雄縣、清苑縣等處俱係軍馬分駐往還之地，亦應酌量預備。”等因造册。申送到臣。

爲照醜虜窺伺，每肆憑陵，上年防秋，荷蒙聖明，預發京營、河南、山東等處人馬共一萬二千員名，分駐關隘，專事應援。兼以本處軍兵叢集守禦，所費固當不貲，仰仗天威，虜酋歛跡，地方底寧，今歲防秋，又當預處。所據主事曾茂卿、副使陳炟各查過節年發下銀兩與支存之數，俱各明白計算防秋客兵擬駐月日，應該再備前項糧草，亦已斟酌。伏望皇上軫念邊關之重，實閫閾攸存，軍馬所需，而糧餉爲急，乞敕户部早爲查處擬發銀兩，差官押送監督主事曾茂卿，分發各府州縣，趁時糴買，運納各該倉場，接濟應用。其搬運脚價，酌量遠近，從宜定給，庶幾邊儲有備，臨警無虞。

謹題請旨。

謝恩疏

嘉靖二十四年十二月二十四日，該臣會同巡按直隸監察御史胡植、裴紳、袁鳳鳴題爲周邊防以禦虜患事。

查過委官修完紫荆等關墻垣、壕塹等項工程緣由，該兵部覆議，題奉聖旨："這修築關墻工完，各官勤勞可嘉。蘇祐賞銀二十兩、紵絲二表裏。欽此。"欽遵。於嘉靖二十五年四月初五日，該禮部差吏王通齎到欽賞銀兩、紵絲表裏到臣，除望闕叩頭祗領外，竊惟皇威無外，固無限於華夷；帝制宅中，當先嚴其閫閾。頃以治安之久，少弛兵防；遂致關塞之間，載惟虜患。至厪宵旰，用警風塵。言念紫荆等關，近切畿輔，四惟禦戎上策，貴在周咨。兼采蒭蕘，務堅臨關之壁；大裨戰守，爰發内帑之金。庸劣如臣，亦叨任使；曠鰥在念，勉效經營。乃半載計時，而諸關告績。夾城盤地，犄角之勢可因；遠塹連雲，憑陵之姦斯沮。是皆欽承睿算，衆志允孚，仰體廟謨，群工畢力者也。如臣因人成事，幸少罄乎微忱；豈敢貪天爲功，竊妄覬於大賚。兹乃叨蒙天語，褒嘉發自綸音；猥荷聖恩，蕃錫啓諸貢篚。繡盤白豸，被躬焕精采之華；銀重朱提，在笥珎堅質之永。臣才謝纂組，質荷鑄鎔，百鍊不磨，圖礪如金之範；十襲自寶，期弘挾纊之施。伏願玉燭載調，溥陽春於四海；金甌永保，拱清穆於萬年。臣無任感激祝頌之至。

謹具奏聞。

防秋疏

據易州兵備副使陳爼呈稱："查得，紫荆、倒馬兩關所屬沿河等總大小隘口共九十八處，原額常守官軍共二千七百八十九員名。上年防秋，議添真定、定州、茂山等衛奏留春秋兩班京操旗軍并添調保定、河間二府所屬州縣民壯共八千八百八十三名，今歲防秋，酌量險易，各除常守官軍外，石港等口七十處原添防守軍壯六千七百四十名，應該照舊北將軍石等口五處原添軍壯三百五十名，山勢平湧，各增添數目不等，共該添二百五十名。東龍門等口二十三處原添軍壯一千七百九十三名，山勢險峻，各量減數目不等，共該減六百二十三名。通共實該用八千五百一十名。各衛班軍先撥琉璃河做工，已於四月内放回，聽候防秋應用。合無仍用班軍，庶爲便宜。"等因。及據井陘兵備副使王崇呈稱："龍泉、故關、錦繡堂等礙口各常守、防守軍操壯勇，似已足用，不必再添，以滋靡費。"等因各到臣。

卷查嘉靖二十四年閏正月内，准兵部咨，該前巡撫右僉都御史鄭重題爲周邊防以禦虜患事内一款，各衛春秋兩班京操旗軍、河間等三衛、茂山衛、定州衛、真神二衛，嘉靖二十二年三月内，該前巡撫右副都御史丁汝夔題奉欽依："暫留防守。"嘉靖二十三年正月内，准兵部咨，該成國公朱希忠題爲玩法官軍慣猾脱班致虚營伍乞恩查究催取赴京以壯國威以隆軍伍事，題奉欽依："俱赴京操。以後雖有警急，不許奏留，備咨通行。"欽遵外，爲照前年虜犯山西，去畿輔尚遠，班軍之留似亦可緩。今年則直趨内地，幾破重關，存留班軍，以防禦隘口，正所以鞏護京師，非以自衛也。況警急之際，不免奏發京營人馬，今年則并發數枝，與各衛班軍之數相當矣。事機既急，然後奏請，則每在事後，不如將前衛分班軍盡數存留。等因。該本部覆議，將近關真定、神武、定州、茂山等四衛春秋兩班官軍，聽其暫留，分佈防守。其河間、瀋陽三衛官軍，離邊稍遠。況係京操重務，似難悉聽存留。等因。題奉聖旨："准議行。欽此。"欽遵。

又爲前事，該臣同巡按御史裴紳、胡植、袁鳳鳴會題，倒馬關新設參將，插箭嶺改設守備，各缺統領正軍。該兵部覆議，於真神二衛奏班軍内暫時從宜照數存留，分撥防守。防秋事畢，另議經久之計。等因。題奉欽依，各備咨前來。已將神武右衛班軍一千一百六十五名撥發倒馬關参將盧鉞，真定衛班軍六百名撥發插箭嶺守備趙承懋，各統領征操。其真定衛餘剩班軍六十三名并定州衛班軍二千九百七十六名，茂山衛班軍一千三百六十八名，俱分發前項隘口，尚不足數，又於保定、河間二府所屬州縣新舊民壯内摘調四千四百七十六名湊數，協同防守，事畢掣放訖。隨該臣查得，倒馬關參將、插箭嶺守備各缺少統領旗軍，議將真定、定州二衛備冬操餘并真定衛採草餘丁共一千九百八十名，俱改充正軍，撥給統領征操。題奉聖旨："兵部知道。欽此。"該本部覆議，題奉欽依，備咨到臣。

除已行揀選撥發外，近該臣歷閲關隘，看得禦虜之道，以守爲上。分佈防禦，不容少緩。但先年未修墻塹，官軍無所資籍，日議增添。適今邊垣已固，似有依憑。若夫防守缺人，與調集過多，不惟費用不給，抑且壅積無用。况事忌因循，而政有損益。案行易州、井陘二道及副總兵成勳，會同查勘各關隘口，酌量險易。要見某口緊要，原有防守官軍若干，合再議添若干，應該調撥何處軍壯；某口静僻，原設官軍或已足用，或尚有餘，應該減調，酌擬開詳。去後，今據前因，爲查上年防秋，題奉欽依，准留前項衛分班軍專備防守。續因倒馬關新設參將，插箭嶺改設守備各缺，統領正軍，議於存留班軍之内，照數暫撥征操，以致關隘防守不敷。又將保定、河間二府所屬州縣民壯并河間等三衛守城操餘内調撥湊數，協同防守。但民壯之役多係田野之民，素非練習之藝。時緣秋迫，事起權宜。今照各衛班軍原撥琉璃河做工，已經放回，時近防秋，相應題請。伏望皇上軫念邊關重地，防守缺人，乞敕兵部早爲查議，合無將真定、神武、定州、茂山四衛，衛春秋兩班旗軍共六千五百七十八名，照舊准留。防守不足之數，仍於河間等三衛操餘併保定、河間二府所屬州縣民壯内酌量調撥湊補。其餘聽各州縣存留守城，庶關隘得素習之兵，而州縣免加派之困矣。

謹題請旨。

條陳邊務以裨安攘疏

准都察院咨，准吏部咨，該吏科等衙門給事中等官李文進等條陳前事，該本部覆議，合候命下本部，移咨都察院轉行各邊總督、撫按等官，會同速將各該守巡以至守令、管糧通判等官嚴加綜覈，指實參奏前來。除貪汙官員本部請旨罷黜，其可留任用者，查其資望，相應量陞本處，以責後效。其策勵不前，或才非所宜者，應調應降，通行查處員缺，另行選補，勒限赴任。若果矢心畢力，建立邊功，或安養休息，蘇息民困，節財裕用，振勵清白，仍聽總督、撫按等官具奏薦揚，容臣等題覆，不次超遷。等因。題奉聖旨：“是。欽此。”欽遵。備咨到院，轉咨到臣。

會同總督宣大偏保等處地方軍務兼理糧餉兵部右侍郎兼都察院右僉都御史翁，巡按直隸監察御史傅鎮、馮璋，議照給事中等官李文進等建議，意蓋慎重邊鎮，以裨安穰。故欲簡擇人材，而加黜陟。查得，真定、保定、河間、順德、廣平、大名，地切畿輔，本與邊鎮不同。但以連年虜肆侵陵，遂成日戒，增屯廣戍，積草運糧，畿内之民，勤動日棘，兼以壤接諸關，邊腹參錯，軍民衆職，責任實難，選擇之慎，是誠異於往日矣。除巡按御史胡植、裴紳、袁鳳鳴近日已將所屬各官甄别賢否，各行舉刺，如易州兵備副使陳爼、易州知州李福已奉有欽依，起送赴部聽調；大名兵備副使李冕尚未到任，及各府佐貳、清軍、管馬、理刑、巡捕并腹裏州縣等官，原未開載，不敢槩論外，其邊關職務自兵備副使以至管關、管糧通判，固有專司，其各府掌印五官與各臨關要路州縣正官，專責綜理地方經營，而邯鄲一縣又當要害，積餉屯兵，責任所繫，俱非尋常。各該官員似應一體甄别，以示勸懲。查訪得，井陘兵備副使王崇，事體練達，操守端嚴，處事每當乎人心，防守大裨於邊政，蓋遠到之器，實大受之才，此其勞績甚著，相應不次超擢者也。天津兵備副使朱鴻漸，操持儉慎，能相疲弊之時；才識精詳，有補兵防之政，此於邊事贊理勤勞，似應循資擢用者也。真定府知府李延馨，心性質直，而與人無諂；政事勤謹，而所守亦端。保定府知府余鍹，蔄質存心，而行無矯僞；儆以御吏，而事亦修舉。河間府知府丁以忠，政事通敏，處繁劇而善於劑量；操持謹嚴，臨事務而勤於分剖。廣平府知府唐曜，文學足以飭吏，而譽著循良；政事務在宜民，而下知懷畏。大名府知府陳錠，行端守約，質雅政勤，初政甚得民心，去守不得專美。順德府知府蕭體元，政體詳慎而事多報完，志行廉平而民亦允服。以上俱賢能昭著，相應薦留，以俾時政者也。真定府管糧通判劉朝麒，純實不失之迂，勤敏可達之政。管關通判武宣，文學尚足潤身，詳慎亦能應務。保定府管糧通判左翼，材性勤敏，政事疏通。河間府管糧通判劉雲鴻，存心簡易，而亦慎操持；督賦公平，而尤能詳審。順德府管山口通判李天倫，政尚嚴明，事本練達，盜賊屏息，邊務克修。廣平府管糧通判張倌，精明之政，練達之才，督修諸關，尤多著績。以上俱才識兼優，俱應存留，以備同知、知州之選也。高邑縣知縣鄭天行，青年學富，甲榜遺才，廉慎公勤，邑令出色。靈壽縣知縣羅章，才可有爲，而守亦知謹，縣無廢事，而民亦相安。井陘縣知縣卜應亨，才識敏達，操守謹嚴，貢途之中，亦其難得。安肅縣知縣趙棡，器識通敏，操守謹嚴，政無擾民，邑無廢事。清苑縣知縣李尚智，性行雅飭，而初政能勤，志向端嚴，而前途可望；高陽縣知縣谷中虛，青年雅行，見資之美，愛民守己，見政之成。淶水縣知縣張全，持身謙謹，而守亦無失；臨民平易，而才亦有爲。沙河縣知縣任環，果達之才見之政，謹飭之行信於人。邯鄲縣知縣董威，舊邑民有去思，調任政多議處，地方有賴，允稱賢良。曲陽縣知縣周寅，悃愊無華，操持不苟。以上皆才守克稱，所當久任，以圖永效者也。定州知州吴夢陽，性行抑畏，政事廉勤。獲鹿縣知縣沈寵，事體安詳，政務修舉。平山縣知縣冉崇儒，練達之才，勤敏之政。行唐縣知縣李仁，人本朴實，政亦循良。臨城縣知縣劉㫦，志欲有爲，而間失詳妥；守則無議，而亦有可稱。慶都縣知縣陳鯤，純篤之資，循良之政。唐縣知縣王國生，資性謹畏，政事和平。定興縣知縣王崇學，以賢能而調任繁難，驗力量而足勝制應。新城縣知縣張仁，舊任蠡縣，才力已徵其有爲；今調新城，勤慎日見其可與。完縣知縣閻文貴，初政有聲，地方可賴。邢臺縣知縣劉仕楨，宅心平易，動履從容。以上亦俱應存留，以需幹濟者也。保定府管關通判王質，資近朴實，政俟幹理。滿城縣知縣陸元吉，性資温雅，政事因循。新樂縣知縣侯仁，人本老成，政俟振作。内丘縣知縣戈裕，才綿心瘖，衝劇難勝。但俱歷任尚淺，似應姑留，以責後效者也。贊皇縣知縣錢世資，願告致仕，相應准放。如蒙乞敕吏部再加查訪，如果臣言不謬，將王崇不次超擢，朱鴻漸循資陞轉，李延馨等俱留久任，王質等姑留供職，錢世資致仕，庶應懲勸不失，地方有賴矣。

謹題請旨。

條陳邊務以裨安攘疏

准兵部咨，該吏科等衙門給事中等官李文進等條陳前事，該本部議覆，合候命下，通行各鎮總督，會同各該撫按官再加嚴行精選，某可久任，某可更調，某才武不堪可降處之，某貪婪有跡可罷黜之，仍將該鎮謀勇出衆，膂力過人，守爲俱優，地方相宜者，疏名指實，會薦前來，以憑更代任用。等因。題奉聖旨："准議行。欽此。"欽遵。備咨到臣。

會同總督宣大偏保等處地方軍務兼理糧餉兵部右侍郎兼都察院右僉都御史翁，巡按直隸監察御史傅鎮、馮璋查訪得，鎮守保定等處副總兵成勳，才守兼優，謀勇素著，緩急可與圖事，而志在立功；寬嚴不至失宜，而行能服衆，已該臣保留，奉有欽依久任外，如分守故關參將錢濟民，守己端嚴，處事詳審，善撫馭而下人無怨，論機畧而大用亦堪。紫荆關參將程棋，才堪驅策，務亦疏通，修邊塹驗其督率之勤，革商税取其改勵之善。倒馬關參將盧鉞，器識老成，心常存乎抑畏；戎務修舉，官可稱其偏裨。真定守備崔官，壯貌雄偉，弓馬熟閑，取其才見衆務之舉，極其選當一面之長。插箭嶺守備董光祚，器度雄偉，騎射絕倫，先任馬水口把總，已見作爲；今轉插箭嶺守備，亦孚衆望。馬水口守備杜漸，年力精壯，才識優長，操守聞其謹嚴，關隘見其修整。浮圖峪守備高輅，人品老成，事體練達，修築盡謀劃之力，防守禁爲暴之姦。故關把總汪大川，器度端雅，操持謹嚴。馬水口把總張承恩，年力方强，志向亦慎。龍泉關把總胡宗舜，人本精壯，才亦警敏。倒馬關把總蔣譚，才可有爲，事亦知謹。紫荆關把總薛昂，遭頓挫而志不懈，才固近優；精騎射而職亦修，年惜近邁。以上俱應存留責成，以裨安攘者也。内錢濟民可備副將之選，崔官、董光祚、杜漸、高輅可備參遊之選，汪大川可備都司之選，張承恩、胡宗舜可備守備之選，程棋、盧鉞、蔣譚、薛昂照舊供職。大寧都司署都指揮同知馬陽輝，才識練達，政事疏通。署都指揮僉事丁時，才力可與有爲，操持見其振勵。徐文奎，器識老成，戎務歷練。杜承勛，器度詳雅，而識見亦優；操持謹嚴，而戎務克舉。是皆軍政有裨，亦宜存留，以責後效者也。内馬陽輝、杜承勛更堪參遊之選，與錢濟民等似宜循資擢用。河間守備殷禮，到任甫及兩月，未見所長，亦應留用，以觀其後。如蒙乞勑該部再加查訪，如果臣言不謬，將錢濟民等遇缺陞用，程棋等俱留久任，庶戎務得人，而安攘有賴矣。

謹題請旨。

改掣參將住劄以便防守以利策應疏

據整飭井陘等處兵備副使王崇呈，勘得次溝添設守備，事干兵馬、錢糧，必須行府查議區處停當，報日另行呈達外，所據故關參將住劄井陘今欲改掣真定一節，相應先行查議。切照添置參將，本爲真定所屬龍泉、故關與順德府所屬錦繡堂一帶開口而設，若令駐劄井陘，則偏在故關一隅，而與龍泉、順德相去太遠，又皆山路，難於策應，莫若移之真定爲便。蓋真定四達之區，于各口爲適中之地，一有警報，北可以趨龍泉，西可以趨故關，南可以趨順德，且與備禦紫荆、倒馬總兵人馬多在保定駐劄事體相同，而真定之去故關等口，道路尤近，相機策應，諸無礙難，此地勢之所甚便者也。至於軍馬住在井徑，四皆山谷，米菜價高，馬草尤貴，月糧八斗，委是不彀盤纏，而父母妻子升合無所需賴。若使移之真定，不惟通衢物賤，易以營生，而共爨同居，自然省事。萬一欠缺，借貸有人，安土樂生，雖苦不覺。每歲防秋之際，盡督赴關，而事勢既寧，掣回真定操練，此人情之所甚便者也。況真保二府，畿甸重鎮，保定既有總兵，今真定復有參將，則彼此嘯兵，互相犄角，平時則聯絡聲勢，足以拱護，京師有事，則策應機宜，可以邀擊邊寇。本院原題事理，委屬相應，無容别議。及照參將移置府城，大小衙門雜處，朝夕接見，嫌厭易生，少有瑕隙，不無違拗，以致誤事。所據體統文移，必須畫一，然後相安，劄垂可久。除文職外，查得，參將所部馬步官軍二千餘名，俱係真神二衛屬下。今後凡有逃故勾取項軍務，聽參將衙門行移該衛掌印等官，即與施行。其文移體式、接見禮儀，自守備以下，悉照《諸司職掌》，彼此相遵。

再照前項軍人二千名，先因駐劄邊關，終歲勞苦，告要比照紫荆、倒馬二關軍人月支一石事例，每月添與糧米二斗。今議掣回真定，内除一千九百名月糧，俱各照舊八斗，不必加添外，惟有軍人閻得等一百名先爲常守軍人乞討增糧以便養贍家口事，該本道呈，蒙撫按巡關衙門批允，常川居住故關盤詰守把各軍，將帶家口，終歲邊關，别無生理，所據前項月糧，相應加添二斗，以足月支一石，養贍家口。況紫荆、倒馬軍人本色月支一石，折色上半年六錢五分，下半年四錢五分，今故關折色止是三錢二分，又每年止有二三箇月本色，其餘俱係折色，窮軍養贍家口，委的不敷。且有紫荆、倒馬一般邊軍成例，委宜比照優處，庶得安生，免致逃竄。合無通併查議。等因到臣。

據此，案照，先准兵司咨，該巡按直隸監察御史袁鳳鳴題前事，該本部看得，題稱故關參將駐劄井陘，甚非原議設官之意，今欲改製真定適中之地，四達之區，平時則聲勢聯絡，有事則鎖鑰上遊，且士馬月糧、草料，便於餧養。又稱吴王口之外，地名次溝村，接連扒背、銀河、蓮子等處山場，各産礦砂。四外流民開打礦洞，雜處奸細，往來要害之地。近因礦徒爲害，已將巨惡問罪，見有入官房屋千百餘間，悉可改作官軍營房。誠於此時將原設真定守備改鎮次溝村地方，授以責任住劄外，可以重固關口，内可以坐制礦徒。又欲與真神二衛調發精鋭班軍一千員名，聽其統領，及時將真定守備衙門原有馬一百匹，亦聽騎用，轉移之間，俱不費處。及劾稱見在守備指揮崔官不堪任事要行慎選各一節，除將守備崔官另行外，爲照改設將領係干軍務，必須人情地勢兩得其宜，方可舉行。况事在彼中，未經撫按會議，本部難以遥度。合咨前去，煩爲會同巡按、兵備等官親詣所擬地方，悉心籌度應否改移添設，務要處置得宜，經久可行，裨於邊方，逐一計處停當，具奏前來，以憑酌處，奏請施行。等因。備咨准此，已經會案，行仰該道勘議。去後，今據前因，臣隨會同巡按直隸監察御史傅鎮，議照次溝地方添設守備，摘撥班軍，事體重大，除候該道勘議，至日另行題覆外，爲照參將之設，本爲守禦故關及策應龍泉等處，俱僻居山鄉，人稠上堵，官軍棲插不便，馬匹牧養尤難。且于龍泉關、錦繡堂地里險阻，策應多遲。今擬改掣真定適中之地，人情、事體委實相宜。及照真定原設守備官員提督真定、神武、定州三衛官軍及管理武功、騰驤二衛屯政，操練軍馬，修理城池，緝捕盜賊，關防奸宄，職掌事宜，敕諭具載，遽欲付之參將兼理。然參將之職，策應截殺，隨事向往，顧此失彼，勢所難周。合無將參將改住真定，以便安養人馬，以利策應。兩關原設守備照舊存留，專理本務，庶幾内外有顧，彼此無妨。該關常守軍人閻得等一百名，亦照紫荆等關邊軍事例，每月給糧一石，會計加派于真定府倉庫，一體關支，以示優厚戍卒之意。如蒙乞敕兵部再加查議，俯賜施行。

謹題請旨。

地方災傷疏

據河間府所屬靜海、肅寧、河間、任丘、獻縣，保定府所屬安州、慶都、束鹿、高陽、博野，真定府所屬深州、定州、新樂、武强、饒陽等州縣各申稱："去冬無雪，今春三月初旬方得微雨，二麥正當吐穗。忽被蝗蝻生發，遍境殘害，民不堪命。小民竭力佈種，秋禾似有可望。不意六月以來，又被猛風驟雨，連朝不息，兼以山水泛漲，衝决各處口岸，平地積水如湖，渰没田苗，居民房屋墻垣傾倒殆盡，老幼男婦哭聲盈野，無所仰望。該年起存秋糧馬草、莊屯子粒等項錢糧從何輸納，乞賜轉達分豁。"等因。及據祁州、新安、雄縣、安肅、新城、容城、清苑、蠡縣、深澤、定興、滿城等州縣，保定左等衛各申報水患災傷，并保定府所屬慶都等縣，河間府所屬靜海等縣，真定府所屬深州等州縣，順德府所屬任縣等縣，大名府所屬魏縣等縣，廣平府所屬永年等縣各申繳打捕過蝗蝻，支給過粟穀數目緣由各到臣。

案照，先據慶都等縣申稱："蝗蝻生發，恐致滋蔓。就經案行各府，轉行各該州縣，委官督率，多方打捕，仍給示小民有能捕蝗一斗送官者，即於預備倉支穀一斗給賞，俾小民因得穀之利，而力於打捕，事寧將給過穀數，造册繳報查考。"去後，今據前因查得，順德、廣平、大名三府所屬州縣被災地方豐熟參錯，通融計算不及分數，就經行令各府，將該徵錢糧酌量輕重分派，少示優恤。今會同巡按直隸監察御史馮璋、傅鎮議照所屬地方始被蝗蝻爲害，設法撲捕，稍報驅除。而真定、保定、河間三府境土相連，州縣地本低濕，下通九河，易成渰没。六月以來，大雨異常，更遭水患，目擊耳聞，實俱真切。除安州、新安等州縣地勢尤低，災患更甚，連年荒歉，民不聊生，督行該府先量查處賑恤，并行各府委官將已報續報州縣衛所分投踏勘，查照勘災體例，分别水災、蝗災，定擬明白，覈實造册，另行具奏外，謹具題知。

緊要邊關隘口乞添把總軍士以防虜患疏

據總理紫荆等關兵備副使艾希淳呈稱："會同紫荆關參將程棋，督同浮圖峪守備高輅等勘議得，紫荆關沿邊屬隘，外逼宣大二鎮，内鞏畿輔地方，節年修整頗嚴，分防周密，在口有戍守之兵，駐劄有策應之卒，内外專防，而首尾相應。惟白石、葫荄、寧静安三口俱孤懸西隅，白石口係賊大舉要路，葫荄、寧静係通人馬緊要小徑，内連完、唐二縣，易州地方，外近廣昌、靈丘、蔚州等處。嘉靖二十三年十月内，虜寇擁衆直犯各口，寧静安又近伍虎嶺，即前代舉兵入寇之路，各口委極衝要。白石口止有軍七十六名，葫荄口軍二十五名，寧静安口軍二十七名，因地廣，兵馬不敷分佈，委屬單弱。白石口設管總指揮一員，葫荄、寧静二口俱千百户守把，亦各統馭無權，俱似應添，不可少省。紫荆關總攝諸隘，應援各口，先年已設有參將一員，奏留保定旗軍二千名，跟隨參將往來調度截殺。續後，因虜賊犯境，於奏留旗軍數内摘去馬水口一千名，烏龍溝五百名，各在彼專守。該關遺有五百名，且守援不敷，緩急何恃，似亦應添，尤不可少省，欲便通融調撥，緣口隘有小大不同，常守有多寡不一，并無多餘。及應調軍士近年防秋，因兵力不敷，節經奏留茂山衛春秋兩班旗軍一千三百六十一名，分佈口隘，併力防守。緣各軍原不係常守之數，止是防秋，故在家既有正糧，在口又有行糧，就將前項防守班軍暫改常守，各照數分佈前口，是以常請之兵而戍急守之地，且地有專兵，而軍有固志，糧草不惟免于增添，行糧抑又得以省費，事體通，人情便，特在轉移之間耳。如准留茂山衛旗軍一千三百六十一名，增添白石口四百二十四名，與常守軍七十六名，湊足五百名；添葫蘆口一百七十五名，與常守軍二十五名，湊足二百名；添寧靜安一百二十三名，與常守軍二十七名，湊足一百五十名。將紫荆關原設欽依把總指揮一員改設白石口把總，提調葫蘆、寧靜等口，本關仍摘撥馬二十匹給白石口軍士領養，專爲有警傳報，庶隘口兵卒充實，聲勢聯絡，仍將餘剩班軍六百三十九名添補紫荆關，與原有軍五百名，共一千一百三十九名，揀選驍勇指揮二員，充爲管總、把總名色，管領團操，跟隨參將緊急隨宜策應，庶隱伏軍機，緩急有濟。各官月糧原在易州倉食糧，撥在白石等口軍七百二十二名，分撥浮圖峪倉，撥在紫荆關軍六百三十九名，分撥新城倉，各就便隨倉關領冬衣、布花，仍照紫荆關軍士委官赴易州庫查支轉運給散。後遇邊境綏寧，地方安妥，前項兵馬照舊班操，合候奏請施行。”等因。

及准鎮守保定等處地方副總兵成勲手本，前事勘議相同。准此，案照，先准兵部咨，該巡按直隸監察御史徐祚題稱：“紫荆關白石口内接完唐二縣，危城孤立，係賊大舉要路。嘉靖二十三年間，賊曾侵犯，幾乎失事，此宜添一把總，再增軍四百二十四名，以足五百名之數，撥給馬二十匹，庶幾此口可守，而地方有頼矣。至於葫蘆口乃通人馬緊要之小路也，宜增軍一百七十五名，以足二百名之數。寧靜安亦通人馬緊要之小路也，宜增軍一百二十三名，以足一百五十名之數，庶幾二口可守，而地方有頼矣。又查得，紫荆關參將原領人馬二千名，隨時調用，以備不虞。近於嘉靖二十三年十月内，因虜賊犯境，馬水口設一守備，撥去人馬一千名，烏龍溝設一把總，撥去人馬五百名，而該關參將員下則止有五百名，萬一地方有事，實不足以備調用。而况紫荆關地勢平曠，粤考歷代以來，賊曾大舉三出，較之他關尤爲要緊者也。伏望皇上軫念邊關重地，乞敕兵部亟行巡撫都御史，早爲議處施行。”等因。奉聖旨：“兵部知道。欽此。”欽遵。

該本部看得，題稱紫荆關之白石口係賊大舉來路，葫荄口、寧靜安係通人馬緊要小路。又查得，馬水口、烏龍溝分減紫荆關參將原額人馬，各要添設把總，增置軍馬，議奏前來。爲照西關一帶地方本係腹裏，先年止設參將一員，近年改爲副總兵，紫荆、倒馬故關各設參將，居庸亦設分守，又於各隘口添設守備、把總等官，隨各增置軍馬。今年四月内，又該巡撫都御史蘇奏添倒馬關官軍一千二百名，前項兵將錯布，比舊似爲加密。今據所奏，關隘之險要，守兵之減少，欲得添官增兵，無非籌邊至意。若使兵糧應手，豈非所願。然兵力分於地廣，增置固難，而添兵知必添糧，尤爲不易。原奏欲行巡撫，早爲議處，蓋亦有見於斯。爲此合咨前去，煩爲會同鎮巡官督同參守等官從長計勘，某處兵馬必須增添，要見糧餉草料作何措給，某處關係稍輕，兵可少省，應否通融調撥，就便議處停當，具奏定奪。等因。准此，已經會案通行查議。去後，今照前因，臣會同巡按直隸監察御史馮璋議照，紫荆關所屬白石等口地勢平曠，官軍寡弱，不敷守把。該關參將所領人馬分減，防御不足原數，是以每遇防秋之時，必先奏請添兵防守。雖暫可集事，而終異遠圖。況戎虜姦黠，窺伺無常，而臨時調防，不無煩費。今該御史徐祚親臨閲視，思患預防，實急先事之圖。但設官增兵，糧餉隨之，亦嘗并爲酌處。所據副使艾希淳、副總兵成勲議，留茂山衛班軍分撥各口守禦，并添補參將統領，及改移紫荆關把總於白石口住劄，軍不新添而糧有原額，委屬相應。再照班軍操備，所以護衛京師，而紫荆關防，實京師鎖鑰，堂奥門户，緩急相須，又自較然。況茂山衛去關不滿百里，省費足兵，便無踰此。伏望皇上軫念地方疲憊，軍馬難處，乞敕兵部再加查議，准將茂山衛班軍存留紫荆關併各口，常川防禦，仍將該關把總改註白石口住劄。其胡荄、寧靜二口及參將下把總、管總官員，聽臣等於所屬衛分指揮内定委管理，及將該關騎征馬摘撥二十匹給白石口軍領養，以備傳報聲息。如此，則公私不費，而軍馬益充；備禦周詳，而戰守有賴矣。

謹題請旨。

斬削偏坡以阻虜患疏

准鎮守直隸保定等處地方副總兵都指揮僉事成勳手本，行據紫荊關參將程棋呈開：“（身）［自］白石口總下羊圈子口迤西，接插箭嶺地方黑石溝起，至烏龍溝總下虎張石口，接金水口界黄安嶺至支鍋石口止，斬削偏坡共長一萬六千二百二十五丈二尺。”倒馬關參將盧鉞呈開：“自插箭嶺總迤東，接紫荊關所轄白石口總下羊圈子口迤西起，至吴王口總下羊馬樓止，斬削偏坡共長一萬三百八十八丈五尺。”各工完緣由開繳到臣。

據此，案照，先准本官手本開稱：“紫荊、倒馬兩關所屬白石等口一帶山坡平漫，北接大同、廣昌地方，南通完、唐二縣，先年曾經大舉侵犯，極爲要害，遇警實難阻遏。合行各路參將、守備、把總等官，督同各該守口官員，就將本口食糧軍士，除馬軍餧飼馬匹，專備征操，步軍除守墩外，其除盡數查出，分爲兩班，選委素知修工千百户等官管領，每半月一次更换，并力用工，斬削偏坡，壁立深陡，以資保障。”等因。

准此，看得，防邊要務，批行千總署都指揮僉事王芝，轉呈副總兵衙門，依擬施行完報外，又該臣親歷各關閲視得，原修邊墻已多完固，間爲雨水衝塌，隨時修補。但三關隘口，地里延袤，邊墻内外，委多平湧，山勢糾紛，尤欠聯絡。又經督行参守等官依形據險，斬削偏坡，務要壁立深峻，堪以阻遏虜馬，通取各口丈尺數目，繳報查考。去後，今據繳到，爲照用兵之道，莫出戰守，御虜之策，防守爲先。是礪兵抹馬，固當常懷敵愾之心；高牆深塹，亦足自銷窺伺之意。蓋以黠虜去來無常，勢難追逐。若夫據形制勝，守有依憑，亦禦虜之一策也。且當防秋之際，併力用工，既未勞民，況有本等行糧，亦無加費。是皆仰體皇上神武不殺之心，少裨邊防戰守之務者也。除造册咨送兵部查考外，謹具題知。

預備防秋客兵錢糧疏

據總理紫荆等關易州兵備副使艾希淳呈："據保定府易州、淶水、完、唐等州縣及紫荆等關新城、浮圖、陸謽、新興、軍儲、軍城等倉場各開報嘉靖二十五年正月起至本年十一月終止，原備并已支及支剩見在倉場預備客兵糧料、草束數目。"

及准户部監督主事陳天祐手本開稱，卷查上年，先該本部主事曾茂卿查議，紫荆、倒馬等關新城、浮圖、陸謽、新興、軍儲、軍城六處倉場俱係緊要客兵防秋駐劄之地，俱以五箇月爲期。今年閏九月，應以六箇月預備，當從少減，仍照上年，以五箇月爲期。易州、淶水、唐縣、完縣又係近關客兵分駐處所，集聚兵馬多寡，亦應二箇月爲期，預備四箇月糧草支用。其定興等倉場止係兵馬經過之處，各見在糧草足彀支用外，查得，紫荆關新城倉見在粟米七百一十二石六斗三升七合七勺五撮，見運未完米一千二百四十八石八斗七升四合二勺九抄五撮，共米一千九百六十一石五斗一升二合。見在黑豆一萬二千六白二十六石五斗二升九合，見運未完豆二百四石三斗一升九合，共豆一萬二千八百三十石八斗四升八合。見在穀草七十四萬八千二百五十三束八釐，見運未完草四萬七千二百二十二束五分，共草七十九萬五千四百七十五束五分八釐。今以官軍八千員名，馬七千匹計算，應該再備粟米一萬六千三十八石四斗八升八合，黑豆一萬八千六百六十九石一斗五升二合，穀草二十五萬四千五百二十四束。浮圖峪倉見在粟米二千三百八十七石六斗五升五合，見運未完米六百三十六石九斗六升八合七勺，共米三千二十四石六斗二升三合七勺。見在黑豆二千六百五石三斗一升七合，見運未完豆一千一百四十一石二斗一升，共豆三千七百四十六石五斗二升七合。見在轂草一十六萬七千八十三束，見運未完草四萬七千六百八十七束，共草二十一萬四千七百七十束。今以官軍七千員名，馬三千匹計算，應該再備米一萬二千七百二十五石三斗七升六合三勺，黑豆九千七百五十三石四斗七升三合，轂草二十三萬五千二百三十束。陸礬倉見在粟米三千九百一十九石八十九升五合。今以官軍三千員名計算，應該再備米一千八百三十石一斗五合。倒馬關新興倉見在粟米四千九百三十六石八斗五升四合，黑豆一萬三千三百八十五石三斗九升一合，轂草三十八萬六千五百二束。今以官軍三千員名，馬二千匹計算，除豆草彀用外，應該再備米一千八百一十三石一斗四升六合。插箭嶺軍儲倉見在粟米三千三百六十九石六斗二升四合，黑豆七千七十六石九斗四合，轂草一十七萬一千六百四十六束。軍城倉見在粟米四千四十七石六斗六合，以陳易新米二千五百六十一石七斗三升，共米六千六百九石三斗三升六合，黑豆七千二百二十三石四斗七升三合，轂草一十萬三千三百三十七束。二倉俱以官軍一千員名，馬五百匹計算，足彀支用。易州倉見在粟米三千一百七十七石九斗二升，見在豆九百石，見在草九萬一千八百一十二束。今以官軍三千員名，馬三千匹計算，除米轂用外，應該再備黑豆四千五百石，轂草八萬八千一百八十八束。淶水縣預備倉塲見在米三百八十六石三斗八升五合，黑豆五百八十八石七斗八升六合，轂草二萬六千三百九十三束。今以官軍一千員名，馬五百匹計算，應該再備米五百一十三石六斗一升五合，黑豆三百一十一石二斗一升四合，轂草三千六百七束。唐縣預備倉塲見在米三百七十七石六斗六合，黑豆一千三百一十二石六斗二升一合，穀草一萬二千二百七十八束。今以官軍一千員名，馬五百匹計算，除料豆㲉用外，應該再備米五百二十二石三斗九升四合，穀草一萬七千七百二十二束。完縣預備倉場見在粟米三百二十二石六斗，黑豆五百一十二石四斗二升，穀草一萬四千八十三束。今以官軍一千員名，馬五百匹計算，應該再備米五百七十七石四斗，黑豆三百八十七石五斗八升，草一萬五千九百一十七束。涿州倉場見在米八十三石八斗五合，穀草三萬一百八十束。今以官軍四千員名，馬一千匹計算，應該粟米七千一百一十六石一斗九升五合，黑豆三千六百石，穀草八萬九千八百二十束。以上各該倉場共該再備粟米四萬一千一百三十六石七十二升，黑豆三萬七千二百一十一石四斗一升九合，穀草七十萬五千一十一束，米豆草價照依時估，大約用銀七萬餘兩，俱係從減扣算應備數目，誠宜預爲召買，庶儲蓄有備，臨時不至窘急。各等因到道。

爲照新城、浮圖、陸礬、新興、軍儲、軍城等倉場俱係緊要關隘，客兵駐劄防守；易州、淶水、唐、完等州縣倉場又係近關客兵分駐處所，其新城等六倉錢糧，應以五箇月爲期，易州等四倉錢糧，應以二箇月爲期。除軍儲、軍城二倉錢糧足用外，各該倉場支剩不敷，俱應預備，前項計算之數，亦從少減。及查得，嘉靖二十四年正月内，請發銀七萬兩。本年七月内，又發銀四萬兩。本年原發數多，故積有餘剩。嘉靖二十五年止請發銀四萬兩，原發數少，故支剩隨少。又因河南官軍三千員名，山東一千員名，調來涿州駐劄，原撫請發銀兩，監督主事衙門亦將發到前銀四萬兩内給發折乾，以致見在支剩數目愈少。況閏九月又係要緊時節，故今年該備錢糧應用前項數目，乞爲預行請發，及時召買。等因造册。呈繳到臣。

案照前事，該臣查得，舊歲防秋，調發京營、河南及本處兵馬分佈住劄，防禦截殺，事寧掣放，經過住劄州縣關隘，倉場糧料草束費用已多。今歲防秋又當預處，已經案行該道，即查客兵錢糧原備若干，支給何處兵馬若干，尚有見在若干，大約可彀今年軍馬若干，幾箇月支用，如或不敷，應該再備若干，作何處置，查明詳報。去後，今據前因，爲照禦虜之道，足食爲先。所據副使艾希淳會同監督主事陳天祐查議，再備各該倉場糧料、草束已在斟酌，支存之數亦已明白。伏望皇上軫念邊關重地，糧料、草束、軍馬所需，勢不可缺。乞敕下户部議發銀兩，徑付監督主事，趂時分發糴買，運納各該倉場，專聽防秋客兵支用，庶儲蓄有備，臨警無虞。

謹題請旨。

防秋疏

據總理紫荆等關易州兵備副使艾希淳呈："准鎮守保定等處地方副總兵成勳、分守紫關参將程棋、倒馬關参將盧鉞各手本開稱，查得，所屬大小隘口今歲防秋兵馬，應照上年定擬分佈數目。無容再議。"等因。准此。

查得，上年防秋，紫荆、倒馬二關所屬隘口原有官軍民壯共一萬三千八百三十七員名，内指揮千百户陰醫、義散等官二百二十九員，保定漢達軍四千五百二十五名，定州衛班軍二千九百七十二名，真定衛班軍六百六十三名，神武右衛班軍一千一百六十五名，茂山衛班軍一千三百六十一名，保定府屬民壯一千四百九十名，河間府屬民壯一千八十二名，定州等四州縣民壯三百五十名。今歲防秋亦應查照原擬分佈，但原奏留茂山衛班軍一千三百六十一名，於嘉靖二十五年十月内，爲緊要邊關隘口乞添把總軍士以防虜患事，該巡按直隸監察御史徐祚題，該兵部備行本院，會同巡按直隸監察御史馮璋議擬具題，該本部覆議題奉欽依，撥發紫荆關并白石口常川住守，以致原數不敷。隨查得，保定左等五衛見在城操舍餘共二千三百三十名，合無於内挑選一千三百六十一名抵補前數，分佈防守。況前項班軍連年在彼住守，地里既熟，人心亦安，似應照舊存留。等因到臣。

據此，查上年防秋，官軍不敷，該臣議將真定、神武右、定州、茂山四衛春秋兩班京操官軍存留，分撥紫荆、倒馬等關隘口湊補防守。題奉欽依："准擬撥補。防秋事畢，掣放。"近又該臣查得，今歲防秋兵馬，相應預期定擬，就經牌行該道會議去後，今據前因，看得，兩關隘口防守兵馬上年已有定數，似應照舊分佈。但茂山衛班軍一千三百六十一名，已經改充常守，議於保定左等五衛城操舍餘内選撥湊用，似亦省便。所據真定、神武右、定州三衛京操班官，亦係上年存留協湊防守之數，乞敕兵部預期查議，准將真定、神武右、定州三衛班軍照舊存留防守，庶俾分佈及時，有備無患。

謹題請旨。

集衆論酌時宜以圖安邊疏

據總理紫荆等關兵備副使艾希淳呈，奉本院案驗，查得，保定奇正二營漢達官軍節年俱調赴紫荆、倒馬等關分佈防秋。因據關隘險要，故用馬步相兼，策應戍守。中間漢官軍止有馬二千五百匹，因不足用，又臨時達官軍舍兑領寄養馬二千四匹，事畢交還。今議將項數内摘撥官軍一枝，聽征調用，則紫荆等關分佈官軍數目既屬不敷，該營馬匹數亦不足，緣已經總督衙門題奉欽依，相應預先整備。況關外平曠，委非步軍所宜，而征調遠出，非資馬力不可。馬不素習，責效尤難。以故本鎮欲將原營馬匹專備紫荆等關防秋，另乞請給寄養民馬兑給官軍，預先操練，專候聽征，誠以責有所歸。事非得已，似亦不可不爲之處者。伏乞早爲酌議，請發民間寄養馬四千五百匹，給領官軍，專候調征。原營馬二千五百匹留備本處防禦。其合用草料，照依常年防秋兑騎民馬事例，備行户部監督主事衙門支給，庶事有預備，而臨事無虞。等因到臣。

據此，案照先准鎮守保定等處地方副總兵成勲手本，據奇兵營千總都指揮僉事陳翀呈抄，蒙本院案驗，准兵部咨，該總督宣大偏保等處軍務兼理糧餉都察院右都御史兼兵部左侍郎翁題前事内開，宣府防守兵馬集於西中二路，北路獨爲寡少，臨時擬發大同遊兵一枝，往來於交界陽和等堡駐防，及調保定兵馬一枝，駐劄趙川堡，專備西中二路，責與該鎮併守。等因。該本部覆議得，保定一枝地頗附近，似應俯從所請。但不必先期調遣，候有警急，聽總督官一面奏聞，一面徑調，庶不誤事。等因。題奉欽依，備咨通行，抄呈到鎮。除將保定奇正二營漢達官軍選定三千員名，行令奇兵營署都指揮僉事丁時、達官署都指揮僉事劉淮在於本處團操，聽候調用外，但前項官軍三千員，該正馬三千匹，馱馬一千五百匹，奇正二營見操止有馬二千五百匹。若不預爲請討，惟恐步卒臨期誤事。合無請發民馬四千五百匹，兑給官軍領騎聽調。原營馬匹，姑留以備紫荆等關。東西有警，策應截殺，庶不顧此失彼。等因到臣。准此，看得，奇正二營止有馬二千五百匹，借使盡行調發，數亦不足。紫荆等關策應截殺，亦當酌留。及查二營并定州、河間達官軍舍，每年防秋，見領寄養馬二千四匹，事畢，仍文還馬户餧養，原非常川操習。所據該鎮議請民馬預備調征，似不可緩。但增添馬匹、料草，隨之相應併爲議處，就經案行該道查議。去後，今據前因，爲照調兵本以防邊，習馬以備征戰，俱屬要務。如蒙乞敕兵部從長查議，如數給發，以便操習，以備調征。

謹題請旨。

緊急賊情疏

嘉靖二十六年四月初六日辰時，據大名兵備副使李冕呈，本年四月初二日未時抄，蒙巡撫山東何都御史案驗前事，照得，汶上縣人田斌等聽依妖僧惠金以白蓮教惑衆爲盜，今惠金雖已就擒，其餘黨尚未殄滅。見今在曹縣地方占據村落，虜掠居民。本院親率各路官兵協力攻圍，誠恐追剿窘迫，勢必星散奔逸。擬合就行預備。爲此仰抄案回道，著落當該官吏照依案驗内事理文書到日，即便選集官兵前來接境州縣分佈截殺，無使入境。事干地方，勢同唇齒，毋得違錯。未便抄案，依准呈來。等因。

蒙此，又准曹濮等處兵備道關亦爲前事，本年三月十四日，據鉅野、嘉祥二縣報稱，强賊陶岱、惠金、田斌等結聚人衆，流劫各縣鄉村，虜殺放火。等因到道。隨該本道親率官兵二千有餘，自鉅野地方隨路赶殺，賊至單縣地方，又有夥賊翟世先、謝漢等二起，投合一處，共約有二千人，在翟家樓住。本道一面招降，一面圍戰，殺傷賊數頗多，逃亡亦衆。至二十六日，賊聞各路大兵將至，起營往曹縣地方趙家樓占住。官兵追捕甚急，其鄰境河南、徐州兵皆壓境堵截，前賊漸有西奔之勢。接境東明長垣，係該道地方，理宜嚴兵隄備。爲此合行移關該道，煩爲早發精兵，不分雨夜，速來四圍剿捕，庶一枝盡擒矣。請勿遲滯。等因到道。准此，除本道見督大廣二府兵快義勇四千餘名，在於東明縣境上操練，嚴加隄備，分兵把截，聽候策應剿殺外，擬合呈報。等因到臣。

據此，案照本年三月[①]二十二日未時，據兵備副使李冕呈，本月二十日酉時，據東明縣申稱，本月十九日辰時，據本縣民劉

---

① 底本此處衍“三月”二字。

儀報稱，伊親劉大寶係山東曹州人，報有賊千餘人在秦灘集放火殺人，將本州快手殺傷四十餘人，聲息甚急。本縣東南界上居民與曹州鄰近者，盡數避走入城。緣係緊急賊情，事理宜合飛報。等因到道，轉呈到臣。與山東接境，賊勢猖獗，恐致奔逸，就經批副總兵成勳、德州守備許壐、河間守備殷禮、真定守備崔官各整搠人馬，嚴加隄備，萬一賊衆突入，相機策應，併力勦殺。去後，今據前因，隨會同巡按直隸監察御史傳鎮議照前項賊勢逼近鄰境，雖經調集壯快數多，俱係民兵，且無盔甲、火器，恐賊衆突至，勢難堵截。今照分守故關參將錢濟民原領部下馬步軍二千名，近奉欽依，改製真定駐劄。隨經督行本官，選委神武右衛指揮賈儒、鎮撫杜楫統領有馬軍四百名，及行定州管達軍都指揮楊璋挑選達軍五百名，就於附近定州、新樂等州縣免給種馬，并運發火器，俱於本月初七日前去東明縣，會合該道人馬併力防禦。仍行副總兵成勳、守備殷禮，各將所部人馬整搠齊備，聽候緊急調發策應。臣亦即日起程前往該府駐劄調度外，謹具題知。

進繳敕諭疏

照得，臣前任大理寺右少卿，嘉靖二十四年三月二十四日，該吏部會題，奉聖旨："蘇祐陞都察院右僉都御史，巡撫保定等府地方兼提督紫荆等關。寫敕與他，即便緊去。欽此。"欽遵。臣隨詣闕謝恩，於四月初八日欽奉敕諭一道，臣稽首拜領起程，至本月十八日到任，欽遵敕諭内事理舉行外，今嘉靖二十六年五月初五日，准吏部咨，爲缺官事，該本部會官具題，奉聖旨："蘇祐陞本院右副都御史，提督雁門等關兼巡撫山西地方。寫敕與他。著上緊去。欽此。"欽遵。備咨到臣。隨望闕叩頭謝恩訖，所有原奉敕諭一道，理合進繳。

謹具奏聞。

奏繳符驗疏

照得，嘉靖二十四年六月十一日，准兵部順差都察院新撥當該典吏陳永齋到達字二十三號符驗一道，筒面開寫都察院右僉都御史蘇祐領達字二十三號雙馬符驗一道，硃紅漆皮筒一箇，巡撫保定等府陞調回還，徑自奏繳。等因到臣。當即望闕叩頭祗領收用外，今嘉靖二十六年五月初五日，接到吏部咨，爲欽官事，該本部會官具題，奉聖旨："蘇祐陞本院右副都御史，提督雁門等關兼巡撫山西地方。寫敕與他。著上緊去。欽此。"欽遵。備咨到臣。隨望闕叩頭謝恩訖，所有原奉符驗一道，理合奏繳。

謹具奏聞。

巡撫疏議卷之三

奉敕提督雁門等關兼巡撫山西地方都察院右副都御史臣蘇祐謝恩疏[1]

臣原任都察院右僉都御史巡撫保定等府地方，嘉靖二十六年五月初五日，准吏部咨，爲缺官事，該本部會官具題，奉[2]聖旨："蘇祐陞本院右副都御史，提督雁門等關兼巡撫山西地方。寫敕與他，著上緊去。欽此。"欽遵。備咨到臣。

本月十二日，據兵部原差監生汪綖賫捧敕諭一道，臣稽首拜領，隨就兼程趨任。至本月十八日前，到所屬山西平定州。據按察司呈送到前巡撫都御史孫原接捧達字二百九十一號符驗一道、巡撫山西地方關防一顆，收用行事外，伏念三晉地方山河表裏，自古稱雄，關隘周防，于今爲要。肆宗支之衍茂，尤甲諸藩。況供億之浩繁，實緣多事。爰自往歲，黠虜内侵，遂致宵旰之懷，屢廑西顧；凡在臣工之列，孰敢自安。臣樗櫟庸材，章縫下品，封疆司守，舊嘗與乎經營；畿輔拊巡，今方懼夫瘝曠。誤蒙宸錫，載禁臺銜；聞命自天，感激[3]無地。敢不益自勉勵，期無負於簡書；冀效涓埃，用少答夫高厚。臣無任激切感戴之至，除望

---

① 《穀原奏議》作"謝恩疏　以下巡撫山西"。

② "奉"，《穀原奏議》作"奏"。

③ "感激"，《穀原奏議》作"俯躬"。

闕叩頭謝恩外，謹具奏聞。①

集衆論酌時宜以圖安邊疏

准總督宣大偏保等處地方軍務兼理糧餉都察院左都御史兼兵部左侍郎翁會稾，據山西按察司整飭朔州等處兵備副使陳燿呈，蒙總督軍門并大同巡撫衙門案驗前事，備行本道，即便會同管糧郎中守巡冀北口北并雁門兵備道，將各鎮前後議用銀兩數目并節省緣由及百里内外防秋守邊官軍行糧應否全支、間支、照舊不支，從長酌處，分析明白呈報，以憑具奏施行。

蒙此，案查先爲及時召買以實邊儲以防虜患事，該總督軍門會同巡撫大同都御史詹榮、巡撫宣府都御史孫錦、巡撫山西都御史楊守謙題稱，大同馬步官軍六萬六千一百四十九員名，馬二萬八千九百七十五匹，合用糧料、草束共該銀四十六萬九千四百一十五兩一錢七分二釐，查有支剩糧七萬九百五十二石七升，料五萬五千七十七石八斗，草一百一十萬五百五十束，除腹裏倉塲不便圪運，准作主兵月糧，兑扣價銀召買，并緊要城堡見積本折共該銀二十三萬二千五百九十三兩二錢七分二釐計筭，明年應該添買糧四萬八千七百五十四石五斗，料四萬九千二百三十二石一斗，草二百三十七萬六千四百四十九束，共該用銀二十三萬六千八百二十一兩九錢。宣府馬步官軍四萬五千四百四十一員名，馬二萬二百八十四匹，客兵三枝官軍九千員名，馬九千九百匹，合用糧料、草束該銀三十八萬六千八百七十四兩四錢九分，查有支剩見在銀三萬七千九百一十九兩九錢，糧七萬九千四百八十五石七斗，料一十萬一千九百一十七石六斗，草二百五十六萬五千五百五束，除腹裏城堡不便支給，留候兵馬往來過支并兑還原借主

① 《穀原奏議》無“除望闕叩頭謝恩外，謹具奏聞”。

兵月糧，止計緊要城堡，見積本折該銀一十萬一百七十四兩四錢九分計筭，該添買糧七萬四千一百五十一石五斗，料七萬九千四十八石，草二百七十九萬五千六百二十六束，共該用銀二十八萬六千七百餘兩。山西馬步官軍四萬員名，馬驘一萬八千九百八十匹頭，合用糧料、草束該銀二十四萬四千六百兩，除支剩見在銀七萬九千五百三十三兩八錢三分七釐五毫六絲計筭，明年添買糧料、草束并間日折支，共該用銀一十六萬五千六十六兩一錢六分二釐四毫四絲。等因。

該户部覆議，題奉欽依，查將各省解到折糧等項銀内動支五十二萬六千八百二十一兩九錢，差官運送總督軍務右侍郎翁處，分發山西十四萬兩，宣府十五萬兩，大同二十三萬六千八百二十一兩九錢，督同巡撫上緊糴買本色，酌派沿邊緊要城堡專備防秋支用。續該巡撫大同都御史詹題稱，議照防秋軍士派定邊牆，披堅執鋭，寢甲枕戈，不分陰雨晝夜，常川在邊，防守終始，四月有餘，往返道路不一，裹糧從行，勢難多辦。且月支糧銀七錢，僅得買米四斗，養贍家口尚且不給，恐無贏餘可以齎送。至於正奇遊援兵馬，分駐邊堡，往來提調應援，勢無定在，行糧、草料尤不可缺。若使一槩不准支給，人情事勢，俱委難堪。查得，本鎮沿邊城堡墩臺如陽和、威遠、平虜、右衛等城，平遠、新平、靖虜、鎮邊、鎮川、弘賜、鎮虜、鎮河、破虜、滅虜、威虜、寧虜、破胡、馬堡、殘胡、殺胡、拒胡、威胡、敗胡、迎恩、阻胡、滅胡并邊外鎮羌、拒牆、拒門等堡，俱離邊牆五里以至三十里，内陽和、平遠、新平、靖虜、鎮邊、鎮川、弘賜、鎮虜、鎮河、破虜、減虜、威虜、寧虜、破胡、馬堡、殘胡、殺胡、鎮羌、拒牆、拒門二十城堡離邊未遠，相應間日一支。其右衛、威遠、平虜、拒胡、威胡、敗胡、迎恩、阻胡、滅胡九城堡近議兩鎮併守，分該山西防守，遺下各該兵馬又該移守六十里之外。及大同聚落高山、懷仁、天城、左衛、井坪官軍各離邊牆六十里以外，去家頗遠，并正奇遊援兵馬俱應與朔州、應州、馬邑、山陰、渾源、靈丘、廣靈百里之外者，一體全支，通計防秋四箇月，該一百二十日，陽和、平遠等二十城堡間日一支，該六十日，步守官軍一萬九員名，每員名日支行糧一升五合，日計一百五十石一斗三升五合，共九千八石一斗，每五斗六升價銀一兩，共一萬六千八十五兩八錢九分三釐。大同左右天城、朔州、高山聚落等二十三城堡全支，計一百二十日，步守官軍二萬七千一百六十五員名，每員名日支行糧一升五合，日計四百七石四斗七升五合，共四萬八千八百九十七石，每五斗六升價銀一兩，共八萬七千三百一十六兩七分一釐。正奇遊援有馬官軍二萬八千九百七十五員名，内千把總官每員名日支廩給粟米三升，其餘官軍每員名日支行糧一升五合，日計四百三十七石二升五合，共五萬二千四百四十三石，每五斗六升價銀一兩，共九萬三千六百四十八兩二錢八釐。馬二萬八千九百七十五匹，每匹日支草一束，共三百四十七萬七千束，每束價銀四分五釐，共銀一十五萬六千四百六十五兩。料每匹日支三升，日計八百六十九錢二斗五升，共一十萬四千三百一十石，每九斗價銀一兩，共一十一萬五千九百兩。三項通共該銀四十六萬九千四百一十五兩一錢七分二釐，比之嘉靖十九年用過銀一萬五千六十七兩，今該多用銀四十五萬四千三百四十八兩一錢七分二釐，委屬太費。較之二十三年用銀六十四萬四千一十四兩八錢，今實少用銀一十七萬四千五百九十九兩六錢二分八釐，已屬從省。

又該巡撫宣府都御史孫題稱，防秋官軍派定邊牆，披堅執鋭，寢甲枕戈，不分陰雨晝夜，常川在邊防守，終始四月有餘，往返道路不一，裹糧隨行，勢難多辦。且月支糧銀數錢，僅得買米三斗有零，養贍家口尚且不給，恐無贏餘可以齎送。至於正奇遊援兵馬，取之各路，分駐邊堡，往來應援，勢無定在，行糧、料草尤不可缺。若限一百里之内，一槩不准支給，則人情事勢俱屬難堪。查得，西路膳房堡擺邊列營官軍，本堡二百一十五員名，離邊一十餘里，調到百里之外宣府前營一千二百六十四員名，新遊兵營一千六百四十四員名，神機營二百五十二員名，戰鋒勇字營八百九十六員名，南路深井堡六百二十六員名，順聖川東城五百五十七員名，北路龍門城五百六十四員名，金家莊二百四十二員名，西路渡口堡三百九十九員名，李信屯四百八十員名，離邊三十里，萬全右衛九百九十六員名，本路援兵二千一員名，係各城堡挑選之數，離家遠近不等，共正馱馬四千六百七十四匹。萬全右衛擺邊列營官軍本衛八百七十八員名，離邊一十五里，調到百里之外東路永寧城二百九十九員名，四海冶堡一百員名，保安新城五百員名，南路援兵五百二員名，調度應援總兵官趙卿帶領官軍曹棠等二千六百二十二員名，共正馱馬三千五百三十六匹。張家口堡擺邊本堡官軍五百七十五員名，離邊一十餘里，馬一百六十九匹。新開口堡擺邊列營官軍本堡二百八十二員名，離邊二十里，調到百里之外宣府舊遊兵營二千八百四十八員名，神機營一百七十六員名，戰鋒嚴字營九百七員名，南路蔚州城八百五十八員名，北路鵰鶚等堡一千八百六十五員名，共正馱馬三千二百五十六匹。新河口堡擺邊列營官軍本堡四百三十三員名，離邊二十里，調到百里之外宣府前等衛所五百二十員名，新遊兵營六百六十八員名，後營一千二百一十員名，神機營一百二十一員名，戰鋒仁字營九百二十員名，南路援兵一千二員名，廣昌城三百九員名，離邊九十餘里，萬全左衛一千一百四十六員名，柴溝堡四百九十四員名，共正馱馬二千六百三十三匹。洗馬林堡擺邊列營官軍本堡六百九十四員名，離邊三十里，調到百里之外奇兵營二千八百八十員名，神機營一百五十七員名，戰鋒信字營六百一十一員名，南路順聖川西城六百八十三員名，黑石嶺一百員名，東路懷來城四百七十五員名，西路懷安衛二千一百八十八員名，共正駄馬三千四百九十三匹。柴溝堡擺邊本堡官軍六百七十三員名，渡口堡擺邊本堡官軍四十一員名，西陽河堡擺邊本堡官軍九百八員名，各離邊三四十里，北路龍門城楊家街擺邊官軍五百四員名，列營官軍四百三員名，許家衝擺邊官軍七百四十一員名，列營官軍三百九十九員名，分鎮墩擺邊官軍二百二十四員名，援兵營參將往來提調官軍二百一員名，離邊一百七十餘里，獨石城六百員名，青泉堡五十員名，離邊一百二十餘里，馬營堡三百員名，雲州堡二百員名，鎮安堡五十員名，龍門所二百員名，牧馬堡四十員名，滴水崖堡六十員名，離邊八十餘里，長安嶺一百五十員名，赤城堡二百員名，鎮寧堡一百員名，離邊七十餘里，鵰鶚堡一百五十員名，離邊二十餘里，龍門城一百二十員名，金家莊五十一員名，共正駄馬一千一百一十五匹。中路大白陽堡擺邊列營官軍本堡二百四十九員名，離邊一十餘里，調到離邊三十五里葛峪堡五百九十七員名，趙川堡三百二十三員名，小白陽堡三百五員名，本路援兵一千五十四員名，係各堡挑選之數，離家遠近不等，共正駄馬一千一百四十二匹。青邊口堡擺邊列營官年本堡二百六十三員名，離邊一十餘里，調到百里之外東路永寧城一千一十二員名，離邊二十七里，羊房堡一百三十二員名，離邊二十里，常峪堡一百五十三員名，共正駄馬一千五十二匹。以上擺邊列營官軍，離邊係在百里之外者，并西路援兵官軍共三萬四千一百五十九員名，正駄馬一萬八千二百七十九匹，九十里者一千六百四十員名，正駄馬一百七十五匹，八十里者四百五十員名，正駄馬一百三十匹，七十里者一百五十員名，正駄馬八十四匹，三十五里者一千二百二十五員名，三十里者九百九十六員名，馬七匹，二十餘里者五百五十六員名，防守本處邊三四十里及一二十里者五千二百一十一員名，正馱馬四百六十七匹，并中路援兵一千五十四員名，正馱馬一千一百四十二匹。

查得，百里之外，例該全支。其九十里以至四十里，及西路援兵離邊遠近不等，雖在百里之内，裹糧爲難，相應與百里之外一體支給。共該官軍三萬六千三百九十九員名，以防秋四箇月計筭，該支一百二十日，每員名日支行糧一升五合，每日該糧五百四十五石九十八升五合，共糧六萬五千五百一十八石二斗，共馬一萬八千六百六十八匹，每匹日支料三升，每日該料五百六十石四升，共料六萬七千二百四石八斗，每匹日支草一束，每日該草一萬八千六百六十八束，共草二百二十四萬一百六十束。其三十里以至一十餘里，并中路援兵官軍離邊不遠，似應遵依户部節省之意，間日一支，共該官軍九千四十二員名，以防秋四箇月計筭，該支六十日，每員名日支行糧一升五合，每日該糧一百三十五石六斗三升，共糧八千一百三十七石八斗，共馬一千六百一十六匹，每匹日支料三升，每日該料四十八石四斗八升，共料二千九百八石八斗，每匹日支草一束，每日該草一千六百一十六束，共草九萬六千九百六十束，二項合用糧草隨時貴賤，計程遠近，約價高下，共糧七萬三千六百五十六石，每倉斛七斗，價銀一兩，共銀一十萬五千二百一十二兩八錢五分，共料七萬一百一十三石六斗，每倉斛九斗，價銀一兩，共銀七萬七千九百四兩，共草二百三十三萬七千一百二十束，每束一十五斤，價銀四分，共銀九萬三千四百八十四兩八錢。通共銀二十七萬六千六百一十一兩六錢五分，候下年防秋，查照地里遠近，行令支給。及查得，嘉靖十九年未曾擺邊列營，止是遇警設伏等項兵馬，用過糧一萬九千七百七十七石八斗，料一萬六千五百二十六石三斗五升，草五十萬二千七百一十七束。

嘉靖二十三年初，設擺邊列營，用過糧六萬八千七百九十九石二斗八升，料六萬六千九百三十五石四斗二升，草二百五萬二千七百二十九束。嘉靖二十五年，擺邊列營軍馬比之往年爲數頗多，用過糧一十萬四千四百四十九石七升二合，料九萬四千八百四石七斗九升，草二百九十八萬六千七百七十七束。預擬嘉靖二十六年防秋費用錢糧，比之嘉靖十九年多用糧五萬三千八百七十八石二斗，多用料五萬三千五百七十七石二斗五升，多用草一百八十三萬四千四百三束，比之二十三年多用糧四千八百五十六石七斗二升，多用料三千一百七十八石一斗八升，多用草二十八萬四千三百九十一束，雖似過費，較之二十五年實少用糧三萬七百九十三石七升二合，料二萬四千六百九十一石一斗九升，草六十四萬九千五十七束，已屬從省。

又該巡撫山西都御史楊題稱，查得，平陽參將沈一元營援兵三千三員名，馬九百三十三匹，潞安參將李忠營援兵三千三員名，馬贏五百八匹頭，太原參將馬鎧營援兵二千九百四十七員名，馬一千四十七匹，俱在百里之外；東路參將杜煇營援兵并寄零司官軍三千三百七十一員名，馬贏二千一百六匹頭，振武衛雜差軍二百名，相去廣武站六十里，在百里之内；廣武站東至胡峪口東界又七十里，西至夾柳樹西界小西溝止又八十餘里，往來應援，俱在百里之外；西路參將葉滋營援兵官軍二千九百五十四員名，馬贏二千二百九匹頭。偏頭關守備李徵祥部下老家營官軍一千七百二十一員名，馬一百八十六匹。相去應援防守滑石澗等處亦六十餘里，至水泉營又六十里，亦係百里之外。老營堡遊擊孫臏營遊兵官軍二千八百九十四員名，馬贏二千四百一十六匹頭，本堡守備解鏞部下老家官軍五百七十六員名，馬五十五匹，八角堡守備劉繼先部下老家官軍一千一百九十員名，馬五百二十三匹，利民堡守備彭楝部下老家官軍七百九十一員名，馬一百三十匹，神池堡守堡郭瀛部下老家官軍二千一百六十九員名，馬七百四十七匹，寧武關守備張文部下老家官軍三千一百九十三員名，馬五百八十七匹，本關駐劄鎮守總兵官王繼祖管正兵，除偏頭關官軍一千二百餘員名，馬一千六十三匹，在百里之外，其寧武關官軍并家丁二千一百二十五員名，馬贏二千二百九匹頭，廣武站守備傅紀部下老家官軍一千三百二員名，馬三百二十五匹，雁門所步軍二百員名，北樓口遊擊梁璽營遊兵官軍二千五百二十三員名，馬贏一千五百二十九匹頭，各去防守邊隘應援駐劄地方，俱在百里以下，固當遵依原擬，不支行糧料草。

但查各該衛所月糧，折價僅買米三十五六升，尚不能養贍妻子、馬匹料草。自五月以後，例該住支軍士又多係近年召募，改撥單丁，無人供給。今防守信地，不敢擅動，數月何以自存？與暫時調遣按伏者不同。查得，丫角山以西至老牛灣共一百里，係極邊地方，外即虜巢，防守應援官軍時不可缺。丫角以東至平刑關共八百餘里，係内邊地方，外有大同障蔽應援官軍，若烽火嚴明，哨探的確，待有警報，斟酌調遣，亦不遲誤。合將丫角以西民壯屯夫人等及偏頭參將、守備，老家管遊擊、守備各兵馬，一遇防秋，即行赴邊，兵馬亦支行糧草料。丫角以東民壯屯夫人等及寧武總兵、代州參將、北樓遊擊，神池、利民、廣武、寧武、八角、平刑守備各兵馬，遇防秋時，月比丫角西考量遲十數日赴邊，認領信地，若聲息寧帖，除民壯屯夫人等常川防守外，兵馬仍回本城操練，候各邊報有聲息，斟酌緩急，赴邊防守，赴邊之日，方支行糧草料，此則比百里之内不支行糧草料者，其省相等。各等因。題奉欽依，該户部通行查議間，續准總督等衙門會題前事内開，一計供億三鎮，外邊逼鄰虜巢，防秋之兵既不可罷，合用錢糧自宜酌處。

查得，各鎮防秋兵馬，大同、朔州等七城堡俱百里之外，鎮城、高山等七城堡俱六十里之外，大同右衛等九城堡雖在三十里之内，分該山西併守，見該移守百里之外，與宣府鎮城等一十六城堡係百里及五六十里之外，及各正奇遊援等營，并大同預調客兵一枝往來應援，勢無定在山西偏關、老營、八角、利民、神池五城堡俱五六十里之外，岢嵐、太原、潞安、平陽参將兵馬及所屬衛所步軍，今議併守大同，該出百里之外，與本鎮總兵正兵往來駐劄，行糧料草似應俱擬全支。山西代州、寧雁、平刑等處參遊、守備兵馬中間量留免調防秋者，不支錢糧。大同、陽和、新平等二十城堡，宣府西中二路、萬全右衛張家口一十六城堡均在三十里之内，更番休息，似應俱擬間日一支，大同防秋四月計，用錢糧及各處時估不等。大同馬步官軍六萬六千一百四十九員名，馬二萬八千九百七十五匹，外調客兵一枝官軍三千員名，馬三千三百匹，軍門標下官軍通事家丁壯丁二千員名，馬二千匹全支、間支，大約用糧一十一萬九千三百四十八石一斗，料一十二萬三千三百九十石，草四百一十一萬三千束，該銀五十三萬二千一百二十六兩五錢九分九釐。山西馬步官軍四萬員名，馬嬴一萬八千九百八十匹頭，合用糧七萬二千石，料六萬八千三百二十八石，草二百二十七萬七千六百束，該銀二十四萬四千六百兩。宣府馬步官軍四萬五千四百四十一員名，馬二萬二百八十四匹，客兵二枝官軍六千員名，馬六千六百匹，合用糧八萬四千四百五十六石，料九萬三千八百七十三石六斗，草三百一十二萬九千一百二十束，該銀三十五萬一百二十兩二錢二分六釐，見該户部奏奉欽依，已將今年前項銀兩分發前來，不敷之數臨時另行奏請，明年以後再圖節省。一省財力，山西自議守内邊，兵馬不敷，添設太原、岢嵐、平陽、潞安、代州、北樓、老營堡参遊兵馬七營，歲費供億四十餘萬兩，僉派州縣防守新民壯四萬人，歲計幫貼二十萬兩，舊民壯二萬二千人，歲加守邊工食一十五萬兩，及與宣大二鎮每年防秋，預徵遼陜兵馬五六枝，一應供億及兵回賞賜，每鎮預備不下十五萬兩。今兩鎮併力守要，所備者寡，除太原等處參將兵馬姑待將來另行説革不計外，今擬山西不用客兵，并革罷新舊民壯六萬餘人，歲省供貼饋餉以五十萬計。大同止調客兵一枝，減去客兵二枝，歲并邊堡間支所省供億犒賞以十一萬計。宣府既得大同遊兵一枝，交界應援，止量調遼陝、保定客兵二枝，并邊堡間支所省供億犒賞亦止七萬計。通計三鎮節省防秋之費，計逾六十八萬有奇。若邊工盡完，疆圉寧固，防秋之兵自可漸罷，客兵之費亦可大減。等因具題。

去後，今蒙前因，依蒙會同總理大同糧儲户部郎中張旦、守巡冀北道右參議李磐、僉事尹綸、口北道參議辛童、僉事馮時雨、帶管雁門兵備道僉事蒲澤議照，今歲防秋，守邊官軍脩築邊牆、敵臺，工程浩大，奉有欽依："合用本等行糧料草，不分百里内外，俱應一例全支，以後從宜酌處。"查得，原議各鎮防秋官軍，大同、朔州等七城堡俱百里之外，鎮城、高山等七城堡俱六十里之外，大同右衛等九城堡近該山西併守見移百里之外，常川擺守，離家窎遠，與正奇遊援等營俱三十里以至百里之外往來調度，及預調客兵一枝行糧料草，似應全支。陽和、新平等二十城堡俱三十里之内，更番休息，似應間日一支。山西代州、寧武、雁門、北樓、平刑等處參遊、守備兵馬近議併守大同外邊，前項兵馬量留防守關隘，照舊不支錢糧。其偏關、老營、八角、利民、神池五城堡俱五六十里之外，岢嵐、太原、潞安、平陽參將兵馬及所屬衛所步軍併守大同，出百里之外，與本鎮總兵正兵似應全支。宣府鎮城等十六城堡係百里内外，與正奇遊援等營及預調客兵二枝，俱應其西中二路，萬全右衛張家口等十六城堡俱三十里之内，亦應更番休息，似應間日一支。大約防秋四月，計用行糧、草料，照依各處時估。大同馬步官軍六萬六千一百四十九員名，馬二萬八千九百七十五匹，外調客兵一枝，官軍三千員名，馬三千三百匹，軍門標下官軍通事、家丁、壯丁二千員名，馬二千匹，全支、間支，合用糧一十一萬九千三百四十八石一斗，料一十二萬三千一百九十五石，草四百四十一萬三千束，約該銀五十三萬一千一百二十六兩五錢九分九釐。山西馬步官軍四萬員名，馬贏一萬八千九百八十匹頭，合用糧七萬二千石，料六萬八千三百二十八石，草二百二十七萬七千六百束，約該銀二十四萬四千六百兩。宣府馬步官軍四萬五千四百四十一員名，馬二萬二百八十四匹，客兵二枝，官軍六千員名，馬六千六百匹，約該銀三十五萬一百二十兩二錢二分六釐。

以上開議三鎮防秋兵馬錢糧，總計併守，以後年例合用正數兼以地里軍數，分別全支、間支，以便後日供億，不爲一時奏討。其各鎮預計二十六年防秋錢糧，支剩見在銀大同二十三萬二千五百九十三兩二錢七分二釐，山西七萬九千五百三十三兩八錢三分七釐五毫六絲，宣府一十萬一百七十四兩四錢九分，共計四十一萬二千三百一兩五錢九分九釐五毫六絲，并該添買價銀，三鎮共計七十一萬四千五百四十五兩二錢二分五釐四毫四絲，已經先次開具題請，即今併守故未槩及中間原開錢糧數目，除山西前後銀兩相同外，大同議減客兵三枝，止計本鎮官軍，合用銀四十六萬九千四百一十五兩一錢七分二釐，宣府徵調客兵三枝并本鎮防秋官軍，合用銀三十八萬六千八百七十四兩四錢九分。彼因會議三鎮併守大同，仍量調客兵一枝，及摽下戰鋒官軍家丁、通事、壯丁等項共五千員名，議添銀六萬二千七百一十一兩四錢二分七釐，并原奏銀四十六萬九千四百一十五兩一錢七分二釐，即與今議五十三萬二千一百二十六兩五錢九分九釐數目相合。宣府議減客兵一枝，該減銀三萬六千七百五十四兩二錢六分四釐，并今議三十五萬一百二十兩二錢二分六釐，亦不失該鎮原奏三十八萬六千八百七十四兩四錢九分之數。緣議調兵馬先後既各少異，以故會計錢糧多寡亦自不同。及查嘉靖二十五年防秋用過糧料草束，大同該銀五十九萬八千三百二兩六錢五分，宣府該銀四十五萬九千五百六十八兩四錢九分四釐五毫，山西該銀二十萬六千二十二兩八錢，通計三鎮用過銀一百二十六萬三千八百九十三兩九錢四分四釐五毫，今議併守年例，止用銀一百一十二萬六千八百四十六兩八錢二分五釐，比之上年費用已減一十三萬七千四十七兩一錢一分九釐五毫，而各鎮今歲奏討除前項見在本折銀四十一萬二千三百一兩五錢九分九釐五毫六絲之外，亦不過添買銀七十一萬四千五百四十五兩二錢二分五釐四毫四絲，比之往歲節省尤多。其稱減省銀六十八萬有奇，原因併守既定，山西革去新民壯四萬人，可省幫貼工食二十萬兩，舊民壯二萬二千人，可省守邊工食銀十五萬兩，并減調客兵三枝，大同減調客兵二枝，宣府客兵一枝，可省供億錢糧，及兵回賞賜，以至邊堡，間支亦不下三十二萬兩，又係併守以後議省公私宂費。

要之，今議一百一十二萬六千八百四十六兩八錢二分五釐，乃預計併守年例之常，前議七十一萬四千五百四十五兩二錢二分五釐四毫四絲，寔會計今歲湊補之數。其見積四十一萬二千三百一兩五錢九分九釐五毫六絲，又三鎮節省之實。而民壯工食、客兵賞賜之省不與也。即今時值防秋，兵馬臨邊，兼以幫脩邊墻，工役繁興，合用供饋，時不可缺。所據各鎮防秋客兵銀兩，大同實該銀五十三萬二千一百二十六兩五錢九分九釐，除原積剩本折銀二十三萬二千五百九十三兩二錢七分二釐，近發銀二十三萬六千八百二十一兩九錢，尚該未發銀六萬一千七百一十一兩四錢二分七釐，宣府實該銀三十五萬一百二十兩二錢二分六釐，除原積剩緊要城堡本折銀一十萬一百七十四兩四錢九分，近發銀一十五萬兩，尚該未發銀九萬九千九百四十五兩七錢三分六釐，山西實該銀二十四萬四千六百兩，除原積剩銀七萬九千五百三十三兩八錢三分七釐五毫六絲，近發銀一十四萬兩，尚該未發銀二萬五千六十六兩一錢六分二釐四毫四絲，俱已筭極秋毫，事皆實用，别無虚耗，可以節縮。乞爲奏行該部定議防秋官軍間支、全支、不支則例，通自遵守。并將三鎮前項未發銀一十八萬七千七百二十三兩三錢二分五釐四毫四絲，照數給發前來，接濟守邊脩工糧餉支用。待候邊牆完固，再圖節省。等因到臣。

案查，先准户部咨，該臣等會題前事，本部議擬，移咨總督都御史翁萬達，巡撫都御史詹榮、孫錦、孫繼魯，將先今議用銀兩務要查明的數，奏報本部議擬，上請定奪。題奉聖旨："是。着翁萬達作速通行查明的實數目，奏來。欽此。"又准本部咨，爲廣儲蓄以備軍需以防虜患事，議擬移咨總督都御史翁萬達，作速會同宣大山西巡撫都御史詹榮、孫錦、蘇□，查照本部節次題奉欽依，備將三鎮百里内外防秋守邊官軍行糧，應否全支、間支、照舊不支，從長酌處，分析明白，及查各鎮前後議用銀兩，并節省緣由，差人齎奏，以憑題覆施行。題奉聖旨："是。欽此。"欽遵。備咨前來。俱經通行查議呈報。去後，今據前因，會稿到臣，會同總督左都御史翁萬達、巡撫大同右侍郎詹榮、宣府都御史孫錦，議照宣大山西三鎮每歲防秋合用糧料、草束銀兩及百里内外官軍行糧應該全支、間支，或照舊不支，既經管糧郎中并該道守巡兵備官會同查議分析的數明白，相應題請。如蒙乞敕户部再加查議，上請定奪，行下臣等欽遵施行。

謹題請旨。

傳報緊急聲息疏

准兵部咨，該本部題，該總督宣大偏保等處地方軍務兼理糧餉都察院左都御史兼兵部左侍郎翁萬達題前事，本部覆議，宣大兩鎮脩築邊墻，夫卒雲集，虜計隱黠，情深叵測，乘間伺發，勢所難免。而先聲之道，伐謀奪氣爲上；防範之機，得人約束爲要。往年防秋，巡撫官員自甘身非將領，安居省鎮，不行赴邊協賛，往往敗事，鮮有成功。總督翁萬達洞悉夙弊，真知夷情，特形論奏。今時已迫秋，速當議處，合侯命下之日，移咨總督翁萬達，即將各該巡撫官員酌量地方衝僻，賦勢緩急，定擬時日，走邊駐劄，賛理軍務，提督糧餉。仍乞天語，嚴敕各該巡撫恪遵節制，督率將士遥震軍威，不許仍前晏安省鎮，以自貽慼。各具到邊日期奏聞。等因。題奉聖旨："是。防秋之時脩築未畢，正當嚴加備禦。着各該巡撫官都要到邊，用心經略，不許偷安。欽此。"欽遵。備咨到臣。

欽遵查得，嘉靖二十六年五月初五日，臣奉新命，改任提督雁門等關兼巡撫山西地方。本月十二日，欽奉敕諭一道，隨就兼程趨任，本月十八日前到所屬山西地方接管任事。本年六月初一日，即歷代州邊關。本月十七日，抵平虜衛城，會同總督軍務左都御史翁萬達計畫邊務，犒勵軍夫，稽驗工程。本月二十六日，復回代州駐劄，往來關隘，督率將士防守内邊，遥震軍威，用戒不虞外，謹具題知。

謄録代奏久欠禄米饑苦迫切懇乞天恩比例補給周救宗室微命疏

據山西布政司呈，准山東布政司咨，卷查嘉靖二年十二月内抄，蒙巡撫山東王都御史案驗，准户部咨，據涇府長史司呈稱，涇王位下拖欠正德八年起至嘉靖二年止禄米，行本司陸續處補。該本司節議，呈允動支本司庫貯各州縣解到扣除糧草幫價等銀，并兖州府所屬支剩變賣糧料、頂廟香錢等銀湊補訖，續蒙本院批，據該府長史司呈稱："涇王位下拖欠嘉靖九年起至十三年止禄糧，該本司呈允動支香錢銀兩補給外，今准前因，查得，本省各王府禄米，節年欠少數多，計已至二十餘萬兩。雖有頂廟香銀，近因各處災傷，收解漸少。且各王府冠服并三司府運等衙門官吏折俸及公用紙劄年例等項銀兩，俱於此内支給。見今各王府積欠禄米，無從處補，難以移充異省之用。”等因。備咨前來。

准此，續據汾州申，查勘得慶成王所奏本府鎮、輔、奉國等將軍奇淩等并縣郡主君等儀賓楊繼等一百九十八位員，正德年間禄糧除已支不開外，未支正德九年秋冬二季、十年秋冬二季、十一年夏秋冬三季、十二年秋冬二季、十二年夏秋冬三季、十四年夏秋冬三季、十六年夏秋冬三季，共欠一十八季，各欠不等，通共該糧三十萬六千三百六十石，每石折銀五錢，共折銀一十五萬三千一百八十兩，委的拖欠未支是實。彼時因各州縣原坐派本府禄糧不及歲用，尚有徵解不前。又遇宣大二鎮邊儲缺乏，將解到本司貯庫本府糧價，蒙本司湊借解邊，接濟軍需之用，以致該府積欠數多。今奇淩等比照涇王支過香火等銀并河東運司課外餘鹽補給前項禄糧一節，相應准從，並無扶捝等情緣由，申報到司。

據此，查得，别卷先爲常禄久缺，居土連年荒旱，饑寒困苦，懇乞天恩給賜官銀，以拯生命事，蒙巡撫山西王都御史案驗，准户部咨，該靈丘王府輔、奉國等將軍聰潤等奏稱，要將正德年間拖欠禄糧照數補給。該户部議照，正德年間拖欠禄糧，已該本部題奉欽依，正德十六年四月二十二日恩詔蠲免外，再難補給。備行本司，議照各爵拖欠禄糧，俱係正德年間之數。查有前項題奉欽依，遵詔蠲免，事理難以補給。具呈本院照詳，蒙批依擬施行，仍明白開諭，不必再行申擾繳。蒙此，已經備行各府長史司并教授遵照訖，今慶成王表欒代奏，將軍奇凌等拖欠禄糧，乞要比照沂州涇王奏准事例，將山東泰山頂上香火錢糧，或將河東運司引鹽補給一節，爲照前項正德年間拖欠禄糧，前該靈丘王府將軍聰潤等奏，經户部覆議，奉有欽依蠲免，似難别議。但行准山東布政司咨稱，查得，涇王曾奏准，泰山香火錢糧補給正德年間欠禄，所以將軍奇淩等援引比奏，亦要將泰山頂上香火錢糧補給等情，已該山東布政司咨稱，本省補支尚且不敷，縱有，亦難充異省之用。及查本省地方連遭大虜，頻值災傷，遺餘窮民，饑飢難窘，近年應徵税糧尚輸納不前，見欠禄糧猶難支持，積年拖欠將何填補。及查有河東運司拖欠抵補本司民糧鹽銀，約欠五十四萬餘兩，近奉户部明文，取解五萬兩，補給代府、棗强等王府禄糧。今據河東運司呈稱，先解銀五千兩訖，尚欠四萬五千兩未解。除此之外，仍該解本司銀四十九萬餘兩。若解一半到司，俱可補支前項欠禄。但亦因節年鹽課寡少，積欠前數。今奇淩等奏比補給，本司擅難定擬。呈乞題請至日，備行本司轉行河東運司，將前拖欠鹽價陸續催解，本司量爲通融補給，以息各宗室煩瀆奏擾。惟復别有定奪，呈乞照詳。等因到臣。

接管卷查，先准都察院咨，據山西道呈，蒙本院發下刑科抄出慶成王表欒奏前事，奉聖旨："都察院知道。欽此。"欽遵。發送到道。看得，慶成王表欒奏，據伊府鎮、輔、奉國等將軍奇淩等啓稱，伊等一百餘位員，有正德九年起至十六年，共欠禄糧一十八季，未得關支。比照山東兖州府沂州涇王亦因拖欠禄糧，奏准動支泰山頂上香火錢糧補濟事例，乞將泰山頂上香火錢糧，或將河東運司課外餘鹽，乞行巡撫，查照拖欠伊等禄糧照數補給。等情。緣事在彼中，未委虚的，抄詞呈乞移咨巡撫山西都御史及劄巡按山西監察御史會查，本爵所奏禄糧如果拖欠是實，應否照例補給，明白具奏前來，以憑施行。等因。

移咨前巡撫山西右僉都御史楊守謙，會同前巡按山西監察御史齊宗道，案行該司查勘，該臣接管催行去後，今據前因，查得，近爲議處禄鹽以釐宿弊以溥實惠事，准户部咨，該前巡撫都御史楊守謙題前事，奉聖旨："户部知道。欽此。"欽遵。該本部覆議，合候命下本部移咨接管巡撫山西都御史蘇會同山西接管巡鹽御史再加詳議，奏内事情如果經久無弊，即便着實舉行。及通行山西各王府宗室，以後不得干預，用杜差擾侵漁。其應補禄糧，責成有司依期濟用，仍嚴督運司官員任内每年正課、補課，俱要如例完足，聽巡按御史遵照憲典舉劾，以示懲勸。仍刊刻榜文，曉諭遵守。等因。題奉聖旨："是。欽此。"欽遵。備咨前來。

該臣會同巡按山西監察御史谷嶠議照，該司所呈正德年間拖欠慶成王府鎮、輔、奉國等將軍奇淩等，縣、郡主君儀賓楊繼等一百九十八位員糧銀，共一十五萬三千一百八十兩。今奏欲將泰山頂上香火錢糧，或河東運司課外餘鹽補給各一節，香火錢糧山東布政司回稱難移充異省之用，河東運司應解本司抵補民糧鹽銀四十九萬餘兩，查有前奉欽依，事理自應着實遵行，若解一半到司，可補前項欠禄。但亦因節年鹽課寡少，積欠前數，況查前該靈丘王府將軍聰潤等奏，經户部覆議，正德年間積欠禄糧，奉有欽依蠲免，奇淩等與聰潤等俱係同省宗室，事體相同，但查涇王曾奏准補給正德年間欠禄，所以奇淩等援引比奏，其應否補給，臣等擅難輕擬。如蒙伏乞敕下户部再加查議，上請定奪，行下臣等欽遵施行。

謹題請旨。

檢舉遺漏禄糧疏

據山西布政司呈，據汾州申，行准慶成王府教授樊九思牒呈，查得，本府奉國將軍表㮚委於嘉靖二十三年十一月初六日，鎮國中尉知𤇆嘉靖二十二年十二月二十八日，宫市鄉君嘉靖二十三年七月初二日各病故。先該慶成王奏給祭葬汾州，支領各存卷照造册之時，因本府宗室、儀賓數多，誤將各存日該支糧石遺漏。及查見在臨高縣君儀賓張廷敘，與已故感義縣君儀賓張廷敘同名，誤將臨高縣君儀賓張廷敘遺漏，查明具結到州。看得，樊九思因年力近衰，累次差錯，律屬有違等情，并本州官吏，該府教授各不扶甘結，回報到司。

案查，先據該州申，蒙分守冀南道左參政葛守禮批，據該府教授樊九思申，先准汾州故牒取造本府宗室儀賓等位員嘉靖二十二年冬季、二十三年春夏秋三季祿糧文册，本職因無吏書，雇人書寫，致將鎮國中尉知燗截支二十二年冬季該糧四十八石七斗五升五合，折銀二十四兩三錢七分七釐五毫；臨高縣君儀賓張廷敘該支嘉靖二十二年冬、二十三年春夏秋共四季該糧一百二十石，折銀六十兩，委係全俸。因有半俸張廷敘重名，誤造半俸。宮市鄉君儀賓盧大元該支嘉靖二十二年冬、二十三年春夏共三季俱係全糧，每季二十石，共糧六十石，折銀三十兩。鄉君二十三年七月初二日病故，扣該本年秋季半俸三石五斗，折銀一兩七錢五分。將前全糧三季造作半俸奉國將軍表梈嘉靖二十三年十一月初六日病故，該支二十二年冬、二十三年春夏秋共四季，共糧三百石，折銀一百五十兩，誤將表梈造作二十三年五月初七日病故，以致遺漏本年夏秋二季祿糧一百五十石，折銀七十五兩。節申照詳，蒙批本州，節行該府教授備查牒呈到州，查筭明白，填寫實支號簿，差人齎赴分守冀南道掛號，印發本州，給與各位員收領外，申報到司。

該本司參看得，教授樊九思職專輔導，事每舛訛，節將各位員應得祿糧遺漏不報，及致告擾，假以檢舉，遮飾己罪，理合參究，以驚將來。等因。參呈到臣。查詳明白，除仍行該司將教授樊九思遺漏表梈等祿糧照數補給及行樊九思聽參外，參照慶成王府教授樊九思老耄喪心，澳涊無恥，久任輔導之職，全無畏法之心。造報祿糧，節次遺漏，屢有駁勘查究，妄行檢舉抵遮。衰邁糊塗，昏庸廢事。若不早爲議處，無以警戒將來。如蒙伏乞敕下該部，將樊九思亟爲罷黜，別選賢能官員前來到任管事，庶輔導得人，而年老不職者無所容矣。

謹題請旨。

集衆論酌時宜以圖安邊疏

據山西布按二司岢嵐兵備帶管營田右參政張鎬、整飭雁門等關兵備副使劉璽、分巡冀寧道僉事蒲澤會呈，行據總委管工太原府通判黄棟呈稱："脩完丫角山起至大同右衛雙溝墩止邊墻一百四十里，内築完將臺陸座，上蓋完鋪房四十八間，敵臺二百七座，蓋完鋪房四百一十四間，暗門陸座，月城六十處，幫脩墩臺七座，幫脩月城一處，添設墩臺二座。又脩完雙溝墩起至兔毛河止邊墻五十二里四分，内築完敵臺六十二座，蓋完鋪房一百二十四間，通共邊墻一百九十二里四分，將臺六座，敵臺二百六十九座，鋪房五百八十六間，暗門六座，月城六十處，幫脩墩臺七座，幫脩月城一處，添設墩臺二座。"各數目開報到道及稱除一應脩邊器具犒賞鹽、麪、烘炒等項，先該雁門道兵備副使劉璽預先置辦完備聽候外，又通行調取太原、平陽、潞安三府，汾、遼等州民壯二萬名，三關各營衛軍夫二萬名，共四萬名，防護兵馬三千名，會同鎮守山西總兵官都督僉事王繼祖、行委總管岢嵐參將李淶、東路參將杜煇、太原參將杜承勛、太原府通判今陞山東兖州府同知黄棟、太原府通判楊桂、平陽府通判孔庭詔、忻州知州今陞直隸保定府同知馮友、管錢糧盂縣知縣周夢綵、分管偏頭關守備劉繼先、老營堡守備王懷邦、平刑關守備田琦、鎮西衛指揮丘陞、徐溝縣知縣今陞陝西苑馬寺寺丞周誥、文水縣知縣張源澄、臨汾縣知縣祁玳、浮山縣知縣毛述古、趙城縣知縣今陞潞安府通判陳正、黎城縣知縣今陞代州知州李良能、沁水縣知縣程南、和順縣知縣張天諭、防護架梁老營堡遊擊孫臏、田琦，管部民壯在邊脩工同知主薄、典史等官邵騰等六十三員，各處把總、指揮、千百户錢漢臣等八十三員，各督脩防護，及令周誥等督併軍壯，順帶置完脩工木石等杵、荊筐等器，各道與總兵官親詣邊所駐劄，往來督併，自五月初三日破土興工脩築間，蒙臣案驗，准本部咨，爲預擬分佈人馬以禦虜患事内開，岢嵐、雁門二兵備道輪流督理，自老牛灣又雙溝墩一帶地方督脩邊墻敵臺，整理兵餉，甄别功罪，稽察姦弊及計畫軍中一應事宜。

各道遵蒙親詣沿邊催督，參將等官李淶等、通判等官黄棟等將丫角山至雙溝墩邊墻壹百肆拾里分築，於七月二十日俱完。又督黄棟等將雙溝墩至兔毛河邊墻五十二里四分併敵臺、鋪房分築，於九月初二日俱完。參將王清、杜承勛、馬陽輝、葉滋，遊擊田琦、梁壐，守備曹棠、王懷邦、郭瀛等將丫角山至雙溝墩將敵臺、鋪房、暗門、月城等工分築，於九月二十三日俱完訖。照得，邊墻、敵臺雖有原議丈尺，但地勢或迂遠不便，則改移創脩，或衝要受敵，則增加高厚，有此原議丈尺之外量加高二三尺，厚四五尺甚至丈餘者。因形設險，隨宜脩築。其應挑壕塹亦俱照原議丈尺挑濬完備。及查支給錢糧尚有贏餘，除將脩完工程丈尺用過錢糧數日查明備細造册另行呈報外，等因到臣。

據此，接管卷查前事，該總督軍務右都御史翁萬達會同前巡撫右僉都御史楊守謙等題稱，大同自丫角山至靖虜堡延長五百里，舊墻高厚不等，通折高一丈三尺，厚一丈一尺。今議加幫各七尺，計高二丈，裏外女墻五尺，通高二丈五尺，底闊一丈八尺，收頂一丈二尺，以軍夫八萬名爲率，每名日脩一寸三分，日計一千四十丈，期以八十七日敵臺里脩二座，共一千座，每座身高三丈，女墻五尺，通高三丈五尺，方闊四丈，收頂二丈八尺，計四千丈。量採北樓口等處山木，各蓋鋪房二間，亦以軍夫八萬名爲率，每名日脩一分五釐，日計一百二十丈，期以三十四日，二項共計一百二十一日。前夫於兩鎮出派每五百名，該把總官二員，共三百二十員，防護兵馬陸千名，始於今年五月初一日，訖於九月初二日，合用行糧料草，除五月初一日至六月二十日，五十日每軍日支行糧米一升五合，日計一千二百九十石，把總官日支行糧米三升，日計九石六斗，共該行糧米六萬四千九百八十石，照依本地時估共該銀一十一萬六千三十五兩七錢一分四釐二毫八絲。馬六千匹，每匹日支料三升，日計一百八十石，共九千石，該銀一萬兩，草日支六千束，共三十萬束，該銀一萬三千五百兩。共銀一十三萬九千五百三十五兩七錢一分四釐二毫八絲。犒賞鹽菜銀官日支二分，軍一分，日該支銀八百六兩四錢，共銀四萬三百二十兩。六月二十日以後，自有防秋行糧，止給犒賞鹽菜銀七十一日，合用銀五萬七千二百五十四兩四錢。以上各項通共該銀二十三萬七千一百一十兩一錢一分四釐二毫八絲，而大同之邊工可完矣。俱應早爲給發，趂時糴買糧草及折色犒賞應用。工完之日，行巡按御史相度工程果否完固，稽考錢糧有無虛耗及分別官員勤惰，明白造册奏繳。等因具題。該兵部議擬覆題，奉聖旨："這脩邊守邊調兵諸議具見總督、撫鎮等官竭心邊務，你部裏酌議亦當，都依擬行。欽此。"欽遵。

備咨前巡撫右僉都御史楊守謙，及節准總督左都御史翁萬達咨同前因，備咨到臣，俱經遵照原議，已經通行委官分脩。及臣屢催完報并總兵官王繼祖隨工駐劄督理工程，仍行右參政張鎬、副使劉璽、僉事蒲澤往來工所監視，經理錢糧，稽察姦弊間，又准兵部咨爲傳報緊急聲息事，該本部題，奉聖旨："是防秋之時，脩築未畢，正宜嚴加備禦。著各該巡撫官都要到邊用心經畧，不許偷安。欽此。"欽遵。備咨前來。

臣即欽遵，躬自赴邊巡歷工所，整理兵糧，嚴督工程，續據各道報稱工完，隨行查實回報去後，今據前因會同鎮守山西總兵官都督令事工繼祖議照，禦虜之策，無出戰守；設險之要，尤貴邊防。仰惟皇上留神安攘，屢廑至懷，加意採收，俯從羣議，渙發帑藏，巽布綸音，期限有程，簡書無斁。方其興工之日，適臣被命之初，仰奉欽依，會協咨議，相地度勢改革者，亦什之二三；填塹廣基高厚者，間倍加尺寸。是役也，雖羣工自效，百雉聯興，又竊慮計工以日，計財以工，或天道值陰雨之愆，或地里有沙石之阻，久勞夫衆，不無弛惰之虞；輕逞虜酋，或肆侵擾之計。因之枉費財力，遂致躭誤日時，不能不仰廑皇上西顧之懷，貽臣等曠鰥之罪。兹者天時助順，地道效靈，夫役子來，醜虜無警，夜以繼日，自夏徂秋，鉅工告成，戰守足恃，豈臣等之力所致，是皆仰賴皇上德合高玄，謨成密勿，神武遠振，自消狡黠之心；疆圉底寧，永綏安攘之略。生民幸甚，臣等幸甚。除備行總督軍門并巡按御史遵照明旨閱視覈實錢糧有無冒破，侵欺丈尺，有無如式及在工官員分別等第俱候勘明，另行會奏外，謹題請旨。①

保留給由官員疏

據山西布政司呈，蒙臣批，據本司分守冀寧道右參政王楊呈稱："切照本職見年五十三歲，直隸興州後屯衛官，籍貫浙江會稽縣人。由進士正德十六年十月内除授山西澤州知州。嘉靖五年三月内調直隸蘇州府太倉州知州。六年九月内陞刑部山東司員外郎。八年五月内養病回籍。十年六月内病痊赴部，復除刑部河南司員外郎。十一年四月内聞母喪，守制。十三年七月内接丁父憂。十五年十月内服滿赴部，復除兵部車駕司員外郎。十八年二

① 《轂原奏議》無"除備行總督軍門并巡按御史遵照明旨閱視覈實錢糧有無冒破，侵欺丈尺，有無如式及在工官員分別等第俱候勘明，另行會奏外，謹題請旨"。

月内陞職方司郎中。本年閏七月内陞山東按察州副使。二十二年十月内陞湖廣布政司右參政。遇二十三年考察，該科道拾遺部院，題奉欽依，更調。本年十一月初八日調除前職。二十四年二月初二日到任，扣至二十七年正月初二日連閏，實歷俸三十六箇月。三年已滿，例應給由具呈，照詳蒙批，仰布政司查議報繳。又蒙巡按山西監察御史谷嶠批，布政司查議報繳。蒙此，查得，本官歷俸三年，任内並無違礙。及查别卷先爲行移勘合事，承准吏部午字二千五百四十一號勘合内壹件申明官員給由事，照得，本部見有舊行事例，在外大小官員三年、六年例，該赴部給由雖有專責，差占三年、六年亦要給由一次，給由之際，果遇凶荒及地方不時之警，許撫按官合詞奏留等因。除遵行外，爲照本官見今分守冀寧道，係會省緊要地方，軍民雜處，不可一日缺官。況又蒙臣按驗，帶管糧儲，事務愈繁，内而禄糧日被宗室填門告討，外而軍儲設法催徵甚嚴。合無將本官保留，暫免給由行令，照舊供職，止令將三年任内行過事蹟造册繳部查考。如此，則民不失望，而錢糧亦得早完矣。”等因。具呈到臣。

據此簿查，先據本官呈前事，已經批行該司查議。去後，今據前因，會同巡按山西監察御史谷嶠看得，山西布政司呈稱，右參政王楊三年考滿，欲要奏留一節，議照在外百司庶官三年赴部考滿，乃國家常典。臣等訪得，本官操履端方，存心直諒，催科不失乎撫字，百姓咸孚；防禦兼勞夫經營，三關多賴。所據本官給由，相應准理。但該司今稱本官分守會省，軍民雜處，不可一日缺官。及蒙臣案驗，見又帶管糧儲。若令本官照常給由，委恐政事廢弛，致誤地方，誠如該司所言者。如蒙敕下該部再加查議，合無免令本官赴部給由，止令將三年行過事蹟造册繳部，惟復仍令給由。

謹題請旨。

營田以足兵食疏

據山西布政司整飭岢嵐石隰兵備帶管營田事務右參政張鎬呈，據總委官潞安府通判張應麒呈繳營田用過子種、收穫子粒穰草并召人佃種未營地土起納租子數目文册到道。案照嘉靖二十六年四月初三日，蒙巡撫山西右副都御史孫繼魯案驗，爲營田以足兵儲事，准户部咨，該本部題，奉聖旨："是。着新巡撫官照依原議，着實舉行。欽此。"欽遵。備仰本道，抄照咨案，備該部題奉欽依："内事理即便督同總委官張應麒等查照原議，趂今春作方動，一一着實舉行。"等因。蒙此行間，節准布政司咨抄，蒙總督軍務左都御史翁，巡撫山西右副都御史蘇并巡按山西監察御史谷嶠等案驗，俱爲前事，各准奉都察院咨劄，准吏部咨，該巡撫山西右僉都御史楊題，該本部議擬，合候命下，除通判張應麒久任外，其副使張鎬添註山西布政司右參政，仍管岢嵐石隰兵備帶管營田事務，本部給憑，仍行該部請敕令，其就彼欽遵行事副使員缺，暫免推補，候有成效，聽撫按官薦舉，不次擢用。等因。題奉聖旨："是。依擬。欽此。"欽遵。

節咨本道欽遵，於本月十二日到任行事，本年八月内，本道議修水泉營、滑石澗二堡倉廒，收積營田子粒，并查委倉官經收、守掌、支銷，呈蒙本院批行雁門道定委老營堡廣積倉副使李繡赴水泉營，偏頭關保德倉副使李宗器赴滑石澗，各經收營田子粒，守掌支銷。其出給實收，仍用使該倉印信。本道行委岢嵐營把總百户許縉脩完滑石澗倉廒一十六間，陳輝脩完水泉營倉廒一十五間，備行倉官李繡、李宗器收積營田子粒，節行總委官通判張應麒及文武小委官石等州，吏目等官劉縉等，鎮西衛右等所百户安鎮等，各遵照督令軍壯，用心經營，務收實效。去後，今據前因，除放支與防秋官軍子粒穰草兑扣原擬折色銀兩并餘剩入倉及存留明年牛料與支費過廪給牛料等項，另行備細造册外，今將造完營田用過子種收穫子粒穰草并召人佃種餘地起納過租子各數目文册，及開稱總委官通判張應麒、水泉營委官石州、吏目劉縉、鎮西衛右所百户安鎮、寺塢堡委官石州判官孟曙、鎮西衛左所百户劉經、小營兒堡委官都司吏目夏萬、鎮西衛後所千户袁漢、滑石澗委官平定州判官劉相、鎮西衛後所百户郭廷美、沙莊窩委官鎮西衛經歷李堯卿、本衛前所百户曹欽，各分另等第，開呈到臣。

據此，接管卷查前事，該前巡撫山西右副都御史孫并臣節經案行，批發本官查照遵行，去後，今據前因，會同巡按山西監察御史谷嶠查得，册開嘉靖二十六年，水泉營等五莊營田一千頃内，除種蘿蔔、蔓菁、芥菜共二十二頃二十畝，共用過子種六石六斗，收穫蔬菜分給防秋官軍外，實種夏秋田九百七十七頃八十畝，共用過各色子種二千八百八十一石九斗一升六合，共收穫各色子粒三萬一千九百四十五石四斗四合四撮，未營餘地召人佃種過五百六十一頃二十九畝，共起納租子一千五百九十二石八斗二升五合，二項通共三萬三千五百三十八石二斗二升九合四撮，内除放支與岢嵐等營共一萬九千一百五石九斗三升五合四撮外，見在一萬四千四百三十二石二斗九升四合，共收穫穰草三十五萬八千二百一束，内除放支與岢嵐等營共二十九萬六千八百八十九束外，見在六萬一千三百九十二束。及看得，本官呈開，欲將總委并各堡小委官員分别等第甄録獎犒各一節，除寺塢、小營兒、滑石澗、沙莊窩四堡小委官孟曙等八員俱有勤勞，其各收穫多寡不一者，不敢塵瀆，候命下之日容臣分析等第，酌量犒賞外，爲照前項營田，始創耕鋤，誠爲不易。若非綜理得人，未免播種失期。照得，山西布政司整飭岢嵐石隰等處兵備帶管營田事務右參政張犒往來提調，督率耕耘，指授方略，而依時播種，始創營田，而勞勩可嘉。即今似頗成效，不負建議之舉。及照總委官潞安府通判張應麒、水泉營小委官石州、吏目劉縉、鎮西衛右所百户安鎮勤勞懋著，收穫獨多，以上四臣均應議擬。如蒙伏望皇上憫念營田始創之難，各官往來奔馳之苦，敕下該部再查各官果有勞勩，或分别等第，先行犒獎，或待有年勞，上請擢用。

謹題請旨。

集衆論酌時宜以圖安邊疏

據山西布按二司岢嵐兵備帶管營田右參政張鎬、整飭雁門等關兵備副使劉璽、分巡冀寧道僉事蒲澤會呈，行據總委管工太原府通判黄棟、平陽府通判孔庭詔各呈稱："嘉靖二十六年五月初三日起至本年七月二十日止，脩完丫角山起至右衛雙溝墩止邊墻一百四十里，又續脩完將臺六座，上蓋完鋪房四十八間，敵臺二百七座，鋪房四百一十四間，暗門六座，月城六十處，幫脩墩臺七座，月城一處，添設墩臺二座。本月二十一日起至九月初二日止，脩完雙溝墩起至兔毛河止邊墻五十二里四分，内原墻受敵改移創築共八里，築完敵臺六十二座，上蓋鋪房一百二十四間。又自兔毛河至丫角山築墻取土，於墻外挑成月壕一道，深濶丈尺各不等，通共邊墻一百九十二里四分，將臺六座，敵臺三百六十九座，鋪房五百八十六間，暗門六座，月城六十處，幫脩墩臺七座，月城一處，添設墩臺二座，俱各工完。原發京運脩邊正銀一十一萬一千八百四十五兩五錢，積出附餘銀一百一十二兩，委官在邊支放。又積出附餘銀七十二兩六錢八分，通共銀一十一萬二千三十兩一錢八分，脩工并防護架梁官軍民壯馬匹行糧料草鹽菜等項共支用過銀七萬八千二百八十六兩一錢二分八釐八毫六絲，節省剩下見在銀三萬三千七百四十四兩五分一釐一毫四絲。"數目及脩工架梁軍壯、管工文武職官姓名造册繳報到道。

據此，案查，嘉靖二十六年三月二十七日抄，蒙前巡撫右副都御史孫案驗，准總督左都御史翁咨，該兵部題前事，備仰本道官吏抄照咨案備，題奉欽依："内事理即便通行各守備等官，查照後開條款，逐一欽遵施行。"等因。蒙此除遵行外，又准山西布政司照會，蒙總督軍門批，該本司等衙門左布政使等官張文奎等會呈前事，蒙批張副使、蒲僉事俱如擬行，令監督工程、綜理糧餉、稽查姦弊，蒙此移行本道，查照款議，逐一作速施行。等因。准此。該雁門道通行調取太原、平陽、潞安三府，澤、沁、汾、遼四州民壯二萬名，三關各營衛軍夫二萬名，共四萬名防護兵，馬三千名匹，會同總兵官王繼祖、行委總管岢嵐參將李淶、東路參將杜暉、太原參將杜承勛、太原府通判今陞山東兖州府同知黄棟并見任通判楊桂、平陽府通判孔庭詔、忻州知州今陞直隸保定府同知馮友、管錢糧盂縣知縣周夢綵、分管偏頭關守備劉繼先、老營堡守備王懷邦、平刑關守備田琦、鎮西衛指揮丘陞、徐溝縣知縣令陞陝西施馬寺寺丞周誥、文水縣知縣張源澄、臨汾縣知縣祁玳、浮山縣知縣毛述古、趙城縣知縣今陞潞安府通判陳正、黎城縣知縣今陞代州知州李良能、沁水縣知縣程南、和順縣知縣張天諭、防護架梁老營堡游擊孫臏、田琦，管部民壯在邊脩工同知、主簿、典史等官邵騰等六十三員，各處坐營把總、指揮、千百户錢漢臣等八十三員，各督脩防護及令周誥等督併軍壯順帶原備脩工器具各道與總兵官親詣邊所駐劄往來督併，自五月初三日破土興工脩築間，蒙本部院案驗，前事二次分發脩邊銀共一十一萬一千八百四十五兩伍錢，積出附餘銀一百一十二兩，發代州收貯陸續支給應用。又蒙本院發下併脩邊墻敵臺規則内，一敵臺原議大約每里二座，身高三丈，女墻五尺，通高三丈五尺，方闊四丈，收頂二丈八尺，每軍日脩二分二釐，其平漫衝要去處即一里三座，或二里七座，身足三丈，亦不爲過。中間險峻稍緩去處，仍須相度地勢，身止二丈五尺，連女墻共高三丈，即可護守。至於方闊四丈，收頂二丈八尺，即如邊墻底闊一丈八尺，倚墻再幫闊三丈，臺墻底闊共計四丈八尺，脩築高至二丈，與墻相等，墻裏止留更道五尺，不必再加，以便沿墻往來。其餘七尺連敵臺一併加脩五尺，共高二丈五尺，收頂亦不失二丈八尺之數。此即順長四丈，出墻一丈，收頂方闊二丈八尺，大槩女墻身高及垛口長闊一如脩墻規制，敵臺裏面已借墻身七尺，止留更道五尺，登臺不便，量於敵臺左右兩邊脩墊土堦，或穴洞繩梯而入，各從其便。其每臺該脩鋪房二間，即於臺成之後量用節採木植，并隨宜燒造甎瓦，摘撥馬軍及時脩蓋，以便防秋官軍住守。等因。蒙此，通發遵照脩築。

去後，又蒙巡撫右副都御史蘇案驗，今照山西大同併守事宜尚未脩舉，時近防秋，勢屬緊急，巡撫久缺，事多留滯。況例應交代，擅難啓行。爲此除咨行兵部裁處外，仰各道即將邊方併守及一切應行事理查照軍門節行事宜，作速施行，毋得專候本院，以致遲誤。蒙此行間，又蒙本院案驗爲預擬分佈人馬以禦虜患事内開，岢嵐、雁門二兵道輪流督視，自老牛灣至雙溝墩一帶地方督脩邊墻敵臺，監理兵餉，甄别功罪，稽察姦弊及計畫軍中一應事宜，雁門兵備道分管自廣武地方起至馬蘭口、霍家坡地界，仍將本鎮馬步官軍四萬二千七百九十一員名，分佈自本鎮老牛灣黄河東岸起至大同雙溝墩止及内邊寧雁各守墻防禦。蒙此行間，又蒙本院案驗，備仰本道，查照原行題奉欽依内事理，即將山西續分工程催督管工官員督率軍壯士緊儹脩完報，將脩完工程地里丈尺、軍壯錢糧數目查覈，確實造册，呈送總督軍門及本院并兩鎮巡按衙門，以憑覈實施行。

蒙此，依蒙催督知縣等官毛述古等，將雙溝墩至兔毛河邊墻、敵臺、鋪房，於九月初二日陸續脩築完訖，參將王清、杜承勛、馬暘輝、葉滋，遊擊田琦，守備曹棠、王懷邦、郭瀛等，將丫角山至雙溝墩將敵臺、鋪房、暗門、月城等工，於九月二十三日陸續脩築完訖，脩工器具發附近城堡收貯各回報外，又蒙本院案驗仰本道即便查勘本鎮與大同分脩地里有無相等，用過錢糧有無同異，其脩邊民壯是否四萬名之數，支給錢糧自六月二十日以後是否亦係防秋錢糧，逐一查明具由回報，以憑施行。蒙此，已行查造，去後，今據前因，查得，原議脩築邊墻敵臺各有擬定丈尺，計人計工計日計糧亦有定數，但地形有險易，用功有難易，隨宜脩築，因形設險，故其高厚有比原議丈尺加多者，中間如丫角山以東四五十里之間取水遠者至七八十里，占去軍夫幾十分之三。亦有石山無土，遠取登運，比之平地水土近便者工費幾倍。又如聖山墩以東舊墻形勢受敵，改移南山八里，餘俱係創脩，比之有舊墻以爲基者用力亦倍。又山西幫脩俱在舊墻之外，多費填壕築基之功，比之在内幫脩者用力尤多。原議軍夫四萬所用行糧俱計算至六月二十日止，其二十一日以後俱支防秋行糧。今山西分佈擺邊之後，步軍有調回内邊防守者，所調民壯二萬又非擺邊之數，原無防秋行糧，自六月二十一日起九月初二日止，俱支脩邊銀兩，又係原議之外者。是以節蒙本部院及本院牌案批呈，俱許計日支給。然總計所費，較之原議亦無多費。逐一查明，擬合通呈，爲此今將脩過邊墻將敵臺等工丈尺、用過錢糧數目并管工等官職名造册呈繳到臣。

據此接各卷查，先該總督軍務右都御史翁會同前巡撫右僉都御史楊等會題前事，該兵部議擬覆題，奉聖旨："這脩邊守邊調兵諸議具見總督、撫鎮等官竭心邊務，你部裏酌議，亦當都依擬行。欽此。"欽遵。備咨前巡撫右僉都御史楊，及節准總督左都御史翁，併准兵部咨，各同前因，備咨到臣。俱經遵照原議，通行委官分管脩築。及臣屢催完報并總兵官王繼祖、隨工駐劄督理工程右參政張鎬、副使劉璽、僉事蒲澤往來工所監視經理錢糧，稽察姦弊，間又准兵部咨爲傳報緊急聲息事，該本部題奉聖旨："是防秋之時脩築未畢，正宜嚴加備禦，着各該巡撫官都要到邊用心經略，不許偷安。欽此。"備咨前來。臣即欽遵躬自赴邊巡歷工所，整理兵糧，嚴督工程，續據各道報稱工完，隨行查報到臣。看得用過各項錢糧頭緒繁多，中間恐有冒破差錯等情。臣即重覆磨筭，與今各官册報相同。

照得禦虜之要，固在邊防，版築之工，未易興舉。况集數萬之衆，而當荒塞之間，暑雨維期，虜警未測，若夫處置少乖，則完美莫覬。仰賴皇上凝神清穆，加志安攘，神武布昭，式廓截於九有；玄衷溥運，肅乂振於羣工。内而密勿訏謨，用協元輔，邊圉至計，允孚輿情。至於本兵之咨議周詳，户部之請發罔後，是筦樞之運有餘，而邊徼展宣，克襄厥績也。外之總督宣大偏保等處地方軍務兼理糧餉都察院左都御史兼兵部左侍郎翁實能仰體聖心，飭玆永策，發縱指示，區畫極始終之詳；申諭稽查，振綏備匡翼之略。巡按山西監察御史谷嶠巡行遠塞，稽查先飭於法裁；咨訪多方，振勵自興於工役。是以臣愚臨期被命，雖切遺大之懷；凡事受成，適與圖終之會。事半功倍，鉅工告完，臣愚幸甚，已經會同鎮守山西總兵官王繼祖具題訖。

今據前因，除脩完工程用過并支剩銀兩備細造册另行具本奏繳，及行該道呈報巡按衙門，遵奉欽依，嚴加覈實類册奏繳。其脩工效勞武職，把總以下指揮千百户錢漢臣等，文職同知等官邵騰等，俱各管部民壯在邊脩工，均有勞苦，容臣會同總督左都御史翁分析等第，另行題請外，及照鎮守山西總兵官都督僉事王繼祖廉克持身，統馭而士心樂服，勤能率衆，督理而工役有成，任事已踰五年，稽多成效，防秋有功。另議奉有欽依岢嵐兵備帶管營田右參政張鎬議處周詳，建明多諳於事體；勞來備至，周急甚得夫人心。當始事之難，艱危弗避；得終事之譽，勞勩足徵。雁門兵備副使劉璽積有年勞，贊襄多咨於籌畫；感深策勵，繁苦亦實其備嘗。巨細經營，大裨兵防之任；往來調督，益堅恭事之心。分巡冀寧道僉事蒲渾督理邊工，稽察尤爲精覈；帶管兵備，綜理亦甚周詳。況五年之間常歷邊塞，而三關之事殊賴經營，俱當首論者也。山西布政司左布政使張文奎錢穀總會，議處亦甚勞心。本司分守冀寧道右參政王揚督脩内邊犄角，併張其勢。先任按察司朔州兵備副使今陞布政司右參政陳燿心存共濟，稽查兼司會之長。總理三關糧儲户部主事馬慎事無稽留，督理重及時之用。以上各官俱應甄録者也。總管岢嵐參將李淶、架梁老營堡遊擊田琦、總管太原府通判今陞山東兗州府同知黄棟、平陽府通判孔庭詔、忻州知州今陞直隸保定府同知馮友、分管徐溝縣知縣今陞陝西苑馬寺寺丞周誥、文水縣知縣張源澄、臨汾縣知縣祁玳、浮山縣知縣毛述古、趙城縣知縣今陞潞安府通判陳正、黎城縣知縣今陞代州知州李良能、沁水縣知縣程南、和順縣知縣張天諭、盂縣知縣周夢綵、偏頭關守備劉繼先、老營堡守備王懷邦、鎮西衛指揮使丘陞，以上各官，夙夜奔馳，崎嶇邊徼，悉心料理，共事始終，危險備嘗，勞勩獨多，功當優論者也。太原參將杜承勛、利民堡守備陳明、潞安參將王清、西路參將葉滋、平陽參將馬暘輝、八角堡守備曹棠、神池堡守備郭瀛，以上各官，分脩築完將敵臺房，勞勩頗多，功當次論者也。其管工架梁等官如杜煇、革任孫臏、陞任楊桂，患病回任，勤勞在工，計期三分之一，亦當酌論。原任副總兵段堂、旗牌官郭經奉軍門督併工役，勤勞尤著，軍門書吏魏大用、馮德成，寫本吏麻尚卿、白邦寧及臣下當該典吏胡方麟，隨巡書辦，勞苦頗多。役滿令史陳洪與今接案令史孟文獻均與書辦，亦當敘及。再照先任山西巡撫今任延綏右僉都御史楊，心懷謀國之忠，建議不憚於違衆；才適濟時之用，處事多賴於先圖。與前巡按山西監察御史齊宗道，風裁茂舉於周巡，嘉謨允協於共濟，要其成功，亦當追論者也。如臣待罪地方，幸際成事，敢掠衆美，覬以爲功。臣惟輔部大臣宸衷日鑒，恭候聖裁。其在外諸臣如蒙勅下該部候巡按御史覈實，至日再加斟酌，議擬上請，俯賜施行，則激勵勞來之下，寓鼓作興之機，而凡預工從事者，莫不皆感聖恩而知所勸矣。

謹題請旨。①

① 《穀原奏議》無此四字。

巡撫疏議卷之四

集衆論酌時宜以圖安邊疏

准總督宣大偏保等處地方軍務兼理糧餉都察院左都御史兼兵部左侍郎翁會稟，節准宣大山西巡撫衙門咨，據山西布按二司兵備守巡等官陳燿等開報脩完宣大二鎮邊牆敵臺等項工程支用錢糧數目，并效勞文武官員職名前來，除將效勞文職知縣以上，武職守備以上，并中軍旗牌等官甄別具題外，備稟到臣。會同總督都察院左都御史兼兵部左侍郎翁、巡撫大同兵部右侍郎兼都察院右僉都御史詹、宣府右僉都御史孫議照，去年會議脩築宣大兩鎮邊牆，不及三百里，起派軍民夫役，每人日支行糧二升，鹽菜銀一分，此外嘗加犒勞，每人前後所得又不下一二錢。工完之日，大同總兵官周尚文又奏下户部，題准動支脩邊餘剩銀二萬兩，行臣萬達分别犒賞該鎮軍夫，每名步軍四錢，馬軍二錢訖。今歲會議，條築宣大邊牆共一千餘里，起派兩鎮及山西軍夫十萬餘人，民夫二萬餘人，併力興作，每人每日雖有鹽菜銀一分，而行糧止一升五合，隨該大同撫鎮官具題起工日期緣由，特奉聖旨：“這脩築邊牆工鉅役衆，撫鎮大小官著盡心提調，務圖堅久。效力軍夫仍加意撫勞，兵部還行與總督衙門示諭。欽此。”

臣等欽遵，通行曉諭，及用心提調，加意撫恤。但前項工程比之去年尤爲浩大，原請内帑錢糧，誠恐臨時或有意外，難免稽阻，不數應用。止是量爲措給酒餅焋炒之類，每人所得，計不能一二分。兹幸大工告成，而大同、山西原發帑銀，除支過并兑還先借之數，共剩五萬六千六百一十九兩有奇。又除已買本色糧料草束，該銀一萬九千二百七十一兩有奇，實在銀三萬七千二百四十八兩有奇。宣府餘剩實在銀二萬一千七百三十五兩有奇，通共實在銀五萬九千八十三兩有奇。蓋因工役未興，帑銀未到之前，臣等預行各道借支在庫各項堪動銀兩，趂時糴買，斗頭斤重，比之原估價值稍賤。及官軍做工，間多以夜繼日，費少工多，所剩前數，職此之由，各該官軍久處荒徼，冒風臥沙，勞苦萬狀。守備、知縣以上官員既俱甄録具題，而把總、經歷以下與各軍夫似應一體恤其勤勞。臣等欲從便宜，徑行會同犒賞。然工完之後，分毫之賜，必出朝廷，使知榮重感激，是臣等區區之愚心也。用是敢於陳瀆，如蒙敕下該部查議上請，行臣等將前三鎮脩邊夫役，除民夫中間多係雇募之人，工完各散，難以遍給外，其軍夫見在各城堡操備，并把總管貼隊官各鎮開報多寡雖有不同，要皆不出原議每軍夫五百名，該把總官二員，五十名，該管貼隊官各一員之數。於各鎮餘剩脩邊銀内通融動支犒賞，大約文職經歷等官與武職把總官，每員二兩，管貼隊官旗各一兩，脩工步軍三錢，防護馬軍一錢，中間如有事故不齊，臨時扣除還官。大同脩工軍夫三萬六千四百六十八名，防護官軍二千四百六十七名，把總、管貼隊官旗周洪等一千七百五十三員名，經歷等官陳九思等四員，共約用銀一萬三千四百四兩零。山西軍夫二萬名，防護官軍二千餘名，把總、管貼隊官旗錢漢臣等四百八十餘員名，同知、主簿等官邵騰等六十三員，共約用銀六千九百四十餘兩。宣府軍夫四萬四千名，防護官軍三千名，把總、管貼隊官旗劉源等一千五十餘員名，經歷趙烈等三員，共約用銀一萬四千七百三十餘兩。通共約用銀三萬五千七十餘兩，仍剩銀二萬四千一十餘兩，與臨時事故等項扣除之數，并已買見在倉場糧料草束俱收候，專備防秋及建設堡寨支用，不許别項花銷。庶財不虚費，而人益知勵矣。

謹題請旨。

增脩關隘疏

據山西布政司等衙門左布政使張文奎、按察司署印副使李乘雲、都司署都指揮僉事崔憲會呈，准山西布按二司守巡冀南道左參政潘九齡、副使何城手本："據潞安府呈，據委官平順縣典史劉漢、黎城縣典史祁恩親詣，估計得虹梯、玉峽二關應脩關樓四座及巡檢司二所各衙舍，前後廳堂、厢房共四十間，并石碑碑樓二座，合用木料等項匠作人夫工食共估用銀六百一十九兩九錢二分，内應於府庫動支銀四百一十九兩九錢二分，長治縣庫動支銀二百兩。二關弓兵每關應僉三十名，共六十名，合於平順縣僉四名，長治縣十二名，長子縣九名，屯留縣五名，襄垣縣十二名，潞城縣五名，黎城縣六名，壺關縣七名。"等緣由到府。

案查，先據平順縣申，據該縣里老陳孟教等連名具狀告稱："本縣與河南林縣接界地方險遠，山谷巉巇，居民四散，不成村落，兩省人民雜居於此。又道路幽僻，凡流民、逃軍，一切亡命，及躲避差傜之人，自河南而來，自山西而往者，皆從此路出入，無有禁制。又或聚藏村落，難於譏防，時爲盜賊，地方不便。思得，本縣正東六十里舊有虹梯關一所，東南一百二十里舊有玉峽關一所，皆與林縣接界，爲諸路交會之地，乞將二關因舊增脩，轉達奏請設立巡司二所，守把關隘，盤詰姦邪，緝捕盜賊，保障地方。"等因到府。

該本府看係地方民情，關行本府清軍同知李全親詣相度地勢，要於虹梯關相近地方栢木都，玉峽關相近地方王陡崖，各就民居薪水之便，各建巡司衙門，守把二關。等因到府。查得，本府嘉靖八年卷内，前項二關已蒙先任都給事中今内閣大學士夏查勘功罪，將二關脩理停當，案行三司議設巡檢，要將栢木都改爲白雲谷，立一巡檢司，守把虹梯關，以防流賊之内入；王陡崖改爲玉斗崖，立一巡檢司，守把玉峽關，以防山賊之外出。具奏已悉，即今止宜量行增脩，奏銓官吏，即爲完備。既經該縣里老人等告稱，前因又經查勘明白，相應轉行備由，通行申請撫按衙門。

查得，别卷爲查理缺官事，該布按二司每兩月一次呈報缺官緣由内開，平順縣縣丞一員并玉峽關玉十崖、虹梯關白雲谷巡檢司巡檢，自設縣以來，俱未除授，已經具題外，今據該府申，要增脩關隘再行委官估計一節，誠爲有見，又與該司呈報相同。其原設二關，若銓除巡檢，僉撥弓兵，不惟盤詰内寇，抑且阻遏外虜，相應依擬，但係干地方，事頗重大，亦未經三司守巡該道會議，遽難題請。會行都布按三司守巡該道，再加會議，事體穩便，官民樂從。其弓兵應於何處僉取，議處停當，通行呈報，以憑會奏施行。蒙轉行本府，備行各官，估計去後，今據前因，復該本府知府孫國會同清軍同知李仝議得，前項二關委係山西、河南界限處所，兩省人民雜居，中有萬山盤疊，道路幽僻，流民逃軍，一切亡命，及躲避差傜之人，皆從此路出入。又山谷深邃，盗賊易藏。離縣甚遠，法度難施。委應設立巡司，奏銓官吏，編僉弓兵，增脩關隘，防守地方，事體穩便，官民樂從。等緣由到道。

看得，玉峽、虹梯二關委係兩省界限，阨塞之地，向年青羊山賊人曾憑據此拒敵官軍。白雲谷、玉斗崖各與二關相近，爲諸路交會之地，又就居民有薪水之便，既經該縣里老人等具告，又經府官二次議勘停當，況關有舊基，今止增脩，所費不多，巡檢員缺又經二司節年呈報具奏在先，委應再奏銓設官吏，編僉弓兵，動支銀兩，增建關司，把守關隘，緝捕盜賊，盤詰姦細，兩省地方俱爲有益。合用手本前去，煩爲查照會議轉達施行。等因。准此，職等會同議照前事，既經守巡該道府縣等官查勘，議處明妥，相應依擬會呈施行。等因到臣。案查，先據潞安府申，前事已經會行三司守巡該道會議。去後，今據前因，會同巡按山西監察御史谷，議照三司所呈前項貳關原係兩省界限，僻遠則制馭爲難；群山盤礴，險阻則姦黠竊伺。所以先年議設巡司，蓋亦有見機貴預設，而患在先圖也。今呈乞要奏銓官吏，編僉弓兵，脩建衙門壹節，既經三司守巡該道等官勘處，估計分明，相應具奏。如蒙伏乞敕下該部，再加查議，合無銓選巡檢貳員，鑄給印信二顆，令其齎領前來，到任管事。仍行臣等轉行布政司，撥吏二名，及查照原議編僉弓兵，動支府縣庫貯無礙官銀，委官脩蓋巡檢衙門公廨等房，安插官吏、弓兵把守關隘，巡警譏察，庶於原議不負，而地方居民有賴矣。惟復別賜定奪，謹題請旨。

集衆論酌時宜以圖安邊疏

據山西按布二司雁門兵備道副使劉璽、岢嵐兵備帶管營田右參政張鎬、分守冀寧道右參政王楊、分巡冀寧道僉事蒲澤會呈抄，蒙臣案驗，照得，今歲併守大同外邊防秋兵馬合用錢糧，係去歲預處。目今防秋將畢，所據明年防秋兵馬，勢所不免，合用錢糧，相應計處，庶克有濟。案仰本道官吏，即便會同岢嵐兵備、守巡該道備查今歲防秋兵馬若干，用過上年支剩及運發召買本色糧料草束折支銀兩各若干，支剩若干，明年防秋與今年事體應否相同，支剩錢糧見在何處貯積，可句明年幾月支用，尚少本色糧料草束各若干，折色銀兩若干，應該作何措處，作速查議明白，會呈本院，以憑施行。等因。

蒙此，會同岢嵐兵備右參政張鎬、分守冀寧道右參政王楊、分巡冀寧道僉事蒲澤會查得，嘉靖二十六年分防秋，外邊守牆并列營官軍三萬二百一十五員名，馬贏一萬三千八百六十二匹頭，内邊防守并聽征官軍一萬二百三十一員名，馬贏二千二百餘匹頭。内除百里之内不支行糧料草外，潞安營步軍二千二百三十九員名，平陽營步軍二千四百三十員名，俱支行糧，與外邊守牆列營并兵馬經過，共實支過糧一萬四千四百六十石一斗二升五合，料一萬八千七百七十七石二斗七升，草一萬九千八百八十七束，支過營田雜糧一萬九千一百五石玖斗三升五合四撮，穰草二（千）［十］九萬六千八百八十九束，折乾支過銀九萬二千一百四十一兩二錢一分九釐一絲四忽。爲照明年防秋事體，與今年大同小異。然計筭錢糧必贏餘，庶免臨時不足之患。查得，各倉塲支剩除内邊營堡并腹裏州縣見在糧料足句明年防秋應用外，查得，朔州、馬邑、井坪、平虜、威遠五倉見在糧四萬九千七十六石一斗三升，料三萬一千三百八十二石四斗，草九萬五千二百六十三束。丫角山迤東至雙溝墩止，以今年防秋之數計之，守牆列營兵馬四營官軍一萬五千二百三十八員名，馬贏七千八十四匹頭，防秋四箇月，本折兼支，二箇月本色，該糧一萬三千七百一十四石二斗，料一萬二千七百五十一石二斗，前項朔州、馬邑等五倉見在糧料足句支用，共該支草四十二萬五千四十束。内除平虜城草九萬五千二百六十三束，尚少草三十二萬九千七百七十七束，每束折銀三分，共該銀九千八百九十三兩三錢一分。二箇月折色糧每一升五合折銀二分，料三升折銀二分五釐，草一束折銀三分，共該折銀四萬一千六百六十二兩八錢，與前少草銀共五萬一千五百五十六兩一錢一分。丫角山迤西至老牛灣黄河東岸止，以今年防秋之數計之，守牆列營兵馬四營内，老營堡地方二營官軍七千八百五十八員名，馬贏三千五百七十四匹頭，本折兼支，二箇月本色該糧一千七十二石二斗，料六千四百三十三石二斗，草二十一萬四千四百四十束，本堡廣積倉見在糧五千二百六十七石一斗一升，料四十八石七斗五升，草三萬七百二十八束，草止可預備客兵經過支用，少糧一千八百五石九升，料六千三百八十四石四斗五升，草二十一萬四千四百四十束，大約以時估計之，每糧九斗該銀一兩，料一石二斗該銀一兩，草每束價銀四分，大約該銀一萬五千九百兩，二箇月折色糧該銀九千四百二十九兩六錢，料該銀五千三百六十一兩，草該銀六千四百三十三兩二錢，通共該銀三萬七千一百二十三兩八錢。偏頭關地方二營官軍七千一百一十九員名，馬贏三千二百六匹頭，二箇月本色，該糧六千四百七石一斗，料五千七百七十石八斗，草一十九萬二千三百六十束，本關保德倉見在糧一千二百二十六石一斗，料一千七百七十五石八斗，草二萬七千八十五束，草止可預備客兵經過支用，少糧五千一百八十一石，料三千九百九十五石，草一十九萬二千三百六十束，照前時估，大約該銀一萬六千七百七十兩，二箇月折色糧該銀八千五百四十二兩八錢，料該銀四千八百九兩，草該銀五千七百七十兩八錢，通共該銀三萬五千八百九十二兩陸錢。再照西黄河、唐家會、灰溝營、恒羡倉，係延綏、宣大徵調兵馬必由之路，恒羡倉見在糧九百六十六石三斗六升，料一千三百七石八斗九升，草四千二束，應該添草一萬五千束，大約用銀六百兩；唐家會糧料草俱無，應該添買糧五百石，料一千石，草一萬五千束，大約用價銀一千九百兩；河曲縣見在糧九百石，料一千一百九十二石八斗，草無，上年已發銀二百兩，趂今豊年收買草束。以上召買并折乾，通共該銀一十二萬七千二百七十二兩五錢一分。查得，代州庫支剩并還官及脩工人夫順支過各倉客兵本色兑還銀共四萬二千一百七兩五錢九分六釐一毫六忽，偏僻倉場客兵本色兑與管糧衙門，作爲主兵，所兑糧價仍爲客兵銀三萬八千三十三兩八錢。繁峙縣寄庫銀一千九百二十六兩二錢一分六釐，營田羸頭預支補還銀四百三十九兩一錢一分，寧武關寄庫并監收同知李徵支剩銀五百五十七兩四錢八分五釐八角，所寄庫銀二十七兩叁釐，河曲縣收貯上年原發聽候兵馬經過折乾支用銀二百兩，俱係客兵之數，共銀八萬三千二百九十一兩二錢一分一毫六忽外，少銀四萬三千九百八十一兩二錢九分九釐八毫九絲四忽，相應議處，除偏頭、老營草束不買外，合無先於代州庫前銀内動支一萬九千一百兩，分委官員支領，於偏頭、老營并西黄河二堡與河曲縣，趂今價平作，急召買本色，限年終完報，委官先將彼中的確時估斗頭斤重，查明呈請短少銀兩，乞爲題請給發，以備來年防秋本折兼支之用。等因。會呈到臣。

據此卷查前事，已經案行各官查議，會呈詳奪，以憑施行。去後，今據前因，臣恐錢糧數未的確，重覆查筭，與前呈報相同。除批行各官先於代州庫貯前項銀内動支一萬九千一百兩，分給委官支領，於偏頭、老營并西黄河二堡與河曲縣告買本色，限年終完報。及應行事宜，容臣徑自查處施行，不敢陳奏外，伏望皇上敕下户部再行查議，合無發銀四萬三千九百八十一兩二錢九分九釐捌毫九絲四忽，差官運送前來，與前今年節省支剩銀兩併收貯庫，以爲明年防秋併守官軍本折兼支之用，庶免臨時不足之患矣。

謹題請旨。

奉慰疏

嘉靖二十六年十二月十九日巳時，該欽差進士林一新齎捧禮部謄黄敕諭："朕中宫皇后於嘉靖二十六年十一月十八日崩逝，朕遵奉祖宗舊制，一切喪祭禮儀，你部裏開具明白，在京文武衙門各遵行外，朕憶后言：'我去常典，皇上聖躬爲重，請勿以我爲念。'兹朕思后語，王府外司進香道途擾民，著便行與各王府及在外文武衙門，以聞喪日爲始，哭臨三日，成服二十七日而除，俱免進香，以慰后意。故諭。欽此。”

臣跪聽宣讀，不勝驚悼，除欽遵督令都、布、按三司等衙門文武官、左布政使張文奎等各於本衙門宿歇，朝夕哭臨成服，并欽遵不敢進香外，臣節查邸報，在京文武官員俱各具本奉慰。臣官叨内院，身繫外臺，心切未寧，哀深罔措，謹上言奉慰者，伏惟孝烈皇后同坤秉德，翊聖著功，母儀將十五年，壽筭應千百歲。豈期慈馭，遽爾仙遊，重厪至懷，聿惇典禮。伏望皇上抑情順變，少寬朝夕之思；保化迎和，俯慰臣民之望。臣下情無任瞻天仰聖，隕越祈懇之至。

謹具奏聞。①

懇乞天恩遵照明旨催賜原准銀兩拯救困苦疏

節據山西布政司呈開，覆查得太原、平陽、潞安、大同四府，澤、遼、沁、汾四州各所屬州縣每年額派闔省王府禄糧夏秋共八十四萬八千一百八十九石九斗七升，除本色五萬四千八百七十一石十斗一升外，折色七十九萬三千三百一十八石二斗六升，折銀不等，共六十一萬六百八十一兩九錢，此歲入之數也。及查闔省王府，以嘉靖二十六年爲率，通共歲用本折色禄糧二百八十五萬九千九百九十一石三斗有零，除折色支給絹布并鈔折銀糧共一百五十萬八千一百八十九石四斗有零，於各處收貯商税等項銀内支給不開外，實該歲用夏秋税糧本色一百三十五萬一千八百一石九斗有零，内該徑支粳粟米麥六萬四千一百二十三石一斗有零，折銀米麥一百二十八萬七千六百七十八石八斗有零，在大同者每石折支銀六錢，在太原等府州者每石折支銀五錢，共該銀六

① 《穀原奏議》無此四字。

十七萬三千七百二兩四錢有零，此歲出之數也。又查得歲派折銀禄糧大同府所屬并太原等府州所屬該解大同者共一十三萬三千七百五十九石四斗六升三合二勺就彼支放外，其太原等府州六十五萬九千五百五十八石七十九升六合八勺，内有扣解豐贍庫一十五萬四千四十八石三斗七升一合，係先年各倉羡餘之數，以備新封位員支用。若每年全徵，在官照例每石五錢放支外，又撙積銀一十四萬七千六百二十二兩三錢有零。今通計歲入本折并扣解豐贍庫以備新封及撙積前銀，俱併作歲出之用。縱使通完無欠，每年原額之外尚少銀六萬三千二十兩五錢有零。況災傷相仍，拖欠數多，豈能全解。

又查得，正統十四年北虜犯邊，户部將山西民糧借撥二十七萬三千六百石運赴宣府接濟，路通之日，照舊存留，後止將一半改正，尚有一十六萬五千三百五十五石。嘉靖元年，該山西巡撫胡都御史、巡按沈御史題行户部，議還山西訖。嘉靖二年，該宣府巡撫劉都御史題行户部覆議起運宣府前項税糧自嘉靖七年爲始，仍派起運，但先次掣回山西，曾以河東運司餘鹽價銀抵補宣府，今次復還宣府，應以前鹽抵補山西，以彼易此，數略相當，合候命下行巡鹽御史行令河東運司，每年先將餘鹽二十萬引賣銀八萬九千三百五十兩，免其解京，差官運送山西布政司庫收貯，聽候撫按官員酌量支給禄糧軍餉等項。如餘鹽數少，准將正課内賣銀解用。等因。題奉聖旨：“是。邊方、腹裹歲用皆同，禄糧、軍餉皆不可缺。山西民糧復還宣府，已有成命，固難更改。但山西三關亦係邊方，倘河東運司餘鹽價銀似前拖欠，不無顧此失彼。你部裹轉行巡鹽御史嚴督運司，將該年餘鹽課鹽上緊賣銀，解送山西布政司，抵補民糧之數，以備禄糧軍餉支用。若有不敷，撫按官仍作急具奏定奪。欽此。”

又於嘉靖二十一年爲地方極重旱災乞憐賑濟以蘇民困事，該山西巡撫陳都御史、巡按王御史因地方災傷，虜患税糧蠲免分數，禄糧軍餉缺乏，題奉欽依："每年正課額鹽四十二萬引，内除宣府年例銀八萬兩外，其餘見在不分多寡，并每年撈辦餘鹽二十萬引，照依鹽法價銀則例作速賣銀，差官解送山西布政司交收，聽巡撫官從宜支補拖欠禄糧并邊餉支用。"等因。每年又該銀五萬四千四百兩，其抵補民糧鹽銀，嘉靖十五年以前完解外，自嘉靖十六年起奏撥正課鹽銀，自二十一年起俱至二十六年止，除節次呈補禄糧軍餉掣支本色引鹽并徑解各府州及布政司鹽銀共六十六萬五千二百九十二兩七錢二分九釐一絲四忽外，尚欠六十四萬三千九百五十七兩二錢七分九毫八絲六忽。又查得，嘉靖二十一年起至二十六年止，所屬府州縣拖欠原坐派王府禄糧一百四十九萬六千一十一兩八分，宣大三關糧銀一百七十一萬九百八十九兩七錢六分，官吏師生俸廪、旗軍月糧銀二十二萬六千一百一十二兩三錢一分，自嘉靖二十六年五月十八日巡撫山西都御史蘇接管起至嘉靖二十七年三月十四日止，節行本司糧儲守巡兵備等道躬督所屬催徵完解過禄糧銀五十八萬二千二百二十二兩三錢，宣大三關糧銀九十七萬六百六十二兩六錢八分，官吏師生俸廪、旗軍月糧銀六萬八千五百四十五兩八錢四分，共完過銀一百六十二萬一千四百三十兩八錢二分，仍欠禄糧銀九十一萬三十七百八十八兩七錢八分，宣大三關糧銀七十四萬三百二十七兩八分，官吏師生俸廪、旗軍月糧銀一十五萬七千五百六十六兩四錢七分。

又查見今拖欠闔省王府應支禄糧年季不等，除節經追徵原坐拖欠本項禄糧并運司鹽銀及搜括庫藏處補外，仍欠一百七十九萬四千七百七十餘兩，通計歲入歲出應徵應給數目，盡非逋負，實有原額不足及節因災傷虜患減免俱混入拖欠之數，雖催督掌印管糧官員拘禁家屬，該吏嚴併追徵，不能完解。見今各王府日每申告，各將軍往往擁衆遠出封域，越境赴省，坐守填門，逼討月無虚日，本司日夜焦思，殊無長策。又查原蒙案驗内開，代府、棗强等王府每年原額不足糧銀四萬三千一百一十六兩八錢，查議大同府是否地薄糧重，太原、平陽等府是否地肥糧輕，應否通融均派。等因。查得，大同與太原、平陽等府俱係山西所屬，山川聯絡，封壤接連，若以地土肥瘠論之，亦不甚相縣殊。及查闔省會計每年原坐夏秋税糧二百二十八萬七百一十五石九斗有零，馬草三百五十四萬五千一十二束有零，大同府所屬一十萬九千四十九石二斗五升，二合原派本處王府禄糧一十萬一千四百二十六石有零，内除本色二千九百八石外，折徵逃户一萬五千七百八十七石有零，每石徵銀五錢，全徵八萬二千七百三十一石有零，每石徵銀一兩一錢六分，民糧七千六百二十三石有零，解大有南倉二千八百一十石五斗有零，每石徵銀一兩一錢八分，州縣倉四千八百一十二石五斗有零，每石徵銀八錢，馬草二十六萬七千一百三束有零，内折徵逃户草三萬三千九百七十八束有零，每束徵銀二分，全徵草二十三萬三千一百二十四束有零，每束徵銀五分五釐，以上通融計算，大約每糧一石該銀一兩一錢七分有零，太原、平陽、潞安三府，澤、遼、沁、汾四州并各所屬夏秋共糧二百一十七萬一千六百六十六石六斗有零，起運大同鎮夏秋糧四十九萬五百三十九石，每石徵銀一兩，馬草一百八十七萬三千五百餘束，每束徵銀八分，宣府鎮夏秋糧一十六萬五千三百五十五石，每石徵銀一兩，三關夏秋糧三十二萬九千九百五十四石有零，内起運二十一萬六千八百一十三石有零，每石連席草脚價徵銀一兩六分五釐，存留一十一萬三千一百四十石有零，每石連席草脚價徵銀八錢六分五釐，馬草一百三十五萬二千一百七十八束有零，每束徵銀八分，王府禄糧七十四萬六千七百六十三石有零，内有解大同、棗强等王府大有南倉三萬五千七百二十一石有零，原徵本色四百七十九石五十有零外，折色三萬五千二百四十一石四十有零，夏税每石徵銀七錢六分，秋糧每石徵銀九錢六分，晉、代、瀋三府本色一萬六千一百八十二石有零，各王府禄糧六十九萬四千八百六十石有零，内夏税三十二萬一千三百三十五石有零，原徵本色麥一萬二千八百石，折色二十一萬八千五百一十五石有零，每石徵銀六錢，秋糧四十六萬三千五百二十五石有零，原徵本色米二萬石有零，折色四十四萬三千五百二十五石有零，每石徵銀八錢，民糧四十三萬九千五十四石有零，夏税一十二萬五百四十四石有零，每石徵銀六錢，秋糧三十一萬八千五百一十石有零，每石徵銀八錢，豐贍庫草五萬二千二石二十九束，每束徵銀八分，此外又有因地畝税糧起派驛遞站糧二十一萬五千八百六十石有零，内馬驢糧每石徵銀一兩二錢，牛糧每石徵銀五錢，通融計算大約每石徵銀九錢七分有零。

又查得，該辦王府祭葬、房服、婚價及解京解邊麂皮、胖襖、湯羊、藥味、柴夫、木柴、軍器、糧價等項，俱於差銀内出辦，共該二十二萬三百九十餘兩，又額外坐派加增解京黄熟銅等料銀每年不等，大約不下千百餘兩，嘉靖三年又加增供辦代府、棗强等王府房墳等價銀一千兩，舊額民壯二萬一千餘名，先年原議每名每年盤纏銀七兩，共該銀一十四萬餘兩。錯綜計算，太原、平陽等府糧差比之大同府糧差繁且不輕，又有轉運之勞，再照禄糧原額不足，不獨大同代府、棗强等王府四萬三千一百一十六兩八錢，而晉、代、瀋三府分封省城，寧化、方山等十四王府，平陽府陽曲等三王府，潞安府定陶等十九王府，澤州、宣寧等二王府，汾州、慶成等二王府，蒲州、襄垣等二王府，絳州、靈丘王府，霍州、懷仁王府，忻州、定安王府禄糧原額不足，每歲共計六萬三千二十兩五錢有零，欲加於民，緣山西地方山多土瘠，舟楫不通，往年連遭虜患，疊罹災傷，民窮財詘，十室九虚，各項原額糧差節年拖欠二百餘萬，日事鞭朴，尚爾追徵不前。若再重復加派，益增困苦，負累流移，逃竄勢必難免，委的無從區處。爲今之計，合無請乞題請敕下該部，將河東運司拖欠抵補民糧及奏撥正課鹽銀行巡鹽衙門催解本司通融補給禄糧支用，少濟時艱。其每年歲派不敷歲用該銀六萬三千二十餘兩，乞爲題請别爲處補，則宗室幸甚，官民幸甚。等因到臣。

又據河東運司申稱，查得本司鹽課每年原額該辦四十二萬引，後因偶有餘鹽，遂添額外餘鹽二十萬引，彼時鹽價頗高，遂定作價銀八萬九千三百五十兩之數，雖具虚名，終難實靠，故當時户部議題，亦以餘鹽不足，准於正額内賣銀應用爲詞，蓋亦有慮於餘鹽之不可必得，擬以正額補之，非謂既變餘鹽，又支正額也。故本司每年鹽課所可倚者，止於四十二萬引，每鹽一引折以今價三錢二分，止可得銀一十三萬四千四百兩，内除解宣府八萬兩年例之外，止可剩銀五萬四千四百兩，其欲抵解民糧，止可解此五萬四千四百兩之數，此外再難措處。

今查卷案，除嘉靖十五年以前不開外，嘉靖十六年鹽花不上生，額餘鹽課俱未撈辦。嘉靖十七年鹽花微生，止撈正課一十五萬八千九百一十三引。嘉靖十八年鹽花不生，額餘亦未撈辦。嘉靖十九年鹽花頗生，除撈完本年正課四十二萬引外，補過正德十四等年消折額鹽二十四萬七千三百九十九引，並無撈有餘鹽。嘉靖二十年除撈完本年正課四十二萬引外，補過嘉靖十六年拖欠額鹽四十二萬引，嘉靖三等年消折額鹽一十萬五千一百二十五引，亦無撈有餘鹽。嘉靖二十一年止撈正課五萬引。嘉靖二十二年止撈正課二十六萬一千八百五十八引。嘉靖二十三年除撈完本年正課四十二萬引外，補過嘉靖十七年拖欠額鹽一十六萬一千八十七引，嘉靖十八年拖欠額鹽四十二萬引，嘉靖二十一年拖欠額鹽二十五萬四千二百二十一引一百斤，亦無撈有餘鹽。嘉靖二十四年除撈完本年正課四十二萬引外，補過嘉靖二十一年拖欠額鹽一十一萬五千七百七十八引一百斤。嘉靖二十二年拖欠額鹽一十五萬八千一百四十二引。嘉靖二等年及正德九等年消折額鹽一千二十三萬六千七十九引一百斤，亦無撈有餘鹽。嘉靖二十五年鹽花不生，止撥犯人貧民入官鹽七萬六千五百引。嘉靖二十六年除撈完本年正課四十二萬引外，補過嘉靖二十五年拖欠額鹽二十九萬九千一百九十引，尚欠四萬四千三百一十引未完。是一十一年之間鹽花不生者三年，鹽花微生撈不及額者三年，俱經具奏明白。其餘鹽花生結之年撈辦雖多，亦止彀補不足消折之數，並無撈有餘鹽。其稱額外二十萬餘鹽之數，不比別處運司鹽課盡由人力，但有逋負，可以追徵。及查自嘉靖十六年至今，正額鹽課變賣銀兩已解過宣府年例銀一百萬五千兩，陝西布政司一萬兩，山西布政司一十二萬五千七百兩，大同府七萬七千兩，平陽府四萬一千五百八十六兩四錢六分一釐三毫，蒲州八千一百八十六兩二錢五分，絳州一萬八百八十六兩，霍州九千二百八十七兩三錢，又有各王府并各衙門食鹽俸鹽共該二萬九千九百七十七引，折該銀一萬二千七百九十二兩六錢四分。及自嘉靖二十一等年五等月十六等日節奉布政司劄付，坐派慶成、懷仁、靈丘、永和、襄垣王府禄鈔并汾州衛軍糧折鹽共該一百五十八萬九千四百九十二引五十三斤一十三兩九錢三分五釐，折該銀五十萬八千六百三十七兩五錢二分六釐一毫九絲三忽五微，尚未完支，是本司鹽課每年止可得銀一十三萬四千四百兩，一十一年共計得銀一百四十七萬八千四百兩。今反支解坐派鹽銀一百八十萬有零，在場鹽課計已不多，未掣之鹽恐猶不給，實切憂惶。

今查本司豐濟庫收有鹽銀三萬兩有餘，相應呈請，合無候呈詳允於内動支三萬兩，計六百大錠，邊滴俱全，先行起解山西布政司交割，准作本司嘉靖二十七年該解抵補民糧之數，守取庫收，聽彼酌量緩急，給補各王府禄糧之用。以後但有餘積，陸續起解。該司惟復别有定奪。等因，照依舊規，備由具呈巡鹽御史陳炌照詳，蒙批據呈，看得生鹽盡數採取，有鹽設法招商，有銀盡數解發，該司責任不容少怠。近年鹽花少結，額外無餘，報中鹽銀隨收隨發，若以餘鹽爲定數，必求取足於天時，雖有善者，恐亦無如之何矣。收貯銀兩，准動支三萬兩解布政司交割繳，蒙此擬合起解申報。爲此，除將本司鹽價銀三萬兩批差典膳馬斯减等解納外緣由申報到臣，案查，先准户部咨，該前巡撫山西都御史楊議題爲議處禄鹽以釐宿弊以溥實惠事，該本部議擬，合候命下本部移咨接管山西巡撫都御史蘇會同山西接管巡按巡鹽御史著實舉行，仍嚴督運司官員每年正課補課俱要如例完足，聽巡按御史遵照憲典舉劾，以示懲勸。等因。題奉欽依。備咨前來。已經會同山西巡按監察御史谷嶠、巡鹽監察御史陳炌案行該司欽遵去後，又爲窮邊宗室十分饑寒困苦早爲奏討錢糧急救性命事，准户部咨，該巡撫大同兵部右侍郎兼都察院右僉都御史詹題前事，又該代王充燿奏爲懇乞天恩軫念窮邊宗室十分饑寒困苦早賜餞糧急救性命事，俱奉聖旨："户部看了來説。欽此。"欽遵。

該部覆議，看得巡撫大同都御史詹題稱代有等府拖欠禄糧八季半，儀賓拖欠一十一季，除補給外，尚欠二十九萬五千二百四十餘兩，乞要多方措處，或於河東運司引鹽内補給，每歲正額不足銀四萬三千一百一十六兩八錢，或於無王府州縣派補，或亦於河東運司引鹽内支補。又稱太原、平陽等府地土肥厚，人民豐稔，差傜减省，夏税每石止徵銀七錢六分，秋糧止徵銀九錢六分，其大同地脉墝薄，人民貧苦，差傜繁重，夏税秋糧每石俱加徵銀一兩一錢六分，要於太原、平陽等府通融均派撥補禄糧。及代王奏稱拖欠禄糧通融給處，不泥常格，權發内帑及抄没贓罰銀兩，以補前項拖欠。其歲用不足之數，或行山西布政司、河東運司，照依上年，每年各起解銀二萬七千五百兩，或行山西所屬吉、沁等州，翼城、太平等縣，每年各部運二三州縣錢糧各前來湊支各一節，爲照代府等府一應禄糧原係大同等府所屬夏秋糧内歲派徵解，後因宗室蕃茂，歲派不敷，奏將河東運司鹽引補給，又因鹽賣不前，各王府陳乞准令自行撈掣，實出一時權宜，甚非久長之法，相應釐正。既該巡撫都御史楊等題奉欽依行移查照遵守去後，所據禄糧難以再借鹽引，内帑銀兩積貯不多，邇來供邊尚且不足，豈有羸餘補給禄糧。吉、沁等州，翼城、太平等縣錢糧歲派各有項下，亦難擅擬那運。其正額不足銀兩，先次已借支過山西布政司、河東運司庫銀共五萬五千五百五十五兩四錢抵補訖，見今又奉欽依行巡鹽御史查有存積鹽銀，先湊五萬兩解補，足濟目前之急。今又稱要河東運司引鹽内補給，及又稱欲於腹裏無王府州縣派補，似若加賦，恐此例一開，後難停止，俱不敢輕議外，至謂大同地薄糧重，太原、平陽等府地肥糧輕，議欲通融均派，似是裒益之法。但各地方額派巳久，一旦加添，恐人情不堪，人事在彼中難以遥度，相應議處，合候命下本部移咨都察院，轉行山西巡鹽御史，查將先次題准存積鹽銀五萬兩并照會山西布政司，於豊贍庫貯查有無礙銀兩再行借支五萬兩，及移咨大同巡撫都御史詹，作速差人關領補給前欠禄糧其鹽引等項，俱查照本部，爲議處禄鹽以釐宿弊以溥實惠事，題奉欽依，内事理施行。仍咨山西巡撫都御史蘇會同都御史詹查議大同府是否地薄糧重，太原、平陽等府是否地肥糧輕，應否通融均派，此外另有通變之策可以爲經制之常者，明白條例具奏，以憑題覆。等因。題奉聖旨："是。欽此。"欽遵。

又爲懇乞天恩遵照明旨借賜原准銀兩拯救困苦事，准户部咨，該代王充燿奏前事，該户部覆議題奉聖旨："是。這奏准。給發銀兩，著山西布政、鹽運二司即便照數給與，聽巡撫衙門差官坐催關領，如再遲延，奏來治罪。欽此。"欽遵。備咨前來。

行據該司呈稱，原奉欽依借支豊贍庫無礙銀五萬兩，隨據開報庫貯止有節催所屬解到贓罰銀一萬餘兩，商税銀三千餘兩，扣還代府借過胖襖、柴薪、京料等銀七千餘兩，已經差人解送該鎮，與近日催解過該府禄糧銀一十一萬八千二百二十九兩二分并河東運司解過該解布政司抵補民糧鹽銀二萬五千兩，通融查補禄糧支用，及將查議過歲額不足歲用禄糧數由前來，會同巡撫大同地方兵部右侍郎兼都察院右僉都御史詹、巡按山西監察御史谷嶠議照，財用恒足，必須生衆食寡，量入爲出。山西賦税額派原自有限，宗室蕃衍，日盛一日，以有限之賦税，供日盛之宗藩，縱歲時豐稔，徵解通完，欲恒取足，理勢亦難，況有拖欠及災傷減免分數乎。由是原額不足，禄糧不能不缺，宗室不得不奏告也。借使東那西補，不過權應一時之急。洪惟我國家福祚綿延，垂統萬世，螽斯椒實，衍茂無窮，其長久安養之圖，救偏補敝之計，内外諸臣或著之奏疏，或敷之策議，亦屢見矣。廟堂之上亦應隱慮及此，顧以事體重大，尚俟施行，非臣下所敢輕議。今據該司呈開，闔省王府禄糧以嘉靖二十六年爲率，每歲派比歲用少銀六萬三千二十兩五錢有零，欲加派於民，緣山西地方自虜殘傷之後，民力疲憊未甦，原額各項糧差拖欠數多，尚爾追徵不前，若再加派，未免愈益困苦，以故户部議覆，所謂額派已久，一旦加添，恐人情不堪，實出體國愛民敦本至意。又謂太原、平陽等府州各所屬地土肥堉糧差，輕重與大同府所屬地土糧差彼此較量，亦不甚相懸殊。且苦無多餘出産，無從區處，該司呈欲奏請處補。臣等竊惟内帑銀兩有限，供邊等項所費不貲，似無發補禄糧之理。唯有河東運司每年該解布政司抵補民糧并奏撥正課鹽銀共一十四萬三千七百五十兩，臣接管以來，節追正税并運司鹽銀及搜括庫藏無礙等銀處補外，尚欠共約該銀一百八十九萬四千七百七十餘兩，盡非拖欠，實有原額不足及節因災傷虜患減免之數，年復一年，積成逋負，及照該司呈開，拖欠節年應徵各王府禄糧一百四十九萬六千一十一兩有零，宣大三關并官吏、師生、旗軍月俸等糧共銀一百九十三萬七千一百二兩有零，亦自臣接管以來陸續催徵完解過禄糧銀共五十八萬二千二百二十二兩有零，宣大三關并官吏、師生、旗軍月俸等糧銀共一百三萬九千二百八兩有零，二項通共完解過銀一百六十二萬一千四百三十餘兩，其各未完應徵并前拖欠各府應支年季禄糧，除仍督行布政司管糧參政并各道守巡兵備等官躬督所屬嚴限追徵，陸續解補接濟，各該官吏如或因循怠玩，聽臣查照拖欠數目住俸降級等項，照例奏請定奪施行。

其河東運司拖欠鹽銀内，除今解布政司三萬兩外，仍該欠銀六十一萬三千九百五十七兩二錢七分有零。據今該司所申每年額辦鹽四十二萬引，後因偶有餘鹽，遂添額外二十萬引。彼時鹽價頗高，遂定作價八萬九千三百五十兩，故當時户部議題亦以餘鹽不足，准於正課内賣銀應用爲詞，蓋亦有慮於餘鹽之不可必得，擬以正額補之，非謂既變餘鹽，又支正額。故本司每年鹽課所可倚者，止於四十二萬引，每引折以今價三錢二分，止可得銀一十三萬四千四百兩，内除解宣府年例銀八萬兩外，止可剩銀五萬四千四百兩，其欲抵解民糧，止可解此五萬四千四百兩，此外再難措處。及稱至今一十一年之間，鹽花不生者三年，鹽花微生撈不及額者三年，其餘生結之年撈辦雖多，亦止彀補不足消折之數，不比别處運司鹽課盡由人力，但有逋負，可以追徵等因，然前餘鹽二十萬引，先年奏准賣銀八萬九千三百五十兩，實係正統年間借撥民運宣府税糧實徵之數，應以前鹽抵補。山西賣解年久，屢奉欽依節年以來雖有拖欠，已解過多，若以見行價銀每引三錢二分計算，比與原定少銀二萬五千三百五十兩，不足先年奏准撥補之數。今稱抵補民糧止可解正課五萬四千四百兩，此外再難措處，是非無稽，其有無餘鹽與每引定價三錢二分，俱經奏行，是前欠數亦止據舊案查筭，而運司申有前因，夫以一年偶餘取盈之數，而望不可必得之銀，是山西原額歲入之數，既已不足鹽價，抵補之銀又難取，必無米之粥，巧婦難炊；畫餅之形，饑腸何濟。除正課鹽引外，其餘鹽之數與鹽引之價應否照前山西原額不足之數與民糧之銀作何處補，乞行該部從長查議，另爲區處。及照代府、棗强等王府原額不足歲用銀四萬三千一百一十六兩八錢，亦令該司於前每年該解布政司正餘鹽銀内撥補，徑解大同府收貯用補。如解報遲延，聽大同巡撫都御史差官催取，永爲定例。其餘仍解布政司，聽山西巡撫都御史支補。原額不足禄糧軍餉之用，況今宗室逼討，無以應急。臣查得河南王府宗室禄糧近因拖欠，該巡撫都御史丁題行户部議題扣留該省該解保定府廣盈等倉并涿州、良鄉二倉黑豆及河間府巨盈等倉粟米銀共三萬八千六百餘兩，又預處錢糧接濟緊急邊餉事例銀兩，不拘生員、吏農，自嘉靖二十六年正月起至十二月止，俱留本布政司，專備王府禄糧支用。山西王府宗室禄糧缺欠數多，似與河南事體相同。但查額解京邊錢糧俱係緊重，不敢輕議。惟前事例，山西亦行開納，近據該司呈報收貯，見有四萬七千四百三十五兩，亦係解京之數。臣等待罪地方，目擊時艱，日夜焦思，無計可施，冒昧塵瀆。如蒙伏乞敕下該部再加查議，上請定奪，通行遵守，仍乞將布政司收貯前項事例銀兩暫免起解，通融處補王府禄糧支用，以濟時艱。宗室幸甚，百姓幸甚。

謹題請旨。[1]

脩理關隘設重險以固疆圉疏

准總督左都御史兼兵部左侍郎翁會稟，准巡撫山西右副都御

---

① 《穀原奏議》無此四字。

史蘇咨，據山西布政司呈，准山西按察司雁門兵備副使劉璽牒稱，本鎮西自偏頭關老牛灣黄河東岸起，東至平刑關三嶺子盡境止，延長八百餘里，節年蒙撫按等衙門奏發帑銀，議調軍夫脩完邊牆一道，舊有太原、平陽、潞安三府并澤、遼、汾、沁四州民壯二萬一千餘人，分爲四班，輪番前赴邊隘，脩守雁門東西十八隘口，林木茂盛，形勢俱全，見有明例，禁約砍伐。晉、代、河東三王府各所稱，三堡、三不管莊并寬平、黑石寺等處，即今互相争競，行據潞安府推官牛珠呈，勘前地俱係應禁山林，各府稱爲田莊，並無憑據。已經呈請本院，批行本道，會同朔州兵備道委官太原府同知甘澧、大同府推官王文道會勘未結，又蒙本院案驗，爲請給荒閑地土以資養廉事，准鎮守山西總兵官王繼祖手本開，稱撥給胡峪馬蘭荒閑養廉地土，召人佃種間，查得，前地逼近應禁山場，誠恐佃種人役罔知禁例，趂耕應禁地土，宜當退出。等因。備行本道，禁革還林。但舊規民壯分爲四班，一年各該一季，俱有户部額設行糧。今照冬春二季不須防守，又難脩工，似宜分爲二班，止備夏秋，每二年一次上班，合自嘉靖二十七年四月初一日到邊，聽本道分佈寧雁二關十八隘口，遵照原議，斬濬壕塹，挑乞品窖，至八月終，疎放一年之間，止脩守五箇月，以後照此輪番合用行糧，俱於户部管糧衙門原額内支給。其下班民壯，各州縣許留一半守城，一半放閒休息，州縣官若有無故拘取别用者，坐贓問罪。其應禁山林及晉府三堡等處草場，與代府所争寬平等處并總兵官退出地土，各俱還林，申明前例，將在山居住人民盡數逐赶，原有房屋盡行燒燬。但有開墾砍伐應禁山場，問發煙瘴地面，永遠充軍，職官有犯，亦照前例降級。仍責成代州北樓參遊，廣武、寧武、平刑守備官各照分管地方嚴加巡緝。若違例犯禁及守口官失於覺察故縱者，照例問擬，發遣降級，并該管參遊、守備官員一併參究罷黜。本道專一提調工程，往來巡視，及將斬濬壕塹品窖，并禁緝砍伐耕墾事宜，刻石各隘口，以示永久。每年終，巡撫衙門通將脩理過工程，發遣過犯、禁軍犯，參劾過將領、官員，比照居庸等關事例具奏，仍行各長史司，啓王以朝廷設險爲民至意，親王不可專利，自壞藩籬。其晉、代二府争地人犯，聽雁門、朔州二兵備道勘問明白，另行歸結。再照十八隘口在山西則爲重關，在大同則輙稱内有徵糧地土，欲行闢耕，合行大同巡撫衙門查照量册，如果禁山内有徵糧地土，即爲查處，以杜後日藉口紛争。等因。

隨該本司左布政使張文奎會同按察司按察使葛守禮、都司署都指揮僉事崔憲、分守冀寧道右參政王楊、仍管石隰岢嵐帶管營田右参政張鎬、雁門兵備道副使劉璽、分巡冀寧道僉事蒲澤議得，民壯原數該二萬一千餘名，先年分爲四班，每班該五千有零，四季輪班，赴邊脩守，則支給一年行糧，似爲靡費，每季更番，似涉煩勞。若分二班，每班一萬五百有零，每年上班，止該五箇月行糧。初一年，該頭班上邊脩守放回，至第二年方該二班上邊，則是二年上邊一次，既免靡費頻煩之勞，深得事體簡便之要，於事有濟，於民寡擾。其各府互争地土事情，見在雁門、朔州二兵備道委官勘問，遽難别議。口北、應朔、渾源、山陰、馬邑等處軍民如果禁山，内有徵糧地土，即爲查處，事在彼中，難以遥度，合依候奏請施行。等因。該本院看得，晉、代、河東三王府互争禁山内地土，及逐趕在山居人，盡燒房屋等情，尚淺明妥，駁行雁門兵備道覆勘。又據回稱，查得，雁門東西十八礙口黄崖、牛心寺、三堡等處居民，居住年久，俱成村落，起蓋房屋不下二千餘家。據例俱應逐赶燒毁，以杜開墾砍伐之漸。但其定居不止百年，干礙人衆，一旦逐出，不惟人情不堪，抑恐無處安插，遂致流離。以故先年户科給事中黄鐘雖奏有明旨，亦姑容留，蓋爲難處也。乞將各王府地土退革還林，在山舊居人户姑留住坐，各務本等生理，不許擅將禁山林木地上砍伐開墾，以壞藩籬，違者照例拏問，發遣施行。據此，合咨裁示，會題施行。等因到臣。案查，先准兵部咨，該巡撫山西右僉都御史楊題前事，本部覆議，題奉聖旨："這事體還著總督衙門，行新巡撫官查議。如果有益邊防，再加計處停當。會奏來行。欽此。"欽遵。移咨前來。已經備行查議。

去後，今將前因除參詳無異，催櫜到臣，會同總督左都御史翁議，看得，該司道先後所議，要將太原、平陽、潞安三府，澤、遼、沁、汾四州原額舊役民壯二萬一千餘名，分爲二班，止備夏秋，每年一班，一萬五百餘名，於四月初一日到邊脩守，至八月終疏放回籍。其下班民壯，一半許留州縣守城，一半休息歸農，并申嚴砍伐耕墾禁山事例，責成提調巡緝，立石示久。年終具奏事宜，委於邊防有益。其稱口北、應朔、渾源、山陰、馬邑等處軍民，如果禁山内有徵糧田地，備行大司巡撫衙門查册處分，以杜紛争。各府争占地土，革退還林，在山居人，聽其安住，並不許砍伐開墾争項，亦各不爲無見。如蒙乞敕該部再加查議施行，地方幸甚。

謹題請旨。

申成議以永固邊防疏

據山西布政司等衙門左布政使等官韓威等會呈，准本司整飭岢嵐等處兵備右參政張鎬咨稱，本道轄内岢嵐營兵馬與平潞、太原一時添設，若謂聚兵守要，以復祖宗邊防之舊，委亦屬多餘。但本營設在山西西北，密邇偏老黄河，夏秋赴邊防秋，至河凍時，河曲、保德禦冬較之平潞遠在腹裏者，緩急爲用，實有不同。況併守原擬，亦謂數年以後，將山西新添兵馬節次逐漸掣罷。今併守大邊方纔一年，遽將岢嵐、太原與平潞二營一時俱罷，恐屬太驟。要將岢嵐、太原候數年之後，併守事定，徐議掣罷。等因。續准守巡河東道左參議顧堅、僉事戴梗手本開稱，平陽府添設參將一員統領，召募軍士三千名，原爲嘉靖二十一等年達虜侵犯，深入平陽所屬州縣地方，節該兵部等衙門條陳會議，題奉欽依："添設防守平陽地方，每名給賞官銀五兩，召募充當。每名月給内帑，發下官銀四錢，以爲月糧。"後蒙總督、撫鎮衙門，以寇從外至此，兵屯之平陽腹裏内地，坐食無用。況今大邊已成，則在外第一藩籬已固。若果不用此兵防守，而徒設之内地，是誠虚費糧餉，委於地方無裨，似應撤入平陽衛所步操，以聽防邊調用。馬匹亦當查給沿邊官軍騎操，戰守參將亦應裁革。

再照有糧而後可以屯兵，前項軍士自召募以來，每名給有月糧，庶可羈縻，至今尚有逃竄，不足三千原數。今若發之衛所步操聽調，則該衛原額軍糧有數，而此步操新軍之糧無徵，軍無月糧，則益加逃竄，誠恐防邊調用之時，不惟貽累衛所，抑恐失誤軍機。還宜酌量呈請，有糧方可存留，無糧亦宜盡革，庶無後愆。等因。

又准分守冀寧道右參政劉璽咨稱，會同分巡道查得，分守太原等處參將先因嘉靖二十年、二十一年虜寇屢越大同，内犯山西，困逼省城，延及平潞，搶掠居民。彼因承平日久，武備廢弛，任其猖獗，莫之能禦。當時議者，以大同邊防爲不可恃内地，重鎮之處不可不置兵，以爲之備。故於太原、平潞、岢嵐添設參將，召募新軍，如遇有警，相機戰守。蓋懲既往之失，而爲將來之圖也。頻年以來，防秋之時，徵調赴邊擺守三關，幸頼無事。近日督撫衙門建議，併力脩築大同邊牆，盡掣寧雁新添之兵，協守大同要害之地。蓋門庭既備，則堂室無虞。以故議革平潞二營參將馬軍，以省宂費。本兵因太原、岢嵐二營與平潞一時添設，亦遂議及節省。

爲照太原一營雖設在省城，去寧雁内邊不過三百里，與平潞千里之外者不同。每年防秋邊兵不足，徵調三關協守，況省城之内居民數萬，親王、宗室俱在其中，太原三衛雖有舊軍，逃亡不及原額之半，草竊姦宄，藉此彈壓，居安思危，有備無患，不可不預爲之慮也。且參營新軍設以數年，器械行陣脩整，操練已有次第，若旦革去，不惟使數年教養之勞費一旦棄捐，抑恐省城空虚，遇警無措，人心不無危懼，防邊之兵不足，更籍何者以爲聲援。所議裁革，似爲未便。合無姑存其舊，不必議革，仍行該營參將再加簡選操練，務期精强，以資實用。一以坐鎮省城，奠安宗室；一以協守邊圉，用固疆埸。等因。

又准山西按察司牒呈，准雁門兵備道，會同岢嵐兵備道議照，平陽、潞安委係腹裏，先年因虜南犯，准於平陽、潞安、太原、岢嵐四處添設人馬各三千員名，每處設有參將一員，分守統兵，聽警追勦。今三鎮併守，高墉深塹，斥堠星列，重兵屯戍，則外藩已固矣。而寧雁諸關隘修濬漸整，步卒民壯，相兼咸守，是曰重險，其視他鎮亦頗有備。若平潞二參將尚擁重兵，於内誠爲無謂。且平潞二衛雖有額設官兵，俱於平刑、偏頭、寧武春秋兩班輪番備禦，兼有逃故，不足原數。前募之兵，相應改爲守城步操，防秋之期，量調赴邊守牆，庶營伍充實，而邊防有益。及查總兵東西二路參將老營北樓遊擊等五營缺馬數多，若將各營馬匹兑給無馬官軍騎操，極爲便益。至於太原一營，離邊頗近，緩急便於調遣；岢嵐一營，冬月防河，難以缺人，俱應照舊存留。其北樓口原設遊擊一員，兵馬三千，先年防守内邊，山谷險阻，往來應援，委屬不便。但今三鎮併守，去歲調赴水泉營列營，隨賊向往，策應防秋畢，掣兵回營，兼守内邊，戰守似兩利矣。且建堡築舍，勞費頗多。數年以來，漸成市井。在營軍士及臨近居民，亦頗安堵，似應照舊駐劄。合無將平潞參將裁革，募兵改於守城步操，各該衛所食糧聽彼處兵備道統領防秋，量調赴邊守牆，馬匹兑給總兵等營無馬官軍騎操。其太原、岢嵐并北樓遊擊各人馬，姑照舊存留本地操練，仍聽防秋守邊，煩請會議施行。

又准守巡冀南道左參政潘九齡、副使何城手本，案照先准布按二司咨牒抄，蒙巡撫山西右副都御史曾案驗，准總督軍務兵部左侍郎翁咨，准兵部咨，該巡按山西監察御史陳豪奏，爲查劾貪怯將官欺法强勒民財大包軍士月錢故違邊衛充軍條例事，備行兩道，要將潞安參將營新軍深思曲慮，果於地方無益，利害無關，重加議處停當，應留應革，備由過司，以憑會報施行。又蒙巡按山西監察御史齊宗道批，據分守潞安右參將李忠呈爲節省軍餉實用將兵以圖補報事呈稱，本營新軍俱是農夫，未經戰陣，倘或遇敵，必然怯退。乞要將各軍開除糧餉，省令各還衛所，改爲城操餘丁名色，防秋護守，城池無警，放回務農。等因。

蒙批分巡道查議繳，蒙此會議間，今准前因，議照山西昔年大同諸兵頗能禦虜，腹裹寧靜，近於嘉靖二十等年，虜勢猖獗，越過雁門關南，深入腹裹，搶掠人畜。先蒙瀋王具奏爲懇乞天恩調撥兵馬以防虜患事，乞要調撥官軍，請敕謀勇將臣統領駐劄。等因。又蒙先任總督右侍郎翟題奉欽依，准於太原、岢嵐、平陽、潞安添設參將四員，召募新軍四營，每營三千名，每年於五月初旬赴邊防守，十月終旬回營操練，歲以爲常。然自嘉靖二十二年到今，邊關戒嚴，腹裹寧謐，先該巡按山西監察御史陳豪見得潞安係是腹裹之地，添設新軍，似於地方無益，利害無關，題奉欽依，要行議革，備行兩道。又該參將李忠具有前呈，通經案候議處間，今蒙總督左都御史翁復有此奏，遵依會議得，嘉靖二十六年以來，宣大諸邊已將邊牆築完，高厚堅固，截然爲華夷之限。而屯兵布禦，以大同爲要，併力拒守，其在寧雁，則又有額戍之兵，内外聯絡，俱經題奉欽依，定有成筭。惟兹潞安府相離寧雁九百餘里，離大同則一千三百餘里，實爲腹裏之地。誠有如總督左都御史翁及巡按御史陳豪、參將李忠先後之議者，但安不忘危，事當遠慮，而潞安在城又爲親王建封之地，前項兵馬，該瀋王亦曾具奏，以應酌處。

查得，前項軍人皆係一時召集烏合之衆，比與垜充者不同。遇有逃竄，急難僉補。即今逃竄者多，已非原設之舊。兼以老弱不堪，有名無實，徒費芻糧，揆之事體，亦應汰選。合無將前新軍三千名，除不必再補外，調取見在食糧文册，逐名點閲，將老弱不堪者量行汰革，取年力精强、弓馬熟閑者二千名，仍留城中，去參將不設，量設守備，或操守官一員以領之，聽撫按、兵備官節制，春冬分班護守城池，夏秋分班防守寧雁，似不全失原設之意，汰其所當汰，在官之糧芻，私家之幫貼，所省者亦爲不貲；存其所當存，無事則操守，有事則聽調，遺下馬匹查給沿邊無馬官軍騎操，亦屬節省，其於地方俱未必爲無補也。煩再會議，詳審施行。准此，卷查，先爲查劾貪怯將官欺法强勒民財大包軍士月錢故違邊衛充軍條例事，抄蒙巡撫都御史曾案驗，准總督左都御史翁咨，准都察院咨，准兵部咨，該巡按山西監察御史陳豪奏，該兵部看得，平陽、潞安二處參將本爲連年大虜深入，二十年則犯岢嵐，二十一年則犯平陽，隨處奔突，漫無捍禦。是以本部先任尚書張瓚條陳備邊事内，見得太原、石隰、平陽、潞安舊雖設有兵備副使官員，而無兵馬可恃，題奉添設四路參將，以爲先事預防之計。今御史陳豪所言，見得去年達虜未犯山西，前項兵馬似爲無用，故有虚糜濫設之議。但事關軍務，題奉欽依，本部遽難定擬，合咨前去，煩爲督同山西撫鎮等官深思曲慮，果於地方無益，利害無關，會同議處停當，應留應革，徑自奏請施行。等因。

備咨案仰，本司會同守巡道議處呈報，蒙此咨照該道查議節催未報近爲申成議以永固邊防事，節蒙巡撫山西右副都御史蘇案驗，准兵部咨，該總督翁題條開勘改官軍一事，該本部議覆，題奉欽依，備咨會同巡按山西監察御史谷嶠案仰，本司會同都按二司守巡兵備等官速將後開款内勘改官軍一事，作速從長會議。或將官軍改爲守城，防秋量調赴邊，馬匹查兑沿邊無馬官軍，或通行革退，召募沿邊土著人丁抵補，凑成二營，以便調用。及將太原、石隰二營亦行會議，應否存留，務在事體穩便，經久可行，毋泥成事，牽制巡遲。其北樓遊擊人馬應移何處駐劄，可便策應，逐一會議明白，限在目下通呈兩院，以憑緊等會奏定奪。此係題奉欽依，限二旬之内具奏事理，不得時刻遲延。等因。蒙此續抄，蒙巡按山西監察御史谷嶠案驗前事，節經咨照都按二司守巡兵備等道查議，去後，今准前因，該本司左布政使韓威會同按察司按察使王楊、守巡冀寧道右參政劉璽、副使李乘雲、冀南道左參政潘九齡、副使何城、河東道左參議顧堅、僉事戴梗、岢嵐兵備右參政張鎬、雁門兵備副使楊守約、都司署都指揮僉事吴熹，議照山西疆埸原以大同外邊爲藩籬，寧雁諸關爲門户，秪因先年藩籬欠嚴，北虜得肆猖獗，潰藩籬而越過關南，深入内地。如嘉靖十九年則犯岢嵐等處，二十年則犯太原等處，二十一年則犯平陽、潞安等處所屬地方，屠焚刧掠，荼毒生民。各處雖有衛所官軍，緣承平日久，武備廢弛，逃亡數多，不足捍衛。是以兵部等衙門建議，於岢嵐、太原、平陽、潞安四處各添設參將一員，募軍三千名，馬匹有差。除參將月俸於有司倉庫支給，日有廪給於所在驛分供辦外，召募軍人，每名給賞銀五兩，以爲置備軍裝之用。月給糧銀四錢，歲賞布花銀三錢二釐，一軍糧賞一年，共該銀五兩一錢二釐。馬每匹月給料草銀九錢，每年六箇月，歲計銀五兩四錢。四營軍馬，一歲共該銀九萬九百二十四兩，若遇閏月，又添銀四千兩，俱於内帑給發。各該軍馬每年夏秋之間，參將統領赴寧雁諸關脩守，又有日給行糧料草。平陽、潞安與太原營官軍防秋事畢，各回本營操練休息。岢嵐營密邇偏老黄河，結凍之時則又沿河防禦，只待河開方回本地操守，歲以爲常。二十二年以來，邊防戒嚴，虜不敢犯。彼蒙巡按山西監察御史陳豪題稱，平陽、潞安安居府城，訓練俱廢，欲要裁革，題行前來。轉行各道勘議間，以今大同外邊脩濬已成，藩籬嚴密，是則制外可以保内。隨蒙總督翁條陳，該本兵看議，或將官軍改爲守城，防秋量調赴邊，馬匹查兑沿邊無馬官軍，或通行革退，召募沿邊土著人丁抵補，湊成二營，以便調用。又因岢嵐、太原二營與平路二營俱係一時添設，以故議及併勘。

職等切詳，平陽、潞安遠在腹裹，軍門經略有見各道議報前因，委應議處，但通行革退，召募沿邊土著人丁，固於邊防戰守可恃，然又必給賞，所費不貲。況平潞二府藩封宗室、軍民甚衆，若一旦盡革，不無人心危懼。及照平潞二營事體相同，今該道所議潞安一營止選留軍二千名，平陽一營未見議減，似難殊異。再照有軍必有將，兵家之常理。二營參將今議裁革，雖有該道分巡兼理兵備官員，止可提調，似難統兵。今該道議欲量設守備、操守官員統領，然參將既革，守備似亦不必更設。其岢嵐營逼近偏老黄河，且有禦冬責任，太原營離邊不遠，王國重鎮，且備兩鎮防禦，調遣應援，委與平潞不同。所據二營官軍馬匹，似難議撤。又照北樓口遊擊兵馬，去年防秋，調赴水泉營，列營隨賊向往策應，掣兵回營，兼守内地。且城堡既立，蓋成營房三千間，所費不貲。數年以來，漸成市井。在營軍士及臨近居民，亦頗安堵，似應照舊駐劄，通行呈奪。合無將平陽、潞安二營參將官俱革回衞别用，原統募軍各三千名於内遴選精壯者各二千名，改爲步操，附入平陽、潞州衞所收籍，就於各衞推選謀勇守法指揮一員，授以坐營。或比照各邊操守名色，止支原衞本等俸糧，令其統領操練，管貼隊官旗，因舊該道兵備官員提調監督，聽受撫鎮衙門節制，每遇防秋，量調赴邊修守，事畢回還，護守本處城池，馬匹解送山西，行太僕寺查兑沿邊無馬官軍騎操，料草隨馬支給，不必增益。其沙汰老弱募軍各一千名，免追原賞。查發寧家當差，若有原先逃亡者，免行勾解。二營裁革募軍共二千名，原額馬二千匹，一歲不連閏計之，共省糧賞料草銀二萬一千四兩，又省行糧料草及參將俸廪下程之費。其岢嵐、太原二營官軍馬匹，俱照舊存留，與平陽、潞安二營選留步軍四千名，原額歲用糧賞料草，仍共該銀六萬九千九百二十兩。若遇閏月，又該銀四千兩。俱應備咨户部，臨期照舊如數請發内帑銀兩支用。北樓口遊擊營兵馬，照舊本口駐劄防秋，聽調赴邊，往來策應，事畢回守本口地方，通行會奏定奪。如此，則兵馬適因革之宜，錢糧得節省之道，地方有裨，安攘有賴矣。等因。會呈到臣。

據此卷查，先准總督左都御史翁咨，准兵部咨，該前巡按山西監察御史陳豪奏爲查劾貪怯將官欺法强勒民財大包軍士月錢故違邊衞充軍條例事，備咨前來，該前巡撫都御史曾銑已經案行布按二司守巡冀南道查議未報間，又爲申成議以永固邊防事，准兵部咨，該總督左都御史翁題條開勘改官軍一事，該本部議覆，題奉欽依，備咨前來。行間，續准總督翁咨，亦爲前事，俱經通行會議，節據守巡兵備等道勘報前來。又經批行該司會同併議，去後，今據前因，查得别卷爲請給軍需以便戰守事，據行太僕寺呈開，平陽、潞安二營原額馬騾各一千四十匹頭，共二千八十匹頭。據今司道會呈，二營裁革募軍二千名，原額馬二千匹，一歲不連閏計之，共省糧賞料草銀二萬一千四兩。比今該寺少開馬八十匹，亦照會呈所定，歲該省銀四百三十二兩，通前共省銀二萬一千四百三十六兩外，仍該歲用糧賞料草銀六萬九千四百八十八兩。若遇閏月，又該銀四千兩，俱應請發内帑銀兩支用。除改正外，會同鎮守山西等處地方兼提督代州三關總兵官後軍都督府署都督僉事沈俊、巡按山西監察御史谷嶠看得，左布政使等官韓威等會呈，要將平潞二營各參將官俱革回衛别用，原統募軍各三千名，於内遴選精壯者各二千名，改爲步操，附入平潞衛所收籍，就於各衛推選謀勇守法指揮一員，授以坐營。或比照各邊操守名色，止支原衛本等俸糧，令其統領操練管貼隊官旗，因舊該道兵備官員提調監督，聽受撫鎮衙門節制，每遇防秋，量調赴邊修守，事畢回還，護守本處城池，馬匹解送山西，行太僕寺查兑沿邊無馬官軍騎操，料草隨馬支給，不必增益。其沙汰老弱募軍各一千名，免追原賞，查發寧家當差。若有原先逃亡者，免行勾解。二營裁革募軍共二千名，一歲不連閏計之，共省糧賞該銀一萬二百四兩。原額馬騾照今改正共二千八十匹頭，一年又省料草銀一萬一千二百三十二兩，二項共該省銀二萬一千四百三十六兩。此外又省官軍馬匹行糧料草及參將俸廩下程之費。其岢嵐、太原二營官軍馬匹，俱照舊存留，與平潞二營選留步軍四千名，原額歲用糧賞料草，仍共該銀六萬九千四百八十八兩。若遇閏月，又該銀四千兩，俱應備咨户部查照臨期，照舊如數請發内帑銀兩支用。北樓口遊擊營兵馬，照舊本口駐劄防秋，聽調赴邊，往來策應，事畢回守本口地方。誠有如總督軍務左都御史翁所議者，既經三司各道會勘覆議明白，相應依擬，通合奏請。如蒙乞敕該部冉加查議，上請定奪，通行遵守。

謹題請旨。

奉慰疏

嘉靖二十八年三月二十八日伏覩邸報内開，三月拾七日該司禮監傳奉聖諭："今日卯末辰初東宫陡然舊疾發，即不同每發之勢，隨就脈絕，今已灌藥不入。醫云難治，故召卿等入。"又傳奉聖諭："朕皇太子今日巳時疾作，當即薨逝。合行事宜，便查例具儀來看。欽此。"臣聞命驚悼，銜哀靡寧，謹上言奉慰者：

伏惟東宮殿下，毓德青宮，允協四方之望；承歡紫極，行昭三善之孚。嘉禮方成，帝心用慰。豈期厭代，詎報彌留；悼廑宸衷，痛深寰宇。臣繫身邊徼，趨阻闕庭，捧讀綸音，不遑寧處。伏望皇情少抑，聿寬慈愛之懷；天造有存，式啓元良之託。臣下情無任瞻天仰聖，隕越祈懇之至。

爲此謹具奏聞。①

祇領賞賜恭謝天恩疏

近爲預擬分佈人馬以禦虜患事，准兵部咨，該總督宣大偏保等處地方軍務兼理糧餉都察院左都御史兼兵部左侍郎翁題前事，該本部議覆，題奉聖旨："是。這各官既防守勤勞，蘇祐賞銀三十兩，紵絲三表裏。欽此。"欽遵。隨據臣原差齎本，承差張汝梅齎捧前項賞賜表裏銀兩到臣，望闕叩頭謝恩祇領訖。

伏以賞以飭喜，大賚仰嘉豫之懷；恪以守常，勉效蹇臣工之職。天覆無外，地截有防。威著先聲，邊境綏於永略；守得上策，黠虜阻其狂謀。是皆玄化啓成，廟謨稽筭。臣猥以庸劣，幸免罪愆。詎意鑒其驅馳，乃不遺於遐遠；肆惟褒錫，爰用益以駢蕃。揣分戰兢，矢心感激。敢不愈礪素志，精白期鎔範之承；式裨弘圖，勤勞副綸綍之貺。臣下情無任瞻天仰聖，激切感戴之至。

謹具奏聞。②

遵奉勘合起用病痊官員疏

據山西布政司呈，據太原府申，據石州申，節奉本府帖文，

---

① 《穀原奏議》無此六字。

② 《穀原奏議》無此四字。

奉山西布政司劄付，蒙巡撫山西右副都御史蘇批，據石州申稱，山東按察司副使高金病痊起用緣由，蒙批仰布政司查報，以憑具奏呈繳。奉此，又蒙守巡冀寧道右參政等官劉璽等案驗，蒙巡按山西監察御史黄洪毗批，據該州申同前事，蒙批，高憲副清望宏才，朝之珪璧；粹宇廉節，邦之耆龜。況病痊，具奏起用。奉有温旨，分守冀寧道同分巡冀寧道作速議處，以憑會題。

此繳奉此轉行，本州依奉查得，先於嘉靖十九年正月二十八日，奉本府帖文，奉布政司劄付，承准吏部午字二千八百四十三號勘合，爲病勢危急下能供職懇乞天恩速賜放歸田里以便調理以全身命事，該整飭密雲等處兵備山東按察司副使高金奏係山西石州人，在任因失調理，感成嘔吐泄瀉等疾，少愈後，火鬱並發，晝夜心神慌惚，起睡不寧，纏綿月久，飲食日減，病勢日增，事務廢閣，乞要照例放回原籍致仕。等因。題奉聖旨："吏部知道。欽此。"該本部看得，所奏前因情詞懇切，相應准理。但本官年力未衰，才識可用，遽准休致，不無可惜。及查外任官員無暫准養病事例，合無候命下之日，行令本官就令回籍致仕，員缺另行推補。病痊之日，有司具奏起用。題奉聖旨："是。欽此。"欽遵。備行本州，如遇本官回籍致仕，以禮優待，候病痊之日，具奏起用。

除前任有司遵行外，自知州崔嘉到任以來，見得本官病已全愈，年力未衰，德性端凝，器識宏遠，廿節素重於士論，持身允服乎鄉評。若使終於廢棄，誠爲可惜。及查先蒙巡按山西監察御史連鑛薦舉本官存心鯁介，行事剛方。巡按山西監察御史童漢臣薦舉本官器識深沉，踐履篤實。巡撫山西右僉都御史李薦舉本官器識端雅，而更深沉，操履清脩，而非矯激，共薦舉三次，相應急爲起用。等因。備申并具官吏結狀到府，除申呈該道回報巡按衙門外，今將前項緣由同原來結狀理合具中，乞爲轉達。等因。

備由回報到司議呈，照詳行間，隨據山西布按二司守巡冀寧道右參政等官劉璽等會議，呈同前事，亦報到臣。薄查先據石州申前事，已經批行該司查報。去後，今據前因，會同巡按山西監察御史黄洪毗議照病痊原任山東按察司兵備副使高金，器宇雅重，問學宏深，士論每重其清脩，鄉評咸稱其苦節。病痊既久，精力尚强。若復久淹，誠爲人材可惜；使之見用，則必治理有補。據今司道議見真切，委無違礙。查與府州勘報相同，似應會題。如蒙乞敕該部再加查訪，果如臣等所言不謬，將高金查照資格推用，庶人材不致輕棄，而治理亦得少裨矣。

謹題請旨。

督府疏議卷之一

奉敕暫行總督事兵部左侍郎兼都察院右僉都御史臣蘇祐任事謝恩疏①

嘉靖二十九年閏六月十二日，准吏部咨，爲懇乞聖斷明賞罰以重邊防事，該本部尚書等官夏邦謨等會題前事，奉聖旨："且著蘇祐去暫行總督事，著兼都察院右僉都御史，帶管巡撫職務，便寫敕與他急去，翁萬達即日行起來説。該部知道。欽此。"欽遵。備咨到臣。

臣於本月十八日辭朝領敕，即日出城，十九日過居庸關，二十二日至督屬宣府鎮城。據朔州兵備道副使何思呈送先任總督侍郎郭宗皐原接捧令旗、令牌十面副，達字一百九十八號符驗一道，總督關防一顆，收用行事外，巡撫職務亦即備行該鎮查照遵行，候巡撫都御史趙錦至日交代，另行具奏。

伏念㝠大偏保，周咨嘗徧於四巡；猥瑣庸愚，勣效未彰於一得。官曹荐轉，感激殊深。兹當六月之期，止屬二秋之役。邊方多事，尚厪聖衷。綸音涣臨，叨承嚴命。隱心雖切於遺大，誓志實耻於避難。敢不勉效驅馳，用圖戰守，期殫疆埸之力，少紓宵旰之懷。臣無任瞻望感激之至。

---

① 《穀原奏議》作"任事謝恩疏"。

謹具題知。[1]

緊急聲息疏

據鎮守大同總兵官仇鸞揭帖開稱，本月初五戌時，據原差深哨境外家丁袁相、王通等報稱，哨至凉城兒、牛站口等處，聽得虜中漢人説稱，俺答等選調十餘萬，在於天城西陽和邊外斷頭山聚兵，月明時要搶宣府迤東岔道、遼東及關南等處。等情。據原差哨探通事藍伏勝報稱，哨至邊外地名威寧海子其岸野馬川等處，賊營東西長三十餘里，在彼住牧。等情。

據此，案查，該臣先將各鎮馬步官軍，遵照節奉題准事規督發，於七月初三日赴邊擺列防守。去後，今據前因，臣惟大虜聯絡邊外，意在一逞，聲東擊西，固多詭道，審輕度重，亦可預圖。然四鎮之地，宣大爲急。要之切近關輔，宣府尤所垂涎。况今賊馬膘壯，月明在候，防範機宜，則在東者，尤不可不加之意也。除通行各鎮撫官會行各該將領，整搠兵馬，嚴督擺列官軍，晝夜加謹防範，延保客兵分佈天城、宣府西中二路適中駐劄。遼東兵馬遵照近奉欽依，如遇有警，星夜調遣，出關會合，併力截殺。并行薊州巡撫，居庸東西，嚴加隄備，以奪虜謀。臣統標下官軍駐劉懷安調度，慎固謀猷，共圖保障，勿致躁虞，謹具題知。

危邊重鎮主客軍儲拾分缺極懇乞天恩早賜處補以濟時艱疏

准巡撫大同地方都察院右衆都御史趙咨，職本以菲材，誤蒙皇上復擢巡撫大同重鎮，任事之初，除一應興革、撫綏事宜次第舉行外，惟是軍儲急缺，無計區處。先以主兵言之，查得，本鎮

---

① 《穀原奏議》無此四字。

官軍馬騾歲該本色糧料約用銀一十四萬九千九百二十三兩二錢六分三釐，折色用銀六十五萬七千二百三十九兩七錢六釐。此外又有冬衣、布花、官員撙折哨備行糧等項，用銀一十五萬二千二百八十兩六錢五分。又加閏六月一箇月，月糧銀五萬六千七百二十七兩一錢九分五釐。總計今歲之出，通共該銀一百一萬六千一百七十兩八錢一分四釐。其原額京運并鹽銀河南麥價、山西糧草、本處屯田糧草、軍士秋青草束各項折銀，總計今歲之入，通共該銀九十五萬一千九百六十八兩五錢八分五釐。縱使通完無欠，比之歲出尚少銀六萬四千二百二兩二錢二分九釐。今查得，山西布政司節年拖欠額解供邊銀七十萬一千一百八十兩一錢八分零。又查得，山西行都司所屬衛所嘉靖二十八年屯田地畝糧草，歲荒蠲免銀二萬七千九百四十九兩九錢四分八釐。歲入之數比之往年益加不足，歲出之數比之往年愈加有餘。以故倉庫匱乏，積欠數多，軍士紛紛告稱，邊城缺閏六月、七月，腹裏欠六月、閏六月、七月，未曾放支。職無計爲處，只得温言慰諭，撫恤赴邊擺守外，再以客兵言之，查得，接管卷内户部咨稱，嘉靖二十九年防秋錢糧，准照二十八年用過之數扣發前來。該前總督侍郎郭、巡撫都御史陳查得，見貯者惟上年支剩零星之數，散在腹裏各城堡倉場，致難挽運，糴買者年荒價貴，總計之數尚少銀一十三萬餘兩。具本奏計，未蒙准給。況扣定防秋錢糧，查自三月到今，虜寇頻擾本鎮，各路兵馬并調來延綏客兵往來截殺，殆無虚日。行糧料草之用費過拾已二三。今查在庫折色銀，止存四萬三千三百九十兩六錢，比之上年用過折色一十三萬一千一十四兩，尚少八萬七千六百二十三兩三錢四分，無從措辦。況今歲天時亢旱，邊地早霜，每銀一兩止買米七斗，將來價值必至騰貴，不敷銀兩急應預處。

會同鎮守大同地方總兵官太子太保咸寧侯仇鸞、總理大同糧儲户部署郎中事主事遲鳳翔議得，防邊禦虜，莫先於兵；蓄精養鋭，必咨乎食。師行糧從，自古爲然；金城湯池，無粟不守。况大同極邊重鎮，而軍士應得月糧豈宜久缺？志曰："兵糧相資。"又曰："兵無糧不聚。"况今大衆在邊，枕戈卧甲，野眠露宿，艱苦萬端。職等叨守地方，夙夜恐懼。當此危鎮，客兵無逾月之需，主兵缺朝夕之費，興言及此，寔切隱憂。雖行山西催徵，俱係民間積欠，是猶畫餅充饑，望梅止渴。若不具題請討，何以濟於目前。伏望皇上軫念西北重鎮軍餉爲急，正係防秋之時，窘迫至甚。乞敕該部從長計議，合無將前項拖欠并遇災蠲免閏月加添銀兩，或於太倉銀庫，或於别項事例，或於山西寧武關年例多餘那借，或將本鎮三十年年例預發一半運觧十餘萬兩前來，以補主兵缺乏之數，以救燃眉之急。再將不敷客兵銀八萬七千六百餘兩一併議發前來，聽職等多半接濟折支，少半預備價貴添買。計當極力節縮，不敢分毫妄費。如有餘剩，聽候下年應用。仍乞差部屬官一員，請敕前去山西，督催各年拖欠錢糧，查例勒限催徵起解。如此，庶軍儲得以接濟，而邊方戰守有資矣。除會本具題外，合行移咨，煩爲查照施行。等因。

巡撫宣府地方都察院右僉都御史李咨，爲急缺邊儲事，據山西布按二司安巡口北道右參議尹綸、僉事趙文燿呈，據各該通判呈，將各城堡倉場收過商富納完糧料草束，實收到道，隨行户部管糧衙門查給價銀。去後，續據户部管糧張郎中手本回稱，原收主事李詩押解二十九年客兵銀一十萬兩，臨庫秤出附餘銀五十六兩二錢，本年四月内又收主事朱天俸押解本年客兵銀一十五萬三千七百二十兩，臨庫秤出附餘銀一百兩三錢五分，俱放給商價，及官軍空支已將前銀支盡，尚欠商價共三萬餘兩，無從放給。在庫雖有主事范充濁押解本年分額外銀七萬兩擅難支給。爲照原議，會計防秋客兵錢糧皆自六月半起十月終止，計一百二十日。

該召買本色糧料草束，除舊管外，仍該銀二十七萬六千六百餘兩。蒙户部二次共發銀二十五萬三千七百二十兩，尚有銀五萬兩。見行巡按衙門駁查未報，兩道查照分管地方，各照上年各城堡用過本色數目分投召買完納。

不意入春以來，虜勢猖獗，時常犯邊，月無虚日，皆在西路地方。兵馬按伏防禦動調數多，以致西路城堡本色糧草缺乏。况本年西陽河防守兵馬較之上年不啻加倍，又經節次具呈本院，并軍門批准，添買西陽河等堡并前未完糧料草約該銀五萬餘兩，俱行該路通判等官嚴督商富上緊完納。去後，又查得，二十八年用過空日折支銀八萬餘兩，今在庫止有額外銀七萬餘兩，又欠少商價三萬餘兩。見今陸續報完數多，其折支若照上年，實爲缺乏。若不預先呈請處備，即日大虜臨邊，走回人口各執稱月圓要搶。見今調到各處客兵，皆在本鎮防禦，是又不可以常例計算，臨時致誤軍機，深爲未便。擬合呈請，咨行軍門，早爲奏討，將原會計該年銀五萬兩，作速運發前來，以濟目前之急，庶免臨渴掘井之患。等因。據此，合行移咨，煩爲具題施行。等因。

又據各該管糧郎中遲鳳翔、張習呈同前事，准此接管卷查，先准户部咨，爲邊儲事，該前總督侍郎郭題，查勘過宣府嘉靖二十八年客兵錢糧，本部覆議，合候命下，移咨都察院轉行帶管查盤巡按宣大御史胡宗憲，提弔該鎮經手人卷，查筭明白，將應補發銀兩奏行支給。若有侵欺冒破，虚出影射等弊，應提問者提問，應參奏者參請定奪。仍行督撫等官，將先發銀兩召買糧草，專備防秋。如果不敷，聽將續發額外銀七萬兩，照數凑給。等因。又准本部咨，爲前事，該巡撫大同都御史陳題，本鎮原議未發正銀一十三萬六百九十五兩九錢四分，并量發額外銀接濟空日折支，本部覆議，合候命下，移咨總督侍郎郭、巡撫大同都御史陳，將先解發過防秋銀兩隨宜支用，果有不敷，聽支額外銀兩通融計處接濟。等因。俱題奉欽依，備咨前來。已經通行遵照。

去後，今準前因，爲照宣府、大同二十九年分防秋錢糧，蓋由春夏以來，虜寇侵犯無常，兵馬馳驅未息，糧料草束預費過多，故各路須行添買，而官司益稱匱乏。然宣府二十八年數目未明，已奉欽依駁行查究。果有侵欺冒破，其經手承行之人擬罪追贓，自難寬假。若待勘明，方行奏請給發，則稽兵會糧之急，坐致緩時。况年分不同，而支銷自别，似難以先年未明之數而遲當年應發之銀也。其大同主兵錢糧，除行山西嚴限催徵，或先行處解，但恐時正防秋，艱難莫濟，况稱各項歲入，縱使通完無欠，歲出尚少銀六萬四千餘兩，則是歲入雖有定額，歲出已屬不敷，拖欠蠲免，積數益多。其客兵銀兩計算固准上年，召買價值多寡又難齊一。前項奏討銀兩尚未准給，則大同主客錢糧俱屬困乏。今兩鎮巡撫備咨既稱迫切，各該管糧郎中開呈亦已相同。兵糧相須，時當戰守。如蒙敕該部再加查議，將客兵銀兩速爲請發，運送各鎮，巡撫衙門會同管糧郎中備行守巡該道添買糧料草束并折色支用。如有餘剩，留作明年支銷，不許分毫妄費。主兵銀兩一併議處給發，仍差官督催完報。如此，庶供億不致缺乏，而邊防亦有賴矣。

謹題請旨。

傳報聲息疏

據大同總兵官仇鸞呈，本年七月十九日辰時，據原差家丁通事袁相、許伯達、王通、賀傑、時義、王大海哨探回還報稱，各役七月十五日哨至大同左衛大邊雙廟山墩。十七日晌午後，瞭見從北達賊一十五騎到於墩下，内一賊名叫劉其，叫著答話，説稱我是陽和人，搶到虜營，有小吉囊頭兒過河來，在察罕腦兒駐劄，與俺答那言會兵。因舊年我們王子差一百箇達子，與遼東達子買賣，被遼東達子殺了一半。今年調了各達子頭兒，要去與他報讎。他知道了遼東達子差二十箇，拏了水獺皮五十張，段子一百箇，進貢服降。他説我們知道裏邊的路，我領你們去搶，多多的，有段子，有東西。一股會定往薊州邊裏深入要搶，一股往宣府東邊居庸關南搶里。昨日，十六日，俺答會吉囊，祭了旗了。二十一日，起馬到斷頭山，聚兵走的緊。這箇月搶走的慢，那箇月搶。我是南朝漢人，我的話不虚，你去報你太師。説畢，仍往北去訖。等情前來。除具題外，合行呈乞查照，等因到臣。

據此，爲照猾虜姦謀，情固叵測，參互傳報，大畧多同，防範機宜，豈容少緩。除行各鎮嚴督擺墻列營官軍，晝夜加謹隄備，以防聲西擊東。及行薊州查照，嚴切防範。仍將大同正奇遊兵整搠齊備，行令漸次東移，調到客兵分佈宣府、懷安、萬全右衛等處地方防守，聽候堵截。臣統標下官軍，於宣府適中駐劄，相機調度，以保萬全。

謹具題知。

傳報緊急聲息疏

據大同總兵官仇鸞呈，據原差深哨家丁王通等回報，於本月二十四日役等哨至左衛大邊師婆寨墩，瞭見從北達賊一人到於墩下，名叫啞禿赤，答話説稱，俺答頭兒於本月二十七日往東去了，要搶遼東迤西，宣府迤東。我赶他去。説畢北去。各役前來走報。等因。

據此，會同巡撫大同地方右僉都御史趙議照，節報虜賊聲勢，漸次東行。今又據家丁王通等傳言，賊犯遼東迤西，接連薊州。若宣府迤東，居庸、山陵，俱係緊關重地，揆厥聲勢，益當加慎防範。况本爵兵駐天城，與宣府頗遠。再若東去，加倍遠之。尤恐一時警報，致力不及。合無或近宣府迤東適中地方，探聽緩急，以待賊寇。進止機宜，本爵未敢擅擬，呈乞照詳。等因。又據本官差夜不收李大安押送陽和大邊平土山墩坐墩夜不收楊文政口報，本墩瞭高軍人馮信於本月二十七日午時，瞭見邊外正北地名青山，約離大邊六十餘里，離二邊一百餘里，哨馬達賊一千餘騎，從西往東行走。内有七騎到於墩下，答話説稱，我們往東看宣府邊墻。又説草垛山聚兵十萬，有遼東達子二萬，順了俺答不孩領著要搶遼東迤西，宣府迤東。本日酉時，又瞭見邊外正北達賊十萬有餘到草垛山，往東行走，約離邊六十餘里，離二邊一百餘里。等情。呈報到臣。

據此案查，節據各官傳報聲息，俱經具本題知。續准兵部咨，爲十分緊急聲息事，該總兵官仇鸞題，本部覆議，合候命下，備行宣大總督及各巡撫加謹隄臨，如有侵犯消息，星馳奏報。等因。題奉欽依，備咨前來。通行嚴謹哨探隄備訖，隨據總兵官趙國忠塘報，走回男子侯王李在虜營時，聽得把都兒台吉帶領達子四萬，與俺答衆達子要搶。因無喫的，説要先往南搶此喫食，纔往遼東讐殺。有吉囊、俺答營内達子將肉曬乾裝入口袋，各人將馬捉住，騎上要往東行。衆達子商説，還等他哥哥把都兒台吉到來，一齊纔走，在地名商都聚兵。又據原差哨探通事山豬等報，哨至白海子青山，見達賊從青山往東行走，營帳移住邊外大謊堆、古城川聯絡，趂草住牧，離邊二十餘里。等情。又經備咨兵部。去後，今據前因，爲照猾虜盤據已久，懷奸必深。況今露形哨聚，勢急逞兇，固其奸謀叵測，防範機宜豈容少緩。除行大小將領并延保領兵官整搠齊備，擐甲待戰，大同總副遊兵查照所呈，調發宣府地方駐劄，以爲京師之防。臣於適中地方往來調度，共保無虞外，謹具題知。

傳報十分緊急聲息疏

據大同總兵官仇鸞呈，蒙軍門鈞票，即統所部有馬官軍九千九百二十員名，正馱馬一萬六百四十五匹，於七月二十九日酉時起程，前赴宣府境内地方，聽候軍門指揮。及行副總兵徐玨、遊擊將軍張琮、王禄各統所部有馬官軍，分投前來，遇警隨營截殺。等因到臣。

案查，前事已行，去後，今據本官統兵，於八月初一日至萬全左衛，與臣會議分佈間，隨據宣府總兵官趙國忠塘報，八月初一日申時，據原差通事小伯言等報，七月三十日二更時分，哨至西路邊外興和城，有大舉達賊掃道二里闊，往西梁上去了。四更時，哨至北沙城迤東，煙火瞭看不透。精兵達賊五百，往東梁上去了，零賊往來不絶。又據原差通事趙洪報，本日哨至北路獨石邊外，達賊精兵約有二萬三股頭，見至金字河住下，後邊灰塵不斷。等因前來。

據此看得，所報賊勢，東移則在薊州潮河川等處，西犯則在宣府北東兩路地方。入寇之謀，似在旦夕。臣隨將標下官軍并大同總兵官仇鸞、遊擊王禄、延綏遊擊徐仁、王楝、保定都指揮劉淮各兵馬即時統發懷來城，京營參將陳燦移駐隆慶州，宣府總兵官趙國忠、遊擊賀慶、姚冕徑趨龍門赤城，并該路奇援兵馬，各駐劄防守。臣惟哨探不早，無以知其向往；戰守無備，無以禦其衝突。即今黠虜雖在臨邊，兵馬實已有待。縱使侵犯，難遂憑陵。但其日見貪驕，未遭挫衄，是以肆無忌憚，屢出傳聞。再惟主客兵馬，調集連營，早見預圖，勢甚丕振。但恐將領意見互異，進止更張，萬一失宜，不無誤事。照得，大同總兵官仇鸞預以深哨之真，繼以應援之切，合無敕下兵部將調到各枝兵馬，聽總兵官仇鸞總領，臨時相機調遣，併力剿殺，務使内外夾攻，首尾不顧。天心悔禍，是醜虜敗覆之期；帝鑒下臨，實臣子盡瘁之日。臣愚私憂過計，無任隕越懇切之至。

謹題請旨。

十分緊急聲息疏

嘉靖二十九年八月十八日巳時，據宣府副總兵孫勇、遊擊賀慶、娷冕各呈，該總兵官趙國忠手本票文，俱蒙軍門鈞牌前事，仰職即統所部人馬，前赴懷來城，聽總督軍門分佈截殺。等因。職等遵依統兵，於本月十七日，自滴水崖内邊等處起程前來，途遇兵部差尖哨王祥賫蒙本部票文，仰宣府奇遊兵馬火速赴京應援，至緊至緊。蒙此，理合呈乞，詳示施行。等因。

據此案查，先於本月十六日酉時，據大同總兵官仇鸞差夜不收亢成傳報，本月未時，薊州王巡撫差箭手孫繼芳報稱，本月十五日一更時分，古北口達賊大衆進入，往南行走。等因前來。該臣會同巡撫宣府地方都察院右僉都御史李議照，賊虜逆天，敢爲窺伺，倘有潰逸，亦當預防。就行總兵官趙國忠既統正奇遊兵，并西中二路援兵，及行山西遊擊羅恭，各赴居庸東西防守，并候調遣。去後，今據前因，爲照虜既潰墻，深入畿輔，事體重大，難拘故常。若宣府奇遊兵馬三枝，兵分力寡，又無大將總領，不無誤事。所據總兵官員相應一併督發，兵勢聯絡，庶克有濟。除行總兵官趙國忠，協同副總兵孫勇，統領本鎮參將趙臣、孫時謙、袁正，遊擊姚冕、賀慶，山西遊擊羅恭各人馬，八枝合爲一營，過關急趨京城，迎賊截殺。臣統標下官軍亦抵居庸，暫駐調度。其山西正援兵馬催調至日，另行督發，仍并行宣大巡撫，山西、保定撫鎮整搠兵馬，嚴防滋蔓，以保地方外，謹具題知。

虜衆退遁出境疏

准巡撫宣府地方都察院右僉都御史李咨前事，嘉靖二十九年九月初一日申時，據張家口守備鄢廷仁差夜不收段大賓等口報，虜衆於八月二十九日寅時到於本堡所管沿邊石牙嵯等空拆墻，陸續出境。去訖，合咨軍門，查照施行。等因。准此，案查，先據夜不收張堂口報，八月二十三日大舉達賊由居庸關高崖口邊牆拆口五處，哨馬到於懷來川。等情前來。臣就行督發原留防守宣府北東二路參將孫寶、田琦，并標下各兵馬、地方壯夫人等相機追剿。及催原調未到山西總兵官沈俊、大同參將王紳等各枝兵馬迎衝截殺。去後，今準前因，除斬獲首級，奪獲被虜人畜，俱候另行具題外，謹具題知。

虜寇奔突地方官軍鏖戰克獲疏

據山西布按二司整飭朔州兵備道副使何思、守巡口北道參議尹綸、僉事趙文燿會呈前事，蒙臣案驗，會同將軍門標下并宣大山西中軍、兵車、正援等營及壯夫人等與賊對敵，斬獲首級及生擒達賊，逐一辨認，譯審是實。開具首從人員姓名，通行具呈紀驗。續蒙本部院票，仰即將發來手本内驗過，并未到壯夫等項各首級備查明白，開數具由，呈報施行。遵依又將各營并壯夫人等已未呈驗斬獲首級，覆加辯驗，委係對敵當陣斬獲真正首級，夷器完全，竝不係擅殺來降老弱婦女，亦無賣功、買功、奪功等弊，取具各該把總、管貼隊官員，不致扶同結狀前來。及據標下原任參將李朝陽、營把總羅偪、兵車營坐營都指揮劉環，山西宣大正兵、援兵等營總兵、參將沈俊、杜承勛、王紳、焦澤、張騰、王懷邦、岳懋、孫寶、田琦幷原任遊擊蘇啓及守備鄢廷仁各開報調遣領兵起程、與賊對敵日期、地方獲功等項緣由前來。

會勘得，原任參將李朝陽管領標下官軍三千員名，八月十九日跟隨總督軍門至居庸關，蒙總督軍門調遣宣大山西守墻官軍前來，過關截殺，於二十日，先將李朝陽兵馬發往南口截殺。本日分遣通事馬芳等四百名前鋒哨探，行至地名新店，見迎遇哨馬達賊，對敵就陣斬獲首級一顆，爲首通事馬芳、爲從通事賈住。二十三日，關南達賊一半由高崖、白羊、横嶺兒等處出口，前到懷來地方，蒙總督軍門督發通事馬芳等徑赴懷來，會合調到各處守墻兵馬相機截殺。李朝陽統領其餘兵馬在岔道地方按伏。又分發原任參將賈英、遊擊戴昇及旗牌官曹昶、羅堂、薛臻、郭經，督發李朝陽兵馬并武勇、劉廷等前進。及令監督各營兵馬，各奮勇追剿。二十八日，李朝陽兵馬追賊至地名下花園堡，與賊對敵，就陣斬獲首級一顆，爲首舍人龔政、爲從舍人胡振。二十九日未時，李朝陽等追賊至泥河兒，斬獲首級一顆，爲首平虜衛副千户劉漢，爲從總旗王鎮。本日申時，李朝陽等追賊至七里村，又蒙總督軍門差原任副總兵官段堂、旗牌官張進、李英各執紅旗，趨赴各營，申嚴號令，嚴督各營官軍與賊大戰，李朝陽營新獲首級三顆，奪獲紅旗二杆，一顆酋首，爲首天城衛前所署試百户邢銅，爲從把總指揮謝欽；一顆爲首玉林衛左所試百户張成，爲從軍人牛通；一顆爲首萬全右衛指揮使李塘，爲從小旗賈經。九月初一日，追賊至張家口石壑梁，對敵斬獲首級二顆，一顆爲首保安右衛中所實授百户麗倫，爲從軍人秦選；一顆爲首宣府右衛右所小旗温和，爲從軍人田友伏。李朝陽節次陣亡軍舍夜不收白尚瑶等七名，被傷官軍劉宇等五十八員名，追賊走死，及在陣射死官馬共五十匹。宣府兵車營坐營都指揮僉事劉環，於本年八月二十三日丑時，蒙總督軍門調赴居庸關截殺，聞報賊回經過宣府地方，復蒙總督侍郎蘇、巡撫宣府都御史李良、巡按直隸監察御史胡宗憲令回懷來城按伏。劉環當統領官軍二千五百員名，於本日卯時起行，酉時至懷來城東南劄營。復蒙巡撫都御史李良傳調赴本城迤西，與同參將孫寶合營。於二十五日子時，劉環分佈前項官軍，於狼山堡五營、七營、八營等屯按伏。至二十六日，與賊對敵，就陣斬獲首級六顆，一顆爲首宣府右衛納級指揮僉事馮經，爲從軍人周禄；一顆爲首保安衛中所軍人史欽，爲從車人閻鎮；一顆爲首懷安衛指揮同知劉喬，爲從軍人都文忠；一顆爲首萬全左衛中所軍人張岩，爲從軍人楊鐸；一顆爲首萬全左衛前所軍人侯安，爲從軍人張倫；一顆爲首宣府左衛後所納級副千户車相，爲從軍人賀天禄。至二十八日申時，追賊至地名下花園堡，與賊對敵，就陣斬獲首級一顆，爲首興和所指揮僉事王麟，爲從軍人蕭二汗。被傷軍人劉良等七名。宣府東路參將孫寶，於本年八月二十二日申時，與同監營旗牌官李桂等從四海冶堡南横嶺統領本路官軍八百七十餘員名，承調起行，至二十三日寅時，到於懷來城地名乾橋兒，遇蒙宣府巡撫衙門標下官軍王尚忠等合營，當被大虜從南山高崖等口奔過懷來地方。至二十七日未時，孫寶隨賊追戰至地名狼山迤東，就陣斬獲首級二顆，一顆爲首四海冶軍人趙中，爲從軍人張見；一顆爲首懷來衛右所軍人王敬成，爲從軍人李尚忠。本日有懷來衛儒學生員王愷爲首，壯丁曹隆爲從，於地名黑石溝斬獲首級一顆。本日有懷來衛指揮同知劉昇爲首，與本堡軍錢友金爲從，於南山瑞雲觀寨下斬獲首級一顆，搜獲牙牌一面。本日有懷來衛黑山口村本衛左所百户盧貴下餘丁董隆爲首，餘丁王隆爲從，斬獲首級一顆。本日有懷來衛小定周營住人宣府右衛前所百户趙大聰下餘丁賈元爲首，壯夫楊貴爲從，斬獲首級一顆。至二十八日，孫寶追賊至下花園堡，本日午時分，與賊對敵，至二十九日巳時，孫寶隨賊追至地名七里村，就陣斬獲首級一顆，爲首兵部原發隨營錦衣衛冠帶舍人陳禮，爲從軍人王青。陣亡軍人竇玉等七名，被傷官軍丁松等二十三員名，射死官馬二十八匹。宣府北路參將田埼，於本年八月二十五日申時，與同監營旗牌官胡江統領官軍二千五百六十三員名，承調起行，二十九日申時分，追賊至七里村，與賊對敵，就陣斬獲首級一顆，爲首開平衛中所總旗郭昇，爲從軍人張文斌。陣亡官軍實授百户一員王臣、軍人馬玉等一十七名，被傷官軍路堂等六十三員名，陣失官馬一十八匹。宣府原任遊擊蘇啓，蒙巡撫宣府都御史李良帖仰，督修宣府前左右衛并中路堡寨，編選壯夫，整飭火器防禦。本年八月二十八日前，到上花園堡地方，督同指揮孫邦、壯夫康淮等與賊對敵，所獲首級二顆。一顆爲首宣府左衛指揮僉事蘇啓，爲從指揮孫邦；一顆爲首壯夫康淮，爲從壯夫孟伏慶。賈家莊壯夫斬獲首級一顆，爲首楊伏玉，爲從喬仲才。宣府右衛地方預報，臺墩軍於本年九月初一日夜五更時分，斬獲首級一顆，爲首軍韓一桂，爲從軍杜成。宣府前衛地方寧遠堡軍人趙京等斬獲首級一顆，爲首萬全右衛左所百户王傑下軍人趙京，爲從餘丁谷賓。大同東路參將王紳，於本年八月二十二日子時，統領本部官軍一千四百五十七員名，與同監營旗牌官劉鎮承調起行，二十八日卯時，追賊至宣府下花園堡，與賊對敵，就陣斬獲首級三顆，一顆爲首大同前衛舍人王縉，爲從家丁曹天禄；一顆爲首陽和衛前所總旗于晚兒，爲從軍人寧成；一顆爲首陽和衛中所總旗紐士德，爲從小旗李定。二十九日，追賊至七里村迎敵，就陣斬獲首級一顆，爲首高山衛前所副千户崔成恩，爲從軍人賀夫。見陣亡軍人一名崔敬，先回營身故一名張鎮，被傷官軍賈鸞等七員名，射死官馬四匹。大同北東路參將焦澤，於本年八月二十二日辰時，統領本部有馬官軍一千七十員名，與同監營旗牌官聶寶承調起行，至二十五日寅時，追賊至宣府地方土木驛迤東，迎遇達賊拒戰。二十六日，大勢達賊從東往西行走。焦澤嚴督官軍與賊血戰，重傷賊人數多。賊衆兵寡，拖拉去訖。焦澤連日且戰且追，至下花園堡迎敵攻戰。二十九日，追賊至宣府城東七里村，與賊血戰。至九月初一日，追賊至張家口，達賊出邊，收兵回營。陣亡軍劉禄等三名，被傷軍韓大道等九名，射死官馬四匹。大同北西路參將張騰，於本年八月二十二日未時，與同監營旗牌官陳賓，統領本營官軍六百四十七員，召承調起，行至二十八日，追賊至保安城地名新莊堡，與賊對敵，就陣斬獲首級二顆，一顆爲首家丁馬環，爲從家丁楊鎮；一顆爲首大同左衛前所副千户周湧，爲從總甲于甫。至二十九日，追賊至宣府城東地名七里村，與賊對敵，就陣斬獲首級二顆，一顆爲首家丁王成，爲從家丁王伏；一顆爲首山陰守禦千户所實授百户陸天爵，爲從軍人辛淮弼。陣亡家丁周易等二名，被傷軍人左堂等六名，射死官馬八匹。大同中路參將王懷邦於本年八月二十二日亥時，統領本路有馬官軍一千六百二十六員名，與同監營旗牌官郭寘承調起行，至二十九日追賊至宣府七里村，與賊敵戰，就陣所獲首級二顆，一顆爲首玉林衛中所小旗周川同，爲從百户胡潭；一顆爲首大同右衛右所總旗王直，爲從軍人王傑。陣亡千總指揮周卿，把總副千户李幹等官軍一十七員名，被傷官軍陸清等六十七員名，追賊走死官馬一十匹。大同西路參將岳懋於本年八月二十三日卯時，與監營旗牌官蔡鉞統領有馬官軍一千一百餘員名，從右衛樺林兒墩承調起程，二十九日追賊至宣府地名七里村，與賊對敵，就陣所獲首級一顆，爲首平虜衛前所小旗張鎮，爲從軍人岳五十。陣亡百户陳賓等官軍家丁一十二員名，被傷旗軍田三等一十四員名，陣失馬一十五匹。山西鎮守三關總兵官沈俊，於本年八月二十一日統領官軍三千員名，承調起行，於二十六日在宣府地名小土木遇賊對敵，就陣斬獲首級二顆，一顆爲首偏頭所百户楊玉下軍餘王文玉，爲從軍餘于良臣；一顆爲首陝西榆林衛鎮羌所舍餘果玉，爲從舍餘高世山。二十七日，又與賊敵戰，就陣新獲首級二顆，一顆爲首老管保所千户馬綸下舍餘馬進，爲從舍餘王廷保；一顆爲首寧武所百户宗缺下軍陳月，爲從軍人李文廣。二十八日，追賊至地名下花園堡，復與前賊敵戰，就陣斬獲首級一顆，爲首寧武所百户馬良下軍人史清，爲從軍人劉聚。陣亡軍一名郝大浪，被傷軍人家丁王孟夏等七名，射死并陣失馬一十三匹。山西西路參將杜承勛，於本年八月二十一日戌時，統領有馬官軍二千四百四十三員名，承調起行，至二十八日，行至宣府保安州地名圪針山，迎遇達賊，對敵斬獲首級一顆，爲首寧化所實授總旗宋友，爲從軍人傳從。陣亡夜不收一名高節，被傷軍王月等二名，在陣射死官馬騾四匹頭。張家口堡守備鄢廷仁，於本年八月二十八日申時分，聞報關南大舉達賊往北行走，總督軍門差人傳督鄢廷仁收斂人畜隄備。至二十九日辰時，達賊到張家口邊攻墻，從提調擺邊坐營指揮都夢麒、把總指揮董乾司擺守石牙嵯臺東空、總鎮臺東西空、紅崖臺東西空、東哨擺邊把總指揮陳萬言司擺守永寧臺空，共拆墻口二十三處，陸續出邊。本日晚，張家屯堡斬獲首級一顆，爲首萬全右衛後所百户鄭唐下餘丁董玉，爲從餘丁王天伏。至九月初一日五更時分，有接火臺斬獲首級二顆，一顆爲首接火臺軍人常懷，爲從軍人田榮；一顆爲首昌勝臺軍人白鎖兒，爲從軍人史大欽。石牙嵯臺東空斬獲首級一顆，爲首總旗田大良，爲從家丁田太。萬全右衛守備任鎮部下斬獲首級一顆，爲首夜不收張廣見，爲從軍人郭岩。本日申時分，有總督軍門原差監督營陣原任副總兵官段堂、參將賈英、遊擊戴昇、旗牌官張進、李英、曹昶、羅堂、薛臻、郭經、李桂、胡江、劉鎮、聶寶、陳賔、郭賔、蔡鉞等，傳諭總督軍門號令，嚴督總兵官沈俊、參將杜承勛、王紳、焦澤、張騰、王懷邦、岳懋、孫寶、田琦等奮勇血戰，追逐達賊，盡行退遁出邊。查得，各營及壯夫人等共斬獲首級五十顆，内酋首一顆，蒙總督侍郎蘇、巡撫宣府都御史李隨營驗明，復蒙巡按直隸監察御史胡隨營覆行紀驗明白。生擒達賊三名，八里莊生擒一名，哈都赤爲首，軍閻奉爲從；壯夫李杲新墩臺生擒一名，唵嘛喇加爲首，軍張景秀爲從；軍劉名保安州樊山堡生擒一名，兀克赤爲首，百户于通爲從。餘丁寧玘各令通事于宗敖等譯審無詞。奪回被虜人口一千四百二十餘名口，收獲來降人口魏朝名、劉定兒等一十七名，奪獲達馬及騾驢牛羊三百一十九匹頭雙，收獲夷器一千四百一十二件枝。各會同查勘，俱無別項情弊，理合呈乞，照詳施行。等因。

據此，案查，先據大同總兵官仇鸞報稱，達賊聚兵要搶宣府迤東，遼東迤西及關南。等因前來。已經具本題知訖，臣慮深入，震驚畿輔，隨將大同總兵官仇鸞、副總兵徐珏，遊擊張琮、王禄，延綏游擊徐仁、王棟，保定都指揮劉淮各兵馬俱相次居庸關暫住，聽總兵官仇鸞總領，臨時相機調遣，併力剿殺，務使内外夾攻。又經具題，及咨薊州保定巡撫嚴加防範。續准兵部咨開，遼東遊擊許棠人馬，督發懷柔縣暫駐。等因。就行督發去訖，又據總兵官仇鸞傳報，古北口達賊大衆進入，往南行走。又該兵部票文，將暫駐居庸、大同正奇兵馬及延綏、保定各枝人馬，行令咸寧侯仇鸞統領前赴通州截殺。等因。又據宣府副總兵孫勇呈，蒙軍門調遣，途遇兵部差尖哨王祥齋蒙票文，仰宣府奇遊兵馬火速赴京應接。至緊。至緊。呈乞照詳施行。等因。

比臣會同巡撫都御史李議照，虜既深入，事體重大。若宣府奇遊兵馬三枝，兵分力寡，又無大將統領，不無誤事。就行總兵官趙國忠協同副總兵孫勇，統領本鎮參將趙臣、孫時謙、袁正，遊擊賀慶、姚冕，山西遊擊羅恭各兵馬八枝，督發過關，急趨京城，迎賊截殺。臣統標下官軍至居庸關，暫駐調度。仍行宣大巡撫、山西保定撫鎮整搠兵馬，嚴防滋蔓，又經具題，及將原守懷來城京營參將陳燦發去昌平州防護陵寢，臣與巡撫都御史李良、巡按御史胡宗憲、朔州兵備道副使何思、守巡口北道參議尹綸、僉事趙文燿，於八月十九日抵關。隨據巡按直隸監察御史趙世奎差人報稱，昌平州城東達賊駐劄大營，祖宗陵寢所係，乞發援兵等情。臣又會同巡撫都御史李良、巡按御史胡宗憲議，將催調續到山西遊擊柴縉、定州達官都指揮楊璋，真定等府義勇梅文英、霍貫道等人馬共四千二百員名，督發前去，會同陳燦及原駐防守京營各官軍併力固守山陵。臣標下官軍發居庸南口，隨賊向往截殺。臣復同巡撫都御史李良、巡按御史胡宗憲出居庸南口，南以應援京師，東以防護山陵。臣前哨通事家丁迎遇達賊，追至新店，斬獲首級，奪獲達馬鐵甲夷器等件。隨又據總兵官趙國忠稟帖報稱，十九日統兵至小榆河，遇賊攻戰，斬獲首級，奪獲達馬。時值天晚，就彼劄營，與賊對壘，相持自亥至寅。二十日黎明時分，精騎四面攻衝，俱被鎗砲打回。二十一日辰時，至新店兒，迎遇大虜，整陣長驅，從東往西，其餘衆賊，驅赶人畜，西北行走，必從鎮邊城白羊等口，由宣府北東二路出境，一半仍從原口出邊。等因。

臣惟前項各營兵馬已發内援，恐地方遭其蹂躪，會同巡撫都御史李良分投差人傳論宣府各城堡收斂人畜，堅壁清野，及曉示軍民人等，但有奪獲人口，量賞銀兩頭畜，盡給充賞。先將前鋒家丁通事馬芳等四百名督發徑赴懷來城，會合兵馬，併力戰剿。又恐東犯張家等口，著令原任副總兵劉江前去大小紅門，將原任參將范瑾統領鎗手四百名，與同該路步軍相兼分佈擺守。仍行調遣原留防範北東二路參將田琦、孫寶，兵車營坐營原任參將劉環并催原調續到山西總兵官沈俊、參將杜承勛等，大同參將王紳、焦澤、張騰、王懷邦、岳懋各兵馬，統赴宣府賊出要路，迎敵邀截。隨該巡撫大同都御史趙錦、巡撫山西都御史應檟督催前來。臣差原發立功贖罪原任參將賈英、遊擊戴昇齎執令旗、令牌前去，與同先差督陣原發立功贖罪原任守備羅堂并旗牌官郭經、薛臻、曹昶，督調各枝兵馬，會同標下領兵原發立功贖罪原任參將李朝陽合營併力剿殺。臣與巡撫都御史李良、巡按御史胡宗憲、兵備副使何思、守巡道參議尹綸、僉事趙文燿帶領中軍官杜煇、陳力追襲賊營，由居庸關至懷來城。切慮賊衆兵寡，諸將心力不齊，又差原發立功贖罪原任副總兵段堂奔臨陣前，傳令督至地名土木驛，復差旗牌官李英、張進齋執紅旗，疾馳號令官軍奮勇敵殺，務使挫衄。各該官軍聯營野宿，追剿退遁，各該城堡并無攻圍。隨據各營節報斬獲首級、生擒達賊，奪獲人口、達馬、夷器等項，恐有情弊，案行各道審驗明白，開送前來。會同撫按重復審驗，發行各道查明，一併呈報。

去後，今據前因，除將生擒達賊發監，首級收存，俱仍候覆審紀驗。奪獲被虜男婦，收獲來降人口，各處給衣糧，給文，差人送回原籍。奪獲達馬、夷器，查給缺馬并原獲官軍騎用陣傷不堪馬匹并驢騾牛羊，盡給充賞。陣亡、被傷官軍，查照舊規，量給銀兩，以爲棺斂、藥餌之資，牙牌另行具奏。仍行各撫鎮，轉行大小將領，嚴督官軍差人遠出哨探，加謹隄備，以防復犯外，爲照醜虜逆天，屢行搶掠，逞志關輔，輒肆憑陵，是以聚衆東移，賊形已露，糾謀内犯，傳報不誣，畿甸之間，亦受荼毒。及見兵馬四集，乃始分路遁還，催調各營，適逢惰歸之日；奮勇剿殺，各獲斬奪之功。仰賴皇上賞罰天臨，威權獨運，人懷鬥志，虜遂宵奔。再照前項官軍僅滿萬餘，與賊數萬連日奮勇血戰，雖未大挫，微有斬獲。其首級，生擒達賊，奪獲人口、馬匹、夷器等項，已經驗審明白，相應具題。如蒙敕兵部再加查議上請，備行都察院，轉行巡按御史查勘斬獲首級果否真正，有無買功、賣功及隱匿别項情弊明白，將領兵、監營、督陣有功并陣亡各官軍應陞、應賞及例應贖罪、録卹者，一併分别等第，奏請定奪施行。

謹題請旨。

邊儲疏

卷查，准户部咨，該前任總督左都御史翁題前事内一款，預會計本部議得，總督総題稱，下年防秋銀兩，擬於今年八九月内先行量發宣大各十萬、山西五萬，令其預買糧草。至會計之時，就爲實在，似應依擬，合無每年於十月内先行如數請發，庶幾召買以時，官商俱利。等因。題奉欽依，備咨前來。已經通行遵照訖，今照十月將至，正當召買糧草之時，近因虜寇深入，調遣兵馬，四集征勦，城堡積賣糧草，預撮食費過多，價值今已增貴，將來騰湧可知。所據前項題准預發銀兩相應及時請發，以便召買。如蒙乞敕該部，將原議預發防秋銀兩宣大各十萬兩、山西五萬兩，速爲上請，照數給發前來，交與管糧郎中、主事，會同巡撫，責之守巡，分派緊要城堡糴買本色糧草，預備下年支用，庶事體方便而邊防有賴矣。

謹題請旨。

奏繳牙牌疏

據懷來衛指揮同知劉昇呈稱，大舉達賊入境，於嘉靖二十九年八月二十七日，職奮勇當先，與同本衛右所軍人錢友金在於地名瑞雲觀斬獲首級一顆，得獲達馬一匹，夷器俱全。賊身搜出御馬監太監忠字三十八號牙牌一面，理合呈送施行。等因。據此，除將首級驗發收存，仍候紀驗，另本具題外，所據得獲牙牌，相應奏繳。

謹具奏聞。

預擬分佈人馬以禦虜患疏

案查，嘉靖二十九年七月二十七日，據河南領宣府春班以都指揮體統行事指揮同知吴子英呈稱，本職依期於六月二十日前赴常峪堡等處地方擺列，查照本都司春班原額官軍四千七十八員名，已到操官軍二千八百六十八員外，開除逃故軍人一十二名，實有官軍二千八百五十六員名，原衛未到官軍一千二百一十員名。呈乞施行。等因。又據領秋班以都指揮體統行事指揮使丁守之呈稱，卑職官軍四千五十九員名，於龍門城等處擺列，遵依於本年七月初四日到邊，至今一十六日。節查得所部官軍止到崔良策等五百七十二員名，其未到官軍三千四百八十六員名。呈乞施行。等因。

據此，案查，先准兵部咨，爲易領袖嚴責成以飭戍兵事，該前總督侍郎郭題，本部覆議，合候命下，今後兩班官軍，著落守巡兩道，先期督令都司衛所各掌印點選缺者補足，老弱者更替。衣裝、馬匹、器械俱要齊備，責付備禦把總官押領起程，依期到邊防禦，限滿放回休息。領班指揮每遇上班之時，備精壯官軍、馬匹、器械數目另造文册一本給批，於河南巡按御史掛號，臨期赴宣大巡撫衙門查驗上班。如官軍短少，人馬老弱，器械不精者，罪坐。河南都司衛所掌印官軍下班之時，備將逃亡事故、馬匹倒死、器械損壞數目亦造册一本給批，於宣大巡按御史掛號，仍於各巡撫衙門查銷回衛。如有違限到遲，或脱班不到及役占賣放者，罪坐領班備禦、把總等官，俱聽總督、各撫按官查照名數，從重參奏提問，住俸降級。各該守巡官員若督責欠嚴，亦要一體參治。等因。題奉欽依，備咨前來。

通行遵照去訖，今據前因，就經牌差承差陳瑞齎文前去河南都司催據呈稱，遵依移咨原委都指揮高鴻儒上緊督併完解，一面差人分投下衛守催，合先回報。等因在卷。候今班期將滿，查據總兵官趙國忠揭開，未到官軍春班一千一百七十九員名，秋班一千八百三十六員名數目前來。據此，參照河南都司掌印都指揮陸勳叨專閫政，僉書都指揮高鴻儒、韓璽均有職司，以申飭之嚴，視爲故事，回催督之報，徒事虚文。既失點集於先，又無督發於後，任情自恣，縱軍偷安。領班指揮吴子英、丁守之身先塞下，軍缺防秋，文移雖見督催，軍伍不免短少。衛所掌印并領班把總等官藐視邊防，遷延迯避，及照守巡該道責均預督，班竟愆期。以上官員例俱有違，相應參治。如蒙乞敕兵部參酌事例，備行都察院，轉行河南巡按御史，查照究問施行。

謹題請旨。

督府疏議卷之二

奉敕總督宣大偏保等處地方軍務兼理糧餉兵部左侍郎兼都察院右僉都御史臣蘇祐恭謝天恩疏[①]

嘉靖二十九年十月初三日，准兵部咨，職方清吏司案呈，本部送，准吏部咨，該本部等衙門會題，照得，兵部尚書員缺，會同推舉，得兵部左侍郎暫行總督事兼都察院右僉都御史蘇、原任提督兩廣軍務兵部尚書兼都察院右都御史張經俱堪任兵部尚書。伏乞聖明，於内簡用一員，候命下之日，令其到任管事。緣係缺官，及奉聖旨："再推兩員，通寫來看。"事理未敢擅便開坐，本部等衙門尚書等官夏邦謨等會題，節奉聖旨："蘇祐著總督實任，换敕與他。欽此。"欽遵。備咨到臣。

除望闕叩頭謝恩外，伏念臣猥以愚庸，叨承任使，榮膺暫命，恐負簡書。雖殫心思經營，冀效涓埃之報，尚慮才力短淺，徒切忠耿之懷。方日待罪未遑，詎意寬仁下鑒，俾實任大總督，仍責效於將來。聞命自天，感激無地。敢不益竭駑鈍，鼓敵愾以壯諸軍；仰答鴻私，集忠思用綏四鎮。臣無任瞻望感戴之至。

謹具奏聞。[②]

---

① 《穀原奏議》作"恭謝天恩疏"。

② 《穀原奏議》無此四字。

廣求將才以備任用疏

准兵部咨，職方清吏司案呈，先該輔臣嚴等題，本部看得，脩理營務，隄備邊防，委在得人。若非廣詢旁搜，各舉所知，以仰副聖明簡用之意，則本部聞見不無有限，伏乞敕下在京四品以上官及科道官、各總督撫按等官，查訪年力精壯，謀勇素聞，曾經戰陣，累立軍功者，不拘帶俸閑住、緣事充軍等項，在外總督撫按自文書到日，各限半月以裹，作速疏名上請，以憑本部參酌覆題。等因。題奉聖旨："着科道官并各邊總督撫按等官，查舉謀勇素著的，疏名具奏。欽此。"欽遵。備咨前來。

臣叨總四鎮，甫過防秋，其諸將領雖嘗密訪，然地方廣闊，容有未詳。謹將親歷行陣及於素所見聞，特爲上陳。如原任宣府副總兵今陞京營副總兵官孫勇，器宇深沉，謀勇得於兼濟；才識宏遠，統馭擅於素諳。大同西路參將岳懋，志向超卓，恒懷敵愾之心；戰陣久經，允屬干城之將。宣府西路參將趙臣，體被金瘡，勇久驗於行陣；謀多石畫，氣每奮於忠懷。南路參將袁正，有智巧而不迂浮，多著遠略；承委任而慎操守，無改素心。大同遊擊將軍王禄，機警有謀，久經歷於戰陣；忠勇自奮，近獨多於首功。山西西路參將杜承勛，志向端方，操持不渝，素履撫馭公正，戰陣亦所久諳。立功贖罪原任大同副總兵段堂，年力尚强，督陣著俘馘之績；邊情久練，立功長創艾之能。立功贖罪原任參將李朝陽，戰陣久歷，勇略素著，於邊方斬獲近多，功績已陳於奏疏。原任宣府西路參將今閑住杜煇，存心謹厚，號令加慎於督營；涖事公勤，才力極取夫效用。原任遼東參將今降級千户朱漢，鋭志不群，勇藝優於將領；壯年益勵，懲創即於老成。原任宣府西路參將今聽勘王臣，心懷敵愾，武藝既閑，身歷艱險，才識日長。大同鎮邊堡守備丁淳，兵機素諳，材既驗於屢戰；武略獨冠，名能服於衆心。原任遊擊將軍今任懷仁城守備陳力，事體諳練，戰陣亦所素經；才識優長，心力亦知周悉。寧武關守備劉潭，奮身行戰，而著績多奇；勵志吞胡，而敵愾可掬。天城守備馮恩，體貌魁焐，材堪任夫將領；膽畧雄毅，勇可驗於金傷。大同右衛守備李欽，器識不凡，無愧專城之守；姿貌英偉，獨甲多將之區。弘賜堡守備鄭捷，奮出行伍，允孚勇略之名；簡任從征，茂著勤勞之績。威遠衛守備尚表，沉毅多謀，而謹朴自守；忠勇久著，而戰陣素閑。西陽河堡守備朱雲漢，拘擺守而慮銷士氣，可驗其識；志戰陣而期剪酋虜，可取其才。河間守備王芝，機警多謀，而才識可用；戰陣近歷，而防禦有功。大同奇兵營千總指揮胡朝，勇冠三軍，曹家莊之百戰獨奮，義救副將茨林兒之九死幸生。懷安衛指揮張承勛，政事勤敏，有應變之才；志向通明，可統馭之任。青邊口堡操守郭撫鎮，心懷敵愾，屢著斬獲之功；義切封疆，可占武勇之志。懷安衛副千户岳嵒，體氛雄偉，而志亦不凡；騎射優閑，而勇能擅衆。以上各官，才識固有相異，器使各有所長，所當薦揚備任用者也。如蒙乞敕該部再加查訪，如果臣言不妄，將各官均賜附名，遇缺推用，庶將材備而武弁修，虜患消而地方可保矣。

謹題請旨。

進繳敕諭疏

嘉靖二十九年十一月初六日，該錦衣衛舍人王佐齎捧實任總督敕諭一道到臣。欽此。望闕叩頭祇領外，案查，先准兵部咨，爲缺官事，該本部會題，節奉聖旨："蘇祐著總督實任，换敕與他。欽此。"備咨前來。臣具本謝恩，欽遵任事訖，今蒙降發敕諭，所有前領暫行總督事敕諭相應進繳。爲此今將敕諭一道具本進繳。

謹具奏聞。

復奇兵以便征戰疏

據宣府總兵官趙國忠呈前事，會同巡撫右僉都御史劉璽議，查得，奇兵官軍原分撥舊遊兵營七百九十一員名，新遊兵營六百二十五員名，總督軍門一百七名，正兵營七百九十六員名，共計二千三百一十九員名，俱係原有馬匹、器械人數。今欲掣出，仍作奇兵，除軍門一百七名不動外，其餘二千二百一十二員名，尚少七百八十八員名，不及三千之數。合將近日掣回後營、神機營并宣府在城四衛所及後營兩班輪守中路沿邊墩台軍士内，挑選七百八十八員名，湊足奇兵三千。及照兵車營召幕軍士，係原會議題准，充補兩遊兵人役於内挑選一千四百一十六名，分補兩遊兵掣出奇兵。如此，則奇遊三營俱足三千員名，内除召幕并後營、神機營官軍，俱各給有盔甲什物外，止是守墩軍士缺少盔甲。今查得，萬全都司并萬全右衛各見有收貯盔甲，相應照數補給各軍。但撥補遊兵并選補奇兵官軍共二千二百四員名，俱係無馬之數，共該馬二千二百四匹。合無題請關給，惟復别有定奪。呈乞施行。等因到臣。

案查前事，先據本官呈稱，查得，宣府鎮城原設有前後、神機、奇兵、兩遊兵，共六營，而防禦戰守各有所統。昨於嘉靖二十八年，蒙前總督翁條陳，移將領將奇兵分屬新舊遊兵，以補不足之數。已經欽遵撥補外，今照本職正兵係首先出戰之兵，實爲單薄，宜當預爲酌處。會同巡撫右僉都御史劉璽議照，奇兵一營乃久練成熟之兵，素稱果敢之勇。今分隸遊兵，未免勢力分散。遇有警報，卒難濟事。況近年虜情重大，與往日不同。爲今之計，合無將原撥補兩遊兵營奇兵官軍掣回，照舊攢編司隊，查選驍勇坐營官管領，仍作爲奇兵營，遇警以爲正兵。前鋒、兩遊兵不足之數，儘其見在，却於後營、神機營内充選各營，務足三千額數，仍請補給馬匹。等因。

該臣看得，所呈足見練兵禦侮至意。但恐中有不便，備行巡撫宣府都御史劉璽，會同本官再加從長計議。如果戰陣有益，即將遊兵預處，各足三千員名，然後將原分撥奇兵掣回，作爲一營，選委將官專管團練，庶奇遊兩備彼此克濟，明白回報。去後，今據前因，爲照掣復選補兵馬，既該本鎮撫鎮會議停當，况今虜勢猖狂，大煩戰守，今載加選補遊兵，既充復掣回舊營，奇兵亦備，增重防禦，委屬相應。除統領將官另行查委外，所據該營缺馬二千二百四匹，須照數給發，庶兵爲有用。及照標下新召各城家丁、通事，戰陣選鋒，尤爲得力。除搶兑外，尚欠馬四百匹，共馬二千八百四匹，俱應請討。如蒙乞敕兵部查將太僕寺解收馬匹内如數題請，給發前來，分給騎操，庶軍馬得以充實，而邊防亦有賴矣。

謹題請旨。

計處防秋戍邊人馬疏

節據鎮守大同、宣府、山西、保定總兵官徐珏、趙國忠、沈俊，副總兵朱楫各呈稱，哨探得達賊牛羊遠在境外散漫住牧。時值天降大雪，賊馬漸弱，會同巡撫衙門遵照軍門明文，將防秋馬步官軍，俱於嘉靖二十九年十月十三日期不等，掣回各該城堡，照常戍守，以圖節省錢糧，休息人力。仍照上年事例，將各無馬步軍就近每墩空量留十名，與該墩軍夜相兼在牆，日夜巡守，遇警一面併力拒堵，一面馳報各城堡，馬步官軍次第赴牆應援。及將正奇遊援有馬家丁通事尖兒手，於各衝要去處，每處摘撥三五百名，按伏防禦。前項馬步，俱十日一次輪流更换，臨邊參將、守備、操守等官時常查點，不許擅離信地。各緣由到臣。

案查，先據各邊防秋將領、委官人等屢次稟稱，天時嚴寒，列營守牆人馬難以持久。等因。已經通行各該總兵官查探聲息緩急，會同巡撫計議掣放回報。去後，今據前因，爲照即今水凍草枯，燒荒事畢，前項防秋列營擺墻人馬，既經撫鎮計議，掣回各城堡，照常戍守，并於各墩空及衝要去處量留分番，相兼巡守防禦，委俱相應。其原調延綏、保定、遼東、宣大遊兵共六枝，於前八月内督發關南應援截殺。隨該兵部題奉欽依，調發薊州分佈防守，聽該鎮督撫酌量緩急，放回各鎮。及行沿邊大小將領嚴加哨探隄備，務保無虞外，謹具題知。

恭謝天恩疏

嘉靖二十九年十一月十六日，准兵部咨，爲虜寇奔突地方官軍鏖戰克獲事，該本部議擬覆題，節奉聖旨："這官兵截虜歸路，斬獲有功。蘇祐准録廕一子，入監讀書。還賞銀三十兩，紵絲二表裏。欽此。"備咨到臣。隨該原差百户石寶領到前項表裏銀兩。

除望闕叩頭謝恩祇領外，臣伏惟賞以世延，恩莫優於任子；功惟疑重，制本在於作人。頃承簡書之嚴，實專閫外；載稽戰守之略，未效師中。督發雖先，而機宜未合；堵遏幸集，而斬獲猶微。是以益用疚心，方切待罪；竊冀永懷敵愾，以蓋前愆。詎意鴻慈，俯垂天鑒，褒嘉優渥，豐澤加胄子之隆；賚典駢蕃，晉錫侈康侯之盛。矢心感激，揣分凌兢。是皆仰賴皇上明竝日懸，仁如天運，功兼使過，義廣勸忠，思風勵於疆埸，爰露溉於葑菲。臣敢不加心砥礪，用圖百鍊之能；勉力經綸，式副九圍之截。臣無任感戴稱謝之至。

謹具奏聞。

軍前書辦效勞懇乞比例甄録疏

據當該吏方子明、張策呈稱，役等蒙吏部考揀，撥送都察院，轉送軍門，當該日以修牆築堡，禦虜招降，兵糧交際，文移冗繁，馳驅書辦，比常不侔。近於今年八月内，達賊侵犯關南，奔突口北，蒙總督蘇侍郎預調宣大、山西兵馬，保定、遼東客兵，督發關南、關北分投，奮勇克獲，領兵、督陣各官，俱蒙欽依陞賞。鎮守大同仇總兵官下掾史吴桐免考，與本等選用。役等切惟晝夜披甲，隨營軍前書辦，頗亦效有微勞。查得，陝西軍門當該吏王洧、王英等各因書辦效勞，節蒙總督唐尚書、劉尚書奏行吏兵二部，覆奉欽依，三考役滿，俱免考試，官辦省祭，照依本等資格，即與選用。役等與各吏供役軍門，事體相同。計之，斬獲首級及吴桐書辦一鎮文移，尤爲有間，乞爲憫念，照例奏録。等因。據此，爲照軍門總督四鎮文移浩繁，近來邊防多事，比之平時實有不同。今八月内虜寇深入，各役披甲軍前，晝夜書辦，委效勤勞。據呈，查有吴桐見蒙恩典，免考選用。及王洧等事例，當該滿日，免其考試，官辦省祭，照依本等資格選用。事體相同，相應具題。如蒙乞敕兵部詳議查例施行，庶使微勞不遺，而人心知所勵矣。

謹題請旨。

審度兵勢虜情預擬督調戰守以成安攘疏

查得，節年徵調延綏、寧固、遼東等處客兵，嘉靖二十一年共十枝，以後俱六枝，四枝應援宣大。二十八年，延保二枝、老營堡一枝、大同一枝。二十九年，延綏、保定、遼東共四枝，俱應援宣府，蓋重宣府也。重宣府者，重京師也。近准兵部咨，爲陳戰守除虜患以振國威事，該京營總兵官太子太保咸寧侯仇鸞題，本部覆議，各兵應援，當視虜情緩急以爲先後。若京師有警，則宣大爲輕；京師無警，則宣大爲重。延綏遊兵徵調宣大應援，係節年故事。今使赴調京師，路由宣大，亦不相左。而況駐劄宣大，以聽京師調用，實有兩便。合行宣大總督官，預將此兵量布儘東、隆永、滴水崖，以便京師調用。等因。題奉欽依，備咨前來。周謀詳論，固已籌算無遺，臣竊惟兵不預圖，無以應戰守；探不真實，無以中機宜。若使探報既真，則後發先至，自可以奪虜之心；彼此不失，自可以投機之會。是徵兵在先，而探報貴審，則兵爲有用，虜不足平矣。查得，虜患節年侵犯，如在山西，則急山西；在大同，則急大同；在宣府，則急宣府；如今年在薊州，則又當在薊州，信矣。然俺答諸部落實在宣大之間，套虜聯合而入，亦不能越度宣大。倘有侵犯東行，必先大同，次宣府，次薊州。探虜情之真者，必先大同，次宣府，次薊州。近御史胡宗憲奏稱，探報虜營，大同得其情，宣府得其形，薊州因魔問病，不足憑矣。固以虜巢在西北，大同有大邊，宣府無大邊，薊州借聽於屬夷，自有不同。該部覆奉欽依，如擬施行，則是探報者固當責之，各鎮務得真情，庶向往有期，督發無誤，東西咸中，犄角可憑，實兵家之首事也。且諸鎮雖皆虜衝，而宣府逼近京師，實爲緊要。薊州正當畿甸，尤切腹心。審重度輕，則防禦之兵似當先薊州而後宣府。然虜有所由入，兵有所由會，審機度勢，則防禦之兵又當先宣府而後薊州。何也？宣府、薊州雖俱京師後門，宣府在西，與虜隣近，其所由入，可以探知，整兵防禦，其所由會，亦屬樞鈐。各路主客兵馬督調應援不誤，哨探心志既壹，勢力亦均。倘犯宣大，自可追逐。若犯薊州，壹關之限，聞警疾馳，稽日計程，不失策應。臣愚謂備宣府可應薊州，備薊州則不能應宣府，此兵勢也。探報可憑，則防禦不失。若止聽屬夷譸張相誘，利在犒勞，妄報虜情，不審聽聞，即預徵調，闢門甫度，虜遂乘虛，則宣府入寇之路，將誰堵遏？不無顧此失彼，重致憑陵。臣愚謂探報防禦必先宣大而後薊州，此兵機也。較之常歲，虜之侵犯多在秋高，其餘時月縱有警傳，亦止近塞，天寒地凍，已難馳騁，至於深入，尤所未能。蓋虜之衝突，全藉馬力，草枯臕損，可少戒嚴，方宜休養兵騎，以待征調。若不審時量地，聽憑虚喝，不惟調遣不時，致增外患；屯戍日久，亦將内疲，是亦兵之忌也。竊料虜賊驕貪，理當覆滅，似不可拘守故常，使機事或成牽制。臣愚謂宜行各邊，如賊無侵犯，不許貪圖小利，以起釁端，但加防禦戒嚴，無墮賊計。如果不逞，侵犯地方，犄角剿除，以慰西顧，仍預量擬精騎，以備搜擣。至如套虜過河，則全陝兵馬先得探報，大加搜擣，虜雖犬豕，亦重室家，豈敢長驅而無内顧。兵法曰攻其所必救，此亦齊人救韓直走大梁之説，是亦兵之奇也。昔人謂醜虜雖衆，不當漢一大縣。今縱倍之，封疆萬里，豈遽稱難。

近日捧讀聖諭，加意戎師，兵充糧足，允服廟算，祇誦三復，敵愾溢衷，臣愚又謂時當全勝，事貴早圖，欲張兵威，以奪虜氣，須大破常格，多發帑銀，委任户部重臣，添買芻粟，議行九鎮，大簡精鋭，聲言衛護京師，相機委諸閫外，秋高馬壯，乘我有時；肆驕利貪，彼豈無隙。然用兵貴精，制勝在謀，將見幕南可空，名王可虜，雖所費不貲，然一勞永逸，將在此舉。昔管仲霸齊，乃作内政，寄軍令，蓋亦機事貴密，兵道尚詭，斯尤臣愚惓惓之朴忠也。若使連年備虜，縱有斬獲，不過零騎，得不補亡，虜何挫衂？日復一日，未見所終。試以近事，一年所費，總括其數，召大司農以所積貯，徵解亦總括其數，量入爲出，將恐日益不足。臣之私憂，殊忘食寢。諺云，耕當問僕，織當問婢，豈僕婢之智，固賢諸他人？亦惟專且習耳。臣待罪邊方，叨任總督，似有一得，輒敢上陳。如蒙皇上軫念，虜患日深，謀事貴預，敕下户兵二部，會集廷臣，從長計議，速爲題請宸斷施行，邊疆幸甚，臣愚幸甚。

謹題請旨。①

---

① 《穀原奏議》無此四字。

接報夷情疏

准巡撫宣府都察院右僉都御史劉咨前事，嘉靖二十九年十二月初四日午時，據西路參將趙臣呈，據西陽河堡守備朱雲漢呈，據守境門臺夜不收郭志保報稱，本年十一月三十日卯時分，瞭見境外地名鞍橋梁達賊一十餘騎驟馬到於本臺東空牆下站立，内有一賊漢語叫，説我是俺答差來通事，下此文書，與你大那顔，要求進貢，准不准，我到十二月初十日再來見話等語。説罷，射箭一枝，各賊復回舊路去訖。當將前箭收獲上縛達書一紙緣由據報，除將達書封送鎮守衙門外，等因轉呈到職，合咨軍門查照施行。又據總兵官趙國忠呈同前事併將達書一紙封送到臣，准此。

案查，先爲欽奉聖諭事，准兵部咨，該本部等衙門左侍郎等官史道等會議款開，廣間諜以得情，欲行大舉，必慎間諜。間諜之道，在多方分遣，更番互出，又任併所遣之諜愚之，令莫知我意所在。乞降密札于宣大總督撫鎮，令其仰體上心，共狥國事。假以講許通貢易買馬匹爲由，不惜小費，少答來意，莫作撲殺劫營小舉，以阻壞大事。始而少相往來，繼則彼此孚信，蓋有駐營數日以待馬直，争先數千里，不使其類相聞，以競馬利者矣。候其報至，相機舉事，可以必中機宜矣。等因。題奉聖旨："依議。行。欽此。"欽遵。備咨前來。已經通行去後，今准據前因，爲照北虜逆天，侵犯畿輔，神人共憤，征討當加，今乃無故乞請，緩我邊防，顧驕貪之心，殊難測度，而間諜之用，未易卒成。臣愚待罪邊方，惟當擐甲待征，仰裨廟算，但查近奉欽依，輕許則恐墮姦謀，直拒則慮乖機事，合無因其求貢，外示羈縻之術，以探其情；内修攻戰之備，以務其實。乘其不意，相機出奇，斯兵家之一算也。除將原來番書潦草差訛難以進呈立案外，仍備行各鎮并薊州嚴加防守，及行宣府撫鎮官，會選乖覺通事，赴牆探聽，譯審的確情詞，容臣另行具奏。然機事無形，衆言易淆，尤非臣愚所敢預定。伏望皇上軫念邊方，敕下該部速爲酌議奏請，宸斷施行。地方幸甚，臣愚幸甚。

謹題請旨。①

陳言禦虜要計以永治安疏

准巡撫宣府右僉都御史劉咨，會同總兵官趙國忠議照，聖王舉動，當出萬全，多算者勝，兵志攸載，然必在我有必勝之策，在彼有可乘之釁，乃可以動也。黠虜逆天犯順，侵我畿輔，百姓荼毒，天下共憤，孰不欲盡殄醜類，以發舒華夏之氣。况食君之禄，憂君之憂者乎？是故咸寧侯仇、侍郎史、郎中尹耕皆欲出塞，大振天威，殲滅醜虜，以雪生靈之恨。我皇上斷而行之，真文武一怒而安天下之民也。職等封疆之臣，固當礪兵秣馬，以爲先驅矣。然欲爲此非常之事，必先有周悉萬全之謀，乃可以濟進退之際，安危所關，非如他事可嘗試而爲之也。謹以今日之所急者言之，夫出塞所須，莫先於兵糧二者。查得宣府一鎮可以出戰者，正奇兵及新舊遊兵四營，合五路援兵共九營，共該軍三萬，馬亦如之。今軍止二萬七千有奇，馬止二萬一千有奇而已。近該御史姜廷頤奉欽依挑去軍馬三千，馱馬二百，止餘馬不及一萬八千，是九營人馬半皆步兵也。除軍在各堡挑選精壯及抽丁補充外，缺少之馬，職等豈能自辦？夫輕兵出塞，掩其不備，必須精騎馳騁，乃可以得志。今以步兵而欲爲此舉，其足用乎？興兵十萬，日費千金，千里餽糧，士有饑色。宣府往年防秋，該用客兵糧草共銀四十一萬六千餘兩，每於秋後預發銀十萬兩，及時召買本折，兼支苟捄，目前猶不能給。今該部議令臨邊城堡衝口每處

① 《穀原奏議》無此四字。

收買糧草，以兵馬五千，足支三月爲度。夫宣府衝口可以出兵者不下十數處，共計所用約該銀四十五萬兩，比之往年所用不啻加倍，竊恐本鎮所產不能辦也。今欲於二三月之間爲此大舉，而馬匹糧草歲暮猶缺處發，臨時誤事，雖職等萬死不足爲惜，其如國威何哉？合無具題，將各營所少之馬如數補足，聽職等整搠，以待督發。該用糧草，先發銀一半，差有才幹部官一員星夜前來，同職設法召買，其一半於大倉收貯糧料内及時乞運濟用。等因。

巡撫大同地方右僉都御史何咨，會同總兵官徐珏議照，醜虜背逆天道，震驚畿輔，凡爲臣子者，孰不欲食虜之肉，寢虜之皮而後爲快，是故建議出塞。我皇上赫然斯怒，決策征討，此誠伐暴除殘，真文武一怒而安天下之民者也。職等待罪邊疆，仰仗天威，深踐虜庭，滅此驕狂，然後朝食，此職等之志，亦職等之分也。然以順討逆，名義甚正，但出塞問罪，舉動非常，進退之際，安危係焉。然必在我有必勝之策，在虜有可乘之釁，然後可期百戰百勝之功。今出塞之所急者三，兵也，馬也，食也。蓋分道深入，非兵衆不可；乘勢疾趨，非健馬不可；屯駐塞下，相機而出，非足食不可。夫團結車輛而列營以接應者，步兵也。鋒利器械而出塞以追擊者，馬兵也。今查大同一鎮可以出戰者，正奇兵及新舊遊兵并五路援兵共九營，共有馬官軍二萬九千七百八十六員名，先奉欽依挑選有馬官軍九千員名又帶去多餘馬匹及馱馬六百餘匹，今止餘有馬官軍一萬九千六百八十六員名，况挑選去者皆精健之兵，膘壯之馬，所餘者多弱兵瘦馬而已。兵少而力弱，則行伍難以振揚；馬少而膘損，則緩急何所恃賴。今雖召募及抽丁以充軍額，然亦步兵也。夫輕兵出塞，蓋欲出其不意，攻其無備也。俺答、把都兒等雖云春初廬居，散處畜牧，然每一部落動稱數萬，馳馬一呼，控弦四集，今分道竝發，人持五日之糧，出二百里，士馬馳逐之間，其聲必著，其形必露，安保其不意而無備乎？若虜知之而畏我，必徙其營帳避之而北，則不能倍道以深入。若虜知之而備我，必據其險要邀之於南，則又難結營以久持。非得重兵健馬，安能與之縱横馳騁於沙漠之間，以決一戰乎？今大同兵力不敷，必須調遣别鎮精兵，併力合勢，以振軍威，馬數缺少，必須關領買補，以充營陣，然後出塞有備也。兵馬聯絡，又須審勢待時，以俟虜有可乘之釁，而後可動。來春以備寇按伏爲名，將本鎮及調到别鎮兵馬分佈屯駐於應出衝口相近城堡，先爲不可勝，以待敵之可勝。今該部議令臨邊衝口每處收買糧料草束，以兵馬五千足支三月爲度。夫大同往年防秋，該用客兵糧料草束，每於秋後先發銀十萬兩，及時召買，蓋預備也。况大同地鄰沙漠，天寒霜早，今歲災傷，秋成甚少，歲已云暮，米豆騰貴，已失召買之期，又無儲積之預。大同衝口可以出兵者約有十數處，欲各召買兵馬五千，足支三月糧料草束，共該用銀五十萬餘兩，竊恐大同一隅之地所産有限，乞將大同不敷之兵早爲議調，缺少挑選去馬匹早爲議發。職等礪兵秣馬，以待先驅，合用糧料草束銀兩先解發一半前來召買，其一半或於太倉收貯糧料内查照嘉靖二十年事例及時乞運送邊濟急。等因。

准此，案查，先准兵部咨前事，該本部左侍郎史題本部覆議，且國家自成祖北伐之後，至今百五十餘年，不復有出塞之師，虜亦信中國無此舉矣。冬春廬居，散出孳牧，不虞我至，我兵分數道勦之，迅雷之下，虜不及掩耳。訪得磧北苦寒，水草所鮮，虜資畜擾，冬春似在磧南。又其俗冬不積草，馬皆野宿，一遇大雪，疲瘠已甚。若于春二三月之間，彼馬齧雪，瘠甚之際，分數驍將，十道竝出，每道不五千騎，人持五日之糧，約出不二百里，豫尋自歸之路。前發馬軍，後以步軍連大車爲營者，三繼之騎兵，不五日必返步營，步營不二三十里即至塞下，則進有克捷之功，退無追襲之患矣。合候命下，移文宣大總督撫鎮官再行咨議，如果可行，另行具奏。豫將該鎮兵馬及家丁、通事之類挑選精鋭，分爲數營，假以虜情，將于春來入寇宣大爲由，於本年正二月間分佈應出道路相近城堡，名爲按伏，多給資糧，喂馬飭兵，聽候行事。其斷截泄露伺察虜情諸項，查照臣道所題徑自施行，繼後步兵三營，即令宣大總督巡撫收合未發餘騎與諸路步兵團結車輛重載餱糧出塞，稍北到營，以待合用。車輛之類，徑自查處東西三團堡阜，率四海民兵以至浙江處州壯勇，山東、河南鎗手各酌量若干名數，亦聽移文選送。若計該鎮兵不敷，亦須以來春備寇爲名，急將原選調陝西遊兵家丁相兼分路暫用，俱待總督撫鎮計議停當，具奏施行，亦毋得互相傳報，泄漏軍機，輕易出兵，致其移徙。其有報稱空營近邊，即係虜人設計誘我劫營，不得指此爲由，擅自舉動，以墮其計。等因具題。節奉聖旨："出塞并築堡事宜，依擬行。欽此。"欽遵。備咨前來。

又准本部咨，爲欽奉聖諭事，該本部等衙門左侍郎等官史等條陳款開酌地形，合候命下移咨户部及宣大總督轉行各管糧郎中、守巡等官，將各臨邊城堡計算衝口及出路遠近，酌量舊管糧草多寡，大要每處以兵馬五千足支三月爲主，請給銀兩鹽引等項，趁今秋收之後，未芻價賤，多方收買，蓄集待用，等因題奉聖旨："依議，行。欽此。"欽遵。備咨前來。俱經通行撫鎮查議。去後，今准前因，切照蠢爾虜酋悖違天道，騷繹畿甸，慘酷猶深，跡其驕貪，理宜覆滅。我皇上赫然命討，出師有名，屢涣綸音，臣工祗肅。臣愚竊謂當今之人有財者，宜輸金帑藏；有力者，宜請纓塞垣；有謀者，宜獻策幕府，同心戮力，共慰聖懷。臣愚待罪邊方，濫司總督，剪此逆孽，永綏疆埸，矢心既深，視衆尤切。况當朝議所及，敢獨後乎？但兵有所當需，機有所可乘。今據兩鎮開稱有馬官軍除選調外，大同止有一萬九千六百餘員名，宣府不及一萬八千，所少之軍聽候抽選，猶可充實，選去馬匹一萬三千餘匹并抽補軍士糧餉，俱應處補。至於兩鎮衝口可出兵者各約十數處，每口召買糧料草束，以兵馬五千足支三月爲准，先給一半，則大同、宣府共計亦不下五十餘萬兩，兵有所當需者，士馬芻餉，主客多寡，不可不預算也。然王師北來，往返千里，虜駐近塞，竊恐覘知，彼若避鋒遠遁，我兵慮其暗伏，不可窮追，彼若分營，示弱伏兵，防其詭譎，未易直擣。芻糧有限，士馬過期，遲疑之間，不無重勞廟算。若夫審時度勢，進止緩急，善用兵者莫可告語，機事貴密，兵道尚詭，似不可限之時與地也。臣愚竊謂各鎮精兵分佈關外，京營精兵待諸關南，聲言防守，各加戒嚴，機有所可乘者，犂庭掃穴，將在一舉矣。臣一得之愚，參酌兩鎮，冒昧上陳。如蒙乞敕户、兵二部議擬具奏，采擇施行，地方幸甚，臣愚幸甚。

謹題請旨。[①]

遵成議乞罷併守邊兵疏

准巡撫大同地方右僉都御史何咨，會同總兵官徐珏議照，大同乃山西之門户，山西乃大同之堂奥，故必門户之防既嚴，然後堂奥之守斯固。往年，督撫等官有見於此，以外之不禦，内安可支？大同邊遠而兵寡，山西兵衆而邊近，故將兩鎮邊牆兵力通融計算分佈。山西自守本鎮偏頭關老營堡邊牆一百零四里，仍分守大同自丫角山至右衛雙溝墩邊牆一百四十里，大同自守本鎮雙溝墩至東陽河鎮口臺邊牆五百零七里。蓋山西藉備於大同，而大同需力於山西，非略内而詳外，乃扞外以衛内。斯衆議之僉同，非一人之私計也。醜虜去歲自松樹堡邊入寇大同右衛威遠等處，不敢如往年長驅深入，越度寧雁等關，直犯太原等府者，蓋猶慮大

① 《穀原奏議》無此四字。

同、山西并守之兵，阨其要害，擊其惰歸，故常懷後顧，不敢前驅，斯固併守兩便之明徵也。今山西撫鎮以大同既罷擺邊之兵，要將山西併守之兵亦議掣去，恒以爲詞。蓋以山西、大同之邊，設有内外，故將山西、大同之兵分有彼此耳。查得，山西原有協濟大同備禦官軍，不始近年也。但原係春秋兩班分番更换，近大同議罷擺邊之兵，令極精者隨營截殺，精壯者派守牆墩。查得，先年墩臺有修於邊墻内者，及牆外墩臺有相離寫遠者，有低小者，俱不便防守。必於牆外添修幫修墩臺，而后可據以爲守。已行令兵備守巡道議估工程及合用物料、行糧鹽菜銀兩，於來春二三月之間，土脉融和之際，及時興工修理。今須通將山西班軍，依先年事例照數發赴大同，不必分番更换，俱令於每年三月初一日上班，聽職等分佈。春夏之間，則與大同之軍相兼補修邊牆墩臺。如春夏無可補修工程，及秋間則與大同之軍相兼分派牆墩防守，俟防秋畢日，通放下班，著爲定規，永久遵守。如官軍有脱班不到及在逃者，聽職等將該衛經管官及領班官通查參奏究治。其雙溝墩以西邊墻一百四十里，改屬大同防守，則山西往年協濟大同之兵，不失徵發之舊例，而山西近年併守大同之邊，亦免責望之后言矣。再照大同雙溝墩以西之邊，既改屬大同防守，况大同近奉欽依，先挑選赴京有馬家丁五百名，又御史姜廷頤挑選有馬官軍九千員名，然皆精騎也。雖云召募抽丁以充軍額，及山西發來班軍，然皆未練之兵也。是大同邊增於昔，而兵減於舊。山西既罷併守大同邊牆，而併守之兵亦掣赴守寧雁等關，是山西兵增於昔，而邊減於舊。大同當時勢之極難，而山西則處其易。查山西撫鎮議云，設虜西趨老營、寧武，南犯忻代，則内邊無兵，何以禦之，斯議亦是也。今内外既有分地，彼此即有專責。萬一虜賊每年聞山西罷併守之策，大同調挑選之兵，乘虚入寇，則大同之兵當極力防禦大同之邊，而山西掣回併守之兵亦當極力防禦寧雁等關，不得復藉口大同爲外邊，疏略内防，而猶諉責任於大同也。當此計處之時，又係更張之始。兵地既分，責成須定，庶山西、大同内外之責任惟均，而彼此之防守自力矣。若夫大同、山西之間，審虜勢之向往，察警報之緩急，酌邊牆之遠近，量兵力之多寡，又賴軍門臨時便宜調遣，因地通融分佈也。職等無任惓惓，合咨查照施行。等因到臣。

准此，案查，先准兵部咨前事，該巡撫山西右副都御史應題，本部覆議，看得大同與山西有併守之地，故山西與大同有代守之兵，大同自守者既以無益而罷，則山西代之之兵不容不罷者有五，乞要查議上請。候大同掣兵之後，山西將併守之兵一併掣還一節，爲照大同乃山西之外防，山西爲大同之内宇。外防既固，内宇自寧。惟大同邊遠而兵寡，故于山西有藉守之兵；山西兵衆而邊近，故於大同有分守之邊。近時邊臣建議罷兵擺守，謂久擺兵疲，力分勢弱，非謂大同可以不需力於山西，山西可以不藉庇於大同也。蓋自建議併守之後，道里、人數計筭相符，邊可擺，則大同兵擺大同之邊，山西兵擺山西之邊，而復擺所分大同之邊；邊罷擺，則大同兵屯聚於大同要害之地，山西兵屯聚於山西要害之地，而山西原爲大同擺邊兵亦屯聚于大同要害之地，山西撥軍以濟大同，謂邊有遠近，不以擺不擺也。所據前項事宜，無容别議。但雙溝以東一百餘里之邊，原係大同所有，近合山西併守，彼鎮恒以爲辭，故巡撫都御史應因議罷擺邊之兵，復有此奏。查得，山西原有協濟大同班軍，不始近年，蓋亦以大同蔽翼山西之故耳。然則增兵以助役，與分境以均守，其意一也。而事體從舊，則争端靡生；責成有定，則防守斯固。若使山西但增班軍，雙溝以東仍屬大同防守，似尤順便。但事在彼中，或難遥度。合候命下行移總督侍郎蘇，令其多方查審，虚心計處，增兵分境，利便孰先。待其確有定見，即爲開詳，據實具奏。本部覆議，題請宸斷施行。具題，節奉聖旨："這併守事宜，著蘇祐從公計處回奏，毋拘舊説，務使有益地方。欽此。"欽遵。備咨前來。已經通行兩鎮從長會議。

續准巡撫山西地方右副都御史應咨，會同總兵官沈俊議，查得，山西原有兩班官軍，在於大同戍守，嘉靖十九等年，大虜入寇大同，官軍不行遏截，以致流毒平陽、潞安等處。該前撫臣奏，將山西班軍掣回平刑關自行防禦。嘉靖二十六年，該總督都御史翁，以虜犯山西，必由大同而入，議掣山西内邊之兵，以與大同代守，東自雙溝墩起，西至丫角山止，一百四十里邊牆，雖係大同之地，實爲山西之計。今大同既罷擺牆之兵，使山西精壯之兵隨營截殺，使虜不能入，則山西尤有所賴，猶之可也。至言次者，守城堡則各自爲城堡之計，豈有使山西之兵爲大同守城堡者。設使比虜不攻城堡，而西趨老營、寧武，南犯忻代，則内邊無兵，何以禦之？况大同官軍既已隨營守堡，俱有屋居，復使山西之兵屯聚大同要害之地，野處露宿，勢亦難久。若謂大同邊遠兵寡，則山西似當協助。該部議，以山西復增班軍以與大同，其雙溝以西地方仍屬大同防守，委亦良便。相應議處，合無將前山西協濟大同兩班官軍，查照先年事例，仍赴大同分番更换，專聽彼處撫鎮官分佈防禦，則彼此俱便，庶免後議矣。等因。臣看得，咨議事宜情理似亦可通，彼此恐有互異，又經備行大同撫鎮併議。去後，今准前因，爲照禦虜之策，以守爲上，固守之策，以戰爲先。《易》曰："王公設險，以守其國。"其來尚矣。是故邊疆當事諸臣建議修築高城深塹，屹有成功，商賈往來，貿易無缺，耕牧雜沓，穡事有秋，往年零賊，不時侵擾，今則絶無奔突之虞。至或大舉入寇，亦不敢捨口南下，實慮有腹背受敵之患，斯牆塹之大較也。但苦於無所不備，無所不寡，地遠兵稀，已難堵遏，曠日持久，不無疲勞。我拘於守，而敵愾不增，彼集其攻，而百計求逞。分疆有限，拘繩墨者策應不前，示形易窺，肆姦黠者攻守叵測。揆諸兵法，守者不知所攻，攻者不知所守，則失得之算，又較然矣。由是言之，則擺邊雖不可不罷，亦不可全罷。兵形如水，隨機導勢，要在以戰爲守，其守斯固，乃勝算也。山西之併與不併，在大同之罷與不罷。大同邊守既有酌裁，則山西之併守可循舊議乎？然自併守以來，歲煩辨説，蓋亦勢有内外，則意存彼此。竊聞初議所及，亦欲數年之後，事有定向，可各歸還。况班軍原屬大同，近年改掣，則山西當還大同班軍，而大同當罷山西併守。大同又稱，近奉欽依，挑選赴京有馬官軍家丁九千五百員名，然皆精騎，雖云召募抽補，及山西發來班軍，然皆未練之兵，是大同邊增於昔，而兵減於舊，山西既罷併守大同邊牆，而併守之兵亦掣赴寧雁等關，是山西兵增於昔，而邊減於舊。又在審勢量力，裒多益寡，相機調度。臣愚叨任總督，四鎮一體，必無因人過分彼此。但兵形無常，不可預定。除調發臨時施行外，山西班軍依先年事例，照數發赴大同，不必分番更换，俱令每年三月初一日上班，春夏相兼補修牆臺，秋間相兼防守。防秋畢日，通放下班。兩鎮會議僉同，似亦相應伏望敕下兵部再加酌議，裁覆宸斷施行。

謹題請旨。

覈功實更賞格以塞邊軍弊源以開奔民歸路疏

據宣府總兵官趙國忠呈開，嘉靖二十九年正月起至十一月終止，招送過來降男婦西路参將趙臣下八百九名口，内西陽河堡委守黄添祥二名口，守備陳鎮一十三名口，馬十匹；守備朱雲漢二十二名口，馬五匹；渡口堡操守臧禄十名口；柴溝堡守備史瑭一十七名口，馬六匹；洗馬林堡守備張桓九十七名口，馬一十八匹；新河口堡守備趙臣四十六名口，馬六匹；新開口堡守備李良臣五十六名口，馬一十二匹，牛一隻，狗二隻；膳房堡守備朱禄一百七名口，馬一十七匹；萬全右衛守備任鎮一百一十七名口；張家口守備鄢廷仁三百二十二名口，馬一十二匹；北路革任參將劉欽下二十七名口；接管參將田琦下九十六名口；内獨石城守備裴濟邦五十八名口，馬二十二匹；獨石城委守指揮劉隆二名，馬二匹；赤城守備張楷二名口；馬營城守備方圓五十九名口，馬三十匹；龍門所委守百户熊弼三名口；龍門所守備劉珮四口；雲州城守備仝江三名口；龍門城守備傅昇二名口；中路參將孫時謙下一十五名口；内青邊口堡操守郭撫鎮一十三名口，馬一匹；羊房堡操守李世勲一名；大白陽堡操守丁鴻舉一名；東路四海冶堡守備張嵩一口，本鎮通共九百四十八名口，馬一百四十一匹，牛一隻。

大同總兵官徐珏呈開，招送過男婦東路參將王紳下二十三名口；内天城城委守吉祥一名；陽和城守備胡憲一十二名口，馬九匹，牛一隻；平遠堡操守謝恩五名口，馬五匹；新平堡守備王卿五名口，馬四匹；北東路參將焦澤下三十六名口；内鎮羌堡守備丁淳十名口，牛三隻；拒牆堡操守裴安一十名口；鎮邊堡守備盧鎮六名口，馬四匹；鎮川堡守備張本九名口，馬六匹；弘賜堡守備鄭捷一名；北西路參將張騰下六十六名口；内助馬堡守備李俸九名口，馬一匹；拒門堡操守張紀、宋朝共三十四名口，馬二十二匹；保安堡操守郭江十名口，馬五匹；滅虜堡守備聶振四名口；寧虜堡守備徐洪九名口，馬九匹；中路參將賀慶下一百四十五名口；内大同左衛城守備趙綸一十八名口，馬一十六匹；大同右衛城守備李欽六十一名口，馬四十六匹，牛一隻；威遠城守備尚表一十二名口，馬五匹；破胡堡操守蔡國奇九名口，馬一十八匹；馬堡操守李璣五名，馬二匹；殘胡堡操守王勳二十三名口，馬三匹；殺胡堡守備胡吉八名口，馬一匹；拒胡堡守備李桂五名口，馬三匹，牛二隻；威胡堡守備羅賢四名口，馬二匹；西路參將岳懋下六十名口；内平虜城守備張淶一十三名口，馬十匹；井坪城守備趙世卿三名口，馬五匹；朔州城守備張元四名口；迎恩堡守備麗忠一口；敗胡堡坐堡官錢堂一十九名口，馬三匹；滅胡堡坐堡官劉永清二十名口，馬一十匹；山西行都司大同前後二衛共一百三十九名口，馬七十八匹，牛五隻；巡撫衙門哨探家丁喬良招回二名口，馬一匹，通共四百七十一名口，馬牛二百八十匹隻。各數目呈繳到臣。

據此，案查，先准兵部咨前事，該總督侍郎翁題，議照諸邊頻年招引人口，率皆中國被虜奔命投歸，各該將官中間或有陰縱家丁悍卒戮歸人以冒陞賞者，有家丁悍卒守墩出哨通同擅殺梲報將官，而將官反爲庇護者，又有歸人扣邊，墩軍不在，或坐視而不肯引送，歸人出不得已乘空而入，經過地方有司盤獲，因無左驗，誣爲奸細，而竟坐以斬者，傷天地之和，阻來歸之路，虜中消息不聞，而黨類日熾。職此之由，必嚴殺降之誅，重招徠之賞，歲終各該官員將招過人口開報兵部，總計總兵官招至七百人以上，參將至四百人以上，守備、把總、備禦官至三百人以上者，各議陞一級；不及數者，照常給賞。等因。本部覆議，題奉欽依，備咨通行遵照訖，近爲計處邊鎮防秋事宜以禦虜患事，准兵部咨，該本部條陳一款，開受降以殺虜勢，合候合下，備行總督、撫鎮官，會行總副、參遊等官備行各該邊堡守墩、守臺官軍，各降受降旗一面，但有夷人及被虜漢人來降者收納，轉送總兵衙門，照例安插處分，月糧、馬匹、草料，收降官軍照例類奏陞賞。等因。題奉欽依，備咨前來。該臣通行撫鎮官，置旗畫圖，轉行參遊、守備等官，多方招撫。據各呈報前來，恐有妄將八月内官軍追奪人口那移抵數，已經駁查。

去後，今據前因，除山西查催未至并宣大花名馬匹及賞過銀布數目文册，另行具奏外，爲照前項人口内，真正夷人一十二名口，餘多係中國連年被虜者，今陸續投歸，足驗人心順向。但恐各該將領貪功妄殺，屢行戒諭，漸次招徠，心慰求生，路啓歸順，籌邊要務，誠有補益。卷查嘉靖二十四年至二十六年，宣大、山西三年之内共得一千三百餘名口，今宣大兩鎮一年之内通共收過男婦一千四百一十九名口，騎牽達虜馬牛四百二十二匹隻，視之往昔，委屬加多。所據總兵官趙國忠、參將趙臣、守備鄒廷仁俱數出例外，其餘參守等官亦有僅得一百餘名口及一二十名口以上者，似應分别等第，量行録賞，激勸將來。如蒙伏望敕下兵部，詳議施行。

謹題請旨。

欽奉聖諭疏

准巡撫山西右副都御史應咨，會同總兵官沈俊查得，本鎮各營原額馬騾二萬八千六百一十五匹頭，節年倒死未補一萬二百七十六匹頭，見在一萬八千三百三十九匹頭。及查本鎮庫藏空虚，况今見奉欽依選募民兵三千名，置辦馬匹、軍裝、盤纏等項，該銀十萬五千兩，正在多方措處。又查，各營椿頭銀兩，原係買馬之數，隨徵隨用，雖有拖欠，數亦不多。所據缺少前項馬匹，每匹以十五兩上下計算，約該用銀一十五萬四千一百四十兩。據大同總兵官徐珏呈，會同巡撫大同地方都察院右僉都御史何、左副總兵官王懷邦查得，本鎮原額馬四萬七千七百七十四匹，見今倒死馬一萬七千九百八十八匹，見在并陸續督催買補馬共二萬九千七百八十六匹，内除家丁赴京兑騎去馬五百匹，蒙欽依挑選官軍九千員名下馬九千匹，止有見在馬二萬二百八十六匹。及查都司官庫，止有見在椿頭等項銀二千五百七十九兩七錢，每馬一匹以十五兩爲則，通共筭該買馬一百七十二匹，見缺該買補馬二萬七千三百一十六匹，共缺少價銀四十萬九千七百四十兩。宣府總兵官趙國忠呈開，查得，本鎮原額騎操馬四萬七千四百二十九匹，内除節年倒死并追戰等項損失未補馬二萬二千九百八十七匹，即今實有見在馬二萬四千四百四十二匹。其前項未補馬匹，節經會同巡撫衙門，通行副參、遊守、坐營把總等官嚴限督併，陸續買驗，俱入見在之數。及查萬全都司止有樁頭銀六百六十七兩七錢一釐九毫八絲，朋合銀二千七百三十三兩四錢九分五釐，嘉靖十二年起至二十九年止，該京運年例馬價銀二十八萬兩，已經請討，未蒙給發。近該御史姜廷頤挑選去官軍三千員名，正馱馬三千二百匹，亦應買補。保定副總兵朱楫呈開，原營馬三千四百七十七匹，見在馬二千六百八十一匹，陣失併追賊倒死未補馬七百九十六匹，原缺馬二百七十二匹。大寧都司見在樁頭銀二千八百七十七兩四錢一分二釐五毫，止足買馬一百九十二匹外，缺馬八百七十六匹，共缺價銀一萬三千一百四十兩。其餘奏討各州縣寄養馬四千五百四匹，常年防秋，五月内兑給騎征，十月後事寧回營，照舊交還。中間如有倒死者，各州縣照數補還。各等因到臣。

案查，先准兵部咨，爲議處馬匹以重根本事，該本部題，合候命下，本部移咨各邊撫鎮等官，今後該鎮官軍缺馬騎征，即於彼處行太僕寺、苑馬寺孳牧馬匹，并本鎮樁朋、地畝、團種銀兩相兼買補及茶馬内取給，不得一槩奏討。其樁朋等項銀兩告若拖欠者，多方追徵買馬，俟該寺馬匹蕃庶，馬價贏餘之日，遇有奏討，亦要酌量地方緩急，將本折相兼給發，以便戰守。等因。題奉欽依，備咨通行遵照訖，又准本部咨前事，該本部等衙門左侍郎等官史等題一款，飭邊兵以聽用，合候命下本部備行各邊總督、撫鎮官，將該鎮軍額清查的數，步兵若干，内除老弱雜役若干，可任戰陣若干，内除原額馬匹倒死未補若干，見在若干，備造文册，限十二月終送部。仍將已倒未補馬數，設法督催，務期完足。缺少馬價，星夜具奏，本部題覆斟處。等因。題奉欽依，備咨前來。已經通行。

去後，今准據前因，除軍額文册另行咨部外，查得本部近日所議，今後缺馬，即於彼處行太僕、苑馬寺孳牧馬匹，并椿朋、團種銀兩買補及茶馬内取給，不得一槩奏討。俟該寺馬匹蕃庶，馬價贏餘之日，遇有奏討，亦要酌量地方緩急，本折相兼，給發無過。嚴飭馬政蕃息蓄牧，以備不虞而禁紛擾，甚正論也。但時有緩急，而事貴權宜，且宣大、保定原無行太僕等寺，亦無茶馬取給；宣府原有團種銀每年二萬兩，先年議留户部，至今一十四年未曾給發；大同原有所屬前等衛額辦牛具、草價銀兩，陸續隨收隨支，内有拖欠四千六百六兩；山西雖設行太僕寺，所有孳牧僅補該鎮，尚亦不足。及照各鎮椿朋銀兩，俱入見在之數。其餘拖欠，緣頻年災傷，各軍修守，歲無寧跡，屢行徵解，亦恐難濟。目前況今黠虜猖狂，將圖殄滅，非藉馬力，安望衝馳。所據四鎮缺馬六萬四千餘匹，該銀九十餘萬兩，蓋照額計匹，照匹計價，缺乏若此，殊覺多難。如蒙伏望皇上軫念邊方，敕下兵部，速爲酌處，或於太僕寺解收馬匹内量給叁分之一，仍將馬價及年例銀兩如數支給，内將一半分投差官前去産馬地方收買兑給，一半押解各鎮分發各營官軍選買高大馬匹印給騎操。如此，庶行伍易於充實，克敵允有資矣。

謹題請旨。

設險守要固邊疆以安畿輔疏

據山西布按二司帶管朔州兵備口北守巡道參議謝淮、侯鉞，僉事趙文燿會呈前事，據宣府北路管糧通判高淳、萬全都司都事武鏜呈，將查勘過東北二路修過邊工，用過錢糧等項數目文册及效勞官員分别等第，呈報到道。除覆查相同，及將供事怠惰人員節行戒飭外，其一應督理經略并效勞人員，俱應甄録。等因造册，開名呈繳到臣。

據此，卷查，先准兵部咨，該前總督侍郎翁題前事，議脩宣府東北二路内外邊牆，并敵臺鋪房水口、暗門及增添土堡、房屋等項計筭，架梁管工官軍及軍民夫役廪給口糧、鹽菜、燒磚、打坯、採木并包門、鉄葉諸色匠作工價等項，通共計銀四十三萬六千六百四十六兩五錢，起調宣府鎮城，并五路軍夫及河南班軍共四萬名，山西、真、保定等府民夫三萬名，山西坐委兩司官一員，真、保定坐委有才幹府佐官二三員，及各另選州縣正佐官五六員，帶領人夫，到於東北二路程督修工完日，備查各官勤能，具奏甄録。如有愆違誤事者，從重參究。等因。本部覆議，題奉欽依，備咨前來。隨該户、兵二部陸續差官運發銀兩，該前總督侍郎郭俱行分巡口北道查收，轉給管糧通判等官，召買合用糧料草束，并通行宣府、山西、保定巡撫，起撥軍民夫役及河南班軍分派，併力修築。至二十八年八月内，因天寒冰凍，將工停止，夫役暫放回還。

二十九年二月内，查照題准事理，復調原議軍民夫役委官監督修築，未報，該臣接管，節行督催間，准兵部咨，爲獻愚忠固根本以預防虜患事，該左軍都督府帶俸太子太保咸寧侯仇奏前事，嘉靖二十七八年，曾發帑銀數十餘萬修築邊牆。昨者大虜深入，未聞有邊牆之阻，無乃修築之未得其法乎？伏望皇上敕下總督大臣、巡按御史及查各處邊牆錢糧有無下落，修築曾否盡心，逐一從公從實查勘，毋得虚應故事。中間如有冒費作弊之事，許令從公指名劾奏。本部覆議，二十七年六月以前，宣大、山西三鎮修築邊墻，已經各巡按御史程軏等覈實。二十八年四月以後，修築宣府北東二路新舊邊牆各一道，相應斟酌議擬，合候命下，備咨總督侍郎郭并都察院，轉行巡按宣大御史，會同查勘北東二路邊牆，已完者果否堅緻，高厚未完者督責上緊修築，務在七月以裹堅完。通將修過工程用過錢糧數目查勘明白，會造文册奏繳。中間如有冒破工程，修築不堅，虛費帑銀等項奸弊，聽巡按御史盡法参究。等因。題奉欽依，備咨前來。

准此，會同巡按直隸監察御史胡宗憲議照，北東二路邊牆墩、敵臺、水口、暗門及增添土堡等項未見完報，通行兵備地巡各道督催查勘。去後，今據前因，除查勘過工程錢糧數目開造文册，會同巡按直隸監察御史胡宗憲另本奏繳外，臣爲照宣府東路永寧、四海、冶北路、滴水崖、龍門、雲州諸處，實朔方緊要之地，北虜出没之區。况逼近陵寢，較之各邊，尤有不同。建議修築墻堡，戰守克濟。去年八月内，黠虜結聚於金字河，勢急入犯，該臣督發各枝人馬據牆而守，截其衝突，如阻横流，是亦設險之驗。所據勘過各路内外牆垣，創修土石牆三百三十餘里，斬削坡崖四十餘里，幫修十里有零，墩敵臺一百六十餘座，水口、暗門、券門七十餘座，創修、幇修土堡五座，營房、倉房二千二百七十餘間，堡門八座，公舘并廟一十餘處，樓鋪八座，隆門關一座，并墻外壕塹品窖在在堅完，誠爲有備。再照原議，估計工料價銀四十三萬六千六百四十六兩五錢，今止用過三十二萬一千五百餘兩，内又借支去一千五百餘兩，修理岔道堡墻，節剩銀一十一萬六千一百餘兩，糧一萬五千六百六十石有零，料四千七百八十餘石，草二萬三千一百七十餘束，段絹布六十餘匹。蓋因工役興作，塞日晴乾，風雨無妨，群工效力，天時人事，實有相因。是皆仰仗皇上稽謀得天，飭法任人，克成兹役。除各道開到分委管工操守、把總、指揮、知縣、都事、州同知、判官、經歷、知事、縣丞、主簿、千户、吏目等官郝錦等八十八員，俱各效有微勞，聽候俞允之日，臣徑自量行犒賞，不敢煩瀆。

臣僅知較錢糧工程，寔無裨益其事。乃若前總督今改經略紫荆等關侍郎翁，咨訪爰收夫群策建議，獨重於諸陵，克有先事之圖，允奪黠酋之氣，所當首論者也。原任總督侍郎今謫戍郭宗皐，奔走勤事，功績有成，追敘勞心，瑕瑜莫掩。原任巡撫宣府都御史今赴京聽調李良、總兵官趙國忠，懷同總理，勤著周巡，兩年而終，事備勞一鎮，而内垣屹固，均當同論者也。朔州兵備副使今陞巡撫都御史何思、口北道分守參議今陞井陘副使尹綸、分巡道僉事趙文燿、山西屯田道僉事今陞口北分守參議侯鉞、山西分巡冀寧道僉事喬佑，計理餱糧，已極酌處，分綜夫役，更竟勤勞，内侯鉞、喬佑不避艱險，始終其事，勤勞尤多且著，併應甄録。綜工官則原任副總兵徐珏、孫勇，北路參將田琦、劉欽，陞任南路參將袁正、東路參將孫賓、原任都司今陞任孫時謙，原任參將王臣、劉環、翟欽、張潤、宋贇，遊擊王鑰，原任都司王寧、守備劉浩；提調官則守備王恭、胡遐齡、劉珮、張炎、夏杲、李世賢、朱爵、張錫、孫棠、曹澐、黄葵、張懋勛、劉忠、張琮、劉漢、張輔、張嵩、傅昇、仝江，直隸保定等府同知汪有執、馮友、歐陽乾元，通判張譽、崔鎧、王誥、章拱暘、宋廷璠；供億糧餉則大同府通判王扇、本鎮通判趙佐、高淳、高明，知州王尚友；架梁防護官則原任遊擊曹鎮、賀慶；往來區畫督催則中軍官原任參將杜煇、遊擊陳力，宣府坐營官祁勛。以上各官俱效有勤勞，亦應甄録。臣叨任查勘，冒昧敘别，如蒙乞敕該部再加酌議，分别議擬，請自上裁，量加恩賚，以爲在外諸臣效忠勤事之勸。

謹題請旨。

自陳不職乞賜罷黜以重考察疏

近該吏部題奉欽依，六年考察兩京官員，臣忝列卿貳，例應自陳，以待擯斥。切照臣年六十歲，山東濮州人，由嘉靖五年進士，初授吴縣知縣，補東鹿縣知縣，歷任廣東道試監察御史，實授本道監察御史，江西按察司提學副使，山西布政使司右參政，大理寺右少卿，都察院右僉都御史，本院右副都御史，刑部右侍郎改兵部右侍郎陞本部左侍郎。嘉靖二十九年六月十八日，以原職兼都察院右僉都御史，奉敕暫行總督事，兼理糧餉。本年十一月内，復濫實任今職。

伏念臣猥以庸才，荐叨重任，感恩圖報，雖誓效涓埃，審已自知，實不堪負荷。但以時嚴戰守，恐涉避難，是用力任驅馳，未敢辭謝。兹當考察，用辨幽明，不職如臣，首宜罷黜。如蒙聖慈軫念，邊事多艱，臣愚非任，俯垂天鑒，特賜罷黜，别選賢能代任，庶能足稱官考察之典無淆，而臣曠瘝之愆亦少逭矣。臣無任懇乞之至。

謹具奏聞。①

接報夷情疏

准巡撫大同地方都察院右僉都御史何咨，據山西布政司分守帶管朔州兵備道右參議謝淮呈抄，蒙本院白牌前事，依蒙會同副總兵王懷邦審得，通事袁相、張來、卜彦千、張福，各於嘉靖三十年正月初九等日，蒙鎮巡衙門票差出邊，哨探達賊住牧遠近，動定消息，以憑隄備。袁相等出口至大邊、周家嶺墩等處，迎遇虜使小四漢、虎不亥、楊達子、脱脱、丫頭智，引至地名昭君墓、黄河岸等處，見頭兒俺答。袁相、張來向俺答説稱，有你先差達子在宣府西陽河堡送入番書，内寫賣馬求貢，軍門具奏朝廷。因你去年八月内，帶領達子從古北口入搶，今又詐説求貢賣

① 《穀原奏議》無此四字。

馬，朝廷不准。有俺答説稱，我祖先年也進貢，不是今年我行的事。我從牛年搶至山西，二十九年只爲進貢賣馬，到京放進太監四箇人，拏我番書，要求貢賣馬，不見示下，你去見你太師，説准我賣馬進貢，今年不搶。若再不准，我衆頭兒會了兵，到青草上來要搶。後張來離了俺答，又聽見别的達子説，就准了賣馬進貢，我們馬壯了要搶就搶。俺答又説，要在宣大、延綏等邊俱開市賣馬進貢。張福等向俺答説，先年説你們達子三年不搶，纔准進貢。俺答説，你拏此番書一紙去見你太師，説我們今年不搶，與我們立馬市。明年不搶，進貢只做買賣。俺答又説，我與你太師説要賣馬求貢，却怎麽又預備人馬征我們。卜彦千回説，因你們達子不實誠。去年説賣馬求貢，後又搶掠，朝廷震怒，因此見將天下兵馬調來征討你們。俺答又説，你太師通不老實，專一哄我。卜彦千又説，調取兵馬在前，你要賣馬求貢在後。俺答説，既你説是實言，你去見你太師，説與我們立馬市求貢只做買賣前情是的。等因。又據北西路参將張騰呈，爲達虜求貢事，據助馬堡守備李倖呈，據沙嶺墩夜不收、方錦等供稱，正月十四日午時，從西北來達賊分騎到墩下，内有通事二人虎不亥、小四漢答話，説與你太師，容我們進貢賣馬，便就不搶。若不容，草飽了，我們要搶。等語。説畢，去訖。等因。各備供具呈到職，具題間，續爲傳報穀息事。正月二十四日，據東路参將王紳差平土山墩夜不收光羊兒走報，本月二十二日未時，有軍人趙鐵圪塔瞭見達賊三騎到墩下答話，内真達子二騎説稱，達子從草垛山後往東搶遼東達子去了。内一通事説，有遼東達子差兩箇達子來叫把都兒、心愛台吉兩箇頭兒，領三萬達子往東搶去了。每賊趕羊十隻，牛一隻，路上喫用。説畢，去訖。等因到職。

隨會同總兵官徐仁具題外，職等覆議得，先據通事袁相等供報，俺答欲要求貢開市賣馬，今據光羊兒所報把都兒等往遼東去搶，前後虜情不一，恐有譎詐，復行北西路参將張騰、中路参將賀慶親詣寧虜等堡，督同守備任漢等前去暗門，如有虜使到彼，督令通事再加詳審，緣何方説求貢賣馬，却又東搶，前後失信，務要審究真情回報。本月二十八日，據参將張騰、賀慶呈稱，親詣寧虜堡暗門，督同守備任漢，通事郭江、張彦文、王大海等譯審得，邊外來到虜使丫頭智，説稱有我俺答那顔調我去説，我與南朝番書求貢立馬市買賣，有東邊漢人投順到營，向俺答説稱謂下許多兵馬，要劫你營帳。我們往北移了帳房，你們人説話不實。又説二月初二日還要來説話。又云，達賊月圓了要搶。等因。回報到職。又行令賀慶等仍在寧虜堡，再候虜使復行譯審。去後，又據山西行都司都指揮程雲鳳會同大同府通判李敏芳審得，出哨通事王相供稱，正月二十四日，蒙巡撫衙門票差，相與張文學前去邊外哨探達賊東行消息，以憑隄備。二十八日未時，哨至長城西墩，有零賊五騎從本墩下經過，相與張文學向前賊答話，探問你們大營衆達子如今起往那里去了。内有一賊回説，有黄台吉、把都兒台吉、阿狼克酬台吉、卑忙台吉、莫藥台吉，共五箇頭兒，領衆達子各趕牛羊，於這月二十一二日起往東去收遼東達子。若順了，我們就在那里地方住至草芽上來，不知搶那里等語。其賊去訖。等因。又據程雲鳳、李敏芳會審得，沙嶺墩夜不收李麥良供稱，二月初六日申時分，瞭見達賊約有三五十騎到本墩下，内有達賊帖木大叫墩軍接文書，有麥良當問是甚麽文書。前賊回説是進貢的文書，你們接了送與三堂，我們十三日來問你示下。麥良將前文書吊收上墩，看有印信。前賊去訖，麥良齎挐前接番文赴鎮巡衙門禀報，備呈前來。職將前項情由併原來番文，會同總兵官徐仁呈送軍門查照案候外，二月十六等日，據参將張騰、賀慶呈稱，節蒙鎮巡衙門案驗牌票，行令職等至寧虜堡暗門等候譯審虜使。

二月初十日酉時，有出哨通事許伯達、卜彦千齎拏達賊脱脱與來有印花欄番書一紙到堡。十一日未時，原哨家丁閆大林同俺答大兒子脱脱及丫頭智領達賊六十餘騎到暗門品窖北頭，脱脱不肯進牆，令通事丫頭智、井十太、宰鷄兒、瓦凹等數騎往來牆下，與咸寧侯原差來哨探家人時義及許伯達等牆下答話，説稱我大官來到你牆下，你們太師不肯下來講話。有時義答説，將你真達子吊上牆來當住，我出去與你講話。丫頭智等即與脱脱説知，差令達子井十太、宰鷄兒、瓦凹、虎喇記四名吊取上牆，時義同咸寧侯原差來哨探旗牌官胡公勉及通曉夷語千户周池帶領許伯達等數十名出至品窖，脱脱與時義等南北對坐，一半達子馬上，一半下馬，各帶弓箭，俱站於脱脱北面，有二十騎在東山坡劄立瞭看，傍有各山頭架梁達子。時義將求貢開馬市一節漢語説與丫頭智，番説與脱脱，謹依説誓，我們説進貢，不止今日，既你們果是真實，將你騎的馬、腰刀、弓箭取出來，咱兩箇劄下刀箭，騎上馬，鑚刀過箭，都指天地，説重誓，還著你兩箇參將，太師出來一處講話。時義説他兩箇是小太師，不敢與我坐，有我在此就是。當時馬牽出，脱脱身帶全副撒袋上馬，手指天地，番説我若領達子再搶南朝，著漢人刀箭殺得我身子爛爛的，往還鑚走二回。脱脱又令丫頭智上馬説誓，我若不實，再搶南朝，將我的頭裝在漢人兜子裹。時義亦上馬説誓畢，坐定，設卓一張，擺放喫食，喫畢，脱脱説今日晚了，明日再來。上馬舉鞭往北去訖，比將丫頭智、井十太當留入暗門。至十二日卯時，有脱脱領達賊九十餘騎，另設架梁達賊二十餘騎，各單騎前來，仍往還瞭看許久，復至品窖迤北，下馬坐定，其餘達子各立兩邊。有時義同張騰、賀慶及守備任漢同出暗門外，張騰等行至高阜處所探聽，時義與脱脱野團坐定，張騰、賀慶處備酒食與脱脱喫用，喫畢，脱脱將喫食散與衆賊，向丫頭智番説，他太師真實依允開市賣馬，咱將騎來馬選二匹送他，當這遭信行。張騰、賀慶又處備潞紬十疋，紅藍三梭一百一十四疋，以答來意。脱脱傳令衆達賊上馬，往東擺定沓叫一騎賞布一疋，令丫頭智拔箭一枝，共拔下箭八十五枝，内有脱脱親家名叫少不哈親取潞紬一疋，又有脱脱伴當人等將紬布扯分。賞畢，脱脱又與時義説，我回日，將你南朝原投在俺營内白蓮教二人送你。脱脱當送下赤喇温、虎喇馬共二匹，仍當留達賊虎喇記、井卜太、瓦凹、宰鷄兒四名在堡。各賊上馬舉鞭往北去訖。至十三日酉時分，虜使丫頭智并通事卜彦千領達賊六騎，將不知名白蓮教二人送至寧虜堡，與時義綁送前來。及據程雲鳳等審得，卜彦千供稱，脱脱、丫頭智説稱把都兒等往遼東達子營内結親去了。等因。

據此，案照，先准兵部及總督侍郎蘇各咨前事，職當即會同總兵官徐仁一面嚴行本鎮兵備，守巡及副参遊守等官申戒將士整集兵糧，比常十分加謹隄備，用圖戰守，一面選差乖覺人役屢次遠出哨探。去後，今據前因，職等審得，達賊送來説是白蓮教二名，朱錦、李寶，乃係我邊墩軍叛入虜中走透消息之人，非真白蓮教也。除發行参議謝淮會同副總兵王懷邦行查審究明白另行具題，及將達馬二匹、達箭八十五枝發山西行都司餧養收庫，達子虎喇記等四名在寧虜堡羈留外，職會同總兵官徐仁議照，去歲醜虜逆天犯順，震驚畿輔，今者復屢以求貢爲請，職伏思之，虜情叵測，變態多端，難以悉數，據其踪跡，探其委曲，約有數説。

蓋聞我皇上赫然震怒，爰整六師，行欲出塞問罪，以洩神人之憤，天聲遠播，遐荒畏威，此其一也。比者歸正人來，傳説醜虜自昨犯順歸巢，人畜多見死亡，天心悔禍，虜罪惡貫盈之象。虜雖犬羊，亦有知覺，能不惕然畏禍乎，兹因悔罪，又其一也。且我中國貨物虜所甚利，搶掠則利散諸部落，求貢則利歸於酋首，其貪利者，又其一也。虜中小王子者，俺答之姪也。俺答桀驁，鈐制漠北諸部落，漸不聽小王子約束，然亦一部落之雄耳，而猶有其姪壓於其上，乃陰慕東夷朶顔等衛歸順内附，官爵之顯榮，衣服之華麗，意望我皇上比例加授，於焉誇耀於諸部落中，而欲與小王子爭雄長，此慕名者，又其一也。夫職之愚見，虜之求貢，雖云有此四者，職等復恐虜情詭譎，難以遽憑，通事欺隱，不可輕信。故多方譯審，參伍以前後之人屢次哨探，証驗其彼此之詞，不敢以一次一人一時之言即爲憑據。參看張福、許伯達等齎來番文，與其所供，大略相同。緣番文潦草，不堪進呈，職等立案訖，其李麥良齎來番文看其前面詞多遜順，最後又有若不准進貢，待青草茂盛，統番兵一百萬去搶等語。該總兵官徐仁徑呈總督軍門查照外，今達賊頭兒脱脱等親至寧虜堡邊墻外，與時義等講話，説誓要開市賣馬，復綁送我邊叛入虜營二人前來，又送達馬二匹，拔下達箭八十五枝，及質留達子虎喇記等四名在寧虜堡等候，似有表見其款誠之意。但其往來順逆之言，前後反覆不一。蓋醜虜犬羊也，性本驕狂，禮難責備，得其善言不足爲喜，惡言不足爲怒，所謂與禽獸又何難焉者也。在虜則險詐難測，在我則駕馭有定。職以爲求貢之初，其誠與詐似不必深究，許貢之後，其順與逆亦難以逆覩。何也？蓋虜之求貢也，其詞爲順，而朝廷之許其進貢也，於義則正。況貢亦備，不貢亦備者，乃中國思患，預防之常，未嘗因虜之甘言卑詞而緩我戒備，使其誠也，既在我皇上天覆地載之中；如其詐也，亦不能出籠絡羈縻之内。故曰誠與詐不必深究者，此也。既貢之後，虜仰窺我皇上神武不殺，皇靈丕振，必將終始，慕來王之義，效款塞之誠矣。但其部落不一，譎詐無常，異日或肆無厭之求，發難從之請，以起釁端，以開邊隙，亦未可保者。故曰順與逆難以逆覩者，此也。蓋在我者必先自治，而在虜者以不治治之，自古御夷狄之常道也。職等待罪邊疆，晝夜仰思，主憂臣辱，恨不食虜之肉，飲虜之血，以仰體聖心，共徇國事，此職等之志，亦職等之分也。但謀須積久，事必待時，非一朝一夕之計，必在我先爲必可勝之策，以俟虜有必可乘之釁，然後足兵足食，知己知彼，謀出萬全，而功收於百戰。今者虜勢方殷，釁未可乘，我備始修，筭未必勝，欲將此百餘年之逋寇，一旦盡勦除之，職愚竊謂似不可以朝夕計功云也。職惟爲今之計，當外示羈縻之術，内脩戰守之務。若求貢之事，决不可輕信而遽許之，以遂彼之奸；亦不可逆詐而峻絶之，以激彼之怨。但虜復惓惓以宣大、陝西各邊通行開立馬市，買賣馬騾、牛羊爲言，伏望皇上勑下兵部查探遼東聲息，如果前賊三萬侵犯是實，是與其求貢開市之説事已相左，當候廟筭，計會另行，非職等所敢遽疑。如不曾侵犯遼東，仍乞勑下廷臣會同詳議開立馬市有無利便參酌歸一，請自聖裁，遵奉施行。如蒙皇上准令各邊通開馬市，一可分散各部落之勢，一可誘結各部落之心。今春及秋或一二年間，虜賊不來侵犯，方可將進貢之事另爲議處奏請。如此既足以遵我中國正大之體，亦不孤外夷納款之心。或既開馬市之後，虜賊外示效順，内復懷奸，於春煖草青之時，秋高月明之候，仍來侵犯，則我邊兵糧自爾照常隄備，未嘗因開馬市遽敢玩弛。或戰或守，俱不相妨，於計亦未爲失也。職等又惟前報，達賊三萬據通事王相等則説稱往收遼東達子去了。卜彦千則説稱往遼東達子營内結親去了。若果連結是實，將來尤爲可慮。乞再勑兵部行令各邊一面示羈縻權宜之術，一面務戰守遠大之實，既不失因勢順導之機，亦不失隨地預防之慮。邊方幸甚，職等幸甚。職等封疆之臣，有所見聞，不敢不實對於君父之前。但事體重大，未敢擅議，除具題外，合咨軍門查照施行。

巡撫宣府地方都察院右僉都御史劉咨，據分守西路左參將署都指揮僉事趙臣呈，據守備西陽河堡指揮楊威呈，本年正月二十日，蒙鎮巡衙門差夜不收通事藍伏勝、王勳山、猪康達子、賈住大、火力赤到堡等候虜人譯審求貢情由，至本月二十五日，有虜人六十餘騎前到邊牆下問，説南朝太師與我們奏討進貢，示下如何。本職説你達子去年侵犯京城，朝廷震怒，今次求貢，又不知你心實與不實，誰敢與你奏知朝廷。虜人説，我今次求貢，都是實心，你若不信，有會説話的通事叫幾箇，同支我大營裏，與我大官面講。本職説通事雖有，達子人多詐，誰敢便跟你去。你若有真達子，當下幾人，我方差人同你去。當有達虜三人要入邊，來一名白户，一名赤部，俱原係中國人；一名台，係真達子。當時放入拘留堡内，令藍伏勝、王勳、賈住同衆達子往西北去訖，至二月十一日，藍伏勝等同達虜二十餘騎，牽馬五匹、騾一頭到邊。本職量處紬布、酒肉，將各虜騎犒賞支訖。審據藍伏勝供稱，正月二十五日，同衆達子行七日，始到俺答營内，見俺答説南朝人不肯説實話。去年我到北京時，放回太監九十餘人，奏上朝廷，求討進貢，不見示下。十一月内，又差人寫印信番文與你大太師，至今也不見示下，只是哄我，我們等到幾時。勝等回説你達子不老實，常年只説求貢，隨就犯邊搶掠，去年搶到京城，朝廷震怒，調集天下精兵，准備你來，與你廝殺。如今你雖是有這番文，誰敢便信，誰敢便奏朝廷。俺答説想我祖上進貢朝廷，常蒙賞賜，至今留下好名。如今西番、回回、朶顔三衛都准進貢，倒不准我，我是以連年搶去。我想只管搶掠殺人也不中用，只願朝廷准了進貢，將我各枝達子分在宣大、延綏、寧夏各邊買賣，將牛羊馬匹换些段布糧米吃用，我也成箇好名，中國也不受害，可不兩家都好。勝等説你這話説的雖好，只怕難信。若替你奏了，你又犯邊，却怎的了。我聽的哨探人又報稱，你達子頭兒二人領數萬人馬，赶著牛羊往東去，却是做甚磨。俺答説是我兄弟把都兒，同我大兒子辛愛去往遼東達子處娶親，若不准，就要搶他，也要收將他來。既是你們不肯信我，我達子人衆多，都要吃用，不搶將甚過活。若肯先與我做幾場買賣，换些段布糧米，勾我吃用，今年且不去搶，等到明年准我進貢也罷。勝等説若是這等，我回去稟俺太師裁處。俺答當將馬五匹、騾一頭與勝等，令達子頭兒矮兒令等二十餘騎齎番文一紙同送到邊，據供得此理合具呈施行。等因。據此，擬合通行。爲此今將前項緣由并原來番文、馬騾同藍伏勝等理合呈送施行。等因。

據此，案照，先准兵部及總督侍郎蘇各咨前事，職與總兵官趙國忠會差夜不收藍伏勝等等候譯審去後，今據前因，除將馬騾印給各營站軍士騎操走遞外，職會同總兵官趙國忠議得，北虜逆天犯順，侵掠畿輔，我皇上赫然震怒，選兵儲餉，將行天討，虜酋震疊，款塞求貢，詳其番文所陳，雖時有不倫，然動稱其祖上蒙恩，希圖效順，以成美名，似頗懇切。職等竊惟夷狄之患，三代之所不免，故聖王恒以禽獸蓄之，來則拒之，去不窮追，期於不廢内治，不戕民命而已。今虜酋求貢雖誠僞難必，顧今方爲戰守之計，姑藉是以羈縻之，使不内侵，我得以從容整集兵糧，修飭邊備，亦我之利。但犬羊無信，見利則動，今遽許之入貢，恐爲所欺。彼其兵馬强勝，西收亦不喇，北服黄毛，今又遣兵東陵三衛，若使盡歸北虜，則與遼薊二邊止隔一牆，不無撤我藩籬，亦應急處。彼既稱達虜衆多，吃用不足，欲先求開市，以濟目前。若令其將衆部落分於宣大、延綏、寧夏俱各開市，以我之紬布米糧，易彼之牛羊騾馬，既可以中其所欲，因借以實我邊備，雖有所費，亦不爲虚。且夏秋之間，分其兵馬，縱有異心，勢難卒合。交易之際，量加犒賞以誘之，亦可以偵其真情，因示以恩信，曉以順逆，謂汝既入貢，臣伏中國，凡事當聽朝廷命令。朶顔三衛久爲中國之臣，汝不當恃强陵弱，以傷中國字小之仁。彼既慕利，亦應信從。若此虜果出款誠，今年不來侵犯，候至明春再行譯審，奏請定奪。如或蓄詐不誠，秋高復動，則我之邊備原未敢弛，兵馬芻糧俱有預備，乘時征剿，大振天聲，亦未爲晚也。如蒙敕下該部再加詳議，如果可行，先行遼薊總督鎮巡，將三衛夷人宥其往咎，撫以恩威，使各自爲守，毋遽聽從，以爲我邊之藩籬，將開市易馬，定議則例，通行各邊，遵照施行。爲此，今將原來印信番文一紙合咨軍門煩爲具題施行。

准此，案查，先准兵部咨前事，内稱北虜求貢緣由，節該本部會同禮部尚書徐等、總督京營戎政咸寧侯仇、協理京營戎政侍郎趙議得，蠢兹醜虜，今秋犯順，罪惡深重，天討不容。我皇上赫然震怒，選將練兵，將興問罪之師，以雪蒼生之憤。天聲震播，遠及窮荒。彼因叩邊求貢，必出畏懾之心。但查往年求請，多在大同地方，而今秋却於宣府，又無堪信番文，抑恐甘心探伺，故緩我師，中間譎詐，俱未可知。以今日事勢計之，難以輕許。在我自治，祗當整飭六師，一意爲戰守之備而已。合候命下，本部一面移咨户部，措置糧餉，凡主客兵馬所至，務令充足，臣等查照先題征討事，宜足兵補馬，亟爲舉行，臣鸞等訓練京營士馬，催集原調邊兵，嚴裝以待，一面仍行宣大總督撫鎮諸臣申戒將士，比常隄備十分加謹。及選差乖覺人役，遠出哨探，或因其來使，多方譯審，要見此虜求貢，果有譎詐窺伺之情，即便星飛奏報，會兵運餉，相機征討，以伐姦謀。如果畏威悔罪，意出款誠，亦即具實奏聞，以憑覆議施行。等因會題。奉聖旨："這虜情求貢，豈可輕信。所司一意整集兵糧，相機戰守，仍行與邊臣，務要嚴加防禦。其餘准議。欽此。"備咨到臣。已經通行宣大撫鎮官會同加謹隄備，遠出哨探，多方譯審去後，今准前因，爲照虜肆侵陵，未大挫衄，乞請入貢，情僞未真。兹奉欽依，屢經譯究意者，傳聞天威震怒，聲罪致討，悔罪求貢，以緩我師。雖蓄懷詐謀，固在叵測，但原來番文與譯審之詞，動稱故典，援比各夷，言有可稽，若難直拒，且綁獻叛人，意存效順，似當因其内向，姑示羈縻，納其款誠，併驗真僞。倘出真情，東西各邊無少侵犯，則通貢示馬，天覆地載，何所不容。如有詐欺，在我備禦之略，原無廢弛，曲直誠僞，勝負自分。雖有狡黠，再難藉口。臣待罪總督，恨不即剪此狂虜，而後朝食，以仰慰聖懷。顧事有機權，勢當審度，事體殊爲重大。今據兩鎮咨報，大略相同，譯審情詞，頗爲詳悉。除番文潦草，不敢進呈，咨行兵部查照外，謹備開陳上請，伏候宸斷施行。

謹題請旨。[①]

① 《穀原奏議》無此四字。

督府疏議卷之三

陳戰守除虜患以振國威疏

准巡撫大同地方都察院右僉都御史何思咨，據山西布按二司整飭朔州等處兵備副使張舜臣、守巡冀北道右參議謝淮、僉事王重光各呈繳，公同各路參將，督同監收、通判等官召募抽選過各城堡舍餘屯軍，頂補過各營司原挑選聽調官軍營伍九千員名，完足姓名文册到職。據此，案照前事，又爲乘時效愚以裨安攘事，准兵部咨，節該兵科給事中楊允繩題内一款，募土兵以實邊塞，該本部覆議，欲要會同吏部酌量推舉大臣前去抽選，以備來秋分佈决戰。等因覆題，節奉聖旨："只著各該撫鎮官自行抽補，以充邊額，不必重復差官。欽此。"欽遵。俱備咨前來。又准總督軍務侍郎蘇咨同前因。

職看得，先年各堡召募軍士，有官給賞銀五兩者，有倚地召募者，今抽補九千，數亦頗多，恐人不願從，有誤事機。已經案行兵備守巡道，公同各路參將，督同監收、通判等官，多方出示召募，除民不必應募外，其一應官下舍餘，軍下空閑餘丁有情願應軍者，就將本身該納尖丁銀開除，仍於本户辦納尖丁餘丁内，撥給二名，永爲供丁。若本户無有空閑餘丁，别户不准供幫，及曉諭各衛所屯軍有願應軍者，就將本軍原納屯糧六石，准作本身該支月糧六石，其餘六箇月，准令關支月糧六石。如遇閏月，關支月糧七石，永爲定規。如不及原挑選官軍之數，設道督同各衛所掌印官，將空閑餘舍設法抽補，務要人心樂從，邊額充足。去後，今據各道抽補完足，具呈前來。

職又卷查爲邊儲事，該職等題，會計三十年防秋錢糧，議得，抽補軍士九千名，馬九千九百匹，合用主兵本折月糧布花、馬匹料豆，共該銀一十四萬七千六百一十二兩八錢，具數請討。該户部覆議得，選過官軍馬匹即今未離營伍，當在主兵之數，其抽補軍未必俱完，馬未必盡給，須要查明方便，給發糧草。合無仍咨總督蘇備查前項抽補軍馬即今已完若干，未完若干，應否完足九千之數，或量選精壯以實營伍，覈勘的確名數，造册前來。本部再行議處。等因。又爲主兵月糧十分缺乏懇乞天恩早發未解銀兩以濟目前危急事，准户部咨，該職等會題前事，該部議照本鎮積欠軍士月糧三箇月。查得，該鎮嘉靖三十年主兵年例銀并鹽引，除已發外，其餘計該未發銀并每年該補歲用鹽折銀共一十四萬八千五百七十五兩，向未補給。及查近日抽補官軍九千員名，正馱馬九千九百匹，歲用本折糧料并冬衣布花銀共一十四萬七千六百一十二兩八錢。近該本部議擬，移文總督侍郎蘇覈實前來，方行給發。但恐勘報耽延，軍士待哺，而該鎮適值虜患年荒，各軍貧苦，所據前項請討銀兩，俱應酌處。查得，南京兵部差官押解本部，原奉欽依，查取在庫銀十五萬兩前來。容臣等將前項解到銀兩運送該鎮，通融支用。等因。又爲陳言禦虜要計以永治安事，在准兵部咨，該職等題爲欽奉聖諭事，該部議發馬價銀三萬六千兩，該買馬三千匹。等因。各題奉欽依，備咨到職。俱經通行欽遵訖。

據前因，會同總兵官徐仁議照，前項召募軍士雖稱俱已完足，必須給與馬匹、盔甲、器械以禦敵，月糧、布花、銀兩以養鋭。但馬匹近該兵部已給馬價銀三千匹，内除兑與宣府馬一百匹價銀外，止有見在價銀該買馬二千七百九十九匹，陸續買給，抽補軍士騎操，尚少馬七千一百一匹。見今題奉欽依，通開馬市，待候易換補給。如尚不足，及應該額添本折料豆銀兩，另行請討。所據前項抽補軍士九千名，俱行兵備守巡道，行令各該衛所陸續收造文册，食糧先已會計，每年應該本折月糧、冬衣、布花共用銀九萬五千八百五十兩。及照前項户部發來查取南京庫銀一十五萬兩，内除補三十年未發年例銀一十萬三千三百三十三兩及二十六、二十七、二十九、三十年未發該補歲用鹽銀四萬五千二百四十二兩，共一十四萬八千五百七十五兩，尚多銀一千四百二十五兩，應該准作新補軍士月糧布花之數，尚少銀九萬四千四百二十五兩，并軍士九千名，合用鐵甲、腰刀、弓箭、神鎗砲銃等項，俱當一併照數急爲處發。伏望皇上軫念大同西北重鎮，乞敕户、工二部再加查議，户部將前項官軍糧餉增入歲領數内，及將該用月糧布花前銀九萬四千四百二十五兩，併工部將合用盔甲什物，俱早爲照數處給，運送前來應用。除具題外，合咨軍門，查照施行。等因。准此，案查，節准兵部咨前事，通行去後，今准前因，看得咨開召完軍士應用月糧布花銀兩及盔甲什物，計筭明白，似應處給，乞請户、工二部查議，請發施行，庶軍餉充，戎器備，而戰守可資，保障永賴矣。除造完軍士姓名文册咨送户部外，謹題請旨。

乘時效愚以裨安攘疏

准巡撫宣府地方都察院右僉都御史劉咨，據山西布按二司守巡口北道右參議侯鉞、僉事趙文燿會呈，行據宣府鎮城委官都事武鏜并外路城堡衛所各該守備、掌印等官史唐等俱呈稱，召募各該地方舍餘，委因連年居募，所遺空閑者不多，無人應募，只得照册抽選，止得三千名，備造花名年貌衛所文册到道，爲照抽丁以克邊額，當與舊軍一體征操，必須月給糧銀，歲賞花布，關給馬匹軍器，以備征戰，方克有濟。合用月糧以一年本色，六箇月該糧一萬八千石，每石約用銀一兩，共該銀一萬八千兩；折色六箇月，該糧一萬八千石，每石折銀七錢，共該銀一萬二千六百兩。賞賜冬衣布花每軍歲該布四疋，綿花一斤八兩，共該折銀三千八百二十五兩。又該騎操馬三千匹，每年冬春六箇月，每馬月支料九斗，共該本折色料一萬六千二百石，約用銀一萬二千九百六十兩，總計通共該銀四萬七千三百八十五兩。遇閏月，又該糧銀二千一百兩不在數内，是皆歲額原無之數。此外又用騎操馬三千匹，盔甲、弓箭、腰刀、撒袋、鞍轡等件三千副，俱不可缺，呈乞早爲奏請給發緣由，轉呈到職。

案查，先准兵部咨前事，該兵科給事中楊允繩題内一款，募土兵以實邊塞，該部議覆，移咨吏部，推舉風力素著大臣，分詣各邊，指以召募爲名，聽其相機行事。如果召募不出，查照軍册内不拘官户、軍户，從公審報，抽選空丁，編立册籍，合候命下，會同吏部，于近日奉旨起用大臣内，推舉前去抽選，題奉聖旨："只著各邊撫鎮官自行抽選，以克邊額。不必重復差官。欽此。"續准該部咨，爲豫陳戰守大計以圖實效事，該職方清吏司郎中尹耕奏内一款抽丁以增兵，本部議覆，合候命下，推舉文武大臣宣大各一員，所抽軍士大約宣大萬人。等因具題。節該奉聖旨："抽丁不必差官，已有旨了。欽此。"又爲陳戰守禦虜患以振國威事，亦准兵部咨，該總督京營戎政咸寧侯仇鸞題，本部節議，宣府挑軍三千，行伍必就單弱。若不早爲湊補，誠恐備禦缺人。要將抽選餘丁，先將精壯補足挑選之數，然後别議配發。又爲議處徵調官兵以圖安攘事，兵部咨稱，各鎮選兵地方即須抽丁補數，不可致其缺伍。催督舉行，毋致缺兵誤事。人爲陳言禦虜要計以永治安事，兵部咨催，選過邊軍，即于餘丁抽選，務足原數，以實軍伍。等因。節該題奉欽依，備咨前來。又及節准總督軍務兵部左侍郎蘇咨同前事，俱經累行召募抽選。

去後，今據前因，職會同鎮守總兵官都督僉事趙國忠議照，本鎮内則密邇京師，外則逼臨虜穴，防禦之計，比之諸鎮，尤爲緊要。先該監察御史姜廷頤奉敕，公同京營參將歐陽安挑選兵馬三千餘員名，以備京師調遣，皆係一鎮之精鋭，所遺軍馬，誠爲單弱。職等遵照節奉欽依，督行該道守巡官抽選餘丁，正得三千，僅足補額，而皆徒步罄身，赤手枵腹，必須與舊軍一體支給糧賞，關領馬匹、軍器，及時操演，方可濟用。所據前項馬匹、盔甲、什物、糧料、布花，誠宜早發，以濟目前。矧今防秋伊邇，虜變不常，卒有警報，即須戰守，爲備不預，臨事何支。除將抽過軍册咨送兵部及具題外，合咨軍門查照施行。等因到臣。准此，案查，節准兵部咨前事，俱經通行。去後，今准前因，看得咨開抽補軍士三千名，應用馬匹、盔甲、什物，歲該糧料、布花、銀兩，計筭明白，似應處給，乞敕户、兵、工三部查議請發施行，庶新軍不至無用，而邊備可免單弱之患矣。

謹題請旨。

接報夷情疏

臣等先以馬市報完緣由，會本具題，間至五月初一日申時，通事張彦文、王相等送原質留達虜虎喇記等四名出邊回還，帶領丫頭智齎到虜首俺答奏書一通前來，頗近恭順。臣會同兵部左侍郎史道、總兵官徐仁、巡撫都御史何、兵部主事張才等公同驗看，謹用楷字謄寫一通進呈，以便御覽。原奏該侍郎史咨送兵部備照。臣等先據虜首互市之時，曲盡周詳之禮，後據番奏，所云皆爲悔罪自懲之言。迹今度後，其於秋高之日，亦若可無他虞。但狼子野心，難以必信，而在我先事之防，萬全之計，有不可一時或緩，一事或疏之者。其今就事論事，酋虜之情，得於開立馬市之間，所見所聞，有如此者，臣不敢不以其實明告君父。其先進獻馬匹，已經具題，應否留納奏書，乞請再市應否准允，伏乞聖裁。

謹題請旨。

達賊侵犯官軍敵阻出邊疏

准巡撫大同都察院右僉都御史何咨，五月初四日未時，據寧虜堡守備任漢差夜不收劉繼美口報，本日平明時分，有本堡喜鵲墩墩軍傳報，據左衛黑石崖墩傳過達賊不知其數，到迤西水泉墩墻下。守備任漢領人馬赴墻，與賊對敵。同日時，又據威虜堡守備黄龍差夜不收藺文禮口報，本日辰時，達賊從本堡西來，約有一千餘騎，往本堡東南行走。各前來走報。等因到職。即行總副、参遊等官統領兵馬，隨賊向往，併力截剿，并行令司府、衛所、州縣等官堅壁清野，收斂人畜，及差夜不收查探的確聲息。去後，續於本日酉時，據總兵官徐仁差夜不收左彦章報稱，左衛城北十五里地名白廟兒，達賊三千餘騎，與佐擊將軍朱漢、守備趙綸對敵。本日三更時分，又據佐擊將軍朱漢差百户楊循，守備趙綸差夜不收郭文秀報稱，本日卯時，達賊約有三千餘騎，從左衛黑龍王等墩邊墻進入，往南行走，朱漢與同趙綸領兵迎到地名葫蘆屯，與達賊敵戰，斬獲首級一顆，得獲達馬一匹。同日時，又據京營参將徐洪差夜不收王杲報稱，本日卯時，左衛邊墩黑龍王溝達賊進入約有三千餘騎，邊外架梁達賊約有一千。本營兵馬於溝内與賊對敵，達賊往南行走。同日時，又據總兵官徐仁差夜不收王英、副總兵官王懷邦差夜不收孟春，遊擊李桂差夜不收李廷賢俱報稱，本日酉時分，各營兵馬到左衛城東北地名李洪嶺，達賊巳於本日申時分，仍從舊路出邊去訖。初五日寅時分，又據通事袁相報稱，佐擊將軍朱漢與賊對敵之時，差通事答話，説稱你們達子纔買賣喫過筵席去了，如何就來搶。達賊回説，我是小王子部落青台吉，從北赶馬前來買賣。你們將暗門閉了，誰喫你筵席來，怎麽不搶。等因。各報到職。

據此案照，先於四月二十四日，虜酋俺答率脱脱等達賊六七千餘人到鎮羌堡邊牆壕外開市賣馬緣由，已經具本題知。續於本月二十八日，共買過達馬二千七百八十餘匹，段紬用盡，達賊仍多有未賣馬匹，因邊城一時收買段紬不出，職等差人曉示俺答，即應云段紬既無，未買馬匹且令牽回，有時再來買賣。俺答等遂俱起營北去。職於開市之日，聞見俺答一時情詞，似涉恭順。但因彼連歲猖獗，未遭大挫，乃一旦效順如此，恐其中有不測奸謀。已經差夜不收李天章、馬欽、劉聚等齎執大字牌面，傳令沿邊參守等官，勿以馬市爲可恃，務要嚴備邊墻，固守城堡，收斂人畜。及照寧虜堡地方原係達賊求開馬市往來之路，恐其知我虚實，突然侵犯。行令原擬朔州駐劄京營參將徐洪，將原領陝西兵馬，令把總官總領二千員名，調赴寧虜堡。及行令佐擊將軍朱漢統兵在左衛，各按伏隄備。及行令沿邊封閉暗門，遵照明旨，不許與達賊私自交通買賣。去後，今計俺答回歸，方纔五日，其别部落青台吉達賊又假以未得賣馬爲由，即來侵犯。雖因官軍并力截勦，旋即退遁出邊，未得大肆狂圖。然其奸計，恐猶未已。職行令沿邊比常十分加謹隄備，及具題外，合咨查照施行。等因到臣。准此，案查，先該臣於開市之後，遵照兵部題准，總督、鎮巡等官務要謹烽嚴間，深哨遠探，整兵秣馬，協力戰守，不得以開市爲可恃，弛我邊備，致憤事機。違者，國典攸存，事理嚴行，著實哨探。去後，今准前因，看得，報稱答話青台吉從北赶馬前來，不得買賣，乘機侵犯，真僞固未可據，理勢若爲有因。但俺答還營未久，别部青台吉不從約束，遂以極北奔馳，不得貿易，輒起戎心。雖官軍禦守，即日退遁。互市之初，亦當詰問。

除行大同，令原差通事前去詰譯俺答曾否約束明白情由，及查地方有無失事另行具奏外，謹具題知。

接報夷情疏

准巡撫宣府地方都察院右僉都御史劉咨，照得，職節准兵部并兵部左侍郎史、總督軍務兵部左侍郎蘇咨前事，職會同總兵官趙國忠遵奉欽依，行令參將趙臣、都司官張四教督令守備官俞尚賔等官軍，於新開口堡騎邊牆脩築土堡一座，内築高臺完備，職督同守巡口北道都司衛所等官動支兵部原發馬價銀兩，收買段疋紬布及一應牛羊、酒麵等物，責令都司張檝、張四教，經歷閻倫分管預備應用。總兵官趙國忠五月十五日統兵先赴萬全右衛調度防禦間，二十日，據原差通事賈住等報，把都兒、心愛、伯腰、卜郎台吉、委兀兒慎台吉五箇頭兒約定二十二日到邊，二十三日買賣。等因到職。當日，總督蘇、侍郎史及職與主事張才、兵備副使張舜臣、參議侯鉞相機俱至萬全右衛會議。總兵官趙國忠參議，侯鉞移駐新開口堡。二十二日，心愛等牽馬前來，内把都兒因病未至，伊子二人隨衆先來。職等當令通事復行宣諭朝廷恩威，諸頭領率領衆達子遥望黄幃香案叩頭，進馬九匹，當即收入，隨令趙臣等同原任參將宋贇、翟欽，都司、守備、旗牌等官張檝、張四教、楊威、竇淮等與大同遊擊劉潭等協襄交易，先將各頭領就彼量與段紬、布疋、酒食。各頭領嚴行鈐束，當將馬易换三百餘匹，因晚停止，已經將畧節緣由先行具題外，繼於二十四日至二十六日通共易馬二千七匹，段紬、布疋用盡，職等令人傳諭心愛等，將未賣馬匹且令牽回，互市已畢。總兵官趙國忠即與參議侯鉞親詣市所，督同趙臣等各官將心愛等四人、把都兒二子各安置於帳房，擺設筵宴，人各酬以金段二疋、素段二疋、紬二疋，各虜部下小頭領并隨從夷人俱以卓席酒食、布疋、豬、羊、牛隻，次第犒賞了畢，心愛等率諸部衆遠望東南叩頭，捧進辭謝番書一紙，即日起營北回。中間亦有未經賣馬達子遲留顧戀，心愛等俱招呼率領，至二十七日盡數去訖。職等恐有遺奸，復令官軍各於近邊山林溝壑巡看無事，砌塞境門，仍將原設伏緊要城堡鄉村馬步官兵各令暫駐以防。其後總兵官趙國忠亦暫駐新開口堡調度及差人襲哨衆虜向往遠近，另行酌處。二十八日，將原質留達虜伯速户、火力赤、桑續、虎力智、合力智等各給賞段紬衣服，管待酒席，遣送歸營去訖，職會同總兵官趙國忠議照前項易買馬匹毛齒，給過官軍姓名處買段疋、紬布一切錢糧數目并各該供事勤勞人員，通候查明，另行會奏，合咨軍門查照施行。等因。

准此，案查，先准兵部咨，前事已行，遵譯審開立馬市，去後，續據報稱，虜酋心愛等抵邊，臣隨會同各官前去近市萬全右衛駐劄，分佈兵馬，按伏防範。及提調搬運段紬、布疋易換馬匹，比臣看得，宣府措處段紬不多，各處運買未到，且虜馬數多，求賣懇切，情難直拒。查照兵部咨文，事理權宜，召集城堡官軍諭買二百二十餘匹，以慰虜心，俱各完畢去訖。今准前因，爲照達虜狼子野心，貪詐不常，嚴行該鎮將先發按伏兵馬暫留駐劄防守，原來番文字行差訛潦草，不敢進呈，該侍郎史咨部查照外，其原進馬九匹并番文内稱要八九月再行互市等情，均乞敕下該部查議，奏請定奪。

謹題請旨。[1]

懇乞聖明先事預防以弭虜疏

准兵部咨，該給事中朱伯辰題本部覆議，合無敕下宣大、延

① 《穀原奏議》無此四字。

寧、遼東各總督鎮巡等官，遣的當夜不收深入遠哨，務於六月以裹探聽虜中向往真情，星馳奏來，敕下大將即將前項京邊人馬整搠，赴該鎮緊要處所協力堵截，不許自分彼此。如遇賊犯内地，一聞警報，不拘遼東、宣大、三關、陝西各路人馬，即便統領精鋭，星馳入援，隨賊截殺，不必候本部明文，違者以失誤軍機論。等因。題奉欽依，備咨到臣。

就行宣大、山西鎮巡各官，會同選差乖覺通事深入虜營，務探向往真情，星急飛報，具奏施行。一面將正奇遊兵逐一挑選，人馬精鋭，盔甲鮮明，器械鋒利，聽候内外警報，調遣合營迎賊截殺去後。竊謂醜虜猖狂，未遭挫衄，互市之舉，聊示羈縻，兩鎮事完，無乖初議，内裕戰守，外得虜情，兵家機權，未非一得。本兵總督大臣猶惓惓申諭戒嚴，固見未能制其死命，恐陽順陰逆，不得不早見預待之也。臣待罪總督，時值艱虞，敢惜捐糜，用圖報稱，誓當畢力盡節，不願與虜共生，以仰體聖心，期狥國事，臣之志也，亦臣之分也。然薊州、宣府皆京師後門，古北、喜峯諸口實在左輔近畿之間，居庸、紫荆等衝亦賊虜避實擊虚之地，近者諸臣具題，本兵議覆，固已詳盡無遺。臣遵照題准明旨，若賊犯内地，臣統兵馬星急入關，會合京營大將，隨賊向往，迎敵截殺，無容别議。

但查續准兵部咨，爲節報虜情再乞天恩多調客兵嚴預防以安根本重地事内開，敕下宣大總督及三關鎮巡各路遊兵并山西太原、潞安參將、守備人馬一體聽候應援，一面行四鎮各選夜不收、通事、家丁人等，責令不拘見任廢棄謀勇將官，率領前項官軍人役分投，乘虚直擣賊巢，首級不論男女，一例陞級。等因。中間只有各路遊兵并山西參守人馬聽候應援，未見明開正兵、奇兵星馳入援，臨時進退，猶豫恐致緩誤之愆，相應豫行請示，俾可遵守。再照通事、家丁人等直擣賊巢，正謂掩其所不備，攻其所必救，散虜之群，奪虜之氣，誠兵志也。訪知虜中被搶漢人奸猾壯健，甘心叛逆，勾引虜掠，罪固不容誅矣，亦有愚痴老弱，甘受凍餒，任其役使，情極可憐。我軍驟至，趨避實難，不惟貪冒首功，抑恐干違和氣。固知兵刃相接，皂白難分，亦不可不委曲爲求生路，合無行令領兵官員嚴加禁諭，遇有漢語人口，許令招撫入境，照依首級一體陞賞，庶中國漂泊生靈得還鄉土。皇上好生之德，遠及窮荒，臣惓惓之愚見，實有不容已也。伏望皇上敕下兵部議擬明白上請，定奪施行。

謹題請旨。①

照明例預傳報先耳目以便防守疏

嘉靖三十年六月十九日，准巡撫延綏右僉都御史張愚咨，本月十三日午時，據清水營守備賀桂呈稱，查得，本營委無來受名字亦無地名明水灣，并不曾開報達賊往東行走，馬糞順河流了三日。及差人哨報，虜賊見今在套，亦無過往河東。等情。又據黄甫川堡把總千户何垕呈，與賀桂相同。各取具坐堡錢濟邦、白鏜，中軍官閻政、全恕不致扶同結狀呈繳。等因。備咨到臣。又據總兵官吴鼎呈亦相同。

准此，案查，先准兵部咨，該總督薊遼右侍郎何咨前事，煩爲選差乖覺的當夜不收家丁遠出哨探，務得虜賊向往的確消息，星馳飛報。等因。又准本部咨，爲節報虜情再乞天恩多調客兵嚴預防以安根本重地事，該總督薊遼侍郎何題，本部覆議，合候命下，馬上差人齎文，交與總督宣大侍郎蘇及三關、延綏各鎮巡等官，多方差伶俐夜不收深入俺答、脱脱、辛愛把都兒、吉囊等營哨防。要見宣大駐牧之賊，曾否合謀東犯，套賊曾否渡河，限十

① 《穀原奏議》無此四字。

日以裏，星馳具奏。等因。題奉欽依，備咨前來。

俱經通行宣大、山西、延綏各鎮巡等官，多方哨探，務得真情。去後，續准巡撫山西右副都御史許咨，准總兵官李淶手本，據偏頭關守備劉隆建呈，據原差夜不收張文景報稱，哨至地名明水灣等處，達賊掃路約寬八步，從西往東去訖。野地無人，不知年月過河。又哨見套内達賊馬匹牛羊約千餘騎，在彼牧放。神池堡守備潘鏜呈，據原差夜不收吴子明等哨見地名柳赤鋪，踏見新踪，從西北往東南行走，掃路一道，闊十步，又瞭見明水灣烟火不絶，地名黑石崖達賊約有千餘騎，牧放馬匹。大同總兵官徐仁塘報，據降人侯二老供稱，在虜營時，得衆達賊説，如今馬壯，這箇月兒盡了，那箇月兒圓了，要搶先年舊搶地方。今年搶這一年便好，明年無有搶的福分，打三年不搶再搶等卦。達子頭兒該死。又據原差武生李金回報，俺答在大青山後，脱脱在牛站口捉馬駒，避蚊虫。又據宣府西路參將趙臣稟帖，據夜不收田虎報稱，哨見地名把兒墩沙城迤南海子騎河兩岸，達賊營帳東西約長一十餘里，南北瞭看不透。夜不收郝洪報稱，哨見地名興和城，達賊營帳約長二十餘里。各等情。已經揭報本兵訖。今准，據前因，除行宣大、山西各鎮巡等官，嚴飭官軍，加謹隄備，及行多方差人密切哨探邊外虜賊舉動，的確消息，另行具奏外，謹具題知。

懇乞聖明先事預防以彌虜患疏

案查，先准兵部咨，該給事中朱伯辰題，本部議開，如遇賊犯内地，一聞警報，不拘遼東、宣大、三關、陜西，各路人馬即便統領精鋭，星馳入援，不必候本部明文，違者以失誤軍機論。等因。又爲披歷愚衷贊議機務以彌虜患事，該給事中何光裕題，本部議開，仍行宣大三邊總督蘇、王以旂及各邊鎮巡官分按哨探。如果虜賊合謀東犯是實，就彼星馳飛報各邊，挑選精壯官軍、夜不收、家丁，查照節奉欽依事理，應入援者入援，應擣巢者擣巢。等因具題。奉欽依，備咨前來。

除欽遵外，查得，臣摽下先年設有官軍三千員名，即以中軍官一員統領，跟隨總督軍門，名爲隨賊截殺，往往未見臨陣。計今五六年來，絶無功效。臣於去年奉敕暫代總督事務，查審兵馬，隨行權宜，另選今陞任副總兵李朝陽專行統領。繼於八月内督發截殺，遂獲微功。將領得人，似亦可驗。今奉明旨，入援擣巢，兩路竝舉，或擊其惰歸，或按伏夾攻，勢又不同。所據領兵官員三軍司命，若非專職，不惟不協輿情，況前項兵馬皆各城調集内，有家丁亦多召選，緣在標下依附徒存，今雖整飭，稍獲功效，尤恐委用將領職任不專，法令之行不無輕玩，相應慎加酌處。查得，原任大同北東路參將吕勇，年力正鋭，久著驍健之名；戰陣素諳，亦備韜鈐之略，先之解任，原無大愆，拔之廢閑，益增感奮。原任山西行都司掌印都指揮張翺，才識老成，性資謹飭，委幹輒有能稱，效用猶懷敵愾。以上二員俱堪任使，伏乞敕下兵部，議擬上請，於内簡命一員，量授參遊職銜，降敕一道，專統前項人馬，常川團練，遇警隨宜截殺，庶臣臨陣督調得遂左右之宜，各營兵馬亦可免觀望之弊矣。

謹題請旨。

計處邊情疏

爲照酋首脱脱於六月十七日與同俺答家人儻兀等二十名前來鎮羌堡邊外，請問開市日，亦以探聽朝廷賞賜有無消息。臣等以脱脱原與錦衣衛小旗時義初約互市，行令義同遊擊劉潭、原任都指揮林叢蘭、百户李寶，通事王相、張彦文、李金等前去詰審緣由，仍令時義等登牆招致脱脱等於牆下，直以背恩無信大義責之。脱脱據鞍低頭，亦若有愧自懲之意。且彼隨牽空馬約有三百餘匹，説稱先次開市，爲因無段，我馬空回，原許再來補買。我今牽來，潭等令人報知臣等。

臣與兵部左侍郎史、鎮守大同總兵官徐仁、巡撫都御史何及兵部主事張才、兵備守巡三道議得，脱脱一酋虜也，馮陵驕逞，是其常也。乃能受我指責，不以梗拗承之使，或復以峻絶，非情終處，是使彼無復自新之路矣。況今套虜方以市事羈絆河西，而俺答父子兄弟各在營所東有東西向往消息，正當及時牽制，使之入我束縛之中。萬一處之少失其宜，恐其釁端難免，臣等誤之也。臣等恭覩臣道近奉敕諭，未盡事宜，悉聽爾相機而行。又奉聖旨，令道審虜情，設法擒捕妖逆。且彼酋既來乘之，可以審處其情，而妖道尚在彼中，難以坐致。臣等隨令劉潭、時義等通變爲處，從宜易换馬三百七十餘匹，即令總兵官徐仁印發軍士騎操。至十九日，量用酒食給犒，再以朝廷欽賞帽帶、衣服恩典示曉。脱脱等喜，向時義等云，我即去報我父親俺答前來領受。隨將伊親信達子脱嗑記等三名質留鎮羌堡内，復自説限他八日内，即將蕭芹等執送，當與王相、張彦文前往大青山俺答營帳去訖。但以虜性無常，難以誠信，是期則其悔罪自懲之言，非敢真以爲然。送歸妖逆之許，未可要其必至。候彼果能縛致蕭芹等來，則虜衆有無東西向往的實消息，可以因而預知。臣等并將續獲王得道卦、李三、曾大敖、閻倉、王禮等十數餘人，俱係緊關人犯，一併另行會奏。今將酋首脱脱等到邊及臣等審處始末緣由，先行題知。再照羈縻虜衆，惟有市馬一節，似爲活法。目今宣府西路參將趙臣稟稱，邊外酋首把覩兒令達子火你赤等二名前來，送到扇馬一匹、胡羊十隻、酪酒十器，懇切求懇賣馬候討日期，似難終靳之者。合無自是之後，准令宣大二鎮一體隨宜通變易换，暫爾羈縻其心。但以宣府原日未有京運銀兩，前次市費已既不支。

及今再行，百無所有。伏乞敕下兵部早爲議發，以濟燃眉，邊鎮不勝幸甚。

謹題請旨。

嚴設備以遏虜患疏

准巡撫宣府地方都察院右僉都史劉咨，准兵部咨，該駐守昌平州右僉都御史許題前事，本部議覆，合候命下本部，一咨宣府鎮巡官趙國忠等，即將本鎮人整搠二營，一駐劄大小紅門，一駐劄懷來南山口，以張聲勢，奪其南寇之心。一咨昌平都御史許、副總兵趙卿，即將先該調到主客兵馬分佈緊要隘口，各守信地，併力堵截，遏其内犯之路。若有自分彼此，推避誤事，法典俱存，决難輕貸。

臣等再照虜賊住牧宣府邊外，東犯則爲薊州，南犯則直入宣府，白羊口正當其衝。伏乞敕下大將，將見駐昌平邊兵四枝，整搠齊備，遇有警急，就近截殺，以立奇功，斯稱委任，伏乞聖裁。等因。題奉聖旨："是。欽此。"欽遵。備咨到院。會同總兵官趙國忠議照，大小紅門、懷來南山等口地方，既該兵部題奉欽依，整兵駐劄，急當酌處。合行原擬龍門城駐劄提調北路内邊副總兵孫時謙統領所部奇兵馬步官軍三千一十三員名，前去大小紅門、張家等口，兵車營坐營官曹棠統領兵車官軍三千員名前去懷來南山各緊要隘口駐劄整搠，以張聲勢，遇賊侵犯，血殺堵截，奪其南寇之心，毋得怠忽。令賊過口，自干憲典。其各營遺下地方另行議處。爲此除行各官遵照外，合咨軍門查照施行。等因到臣。

准此，又據總兵官趙國忠呈同前事，爲照宣府南山、大小紅門、張家等口，逼臨陵寢，防範當嚴，預議設兵遏截，誠爲周備。但宣府兵馬素稱單弱，其地方緊要，實京師後門。以故往年請發客兵三四枝，增益防禦。今歲復以挑選入京，單弱尤甚，雖已抽補中間馬匹什物，奏請給發，至今未完。前項列營兵馬二枝，因當衝口，議以設伏，審勢相機，寔不可緩。然内固當慎，外亦難疏。顧此失彼，委應酌處。伏乞敕下兵部會同大將軍議，將原選大同、宣府兵馬量發二枝前來南山近口城堡防禦，孫時謙、曹棠仍回防守原擬地方。萬一虜賊近邊據墻，併力堵截，果有乘隙而入，前後夾攻，以挫其鋒。如或東犯薊州一關之限，亦易趨援，庶内外有備，聲勢聯絡，虜氣可奪，而地方可保矣。

謹題請旨。

達賊入境官軍敵退疏

據宣府總兵官趙國忠呈，據東路參將孫寶呈，嘉靖三十年七月初六日，本職統領有馬官軍一百餘員名，在於四海冶等處緊要隘口架梁往來防護，修築黑漢嶺工程，并補修披塌邊墻、墩臺。坐營指揮丁松帶領有馬官軍五十員名，前去永寧東南山、鶯窩嶺等處督防修墩。本日巳時分，聽聞正西沿邊發梆放砲，本職率領前項官軍盧臻等馳至地名天門關，迎據守久安墩軍人張紀走報，本日時瞭見境外有馬達賊一千餘騎，從北往南，順溝急走到邊，隨舉號令，據此督兵驟至地名破碓臼，迎遇達賊約有六百餘騎，披戴盔甲，一擁喊衝前來。當令官軍各用骨朶、悶棍、神鎗敵打，混戰一處，彼此各有損傷。其賊吹掌唰咧，摇旗西向。職督官軍追至地名寧川堡，與守備張嵩合兵攻戰。賊見正西永寧兵馬來急，方纔退回。查得，在陣射砍死旗軍劉景陽等六名，被傷官軍林英等六員名，射死官軍林英等下馬八匹，收獲達箭一百餘枝，放打過神鎗銃砲四十七杆箇。又據守備四海冶堡都指揮僉事張嵩疏稱，督領軍夫在於黑漢嶺修工，前項日時，忽聞正東沿邊舉傳梆砲，本職即領把總千户文中式等有馬官軍一百餘員名，馳至地名神峯山迤北，遇長哨夜不枚杜旺報稱，本日辰時，役等哨錢茶葉溝，林内馬步達賊約有一千餘騎，窺見役等，就行追赶。内李榮、吴九兒奔走不及，被賊砍死。本役緣嵯跑走。其賊順溝前來近邊。等因。據報，督兵馳至寧川堡，迎遇披戴盔甲達賊約有一千五百餘騎，執打招旗。一股徑往正東，一股喊衝前來。本職嚴督官軍，各用骨朶、悶棍、弓矢、神鎗銃砲一齊敵打，傷重數賊，拖拉去訖。攻戰間，當有副總兵孫時謙統領奇兵來急，賊見灰塵大起，從原來地方出境去訖。查得，在陣射砍死把總千户文中式并傳事哨探擺撥塘馬軍人張六兒等共六名，本職并管隊舍人王本、何晟及軍人武奉等一百一員名，俱各射砍傷重，就陣射砍死官軍文中式等下馬三十六匹，收獲達箭一百二十枝，放打過神鎗銃砲五十六杆箇，收兵各回城堡。續據提調把總千户宋元呈，准管墩千户王乾呈，據久安墩直日守時軍人董聚兒報稱，前項日時，達賊出入緣由相同，恐有隱匿别項情弊。又經行據四海冶所申查前賊入境，將本堡採草張虎男、小偏見虜去，此外再無别項疏失，取具不致隱匿重甘結狀在卷外，備由轉呈前來。職會同巡撫右僉都御史劉議照，李家莊零賊住居於永寧、四海冶等處邊外，時常窺伺，乘間竊發，擄捉墩軍及行路耕牧之人。若使沿邊烽堠明哨探得的，自可預先收斂防禦，不至失事。除具題外，合行呈乞查照施行。等因到臣。據此案查，先據參將孫寶差夜不收胡奴兒口報，七月初六日，達賊約有一千餘騎，於久安墩入境，與守備等官張嵩等對敵，官軍俱有損傷。瞭見副總兵孫時謙統領人馬前來，賊從舊路出邊等情。

該臣看得，宣府北東二路地方，零賊往往竊發，蓋由參守等官平時號令不謹，防守懈怠，動輒拆墻徑入，莫有所稽，領兵堵截，又不奮勇用命，以致損傷官軍。案行分巡口北道查勘明白，具由參呈，以憑具奏。去後，續准兵部咨，爲傳報緊急聲息事，准昌平都御史許咨，據黄花鎮參將田琦差夜不收口報前事，合咨前去，煩將四海冶達賊出没地方查勘，是何項達賊，從何隘口進入，官軍對敵有無殺傷，及前項失事重情，通查明白，希速回報。等因。又經備行宣府鎮巡官，并該道會行，著實查勘。又據參將孫寶呈，爲達賊擁衆入境官軍鏖戰敵退出境事，該臣批照邊外住牧達賊不滿千騎，歲時零賊往往侵犯失事。及有殺傷，輒虚張聲勢，以少爲多，欲掩罪徼功，情更可惡。除妄報夜不收重究外，仰分巡口北道即日親到地方查明，從中重參呈詳奪，不許遲延。先具依准繳。去後未報，今據前因，參照參將孫寶、守備張嵩，號令不明，既不預嚴哨探，戰守不力，又致大有殺傷，聲勢虚張，情罪更甚，所當重加究治者也。提調把總千户宋元、管墩千户王乾，零賊竊發，罔加戒於尋常；敝習相沿，更致失於探報，所當並加究治者也。再照所呈，尚非奉文查勘之報，恐有隱匿别情。除督催至日，果有重情，另行具奏，伏乞敕下該部再加議擬上請，備行都察院，轉行巡按御史逐一查勘，有無隱匿别項重情，并將誤事致寇官員照例提問，陣亡被傷官軍量加録卹，一併奏請定奪施行，庶將領知所警懼，邊防得以寧謐矣。

謹題請旨。

審形勢明責任以全險要以固重關疏

准巡撫宣府地方都察院右僉都御史劉咨，准兵部咨，爲預設邊備以防虜患事，准駐守昌平州都御史許咨，要於大紅門口裏建立城垣一座，或調隆慶守備，或永寧參將住劄。及要於懷來南山外口添設城堡四座，行宣府巡撫衙門修舉施行。該本部看得，前項建立城堡，改調參守，俱屬宣府地方，未經該鎮覆議題請，本部難便施行。合咨煩將前項地方應築城堡處所有無適中并改調參守官員事宜再行查議，務期經久可行，及所費錢糧作何支用？逐一勘議明白，具由題請。等因。備咨到職。

案查，先准兵部咨，爲預防虜患事，該昌平都御史許題稱，大小紅門在永寧南山之下，係宣府地方，乞敕該部詳加議處，分别地方，明駐封守，庶内外拱護，各在其責，虜可預防，而事無推諉。該本部題覆，行宣府鎮巡官，嚴督隆慶、永寧參守官員，遇警併力防守，不得視常怠弛，致虜深入，罪有所歸。又准兵部咨，爲嚴設備以遏虜患事，該都御史許題稱，高崖、懷來山路相接，虜欲内犯高崖，必由懷來南山諸口而入。是防禦之策在彼爲急，在我次之。若懷來南山諸口不固，使虜得以入口，雖横嶺鎮邊添兵拒守，建瓴之勢，終不可禦。合無嚴敕宣府總督鎮巡等官，督率東路分守參將等官，刻期調集重兵，先將懷來險隘多方固守，使虜不得窺犯内境。該本部覆議，即將本鎮人馬整搠二營，一駐剳大小紅門，一駐剳懷來南山口，以張聲勢。題奉欽依，俱備咨前來。職當會總兵官趙國忠，將原派守北路副總兵孫時謙奇兵三千員名調守大小紅門，原派守西路張家口兵車營步軍三千五百員名調守棒槌峪等口。蓋以京師陵寢所在，爲臣子者當肝腦塗地，竭力捍衛，以保無虞，固不可互相推諉，以誤事機也。

今兵部覆咨稱許，又欲於紅門口内築城，移調參守等官懷來南山築堡四座，添設官軍，則於事理窒礙難行。職會同鎮守總兵官都督僉事趙國忠查議得，宣府外邊自四海冶起，歷東北中西四路，至陽河上，共長五百八十八里有奇。本鎮兵馬除緊關差占守墩長哨走遞老疾紀録食糧三六斗等項外，實用守邊者六萬三千五百餘員名。往年以邊長人少，不敷守禦，仍調客兵四枝，協助防守，猶或不支。今年既無客兵，而本鎮之兵又選去精鋭三千，雖稱抽丁補足，尚未給領馬匹，比之往年，十分單弱。以之防禦外邊，猶不能徧。又欲掣調入内，以守南山，則外邊孰與爲守？不幾於弃外邊也哉。南山築堡必須添兵，兵少則無益，多則無有。

宣府一鎮地方不過數百里，帶甲者幾七八萬，屯田荒蕪，人盡爲軍，縱欲多募，亦無應者。且南山延亘三百餘里，皆平漫無險，比與白羊鎮邊長峪、橫嶺等口修築牆堡據其險隘者不同。今據險者猶稱難守，則平漫之地恐非此四五堡之所能遏也。夫守邊之勢，猶人家之守門户，必居内而後可以禦外，未聞身在門外而可以反衛其内者也。我國家立宣大重鎮於外，所以固守封疆，遏截醜虜，以爲京師之外藩；立居庸、紫荆等關於内，所以固守險隘，屏蔽畿甸，以爲京師之重關也。頃以宣大兵寡，外藩失守，震驚京師，議者憂重關之無備，故於易州、昌平添設總兵都御史，益兵以守之，蓋固重險以衛京師，所以齊外藩之所不及也。故兵部會題云，如賊犯白羊、高崖等口，則宣府鎮巡大小將領併力堵截於外，昌平憑險拒守於内。所謂堵截於外者，蓋遏之於外邊，使不得犯南山也；若外邊失守，賊犯南山，鎮兵隨其後，使重關有備，不得長驅，腹背受敵，豈能久留，此固制虜之長策也。今昌平添設參遊，調集客兵不爲不多，乃不於各口險隘經略防禦，而拳拳以責任外諉宣府，使撤外邊之備，以守平漫之南山，不惟重鎮不可輕弃，恐非朝廷所以添重臣以固重險之初意也。如蒙敕下兵部再加詳議，如果懷保、隆慶、南山築堡無益，防守甚難，將宣府兵馬專守外邊，昌平兵馬專守居庸東西諸口，有警則内外相應併力堵截，庶幾責任明而兵力專，疆圉庶可無事矣。除具題外，合咨軍門查照施行。等因到臣。又據總兵官趙國忠呈同前事，臣看得，鎮巡各官會議脩堡調兵等項事情，委屬有礙施行，伏乞敕下兵部再加詳議上請奪。

謹題請旨。

恭謝天恩疏

嘉靖三十年七月二十四日，准兵部咨，爲北虜縛獻妖逆事，該本部議擬覆題，節奉聖旨："蘇祐、徐仁、何思各四十兩、三表裏。欽此。"備咨到臣。

八月初九日，隨該原差百户時寅領到前項表裏、銀兩，除望闕叩頭謝恩祗領外，臣惟夷性難馴，故久湮於王化；訏謀允協，爰始慰於聖懷。款效外藩，勤執内叛。是皆皇上玄威遠布，清問下孚，寬著至仁，終格有苗之旅；剛收獨斷，廣兼充國之仁。外以銷勾引之萌，内以絶叛逆之路。功莫先於發指，時庸附於安攘。臣雖勉賦載馳，極思共濟，幸因成事，未效微塵。詎意聖慈，曲加大賚，珍襲知重，跪捧爲榮，敢不益竭駑駘，仰答鴻造。臣無任感戴稱謝之至。

謹具奏聞。

接報夷情疏

照得，臣嘉靖三十年三月内，欽奉敕諭内開："近據爾等奏稱，虜酋俺答、脱脱屢次來邊求通馬市，情辭誠懇，事下兵部，會官計議，相應允行。已命侍郎史前來，會同爾等經理其事。敕至，爾即選差諳曉夷情通事出邊，召集虜酋俺答、脱脱等前來，宣諭恩威，其約束衆部落，再不計侵犯邊境。即查照該部題請事宜，於大同新創五堡邊外開立馬市，每年止許二次，與之定立日期，約限馬數，仍要真正達虜入質。其宣府、延綏俱擇相應地方，督令鎮巡等官一體開行。開市之日，嚴戢軍民人等，不許私相交易，争利起釁及透漏邊情。各該通事亦不許撥置夷人，别生事端，違者即時拏問，依律重治。仍要嚴督各邊鎮巡、參遊等官整飭兵馬，固守關隘，比常十分加謹，不得以開市爲可恃，因而玩弛誤事。責有所歸，爾其慎之。欽此。"欽遵。隨准兵部咨，該臣及大同鎮巡官徐仁等題同前事，本部等衙門會官議擬覆題，節奉聖旨："這北虜求開馬市，你每既説邊臣譯審虜情誠懇，准暫開行。欽此。”

臣即前赴大同，會同兵部左侍朗史及主事張才、鎮守總兵官徐仁、巡撫都御史何恩等遵奉敕諭，及該部題准事理，一面會差千户周池，通事王相、張彦文、許伯遠、卜彦千、賈廷佐、劉經、吴寶、王三、鄭玉、張鳳、亢成、閻大成、王河先後出邊，直至酋首俺答等營帳，當面備將朝廷浩蕩天恩，准令開市情節示曉俺答等知會。去後，一面行委分守參議謝淮、分巡僉事王重光，督同指揮史勳、顔岐、陳桓，經歷韓待時，檢校陶夢龍，主薄尚質，分投多方，收買各色段紬、布絹，運送知縣王文、原經歷李環、指揮宋麒、照磨詹瑶、百户亢義收貯，專一管理支放；一面議行總兵官徐仁、副總兵王懷邦、參議謝淮等前去議定鎮羌堡邊外，督同該路參將焦澤、守備丁淳挑壕設市，就於壕内當中築臺一座，以爲虜衆款塞瞻依之所。臣等遵照巡按御史李逢時、給事中黄元白題奉欽依事理，行令管糧郎中遲鳳翔分發糧料草束，預令參將朱漢、麻隆、孫麒，遊擊李桂各統兵分設附近處所，暗伏防禦。選委都司莫止訓、程雲鳳、張湅，通判王扇、李敏芳，推官劉度總理整飭一應事務。及令參將吕勇、都指揮李椿、周國，指揮金良，百户徐德輝，旗牌官韓欽、楊鎮、張武等分投巡視，嚴禁一應詐騙交通等項姦弊。

至本月二十一日，俺答自豊州城至會寧灣脱脱帳房居住。臣等累差周池、王相、張彦文、卜彦千、張鐸等，備將朝廷恩威諭曉。及令嚴禁部落，臨市不得飲酒生事，争憤攙越，致垂事體。一面行令參將徐洪、錦衣衛先役小旗今陞指揮僉事時義、遊擊劉潭等，安置香案，張設黄幃傘蓋於原築臺上。至二十四日，俺答率脱脱等各頭領及散衆達虜約有萬人，皆於壕外遠向東南原設黄幃香案處所瞻望叩頭，臣等量以酒食犒賞。至二十五日早，俺答進獻達馬九匹，方將虜衆馬匹以次牽賣。徐洪、時義、劉潭，指揮張世俊、咸寧原差旗牌官胡公勉、康甫與同該路參將焦澤、守備丁淳，督同舍人李金，通事孫彦章、賀傑等分投管理易换。總兵官徐仁、副總兵王懷邦與中軍王恭，原任參將張勳、楊棟，都指揮魏寶、指揮陳忠、狄英，經歷李時彦紀驗印烙，當即給發軍士領養騎操，共計買過馬二千七百八十餘匹。市完，臣與侍郎史、總兵官徐仁、巡撫都御史何、本部主事張才、兵備副使張舜臣、參議謝淮、僉事王重光俱各臨邊登墻相望，臣等復以大字楷書百十餘言，會差原任都指揮林叢蘭、戴昇及同指揮丘鎮，百户李寶，通事王勳、王相、張彦文、張福，舍人李金等齎執前去，宣諭俺答等。俺答當即易换新服，瞻拜黄幃香案。臣等遵照欽依，行令指揮趙振、丁鳳、姜淮，照依次第，分投犒賞畢，二十八日，俺答辭謝，俱各掃營出邊北去。計由本月二十四日以至二十八日市事報完，五日之内，中無他阻得，以周善厥事。俺答又且約致把都、心愛及河西吉囊等各部落頭領數人前來，公同親見互同互市規制，令其依照，以行其恭順，始末可謂委曲周至，皆萬目所共矚者。

但俺答於市畢回營，隨被蕭芹等即以怪誕不經、人世所無之事，百端恐嚇誘引，竟使一念恭順天朝之心，輙爾摇惑，隨於五月初四日入犯大同左衛，卯進申出，未經深入二十里之内。臣等急差林叢蘭、王相、張彦文等往復省解，戒諭數次，俺答唯唯應承，但以被惑之深，未能即爲覺悟改正。林叢蘭等因而探知入境消息，馳報總兵官徐仁及都御史何，當即會調參將徐洪、朱漢等諸路兵馬，設伏以待，十分戒嚴。俺答果於本月二十六日率衆再入前項地方，團結遷延。臣與侍郎史及主事張才，會差遊擊劉潭同舍人李金等星馳潛入大同右衛馬堡，登墻召呼脱脱及丫頭智、楊達子等前來墻下，申明朝廷恩威，諭令速即出邊。脱脱等依聽，會報俺答，當即解散。六日之内，數萬賊衆自甘枵腹，終於一矢不發，一物未掠而去。

臣等顧見此賊身爲蕭芹等所移，而其心若非迷而不悟者，是以臣與侍郎史及鎮巡各官、主事張才、兵備副使張舜臣、參議謝淮、僉事王重光等計議，會同再差林叢蘭、王相、張彦文及劉經、吴寶、王三、鄭玉、張奉等，屢將大字文書極以背思無義指數於上，令其賫執前去虜營宣諭俺答，而彼父子即深自愧悔。臣等又復分行傳曉把都兒、心愛等交相極口諭勸，俺答益深慙悟，遂將蕭芹父子等相繼縛獻前來。臣等乃敢准將節次乞求所賣馬匹，行令劉潭、焦澤、丁淳及經歷李時彦、李環、韓待時，照磨詹瑶等陸續買過馬騾一千九百九十五匹頭，仍量加管待賞犒，以覊縶其心。又緣天恩，二次賞賫，光寵優渥，俺答父子感戴，益勵恭順。是以於此秋高馬壯，正彼驕逞無忌之時，亦竟鈐制各部散衆，諸賊絶無一騎入擾吾邊，而大同一鎮得以晏然無事。俺答恭順之誠，不可誣也。

臣與侍郎史再奉後次敕諭内宣府照例開市事理，備咨各巡撫宣府都御史劉璽查照施行。璽即一面選差通事藍伏勝、賈住、王林、王勳、劉成、山豬、朱朝、張鐸、大火力赤、江釗、趙庫、許萬、卜彦千、陳洗先後出邊，亦直至酋首把都兒等營帳，亦備將朝廷浩蕩天恩一體宣諭，准令開市，曉示把都兒知會。去後，一面令行二道，督同參將趙臣、守備俞尚賓等於新開口堡騎牆修築土堡一座，各安置境門，分界内外，以便防禦。邊墻當中亦起築高臺一座，以爲虜衆款塞之所。一面令行都司郝九臯、張楫、張四教，經歷閻倫置買段紬布疋。至五月二十日，據原差通事賈住等報稱，把都兒、心愛、伯腰、卜郎台吉、委兀兒台吉五箇頭兒，約定於二十二日到邊，二十三日開市。臣與侍郎史、巡撫都御史劉、主事張才、兵備張舜臣、參議侯鉞相繼俱至萬全右衛，會行總兵官趙國忠移住新開口，待至二十二日，心愛等果至馬市邊外，内把都兒因病在後未至，伊子二虜隨衆先來。臣等當令通事宣諭朝廷恩威，仍令大同遊擊劉潭、參將趙臣等於原築臺上陳設香案，黄幃傘蓋一如大同規制。至二十三日，心愛等率衆頭兒及散衆達虜萬餘，遠向東南設有黄幃香案處所瞻望叩頭，進馬九匹，方將虜馬挨次牽賣。遊擊劉潭，原任參將遊擊杜煇、陳力、宋贇、翟欽、戴昇，協襄交易守備俞尚賓、楊威、竇淮，中軍張世勛、陳鎮，原任參將田世威，守備王林，旗牌官孫世武、王江、王汝楫、趙堂、鄭杲、梁瑶、范桓、王佑，門鑑陳章、冀國、王世勳，在市提調易馬印烙等項，俱如大同之規。至二十六日，通共易過馬二千七匹，仍將各頭兒量加犒賞，心愛等率諸部衆虜叩頭往北去訖，已經會題外，後亦緣俺答等聽信妖人蕭芹勾引，市事停罷。後俺答等悔罪，將蕭芹縛獻，然後隨宜陸續暫開，以塞其求。其缺少銀兩，查照本部原收開市馬價銀七千四百七十四兩零，差官押送應用。如再不足，即於該鎮庫貯别項官銀内動支應用，事完奏討補。隨該都御史劉會差通事王林等報稱，把都兒與同子壻并心愛等帶領虜衆，將前次未買馬匹哀乞補賣。臣等節行參將趙臣，都司郝九臯張楫、張四教，原任遊擊戴昇，守備旗牌等官俞尚賓等，督同通事賈住等，陸續共易過馬六百九十二匹，將各達虜犒賞去訖，亦節經會題外，各該酋長相率感荷天恩。但以蕭芹誘惑，雖連進二次，未嘗深入。然其負恩無信，已自可知。自是之後，俺答深自悔恨，把都兒、心愛、脱脱等亦互相規勸，俺答遂將蕭芹綁獻明廷，深自引罪。自是一切誘引之言，再不相信，益爲嚴禁各虜勿得侵擾，而宣府一鎮因而亦得宴然無事者。俺答督率把都兒、心愛等恭順之誠，不可誣也。

夫將士得收不戰之休，邊人坐享有秋之樂。此皆我皇上玄功潛格，神略旁孚，化逆歸順，道實同乎舞干，攘外安中；迹實超乎繫頸，至仁洽浹。萬國具來王之誠，聖德覃敷；九塞被有天之化，淵謨宸斷。妙筭神機，有非臣下所能窺測其萬一者。其在諸臣如内閣元輔極言佳兵不祥，以仰贊我聖主不嗜殺之心；與大學士李本主張國是，恢宏廟謨，而内外臣工得以奔走服役，克終所事，以成造命之仁者，纖毫皆輔臣之力也。咸寧侯仇鸞詰戎兵，振揚威武，倡爲市議，曲就羈縻，諸邊之烽火不聞，朝廷之恩威大著。成國公朱希忠協贊聖謨，共成忠益。禮部尚書徐階憂邊問計，心存遠猷，且與兵部尚書趙錦，侍郎聶豹、張時徹承召入對，隨同輔臣各出忠見，共折浮言，市事得以有成。而兵部堂司諸臣承内宣外，憂危百集，覆奏繁殷，曲盡心力，則尚書趙之見定力定，體國安邊之心，真拳拳也。在外諸臣如先任侍郎今陞尚書史計裁周密，而豫度虜情，審處多方，而終獲妖叛，遂使功收不戰，允能事定先謀，互市告成，始終不爽，道之膚功底績，實爲懋著者也。鎮守大同總兵官徐仁篤實之資，勇敢之氣，酬應無垂，處分有法。鎮守宣府總兵官趙國忠恪勤將事，通變禦夷，有勇有謀，知戰知守。巡撫大同都御史何思爲謀深遠，而動中機宜，賦性剛明，而事無留滯。巡撫宣府都御史劉璽沉毅有謀，而事能畢集，明敏多筭，而虜無遁情。以上諸臣始而譯審虜情之真，終而共成互市之勳，邊鎮生靈重賴之也。

巡按直隸監察御史李逢時監臨嚴察，百弊坐消，振肅風裁，奸人遠却，事無他虞，大有關於風紀者也。兵部主事張才與參將徐洪恪奉專命而來，徐洪又性資通達，邊務諳閑，大同創始開市，諸虜相依於洪，得以克善所事；而主事張才之先事善料，遇事能裁，始於二鎮互市，險難並力，繼以擒獲妖叛，籌筭多資，才之利濟同舟，不可少也。大同管糧郎中遲鳳翔、宣府管糧郎中范充濁或調度軍食，而節縮得宜，或商確虜情，而機權亦賴。兵備副使張舜臣、大同參議謝淮、僉事王重光、宣府參議侯鉞、僉事趙文燿各負明敏之才，俱以忠實之心，督率群屬，細大畢舉。大同遊擊劉潭、先小旗今陞指揮僉事時義機警通變，義結虜酋，無畏難避險之心，有解紛制劇之力，然義之功在於市始，而潭之功收於市終也。大同副總兵王懷邦，參將朱漢、麻隆、孫麒，遊擊李桂，中軍王恭統兵設伏，防護允賴，而王懷邦之才識通敏，邊務多資也。大同原任都指揮林叢蘭、張昇、千户周池與百户李寶、通事王相、張彦文、許伯達、卜彦千、賈廷佐、劉經、吴寶、王三、鄭玉、張奉、賀傑、亢成、王勳、閻大成、王河、張鐸、張福、李金、孫彦章，宣府通事藍伏勝、賈住、王林、王勳、劉成、山豬、朱朝、張鐸、大火力赤、江釗、趙庫、許萬、卜彦千、陳洗深入虜營，間諜攸資，的報虜情，隄防多賴，而林叢蘭、載昇及通事王相、張彦文、藍伏勝、賈住履險犯危，而屢探虎穴，執言仗義，而陰折狼心，勞勩尤多也。大同行都司都指揮莫止訓、程雲鳳，大同府通判王扇、李敏芳，推官劉度，宣府萬全都司都指揮郝九臯、張楫、張四教，原任遊擊戴昇責有總分，而勞勤互著，事有難易，而夷險不辭，勤蹟顯著者也。大同參將焦澤，守備丁淳，宣府參將趙臣，守備俞尚賓、竇淮、楊威據險危之地，當應酬之繁，隄防嚴慎，區畫周詳，擾擾數月，勤勞亦多也。大同之參將吕勇，都指揮張勳、楊棟，坐營官魏寶，都指揮李椿、周國，指揮張世俊，原任守備丘鎮，宣府原任參將遊擊杜煇、陳力、宋鷟、翟欽，中軍官張世勛、陳鎮，原任參將田世威，原任守備王林或假之宣諭而折服虜心，或托之計處而酧應精當，皆幹濟相資者也。大同之知縣王文源，經歷李時彦、李環、韓待時，檢校陶夢龍，照磨詹瑶，主簿尚質，宣府經歷閻倫，咸寧侯旗牌官胡公勉、康甫，大同之旗牌官韓欽、楊鎮、張武，宣府之旗牌官孫世武、王江、趙堂、江汝楫、鄭臯、梁瑶、范桓、王佑，門鑑陳章、冀國、王世勳經歷、提調、防範、禁輯，亦各著勤能，均爲有勞者也。其大同指揮宋祺、史勳、顔岐、陳桓、趙振、陳忠、狄英、丁鳳、姜淮、金良，百户徐德輝、亢義，亦各以一事自效，不負所使。再照臣道下書吏李邦寧、謝佶、彭大慶、蔡璉，臣下書吏張策、方子明，總兵官徐仁下掾史唐順，趙國忠下書辦千户莫堂，巡撫都御史何思下書吏董鸞鳳、葉廷芳，劉璽下書吏樊崇道、劉宗儒各有書辦之勞，似應照例查擬者也。

除密勿諸臣恩典出自朝廷，臣不敢僭擬外，其餘内外大小諸臣，乞敕兵部再加詳議，應否陞賞，酌量重輕，分別等第，擬議上請，俾均霑恩賚，勸勉忠勤。如臣待罪邊疆，叨膺重寄，猷爲無補於末議，戰守屢厪於聖懷。是雖互市覊縻，得從群臣之請，亦實天威震疊，大集諸鎮之兵。是以黠虜畏懷，地方寧乂，臣之幸也，非臣之功也。

謹題請旨。

遵明旨效愚忠以圖補報疏

准巡撫宣府地方都察院右僉都御史劉咨，准兵部咨，該平虜大將軍總統京邊兵馬太保兼太子太傅咸寧侯仇題，本部等衙門會議，合無恭候命下通行各邊總督、鎮巡等官，遵照原奉欽依，各於六月、九月馬壯之時兩次舉行開市，合用銀兩各儘見在地畝、樁朋、馬價銀兩，盡充易馬之用。仍於宣府發銀五萬兩，先期給發，多方收買紬段、布疋，毋得遲延誤事。及議太僕寺馬價，誠恐一時徵解不及，合行户部查發原取贓罰等項助邊之銀八萬兩，以備馬市之用。等因。題奉聖旨："准議。行。欽此。"

續准兵部咨，查得，宣府鎮循環簿内開，見在京運樁朋等銀二萬一千二百五十四兩有零，該應盡充易馬之用，備咨照數動支，選委能幹官員，督令殷實鋪户先行收買段紬、絹布，以備易馬。又准户部咨稱，見今各邊應發錢糧尚欠數多，本部已慮無措，合候命下移咨總督鎮巡等官，將來歲擺邊之兵，量爲減省銀兩，准作馬市之用。等因。題奉欽依，節咨前來。

職會同總兵官趙國忠議，查得，先爲陳言禦虜要計以永治安事，去年十二月内，該兵部節議運發本鎮馬價正附銀三萬六千三兩，買補本鎮見缺戰馬二千四百七十六匹，用過銀二萬四千四十五兩五錢，尚餘銀一萬一千九百五十七兩五錢。續爲接報夷情事，將前餘銀并京發市馬及借支事例等銀盡行委官收買段紬等物備用。于今年五月二十三日起，至九月初一日止，節次開市，共易馬二千六百九十九匹，用過段紬、梭布、酒肉等項，除京運並大同段紬不開價銀外，扣筭實用過京運買馬支剩銀五千五百五十七兩六錢二分八釐三毫，市馬銀七千四百七十四兩一錢五分五釐五毫，椿頭銀六百六十三兩五錢，借支納級事例銀三千兩，通共用過銀一萬六千六百九十五兩二錢八分三釐八毫，已經備細造册奏繳。

及咨該部查考訖，其所議馬匹，印給本鎮缺馬官軍領養騎操。後爲乞討戰馬以便防秋禦敵事，該咸寧侯仇題准，將前馬内兑給各邊赴京官軍共一千四百七十六匹，是原奏討買馬之銀已支盡絶，而本鎮缺馬軍士未得領，前項用過銀兩，尚該補給本鎮。其户部議行來歲擺邊之兵合用錢糧，見蒙敕差科道官查議，會同職等酌量地方緩急，節省設備具奏，以憑給發防秋銀兩。今各官未到地方，銀兩來曾發到，今秋雖有運到客兵銀十萬兩，原奉欽依，趂時召買，不許後時，尚且不敷。今馬市所用段紬數多，徒以虚數空名，令職處辦，其不至於誤事者幾希。又查得，成化初年，該前巡撫都御史葉盛設立團種地土，歲徵租糧一十萬六千二百石，穀草五萬三千七百餘束，易銀買馬騎操。正德十年，該前總督侍郎叢題准，將前糧草改作軍儲，每年於京運年例，主兵歲用銀十萬兩内撥二萬兩買馬，比因邊沙漠北虜侵軼，軍多丁少，山水衝淤，荒蕪數多，其額數十減三四。户部拘於原擬，自嘉靖十二等年以至三十年止，年例共該銀三十萬兩，通未解發，買馬無資，前任巡撫屢嘗奏討，該部止以駁查爲名，坐延歲月。是本鎮歲額買馬之銀徒有虚名，無怪乎馬日益少，而奏討不已也。今開市易馬合用段紬等物，正當乘時處備。查得，都司貯庫止有前項京運馬價餘剩買備段紬等件用剩，計該銀六千三百九十九兩八錢七分一釐七毫，大同領來該復奇兵買馬銀一千八百六十二兩，此外再無别項官銀可以動支。雖有節年拖欠椿朋銀兩數多，然軍士艱難，月糧尚欠三箇月，一加追併，未免逃竄。職等日夜憂思，計無所出，不得不仰祈於君父也。如蒙乞敕兵部，合無將易馬用過原計京運買馬銀五千五百五十七兩，併借支納級事例銀三千兩，俱查照該部原行。如再不足，即於該鎮庫貯别項官銀内動支，事完奏請照數補還事理。併將原議明年市馬銀五萬兩内，乞早爲措處，運發前來，聽職等及時處備段紬、布疋，并補還借用事例銀兩。再乞敕下户部，將嘉靖三十年以前未運團種馬價，不必解補。自三十一年以後，聽識等設法催徵，與椿朋等銀相兼，易馬騎征。其年例銀二萬兩，亦自三十一年起，照數解發管糧郎中，以作主兵歲用之需，不惟市馬之物可以預辦，而邊防舊額買馬之需亦可復故矣。除具題外，合咨施行。等因到臣。准此，案查，節准户、兵二部咨前事，俱經備行查照。去後，今准前因，爲照該鎮請討原議馬價銀五萬兩預買段紬，以備緩急市馬，及將三十年以前未運團種馬價不必解補，以後自行追徵買馬。其年例銀二萬兩，自三十一年起，照數解發管糧衙門，作爲主兵之需。揆之事體，似亦相應。如蒙乞敕該部再加詳議施行，庶馬價之需備具，邊防有所賴矣。

謹題請旨。

防秋疏

准巡撫山西右副都御史許、巡撫宣府右僉都御史劉、巡撫大同右僉都御史何，各將防秋摧邊列營各項官員分别淑慝，填註考語，咨報到臣。查得，先爲查舉將才以備任用事，准兵部咨開，以後總督、巡撫衙門每遇年終，各將所屬將領從公舉劾，庶緩急不致乏人。等因。遵行在卷。該臣看得，宣大、山西防秋，總副、參遊、守備、坐營等官勤惰不等，才志不同，并差委董理邊事閑住參遊、都司及各衛指揮等官中間亦多驗有成蹟，相應併行覈實勸懲，俾之激勵人心。但恐知人爲難，已經通行各該巡撫衙門，并在邊監督兵糧兵備、守巡各道，復行博訪。去後，續據副使等官南逢吉等造繳實跡賢否文册前來，覆查明白。

今准前因，謹將素所聞見，參諸輿論僉同者，除大同總兵官徐仁謀猷弘毅，志氣驍雄，近因患病，已經具奏，及宣府西路參將趙臣、原任西路參將今閑住杜煇、原任大同遊擊今任懷仁城守備陳力、大同右衛城守備胡朝、鎮羌堡守備丁淳、弘賜堡守備鄭捷，均有謀勇之資，克溢之才，今歲軍馬防邊勤勞益著，該臣先已荐揚本部覆議，附簿聽候推用，不敢再舉外，如宣府總兵官趙國忠器度凝遠，將略素備，韜鈐才識，精明武備，兼資文事，互市委悉而心力多勞，防範周嚴而戒心不肆，蓋才允大授而事可遠期者也。山西總兵官李淶操守不苟，簡練甚精，體貌魁梧，任使得諸福將；地方寧謐，防範嚴於内藩。大同副總兵王懷邦寬嚴得體，廉慎服人，防邊而謀略機宜，提兵而威令整肅；宣府副總兵孫時謙素諳邊防，多經戰陣，馭衆著撫綏之善，戍内加慎守之心，此二臣者，俱堪主將之任者也。

標下遊擊將軍吕勇久歷戎事，深曉邊情，膽氣驍雄而威聲茂著，武藝精鋭而紀律亦嚴。大同北東路參將焦澤悃實之心，精絶之技，效常得乎衆力，委堪寄於一方。西路参將朱雲漢年力精强，守邊著勤勞之績；才識明敏，臨敵多雄壯之威。中路参將尚表膽氣雄壯，才力優長，治戎久練於邊方，恤士常同於甘苦。宣府南路参將李賢條理中涵，浮華外斂，修兼訓練而功無後時，期效安攘而愾存先奮。中路参將柴縉清謹之守，警敏之才，往歲承調而守皇陵，艱危不避；今王分地而戍疆圉，警報無聞。山西西路参將杜承勛器局安詳，謀勇昭著，任久而持身愈謹，令嚴而衆志益歸。東路参將張琮體質雄偉，武藝精閑，守邊方則節著禦虜之威，對敵陣則屢收嬰鋒之績。以上各官俱堪副將之任者也。

大同遊擊劉潭性資圓巧，防邊著威虜之名；體貌驍雄，統兵練衝鋒之智。遊擊李桂存心謹慎，領軍無剥削之名；勵志篤實，守邊有保障之績。山西老營堡遊擊史署戰陣收斬獲之績，統馭得士卒之心，戎務素練於邊方，兵機今長於策應。北樓口遊擊李良臣青年偉貌，壯志雄才，撫馭不愧於前人，遠大可期於後路。以上各官俱堪参將之任者也。

山西行都司掌印署都指揮僉事莫止訓廉静有爲而無廢事，勤朴能守而士有歸心。僉事署指揮僉事張淶操守端嚴，幹務勤敏。大同鎮城坐營指揮僉事王恭才器老成，戎務諳練。萬全都司掌印都指揮僉事郝九皋勤於綜核，而廢弛悉舉；嚴於禁革，而姦弊頓清。軍政僉書署都指揮僉事張四教才識英邁，器度宏遠，處繁事而條理甚精，臨大敵而血戰素勵。以上各官俱堪参遊之選者也。

大同應州城守備徐欽弓馬熟閑，戎務諳練。拒胡堡守備劉勳才識明敏，事體練通。渾源城守備許實清慎著名而才器可取，練達任事而統禦亦堪。左衛城守備趙綸逆消緝捕，已驗明敏之才；地切艱虞，極著防範之略。朔州城守備張元勤勵戎行，曉暢邊事。聚落城守備周邦地當衝繁而才無廢事，氣增慷慨而勇亦知方。陽和城守備胡憲朴實之資，練達於戎務；端謹之行，允協於士心。寧虜堡守備任漢撫馭邊堡，勇敢兼人。井坪城守備王鈺年青有志，弓馬熟閑，防邊能絶夫警報，練兵尤慎乎撫綏。神機營署都指揮僉事魏寶年妙而立心向上，行事而純篤不苟；鎮邊堡守備盧鎮器識詳雅，事體疏通，軍士感於撫卹，邊防賴以無虞。破虜堡守備嚴範經理堡事而才幹精詳，嚴飭邊防而勤勞多著。宣府萬全左衛守備張承勛資性端良，才識明雋，理繁劇而目無全牛，禁暴虎而心調陸馬。順聖川東城守備李官清標勁節，皭然無苟求安悦之爲；讜論杜猷，慨然有憤世嫉邪之志。亦城堡守備蘇啓老成之器，練達之才，勤能集事，勇可策勳。順聖西城守備龐琦射藝可觀，才識亦敏，勵精政務，久著能名。新河口堡守備周一元才志清遠，年力富强，防秋而隄備嚴，修邊而財用省。西陽河堡守備楊威資本驍雄，才堪幹濟，誠當緩急之際，足爲士卒之先。洗馬林堡守備張桓武科出色，射藝稱雄，俾得展其才猷，真可備夫緩急。獨石城守備王堂器宇可觀，才名素著。山西利民堡守備丘陞年力正强，弓馬亦熟，曾經大戰而斬首獲陞，屢受重託而即戎有效。寧武關守備竇永歷練素深，兼弓馬之可用；謨猷久著，況撫馭之能馴。平陽城守備李明元才質青，勁騎優閑，馭衆而撫恤有恩，防邊而修守不懈。老營堡守備郭震發身武舉，奮志戎韜，戰陣曾經，每夷情之能料；邊方久歷，乃軍務以多閑。捌角堡守備畢文邊徼資禦防之慎，軍心悦撫馭之恩。潞安城守備劉應麟年貌既壯，弓馬亦閑，處事平故，三軍不怨，守邊慎乃，白里無虞。以上各官内，盧鎮、魏寶堪任都司之職，餘皆可以參遊之選者也。

標下坐營原任守備張紀心存謹實，臨事而不知避難；才亦敏通，練兵而即有成效。大同正兵營千總指揮徐玄才茂著於千總，任堪備於一方。宣府正兵營指揮康玉老成勤慎，戎政修明。奇兵營指揮張瑭嚴重公勤，人心畏服。兵車營千總指揮都夢麒存心謹厚，理事妥帖。新遊兵營坐營指揮尚真老於邊事，達於戎機。京營坐營指揮黄添祥凝重之資，操守之行。大同玉林衛指揮僉事柴愚幹理有條，而衛事無廢；文義粗識，而守己亦端。朔州衛指揮僉事王夢龍律己公勤，辦事謹慎。平虜衛指揮僉事李銘老成有爲，諳練可使。大同前衛指揮同知張勇青年偉質，勵志壯猷。天城衛指揮僉事李繁捕盜見有爲之才，任使堪推擇之用。標下把總萬全右衛指揮李塘弓馬熟閑，體貌雄壯。大同右衛中所正千户薛蓁心懷敵愾，技絶前鋒。平虜衛前所副千户張欽膂力方剛，心行無僞。大同後衛左所正千户任中道性行純實，猷爲明慎。宣府右衛指揮張世勳世家將胄，謀略素閑。蔚州衛軍政指揮蘇澄器識不凡，政務亦練。開平衛指揮裴倫供職能勤，守己亦慎。山西偏頭關守備營中軍指揮楊世勳年力頗堪，弓馬亦習，修邊而督率不懈，遇寇而膽略敢先。振武衛指揮許昭訓年齡英妙，事體慱通，令之即行，已見衛印，能掌叩之，不竭且知，營務可勝。偏頭守禦千户所指揮常齡年力富强，才氣勇敢，所官既已優爲，邊務亦其能事。寗化所納級指揮潘亮直前之志，方當壯年，破的之才，正宜武略。以上各官俱堪守備之選者也。

原任宣府南路參將余勛心懷敵氣，才猷著於委防；志勵改圖，謀略習於應變。原任都指揮僉事李椿將將略兼通，文事委用，多效才猷。原任守備楊德當前鋒而綽有勇略，在退廢而不改素心。原任天城守備任爵委任多效勤能，才力尚堪報稱。原任龍門所守備劉珮心知警於暫蹶，才尚堪於專城。以上各官懲創既久，悔悟亦新，所當及時録用者也。

又訪得，大同北西路參將張騰志滿宦成，行招物議。宣府北路參將李俸粗鈍無爲，猥鄙少奮，既荒淫而廢邊事，更科歛而火人心。山西岢嵐參將王棟年力未見粗豪，謀猷甚亦短淺，守禦固云不懈，而剥削則已有聲。太原參將梁璽年力既衰，疾病且預，練達雖云司惜，振起則已寔難。宣府遊擊裴濟邦性姿萎弱而類婦女，號令廢弛而任非前鋒，操守雖無大虧，才猷終難取效。大同威胡堡守備羅賢年已近衰，志則在得。天城城守備常永身徒發於武舉，令不行於一城。鎮虜堡守備秦松任浮於才，行鄙於衆。宣府柴溝堡守備史唐貪婪之性，庸鄙之夫，私橫科擾，而徵糧則拖欠獨多；大肆侵漁，修邊而糜費尤甚。龍門城守備傳昇先事則稱病避難，無警則肆貪剥削。滴水崖守備王三槐氣悍而粗，性貪而狠，每逞詭譎之智，殊非統馭之才。四海冶守備張嵩久失人心，多招物議，犯贓見問，憒事無能。永寧城守備劉漢出身行伍，勇若可以建功；賦性短疏，才未足以酧志。内劉漢可量移偏緩，以全其才，其餘各官俱當罷黜者也。

如蒙乞敕該部再加查議，如果臣言不妄，將趙國忠量行嘉獎，堅其志以久其任；李淶改調繁劇，以展其才；王懷邦、趙臣、杜承勛、徐欽、柴愚等遇缺量才推擢，以勵人心；余勛等及時録用，以責後效；梁璽着令休致，庶全志節；張騰等速罷斥，以警其餘。庶謀勇者益增奮勵，不職者無容倖位，邊防因之嚴飭，地方有所賴矣。

謹題請旨。

傳報聲息疏

准巡撫大同右僉都御史何咨，准兵部咨，該巡按直隸監察御史李逢時題前事，節該本部議擬，合候命下，行移總統京邊兵馬大將軍咸寧侯仇、總督宣大侍郎蘇，嚴行兩鎮鎮巡等官相度事機，揀選伶俐家丁、通事人員出邊，多方譯審，務得真情。如零騎潛肆寇掠，即當直達虜營，親見酋首，宣示朝廷恩威，詰以約束欠嚴，致令部落今次侵犯，併將虜去人畜盡數追還。如無重大侵犯，虜酋效順如初，准令明年依期互市。若果陽順陰逆，負恩背信，即便開具實跡奏聞，敕下内外大小將領，壹意整搠京邊兵馬，專備征剿。等因。題奉聖旨：“這所奏虜情，着該鎮總督官等用心哨探，嚴謹隄備。今後非奉旨開市，敢有私自出邊，與虜交通的，着巡按御史指實參奏。欽此。”

除欽遵訖，案查，先爲接報夷情事，嘉靖三十年十月初三日，有北東路參將焦澤、遊擊劉潭譯審得，虜使察哈喇等説稱，有俺答、吉囊、把都兒三枝頭兒會過，共差達子楊通事等九名，齎番書一紙，牽雜色馬二十七匹前來，親要赴京謝恩求貢，常常開市賣馬。其原來番文馬匹省令，俱在邊外沙嶺兒地方等候示下，已經會本具題。該部議覆間，達賊因將進貢馬匹不許，隨即親自進邊，於本月二十九等日，察哈喇等要得哄捉我邊通事王相、張彦文等帶領達賊四十四騎，假言縛送丘阜至兔毛河，隨將張彦文等六名誘出邊外，帶領北去。摘令達賊七騎，從舊煙墩攻拆暗門進入，至山寨兒溝，撲搶劉月等驢牛四十頭隻。當有參將尚、遊擊劉潭、守備胡吉率領官軍主忠、周伯等，順墻與賊對敵，奪獲牛三十隻，達馬二匹。搶去牛驢一十頭隻，射傷軍二名，搶去男婦張宗等二名口。賊退出邊北去，察哈喇等先將王相放回，帶領張彦文等五名至虜營，見俺答説稱，你將我進貢馬不許，親自進邊。又山西通事王漢許下在山西與卜吉哥兒台吉等開立馬市，今又不開，把你們捉來有甚麽説。張彦文回説，進貢馬見今與你題本原説在陝西、宣大開市，不曾説在山西與你開市。俺答又説，既是這等説，你們回去説，今後還要常常開市。當將張彦文等放回訖。

十一月初八日，准兵部咨，該本部看得，虜酋俺答、把都兒、吉囊差人叩邊獻馬謝恩，委難直拒。將所獻馬匹差官代爲奏進，各請賞大紅金綵膝襴衣一襲，綵段四表裏，差來夷使鎮巡官量爲管待犒賞，一面宣諭朝廷恩威，令其鈐束各邊部落，遵奉明旨，依期開市，不必屢次奉貢，煩瀆天聽，自啓釁端。題奉欽依，備咨前來。當還差夜不收通事李友江、王福、藺朝、馮玉等直達虜營宣諭間，十一月十四日，有近邊住牧零賊約有七八十騎，前來威遠衛地方沙嶺墩，用鐵钁攻墻進入，有六十餘騎到大河灣撲搶南河飲水頭畜，有拒胡堡守備劉勳率領官軍邊臣等追勦，被傷官軍許謙等一十二員名，馬七匹，搶去翁世虎等牛驢二十四頭隻，張黑子等五名。其賊因見官軍拒戰，當即仍從舊口往北去訖。本月十九日，邊外夾墻西北住牧零賊約有七十餘騎，到於徐四嶺墩邊墻下，有達賊十騎，從暗門隣墻搭皮繩梯上墻。當有參將尚表、原差旗牌官周栢與提墩官軍王廷臣等拒堵，陣亡周栢一名，被傷軍人康榮等五名，搶去馬三匹。守備羅賢領兵追剿，賊當即退遁去訖。本月二十日未時，有達賊察哈喇、土谷智等五十餘騎，從營盤山水泉、兒梁二墩中空剜掘暗門，突又搶去擺撥官馬二匹，墩軍翟通等三名，牛五隻。當有參將朱雲漢帶領守備劉卿等官軍追赶，前賊出邊北去。本日，馮玉到於吕公山墩地方，迎遇察哈喇等，答話譯審，開市之後如何又偷搶掠，將前搶牛馬人口送回。其賊去訖。十二月初三日，達賊一百五十餘騎到邊墻下，有五十餘騎從尖山墩攻墻，進入一半，與威虜堡守備黄龍官軍敵戰，奪獲牛三十一隻，陣亡家丁一名周萬禄，被傷官軍黄禮等九員名，威虜堡搶去蕭正等四名口，蔡玘等牛驢羊五十七頭隻，左衛搶去段鉞等馬騾驢牛一十八匹頭隻，賊即退遁北去。等因。各報前來。

行令守巡兩道查勘間，隨據原差通事李友江、王福、藺朝、馮玉等直達虜營，親見俺答，宣諭朝廷原恩，既已許令進馬，六月、九月仍許兩次賣馬一萬匹，如何背信，不行約束部落，零賊又來犯邊，須要盡數追還搶虜人畜等項。俺答説稱，因你不許親自入邊進馬，又山西差王漢哄了我，不許與卜吉奇兒台吉開市，是不得賣馬，零賊偷犯二三次，不曾深入搶你甚麽，我已將平虜牛馬人口先已送還去訖。今朝廷許進馬匹，我就差人進馬。隨於十二月十八等日，俺答差家人察哈喇、土谷智、屈兒會、賞杓兒、周通事等進馬九匹，當將欽賞俺答衣服，順令察哈喇等領受，叩頭謝恩訖，俺答因吉囊住在河西，恐馬匹遲誤，代進馬九匹。其應賞吉囊衣服，亦令察哈喇等叩頭收領，交與俺答，轉給吉囊去訖。把都見住牧宣府邊外，相離甚遠，馬匹尚未進到。續據俺答之子黄台吉因感慕朝廷厚恩賞賜，率領本部達子火力赤等牽馬九匹到邊，説稱比照俺答等事例，進獻馬匹，乞訖恩賞。職以夷人向慕而來，未可直拒，權宜收留，量行犒賞。其俺答、黄台吉進馬之時，隨帶達馬數多，俱要易换。隨與副總兵官王懷邦、遊擊劉潭議得，夷人獻馬而來，若峻絶之，似非懷柔遠人之義。事在臨機，勢難中止。故量行易换馬五百三十匹，以答其意而慰其心。副總兵王懷邦當諭令周通事等，以六月、九月依期前來開市，俱各面從叩頭謝恩回營訖，候把都兒進馬至日，一併另行具奏。

嘉靖三十一年正月初六日，又據原差夜不收李友江報稱，卜吉哥兒台吉朶羅圖墨領賊一萬，要在山西地方開市，因山西通事王漢哄了他不開市，達賊已搶了山西一次。今聚兵大同邊外屯住，又聞得土木兒説稱，要搶左衛、右衛、威遠、平虜地方。又李友江報稱，達賊説要於四月間常常買賣馬匹，又要在山西邊堡與卜吉哥兒台吉開立馬市，不准要搶。等因。初九日，又據天城守備常永差夜不收口報，達賊二千餘騎於虎龍口墩拆墻入口，佐擊將軍孫麒與守備統兵前去堵截。等情到職。案查，自去歲開市之後，遵照節次題奉欽依事理，及總督軍門明文，節差夜不收郭玉、李天章、吕清、張鉞、郭安等執牌傳諭邊參守等官，即今開市已畢，達賊俱鄰邊近墻住牧，較之往年止隔一墻，與離邊遠去者不同。恐零賊貪利，窺伺竊發，城堡墻墩須要晝夜戒嚴，及時隄備，不可恃市廢防，通行遵守。及據近報，達賊犯邊，行守巡兩道會勘，於正月初三日呈報前來，除失事地方守備中軍等官沙潮、羅賢、黄龍、王允、陳鉞、李文舉、姚政、劉蘭、傅江、李漢臣、姚江、張臻等重加責治戒飭外，今據各呈報前因，會同副總兵王懷邦議照，夷性無常，惟貪近利，其進馬之時已經題候明旨。又山西地方原未經議開立馬市，乃借口入犯。及奉明旨，准令進馬，兼蒙聖恩賞賚，諭令六月、九月依期□□□□□復感恩領受，依聽而去。及據李友江□□譯審，達賊要在四月間常常買賣馬匹，又報稱卜吉哥兒台吉朶羅圖墨領賊一萬，要在山西地方開市。因山西不許開市，已搶山西一次。今來大同邊外屯住，又聞得達賊通事土木兒説稱，要搶左右衛、威、平地方。是犬羊變詐，先後語意反覆不一，從之恐傷國體，不從則啓戎心。除具題外，合咨查照施行。等因。

又爲達賊入犯官軍伏鏖戰斬獲等事，准巡撫山西右副都御史許咨，准總兵官李淶手本，據老營堡遊將軍史略呈蒙軍門及鎮巡衙門案帖，當將遊兵官軍分佈小營兒入柳樹等處設伏。十二月二十五日，夜不收胡世傑報稱，達賊哨馬從西來至駱駝山露形，一面差夜不收走報總兵官，一面統領本營官軍馳至偏頭關地名柞子墕，迎遇達賊五百餘騎，披戴盔甲，一齊衝突前來。本職督同官軍奮血戰，各用伏郎機神鎗、悶棍等器齊力擊打，傷重達賊數多，就陣斬獲首級三顆，奪獲達馬七匹，得獲夷器二百六十一件，陣亡軍人三名。老營堡守備郭震統領繼後兵馬，總兵官統領正兵官軍馳至地名深墕村，賊見我軍勇猛，退遁出境去訖。等因到職，合咨查照施行。等因。又據宣府西路西陽河堡守備楊威稟帖報稱，達虜黄台吉、元慎寡婦、伯要台吉俱分在大同邊外邊方開市，却於去年八月以來移營本境邊外地名洋河等處住牧。被其屢次進邊，潛伏騷擾，撲捉長哨人役。今正月初四并初六、初八日，連犯柴溝堡三次。及有隣近新平堡邊虜中走回人口傳説，達賊要來搶掠，擬合具稟。或准設伏剿殺，或差通事與彼講説，惟復別有定奪。等因。各到臣。案查前事，准兵部咨，奉欽依事理，并發欽賞衣服前來，俱經備行鎮巡官，查照選差人員，多方譯審頒賞去訖。續該臣看得，虜營聯絡臨邊，誠恐各該將領恃以馬市，懈怠邊防。節經通行宣大、山西鎮巡，轉行副參、遊守等官，嚴督沿邊墩臺官軍，時刻瞭望，一面整兵秣馬，加謹防範。去後，今准據前因，爲照達虜市後獻馬謝恩，又以送還頭畜，若有效順，近來絡繹來邊，分投擾攘。即今聚兵境外，張言入寇，寔多啓釁懷奸，似難恩加義結。況犬羊未遭挫衂，寧得其束手安心。臣反復思惟，日覺牽制，若不深加酌處，不無轉益艱虞。如蒙伏望皇上軫念邊防，敕下兵部再加查議，請自上裁，遵奉施行，仍行巡按御史查勘前項地方有無隱匿失事重情，查參究治。

謹題請旨。

預定防秋大計以禦虜患疏

據山西按察司朔州兵備道副使侯鉞呈，蒙臣批，據靈丘、廣昌二縣義勇總領官王世宗、趙鏜等連名告稱，先於嘉靖二十三年，蒙本部院明文，靈廣二縣挑選礦兵三千名，充爲義勇。節年防秋之際，調取各役，在於宣府東路滴水崖地方防禦虜寇。近於嘉靖三十年七月内，蒙經略都御史於敖調取紫荆關分佈各隘口擺守，思得，各役俱係宣大民餘，自充義勇之後，累蒙軍門防秋之時，月給以行糧、鹽菜銀兩，賞賜弓箭，又將各役本身雜泛差徭俱以優免當恩報。復勘得，紫荆、倒馬二關乃腹裏之地，醜虜急時難以侵犯，各役在彼駐劄，袖手虛應，浪費錢糧，亦有赧色，情愿在於極邊衝要處所，一遇有警，奮身用命，期獲奇功，敢圖報效。又照居庸關迤西緊要隘口二十餘處，俱是通京小路，相離紫荆、倒馬二百餘里。況各役身家在諸口之外，若能據守諸口，不惟防禦二關，抑且保障身家，庶幾兩便。惟恐防秋之時，關南再行調取，告乞掣回，遇有警急，不待牌票調遣，聞風堵截，獲功報效，雖瞑目甘心等情。告蒙批仰兵備道議呈，以憑施行繳。

又蒙巡撫大同右僉都御史何批，據義勇趙奉、趙鏜、王世宗、于大賢連名亦告前事，蒙批仰兵備道查議繳，蒙此議得，守邊禦虜，貴得地勢，順人情。宣大兩鎮之間，俱與京畿爲隣，其可以通賊侵犯者，不止紫荊、倒馬二關。東自居庸關迤西轉南，盡蔚州諸山，通賊衝口約二十餘處，其棒槌峪、大小白羊口、鶯窩崖口、唐家口、水關口，直懷來城之南，通宛平縣境；其礬山大堡口、蕎青州口、馬家廟兒口、姚家溝等口，直保安州之南，通淶水縣境；三澗口、松子口、九宮口、北口、大塘口、石門峪口、紅沙坡口、直峪口、靈關諸口，直蔚州、廣靈之南，通紫荊、倒馬諸關。以上諸口皆京畿之外藩也。若賊將犯紫荊等關，必多由松子、九宮等口進入。此處據守有人，賊決不能冒重險窺諸關，是謂守在外門，尤得其要也。自嘉靖二十一年賊犯山西，恐其東軼京畿，始議召募礦兵，給以行糧，免其差役，令堵截諸口。蓋礦兵所居在松子、九宮諸口之内，紫荊、倒馬諸關之外，以之把守諸口，不惟熟知險隘，抑亦切保身家。其爲國即所以爲家，守諸口即所以守諸關也。去歲，經略都御史於敖改調礦兵入守紫荊、倒馬二關，各棄家口於外，坐費行糧於内，其於人情事勢，國計邊防，通屬未便。合無仍准趙鏜等，聽總督軍門調守諸口，俾得一意防守，而無却顧之憂。呈乞照詳施行。等因到臣。

案查，先據議勇總領官趙鏜等告前事，已經批行本道查議。去後，今據前因，看得，查議靈廣義勇三千名，每年防秋分佈松子、九宮等口，守在外門，甚得據險之要；戍不遠調，尤安保家之心。地利人情，委屬通便。況諸口逼近陵寢，京師防範，尤當嚴備。揆勢度理，似亦相應。如蒙乞敕兵部再加查議，將靈廣義勇每年防秋，聽臣調遣分佈防守各口，以禦南侵之寇，仍行提督紫荆等關都御史查照，不許移調入關。如此，庶隘口得以嚴飭，地方可以保障矣。

謹題請旨。

仰仗天威官軍設伏用命生擒達賊斬獲首級疏

准巡撫大同右僉都御史何咨，據北東路參將焦澤呈，蒙巡撫都御史何票文，查得，嘉靖三十一年正月二十三日卯時，據鎮羌堡監墩官潘敖報稱，本日達賊通事一騎到於卧羊山三墩答話説稱，有擺腰小把都兒差的達賊來看道路，二十七八實要攻困邊堡。説畢，去訖。本日辰時，據榆溝十墩夜不收李旺走報，瞭見榆溝内有達賊潛伏三百餘騎。至未時，據洞兒溝夜不收劉虎走報，紅土溝達賊拆墻進入，搶去閻大用、李萬等七名，羸一頭。本職分派步隊官軍守堡，率領有馬官軍四百餘名前去迎敵間，節據榆溝拾墩暗門放砲，本職督同守備丁淳、中軍官張榮等到於暗門墻上，有達賊八騎設哄答話，説做買賣間，各賊見得東西達賊壹齊拆墻進入堵截堡門，有答話前，賊輒就手執小尖刀趁劄張榮。本職督令官軍張榮家丁王三、陳玉，通事卜彦千等向前，當就活捉達賊三名。譯審得一名真達子格零哥，一名真達子把賽，一名通事虎喇計，餘賊俱被射打下墻。邊外拒敵間，又據野口柒墩夜不收王忠報稱，達賊約有三百餘騎，在牆劄立。二十五日寅時，據夜不收賀大斌報稱，野口陸、野口柒墩前賊拆墻往南行走，伏路截人。本職又令守備丁淳分撥步軍護守各暗門，本職領兵截剿間，至二十六日，蒙總督軍門差旗牌官姬仁、白文及巡撫都御史何差夜不收劉聚等兼督佐擊將軍孫麒、遊擊吕勇、劉潭，家丁馬芳等兵馬，聯絡車營，前來應援。衆賊遥見灰塵大起，聚結一塊，從水口五墩退遁北去。本日酉時，各兵回營。本時，達賊三十餘騎又到東墻卧羊頭墩，扒墻拆房，當被設伏步軍馬鋭等，將賊敵退，斬獲首級一顆。理合呈乞施行。

又據鎮邊堡守備盧鎮呈，嘉靖三十一年正月内，有本堡軍人李英等輪該貳邊北乾河墩哨備，本月二十五日，被達賊三十餘騎攻毁平安墩臺，捉去取水墩軍一名李順。本日酉時，餘軍撇墩躲走，到北乾河墩，併守居住。本月貳拾陸日，達賊二十餘騎前來北乾河墩，困圍不開。有墩軍李英并本墩與平安墩軍人史春、劉滿、張傑、張浩等十名，捨命同謀協力，於本月二十八日二更時分，將攻墩賊斬獲首級五顆，得獲達馬伍匹，鞍轡并夷器弓箭等件俱全。呈乞施行。緣由到職。隨該職審得，通事卜彦千、王河等供稱，二十三日生擒達賊，送入鎮羌堡内。至二十四日，小把都兒領賊二百餘騎到墻下答話，有我搶的人口與你送去，贖要我的達賊。當將閻大用等七名、羸一頭送回鎮羌堡寧家給主訖。小把都兒又與通事賈廷佐棗騮弱馬一匹，要贖前賊，其馬收候給賞通事人等。小把都兒又説，把我拏住的達子三名，饒他性命，將他三家的馬匹牛羊俱都與你罷。我把兵馬止定不搶。説畢，回去。即其哀懇贖討之言，恐是彼真正親信之黨。焦澤、丁淳等將原擒達子三名不肯准贖，見解弘賜堡内拘擊守住。又審鎮邊堡北乾河墩夜不收李英等供稱，與前相同。合咨軍門，查照施行。等因到臣。

准此案查，先准咨開，暫代東路參將余勋差夜不收韓北漢報稱，達賊要攻弘賜、鎮羌等堡大邊。會寧墩墩軍郭進口報，達賊三萬餘騎到於本墩西南騎河灣下營，答話説稱，要攻圍邊上堡寨。又據貳邊大鹹窪等墩墩軍張廷瑞節報，達賊沿邊攻困墩臺等情。備咨前來。臣切見虜營盤據大同境外，竊發無常，動稱攻困堡寨，聲勢叵測。况鎮羌等堡孤懸邊地，防範當嚴。遵照本兵節次題奉欽依事理，嚴行鎮巡，會行大小將領，晝夜加謹隄備。如有侵犯，設謀用計，併力剿殺，務成奇功。又恐兵力寡少，復調京營佐擊將軍孫麒標下遊擊將軍吕勇，大同遊擊將軍劉潭，管家丁把總劉漢、馬芳等各統兵馬駐劄弘賜等堡，按伏應援，以遏南侵。責差旗牌官白文、姬仁齎執令旗令牌，前往監督血戰。去後，今准前因，看得，各枝達賊聯營壓境，窺伺侵軼，懷奸實深。被我官軍預先設伏，未逞深入攻闈。所據生擒斬首固雖不多，亦足少抑其横。是皆仰仗天威，有增敵愾。如蒙乞敕該部議擬上請，轉行巡按御史查勘明實，將有功人員照例陞賞。如有隱匿失事重情，參究施行，庶官軍得以懲勸，邊防有所賴矣。

謹題請旨。

保留給由方面官員以濟邊務疏

准巡撫大同地方右僉都御史何咨，據山西布政司分守冀北道右參議謝淮呈稱，本職見年五十二歲，係直隸河間府任丘縣人，由嘉靖十七年進士，十八年正月十一日，授户部雲南司主事。十九年三月初五日，丁母憂。二十一年六月初五日，服闋。本年十二月二十五日，復除工部都水司主事。二十三年八月内，陞本部屯田司署員外郎事主事。二十四年三月内，陞虞衡司署郎中事主事。七月内，遇蒙恩詔，實擾郎中。八月内，調屯田司郎中。拾月内，調營郎司郎中。二十八年二月初三日，陞授今職，於本年四月初三日到任。扣至嘉靖三十一年三月初三日，連閏實歷俸三十六箇月。三年任滿，例應給由。理合呈乞施行。等因到職。

會同巡按直隸監察御史李逢時議照，大同極邊重鎮，爲九邊第一要衝。即今虜酋變詐，勢甚猖獗，凡區畫錢糧，整飭兵馬，修理堡寨，查勘功罪，一應事務，俱要該道綜理，不可一日缺人。合咨軍門，查照施行。等因到臣。爲照參議謝淮存心謹飭，理兵糧而邊防攸賴；律己廉慎，諳事體而政務無遺。歷俸三載，相應給由。但今大同虜營壓境，兵糧相需，值兹多事，誠難暫離。若使本官赴部，不無曠眈旬月，用人急切，委應酌處。如蒙乞敕吏部再加查議，合無將本官免其赴部給由，行令支俸，照舊管事。將任内行過事蹟，造册送部。查其年資勞勣，量行加陞職銜，庶任無曠廢，事有責成矣。

謹題請旨。

達賊侵犯官軍奮勇血戰敵退出境疏

准巡撫大同右僉都御史何咨，本年貳月初玖日酉時，據破虜堡守備嚴範差夜不收胡欽口報，本日巳時，從樺皮溝進入達賊約有叁千餘騎，到於地名平川墩地方，有原分佈按伏中軍坐營官王恭、奇兵千總官周廷輔等并守備嚴範各領兵迎敵，併力血戰。王恭、周廷輔俱被重傷，其賊遂從滅虜堡往南行走。本日戌時，據威虜堡守備黄龍差夜不收石廷萬口報，本日寅時，從三邊榆溝墩、水泉墩進入達賊約有五千餘騎，往東南行走。本時，據高山城守備劉承惠差夜不收范玘口報，未時達賊五千餘騎，從本城往東南行走。本日亥時，據懷仁城委守王鑵差南新莊墩軍朱貴口報，酉時瞭見鵓鴿峪達賊三十餘騎往南行走。錦衣衛指揮時義聞報，親督孫麒等兵馬前去截殺。并傳諭各該地方收斂人畜，固守城堡，嚴加隄備。去後，於初十日申時，據參將徐洪差夜不收李隆口報，達賊約衣五千餘騎，參將領人馬在喬家村與賊對敵，於十一日申時，據錦衣衛指揮時義領前哨家丁一百五丨餘員名，與徐洪、孫麒、劉潭、原章合兵一處，追賊至高山城地名吴家窯，與賊對敵，用命血戰。達賊見連日兵馬追剿緊急，不敢南犯，即從豬兒窪遁往正北去訖。等因。各報到職。合咨軍門，查照施行。等因到臣。

案查，先據守備黄龍差夜不收元奇口報，初九日五更時分，達賊到於水泉墩坎墻入境，已經揭報本兵及督調原發按伏京營佐擊將軍孫麒等，會同該鎮副、參、遊、守等官，務要遵照本兵節題明旨，奮勇血戰。仍調京營參將歐陽安摽下遊擊吕勇，各統兵馬，由大同鎮城前去堵截，以防南侵。去後，今准前因，除將地方有無失事查明，另行具奏外，謹題請旨。

仰仗天威設伏官軍奮勇血戰斬獲首級奪獲達馬夷器等疏

准巡撫大同右僉都御史何咨前事，嘉靖三十一年二月十二等日，據西路參將朱雲漢呈稱，本年正月二十九日酉時，據原差夜不收李紀走報，夾墻馬鞍山迤西達賊要搶平虜地方。隨即會同參將麻隆分兵設伏防範，一面差夜不收敦成傳報老營堡遊擊史略防備，仍分投傳諭，收歛人畜。本職統領守備劉卿等官軍七百餘員名，分派柳溝村等處，按甲以待。二月初一日午時，據貳邊北沙河墩夜不收董文美走報，本日卯時，瞭見達賊約有五百餘騎，從本墩西空進入，有一百餘騎，往南行走，餘賊邊外劄立。本職當即領兵追至地名礬石溝迤南，就陣斬獲首級一顆，爲首千户謝廷錫，爲從軍人劉潭，奪獲戰馬四匹，得獲夷器二十一件枝，在陣收獲達箭七十二枝，被傷家丁軍人郝文表等九名，射死官馬四匹。前賊徑奔舊口出邊去訖。

又據京營參將麻隆呈，本年正月二十五日，蒙咸寧侯仇票仰，本職統所部官軍前往平虜駐劄，相機截殺。本職先統領官軍二千餘員名，於本月二十九日申時到平虜城。本日酉時，該參將朱雲漢會報達賊要搶平虜地方，將本營官軍分派東水窪等處伏兵，按甲以待。二月初一日午時，達賊一百餘騎進入邊裏，本職督勵官軍併力追至蒼兒窪撲坎，就陣斬獲首級一顆，爲首總旗麻綸，爲從軍人樊仲庫。奪獲戰馬六匹，得獲夷器一十六件枝，收獲達箭三十二枝。陣亡軍人一名王天福，重傷旗軍辛滿等四名，射死官馬二匹。賊從舊口退遁出邊去訖。

又據遊擊將劉潭差弘賜堡夜不收張安口報，本年二月初三日卯時，達賊約有一百餘騎從正北前來攻黑山兒墩。本日辰時，本職帶領官軍馳去救援，齊力撲坎，就陣斬獲首級一顆，爲首夜不收張安，爲從軍人李斗寶。其賊退往北去。

又據軍門摽下通事家丁馬芳、劉漢揭稱，先蒙總督軍門發馬芳等通事家丁五百名，在威遠城按伏殺賊。本月初七日辰時，據夜不收李原報稱，達賊邊外進入張宣破堡，潛伏三百餘騎，有城東北北嶽廟坡上一賊二十餘騎往西南行走，又達賊二十餘騎往正南行走。有軍門旗牌官曹昶督同馬芳、劉漢，各領通事家丁，曹昶、馬芳出東門，劉漢出南門，各驟馬追剿至地名鹽場兒、黑龍灘、安口子、杏園兒、大漢等處，奮勇斬獲首級九顆，一顆爲首馬芳，爲從沈江；一顆爲首劉漢，爲從陳堂；一顆爲首王益夏，爲從劉海；一顆爲首馬欽，爲從楊亮；一顆爲首青台，爲從郭鎮；一顆爲首黄毛，爲從霍安；一顆爲首李繼芳，爲從艾賢；一顆爲有察合大，爲從王貴禄；一顆爲首牙只合奈，爲從曹昶。奪獲達馬三十一匹，夷器盔甲等件七副，被傷通事一名哱囉，在陣射死馬一十二匹。前賊仍從松樹兒等處出邊去訖。

又據中路參將尚表呈稱，二月初七日辰時，據城南古城兒架砲夜不收張拱口報，瞭見迤南石家莊達賊約有二十餘騎，東南行走。職當會京營佐擊將軍朱漢急統右衛城守備胡朝等兵馬，追至地名石家莊、牢子灣、草溝堡等處，達賊約有四五百騎，拍馬喊衝前來。職與朱漢督勵官軍血戰，混斫一處。朱漢營斬獲首級三顆，得獲達馬三匹。因朱漢領兵截殺，未開獲功首從。本營斬獲首級一顆，爲首百户聶綸，爲從軍人周玥。得獲達馬一匹，在陣射死收獲夷器達箭一百四十六件枝，被傷軍人王仗等二名。前賊遁出邊外去訖。及據威遠衛經歷掃繼官稟稱，軍門家丁馬芳、劉漢當先坎賊，號叫敗走。又有通事家丁哱囉、吴錦繡、李岐鳳、王奉、尹堂、張登奮勇追賊，逃遁出口，雖無獲功，亦稱出衆，相應犒獎，啓發怯弱。又審得，隨營家丁馮恩、艾賢供稱，馬芳斬獲首級一顆，有軍門通事青台認是俺答達婆之弟，係酋首，名唤沈答漢。又通事哱囉用命血戰，射中達賊數多，不假斬首，奮勇追赶到松樹堡邊外，與賊肆騎對敵。賊將哱囉馬射死，腦後射中一箭。哱囉奮勇拔刀，將達賊手斫落馬，就奪達馬騎回。等因。各報到職，合咨查照施行。等因到臣。

案查，節據哨探人役報稱，達虜營帳聯絡臨邊，時遣精騎窺伺，意圖竊犯。該臣督發標下家丁馬芳等前去威遠地方賊行要路設伏防範，復行遵照本部節題明旨，大書白牌，傳諭大小將領務，要奮勇血戰，以收奇功。隨該錦衣衛指揮時義前來該鎮，申嚴號令，督勵官軍。前項達賊果於二月初一等日四散侵犯，各設官軍用命剿殺，斬獲首級一十六顆。所據馬芳、哱囉等兵僅五百，已能直前摧鋒，亦足以作士氣。寔皆仰仗天威，神武遠布之所致也。如蒙乞敕兵部再加議擬上請，轉行巡按御史查勘明實，將有功併陣亡人員照例陞賞録恤。如有隱匿失事重情，参究施行，庶照激勸而官軍益增感奮矣。

謹題請旨。

捉獲姦細疏

准巡按大同右僉都御史何咨，據山西布按二司守巡冀北道右參議謝淮、僉事王重光會呈，行據大同府申繳，勘問過犯人徐斌招，年四十五歲，係山西行都司大同左衛中所百户孫玘下餘丁，狀招有未到父徐茂，母劉氏生斌。平虜衛後所失記百户下已故餘丁徐清，伊未到妻曹氏生在官徐大臣各成人。徐茂與斌娶未到妻曹氏，徐大臣未曾娶妻。嘉靖二十六年正月，斌前往左衛城北地名旱圪塔地方打草，被不知名達賊三十餘騎，將斌搶至北虜，分與達賊頭兒黑台吉部下呵兒答僕奴名下使用，改夷名仝畢，在營住過。嘉靖二十九年十月内，徐大臣前往平虜城東地名黄草梁打草，被不知名達賊一百餘騎，將伊搶去北虜，改夷名小子，分與先年達賊搶去大同人張敖，後爲達賊頭兒，改名塔兒堡名下使用。斌在營，常與徐大臣相遇熟識。嘉靖三十年十月内，黑台吉與達賊頭兒青台吉會議要搶，先差姦細暗密入境踏看道路，探聽兵馬消息。待青草馬壯來攻左衛城，及過關南去搶。比張敖隨差徐大臣作姦細役不合聽從，身穿舊破皮襖，於本月初十日夜間，潛從弘賜堡邊墻水口。比該墻軍役失於巡瞭，以致徐大臣入境，到於大同縣地名煤峪口、乾河口泉等村，假以與人傭工覓飯，往來各村踏探。本月内，又到地名回回村，與本村住未到杜廷甫、張廷璽赶車載炭，傭工探聽。嘉靖三十一年正月内，呵兒答僕奴差令斌同原搶不知藉貫未獲姦細徐旺入境踏探道路。斌與徐旺各不合依從，本月不記日期酉時，各亦穿新羊皮襖，潛從左衛三邊威虜堡喜鵲墩暗門入境。比該墩軍失於瞭望，以致斌等進入邊裏。又换行路不知名貨郎子舊皮襖幇貼銀五分，身穿行走，假裝乞食，徐旺分往懷仁地方踏探去訖。次日，斌到於左衛城，比不知名把門人役失於盤詰，致斌從北門進入，用原貼銀五分，向不知名人鋪内買飯吃用。至晚，暗到斌家，見父徐茂，母劉氏，妻曹氏，學説前情。徐茂、劉氏、曹氏各不合知情容隱，住宿一夜，仍各留説不必再去。斌不從，次日辰時，從南門出城，把門人役亦失盤詰，仍假乞食，從左衛地名張家墳、閻家村、榆樹窪、黑流水村、王家村、喬家村、常流水村，懷仁縣地名四老溝、白堖村等處地方往來窺探。本月初十日，徐大臣又與回回村在官不知情楊清赶車傭工探聽間，本年二月初五日，斌進入四老溝堡乞食。在官堡長張安等見斌面生可疑，向前盤問，不曾承認姦細，仍出堡到於回回，遇見徐大臣，在彼恐人知覺，不敢答話。本月初八日，斌回還四老溝堡乞食探聽，等候夥賊來搶。本月初九日寅時，達賊五千餘騎從樺皮溝入境，至巳時，達賊約有三百餘騎從西北前來，近四老溝堡北面，陸續往東南行走。本堡在官住人陳繼美等關鎖堡門，上墻護守。斌知得達賊經過，亦上堡墻窺看，被本枝達賊到堡墻下，呼叫徐斌夷名仝畢，又有穿青達賊番説，問伊討要水吃。是畢，就要下墻，當被陳繼美與本堡在官申用、薛英、崔周、崔廷佐等將斌扯住，關鎖廟内。本日未時，達賊一百餘騎從回回村堡北經過，徐大臣上堡，看得不是張敖一枝，不曾出堡迎見。本日申時，前賊回還，於各堡呼叫仝畢，至四老溝又叫數聲。張安等回説本堡無有仝畢，前賊徑往西北去訖。張安等又行盤問仝畢名字，斌又不合不肯承認。

本月十一日，有懷仁縣原差盤詰皂隷陳伏到彼，同張安等將斌拏送本縣審問。斌又不合將徐大臣、徐旺探聽情由隱下，却稱達賊虜去營内住過姦細曹恭江、般不動、任花、姚玉、辛淮、畢娃、堂娃、江曹狗子、曹大狗子等入境探聽等情。本縣將斌就差張安等押解巡撫何都御史處，蒙批仰分守道，會分巡道速勘明白招報，行問本縣。又將審取過供詞，申蒙總督蘇侍郎批仰分守冀北道問報，蒙會案仰大同府問招連人申詳。本月十四日本府審問，斌方招曾見徐大臣在回回村，及同徐旺入境，又稱曹恭等原未入境前情。隨差快手李應奎、雒宗岐，將徐大臣并楊清拘拏前來，將斌等研審明白問罪，連人招申，兩道覆審無異。

議得，徐斌與徐大臣俱合依境外姦細入境，内探聽事情者，律皆斬，秋後處决，俱重刑牢固監候，會審轉詳，待報處决。照出徐斌、徐大臣俱死罪免紙，未獲姦細徐旺行令各州縣衛所嚴督盤獲，與未到徐茂等俱另行。等因到職，合咨查照施行。等因到臣。案查，先據懷仁縣申詳前事，已經批行分守冀北道問報。去後，今准前因，爲照徐斌、徐大臣，志委虜夷，聽驅役於内入；計深潛躲，探消息以外傳。地方受害，法所莫容。如蒙敕下該部再加詳議，轉行巡按御史會審處決。將張安、李應奎等查例施行。

謹題請旨。

申明傳報聲息疏

伏以聲息探報以嚴戰守邊疆之事，誠莫先焉者。近據謬傳，致煩聖聽，仰荷明旨，寬宥不究，感激無地，除具本謝恩外，切惟敬以事君，慎以共事，臣子之分也。而於閫外軍機，關係尤重，敢不攄愚竭力，期圖報稱。但臣陽和駐劄，號稱適中，去宣府、山西邊界皆五六百餘里，大同、威平等城四百餘里，遇有聲息之傳，誠非晨夕可到。或遇虜賊阻隔，又不可以時計者。切詳各鎮參守等官，傳報聲息，有深可懲究者，有卒難周察者。何也？夫虜賊潰牆，將領虜罪之莫逭，遂行以少作多，張衆寡不敵之聲，希圖掩飾，深可懲究。虜賊寇掠散漫地方，瞭探之間，懸度影響，彼看一萬，此云五千，互異相傳，卒難周察。臣於二端亦嘗虚心究審懲治，猶多相襲譸張不悛。是以欲候查明然後聞報，往返程途，不無稽誤；欲察言審勢，徑減截其數，稽之事體，又似未宜。況又加之風傳，不無益駭聞聽。反覆思度，殊覺多難。臣目擊情弊，節經嚴禁。去後，即今遵守實報者十之六七，玩法妄傳者亦尚二三。若不預行申明酌處，將來踵相效尤，罪將誰諉。如蒙乞敕兵部再加詳議上請，嚴行大小將領恪遵典憲，今後傳報聲息，或有以少作多，查明之日，比照失事，重加參究。本兵亦必據真正咨文、揭帖奏聞，庶事無錯誤，罪有所由。如此，軍令既肅，而將領有所警畏，傳報得實，而兵機可以相度矣。

謹題請旨。

督府疏議卷之四

議運本色糧餉以便賑濟疏

准巡撫山西右副都御史許咨，據雁門兵備道呈，蒙本院案驗，准督理宣大糧餉户部左侍郎方咨，據朔州兵備副使侯鉞、守巡冀北道右參議謝淮、僉事王重光會呈，合無將運到米豆一萬石應用價銀，乞行山西巡撫衙門，就於該省腹裏州縣夏税秋糧，例該折銀，運解邊食，交納主兵銀兩，召買補還究運之數。其扣遇銀兩，仍行大同管糧衙門，候户部發到大同鎮客兵銀兩，照數扣補大同主兵之用，各令明白開銷。本部看得，各道所議頗便。但與雁門兵備道原議補價事理相背，備咨本院，將兩處各道會議事情再加裁處，是否穩便，有無窒礙，希由咨示，以憑會題准畢，備行本道，作速查議，歸一具由呈報。

蒙此，查得，前項乞運平虜倉米豆一萬石内，代州客兵米五千石，每八升五合時價銀一錢，該銀五千八百八十二兩三錢五分；崞縣豆二千石，每一斗二升時價銀一錢，該銀一千六百六十六兩六錢六分；寧武關米二千石，每八升時價銀一錢，該銀二千五百兩，豆一千石，每一斗二升時價銀一錢，該銀八百三十三兩三錢三分，通共該銀一萬八百八十二兩三錢四分。再照乞運平虜倉所用脚價，寧武關每米豆一石銀三錢，代州三錢五分，崞縣四錢，共該脚價銀三千四百五十兩，又米豆十石，該墊席一領，時價銀六分六厘六毫六絲二忽，計席一千領，共該銀六十六兩六錢六分二厘，俱係借支客兵銀兩，無銀湊補，與前來米豆價銀通共一萬四千三百九十九兩二厘。今各道議，將腹裏州縣夏税秋糧該解邊倉主兵銀内，如數扣留召買補還乞運之數，誠爲穏當。合無備行山西布政司，於腹裏州縣應解大同交納夏税秋糧主兵銀内，查照前數扣留召買補還乞運米豆并脚席之數，仍行大同管糧衙門查照，惟復别有定奪，呈乞施行。據此，案照，先准督理宣大糧餉户部左侍郎方咨前事，已經備行查議。去後，今據前因，看得，所呈本鎮乞運大同米豆一萬石時估價值并連席脚通共用銀一萬四千三百九十九兩二厘，就於山西布政司應解大同夏秋主兵糧銀内扣還一節，覆詳所議，委的便益，别無窒礙，擬合咨報，裁酌施行。

准此，案查，先准户部咨，該平虜大將軍咸寧侯仇題前事，要將山西米豆腹裏乞運三關，三關乞運平虜、威遠左右等衛官軍支給等項，備行前來。已經通行乞運查議。去後，今准前因，臣會同督理宣大糧餉户部左侍郎方議得，前項乞運過米豆既該山西巡撫、兵備、守巡等官議處明白，相應依擬。除行令山西布政司及大同管糧衙門各照議定銀兩數目，山西於應解大同主兵夏税秋糧銀内，大同於京運客兵銀内，各扣筭補還，明白開銷外，謹具題知。

懇乞天恩請給馬匹以資征戰以保重鎮疏

准巡撫大同右副都御史於咨開，本鎮原額馬五萬七百四十八匹，節年倒失馬二萬六千四十一匹，京營參將等官麻隆等并家丁、通事及陝西參將羅賢吴瑛等搶兑選去馬一萬八百八十六匹，實有在鎮馬一萬三十八百二十一匹，散在各營各路，原非便可會集一處，又多瘡瘸不堪。及查得，樁朋、肉臟、牛具等銀止有四千三百七兩。已經查無馬官軍領買騎操，每馬一匹約值價銀一十三兩，扣筭前銀，止買馬三百三十三匹，不及倒死者二十分之一。商税銀止百二千五兩一錢，其餘俱補宗室房墳、祭價等費，庫藏空虚，無從措處。咨煩奏請馬七八十匹，解發給軍。行間，又據京營參將李欽呈稱，遊擊時陳等營挑去本營精壯官軍三百四十九員名，正馱馬四百四匹，要行選補。

據此，查得，先爲集衆議講求禦虜長榮以隆治安事，准兵部咨，該刑科等衙門給事中等官李幼滋等題，本部議擬，行令各鎮巡撫衙門，會同總兵官，將各營將官部下兵馬，務足三千原數，親募軍人合用騎操馬匹。該鎮查照本部題准事例，俱於樁朋、商税等銀内措處買補，不敷聽總督、鎮巡等官另行議處。又爲節據降人供報緊急夷情等事，節准本部咨，該咸寧侯仇題，本部議擬，行令各邊總督、巡撫等官嚴行各鎮主將各挑選敢戰軍士一萬，但遇虜賊近邊，或打其帳房，或殺其老小，或奪其馬匹，或剿其畸零，如虜果大舉入犯内地，主將誅剿於外，奇遊援兵入關，應援血戰於内。等因。各備咨前來。節經通行各鎮，查選買補。去後，今該前因，查得，宣府尚未報到。

大約宣府一鎮倒失并各項搶兑馬匹不減於大同，樁朋、商税等銀亦不知於大同俟報到另行外，切緣破敵衝鋒，固在乎兵；追奔逐北，尤賴乎馬。兵無馬，無以致遠；馬不足，無以禦衆。兵馬强足，然後大敵可尅，强虜可破，外可以潛消猾虜覬覦之奸，内可以奠安宗杜生民之虞。今據大同咨報，一鎮倒失馬二萬六千四十一匹，京營參將等官麻隆等并家丁、通事及陝西參將羅賢、吴瑛等搶兑選去馬一萬八百八十六匹，實有在鎮馬一萬三千八百二十一匹。其見在者，又皆各營挑剩退回瘡瘸疲弱之數，分散各營各路，以總計之，則有前數，以分散計之，每一將官守備名下多則不過千餘，少則僅可百十至有三五十匹者。近雖題准，京營將領再不許搶兑挑選，然見在各鎮者疲憊缺乏已極，欲足各營將官部下三千及主將一萬之數，將何充補。及查大同見在樁朋等銀，止有四千三百七兩，買馬不過三百三十三匹。宣府雖未報到，大約數亦不多。

二鎮新募軍人馬匹，將何買補。矧今時已五月，防秋伊邇，况俺答狡黠，馬肥時月，必舉衆寇擾。以選剩疲弱與無馬之軍，而當鷙悍驕横之虜，欲其搗巢入援，戰勝守固，豈不難哉。近該山西走回降人郭哇哇等聽聞虜賊説南朝一軍騎一馬，我每一達子有馬八九匹，還多挑馬。要往東邊搶，將人馬調到東邊，要往西邊搶，調到西邊，晃得人馬乏了，要搶那裏搶那裏等語。事雖出於傳聞，然黠虜狡猾，奸謀叵測，且又得我漢人爲之謀佐，前言似不爲虚。彼果東出西没，各該將領即當隨其聲勢，往來截殺，缺少馬匹，將何奔馳？萬一誤事，欲究其罪，亦必藉口以無馬爲辭。臣待罪邊方，職叨總督，目擊其難，不敢不預爲之請。如蒙伏望皇上軫念宣大乃西北極邊重鎮，而宣府又畿輔藩屏，乞敕兵部從長討議，合無於太僕寺或順天府寄養馬内量撥一萬五千匹，解發來邊，聽臣斟酌地方緩急，缺馬多寡，分給二鎮官軍領養。再計發銀兩，聽臣督同鎮巡等官多方召買，併給官軍騎征。如此，庶馬匹充足，軍威可振，而臨敵不致誤事，地方幸甚，官軍幸甚，臣亦不勝幸甚。

議運本色糧餉以便賑濟疏

准巡撫大同右副都御史於咨，據山西等處兵備、守巡道副使等官侯鉞等呈，會同郎中暹鳳翔議，查得，乞運大同鎮粳粟米一十四萬石，計懷來起至陽和三百八十里，每米一石，每十里該脚價銀一分，共該銀五萬三千二百兩。自陽和分發沿邊緊要新平、靖虜、聚落，大同弘賜、鎮河、鎮邊、鎮川、鎮虜、高山、破虜、滅虜，左衛威虜、寧虜，右衛威遠、井坪等城堡，遠近不等，計里扣筭，又該脚價銀二萬三千九百七十兩，通共該用脚價銀七萬七千一百七十兩。若於主兵銀内動支，但山西布政司拖欠年例銀兩數多，主兵尚不敷支用。若於客兵銀内動支，今准發銀兩，俱係扣筭防秋支費之數，似難動支。前項脚價，無從凑處。及議得，前米自懷來運至天城、陽和一十四萬石，分作一十四運，每運用車一千四百三十輛，共運三百六十四日。若車數完足，無風雨阻滯，方可計日運完。今去防秋不及兩月，若待乞運米石作爲兵馬支費，似乎緩不及事。再照原議，會討本色糧七萬三千二百二十八石一升零，料八萬三千一百九十四石九升零，草三百七十七萬四千四百二十一束，折色糧料草銀八萬九千五百二十四兩七錢九分零。今蒙准運米一十四萬石，米固有餘，料草不足，無從處辦。若不先時議處，臨期恐誤事機。呈乞施行。據呈備咨，轉行到臣。

案查，先准户部咨，爲邊儲事，該臣等題請大同鎮嘉靖三十一年合用防秋錢糧，本部議將乞運懷來粳粟米二十萬石，内外發大同一十四萬石，用足請討之數。等因。備咨前來。已經通行查議乞運。去後，今該前因，看得，前項分發大同粳粟米一十四萬石，窮荒邊地，又值時艱，得此本色，甚爲得濟。若能即至緊要城堡，誠有益於供應。但用轉輸，未免躭時費日。以一十四萬石，分作一十四運，每運用車一千四百三十輛，共運三百六十四日，方得運完。中間風雨阻滯，警報稽留，車或不齊，又不可以前月日計也。况民因艱窘，牛騾乏草喂飼，變賣餓損，傷失已多，召運不前，除嚴行各該守巡等官多方設法上緊僱運外，米縱運至，止可給軍食用。至於料草，官懸重價召買，委因連歲荒歉，不曾多收。即今軍民之家有頭畜者，皆掘乞草根喂飼，將何以應。及查運米車脚，計費銀七萬七千一百七十兩，既稱主兵錢糧不敷，必於客兵銀内動支。緣客兵銀兩，俱係扣筭防秋支費之數，若不預爲奏請補給區處，必待臨期告乏，不無誤事。如蒙伏望皇上軫念地方多事，邊報頻仍，用兵無時，料草爲急。乞敕户、兵二部再加詳議，合無將前乞運糧米車輛費用、客兵銀兩，照數補給解發，來邊聽候防秋支用。其缺乏料草，從長計議，作何區處，行令臣等遵奉施行。

謹題請旨。

哨報賊情疏

准巡撫宣府右僉都御史劉咨，嘉靖三十一年伍月貳拾肆日，據原差虜營偵探通事王林口報，十四日午時，從張家口出邊。十五日，到把都兒營内。十六日，有黄台吉前來，合把都兒同賈住、王林會話三日。黄台吉説稱要搶，有把都兒留黄台吉，不要着他搶。黄台吉説，既然不要我搶，另開境口，與我貨賣。賈住、王林説你原分在大同，你又搶了大同。今日宣府不敢與你貨賣。黄台吉説搶大同的是俺答，宣府原是我做買賣來有。把都兒説，我一箇人也止你不住，你要貨賣，合原來通事賈住、王林講同。先着王林前去會同太師再討示下與你。十九日，散了。有把都兒家老婆酒醉了，説稱二年不搶，没喫的。再貨賣兩遭，不做了。有黄台吉精兵在金字河下營，聞説朵顔賊勾引，要搶永寧、四海冶地方。又有兀慎、擺腰、哈剌慎叁家，二十日差來人會把都兒，在於青山回回墓一帶等處下營聚兵。五日，不知往東往西，搶何地方，該行西路、北路、東路隄備。二十二日，把都兒也起營往西，到興和住劄。虜賊成象，説他是頭兒，領來達賊叁百騎，馬五百匹，前來貨賣。有把都兒分付王林，説稱你與黄台吉取和了，也教大同取和，便都不搶了。據此，又據分守北路參將李賢呈開，伍月二十一日，據獨石馬營夜不收墩軍柴定等瞭見，赤把都原住達賊二千餘騎往南移營，到八里莊住牧。又達賊三千餘騎從北來到蟒吉都前懷，往西行走，離邊七里，其白草川、金字河、孤榆樹川等處達賊營帳照舊住牧。又據分守西路參將史略稟稱，走回男婦張管小厮等在虜營時，見得達賊頭兒擺腰、哈剌慎、黄台吉三箇頭兒離營七八日，往東北搶去了，不知搶那里。等因。

通據得此，案查，先准兵部咨前事，煩爲遵照節奉欽依事理，選差慣經出邊通事夜不牧人役，嚴其號令，厚其犒賞，分番絡繹，差發出邊，深入虜營，務要哨探的確消息，不時轉報，一有動作，星馳赴報本部，以憑調遣，及飛報隣鎮，火速應援。又准本部咨，選差慣便出邊通事夜不收，深入大把都兒營内哨探，一有動作的確消息，飛報本部。又准軍門咨同前事，准此，俱經節次會行東、北、中、西肆路參將，遵奉哨探，及會差通事家丁山猪等前去北路長川哨探大虜東向消息。又會差通事王林、賈住同互市達虜前去把都兒營内偵探，并將北路哨報境外白草川、金字河、赤把都、孤榆樹川等處達賊住牧營帳，不能深探，恐賊東犯等情，已經會本題，及節咨兵部去後。

今據前因，會同鎮守總兵官吴鼎、協守副總兵郭都議照，虜酋數營盤據宣府西北貳路邊外，名爲住牧，實有姦謀。把都兒一向互市，誓保不犯我邊。今陽與黄台吉相會，令與我講和，再開市馬，且令再與大同相和。又云我一人止他不住，其達婦亦云没喫的，再做兩遭，要搶。是其心已變動，今秋難保其不侵寇矣。黄台吉東據金字河，爲朶顔零賊勾引，要搶永寧、四海冶，似欲侵犯薊鎮地方。擺腰、兀慎、哈剌慎在西，已聞聚兵會搶。走回人口所供皆同。把都兒又移營興和住劄，又似有窺犯宣府西路、大同東路之意，形勢已露，不可不預爲之備。職等竊料此虜今年市亦搶，不市亦搶，市而搶則推稱人衆不能獨止，不市即將執以爲詞。爲今之計，戰守之外，再無别策。除今次牽來馬匹，遵照欽依，權宜互市，及行各路大小將領整搠兵馬，嚴督邊墩哨守人役，加謹隄備哨探外，如蒙乞敕兵部，將前虜情再加詳議，并轉行遼薊二鎮一體整兵防範，嚴加哨探，仍敕大將行令調到各處兵馬，遇警截殺，聞報即行，務使虜賊不得南越關山，驚擾畿輔。除具題外，備咨到臣。案查，先節准兵部咨前事，已經備行各官選差乖覺人役直達虜營爪哨。去後，今准前因，看得，宣府鎮巡等官所議此虜今年市亦搶，不市亦搶，緣黠虜驕横，奸謀叵測，防範之機在我。當預除嚴行各鎮大小將整搠兵馬，擐甲以待，及督長哨人役，多方偵探外，謹題請旨。

聲息疏

准巡撫大同右僉都御史侯咨，本年五月二十五日未時，據靖虜堡操守朱世勳差長哨夜不收武洪口報，本月二十二日午時，差役從三邊碾兒溝墩出口。二十五日寅時，哨至大鷄兒溝地方，從正北來達賊約有五百餘騎，往南行走。該總兵官吴瑛當即督率本營有馬官軍，自鎮城由孤山循邊而東，前住陽和地方截殺。本日時，又據靖虜堡三邊西土關兒墩夜不收曹元口報，本日辰時，瞭見從邊外正北來達賊約五百餘騎，到於紅土溝墩西空進入，往南行走。隨據車番溝墩夜不收尚景敖，亦報相同。本日時，又據聚落把總官王安差夜不收楊世龍口報，本日巳時，從本城東北來哨馬達賊八騎，到於官路劄立。又據鎮邊堡把總潘剛差夜不收馮剛口報，本日辰時把總領人馬到於本堡東暗門，迎遇達賊二百餘騎，就彼對敵。本日酉時，又據東路參將王禄差夜不收閻孟書口報，本日午時，靖虜堡三邊碾兒溝墩正北來達賊三百餘騎，往南行走。本日三更時，又據左副總兵官趙臣從鎮邊堡迤西青圪塔地方差夜不收孟春口報，二十五日酉時，據靖虜堡夜不收報稱，達賊三百餘騎往南行走，副總兵領人馬截殺去訖。二十六日寅時，據靖虜堡紅土溝墩軍兵伏謙口報，二十五日辰時，本役瞭見邊外正北來達賊五百餘騎，到於牆下拆口進入南行。碾兒溝墩軍曹友口報，二十五日辰時，瞭見正北達賊五百餘騎，從本墩西空拆口進入，往南行走。本日時，又據靖虜堡操守朱世勳差夜不收蘇蘭亦報，前紅土溝墩、東空碾兒溝墩西空拆口進入達賊約有二千餘騎，往南行走。本日巳時，據參將王禄差夜不收石丢驢、喬興虎報稱，二十五日巳時，從靖虜堡三邊碾兒溝等墩進入達賊共約有三千餘騎，落陽和川西南泥河地方。本日未時，據總兵官吴瑛差官劉經口報，本日辰時，兵至聚落城。隨據原差聚落瓜賊夜不收報稱，前賊至陽和泥河地方，時值天雨傾下，又見人馬追赴，其賊復從陽和夾城東西往北去訖。本日時，據遊擊吕勇差夜不收孟子江口報，二十五日未時，遊擊領人馬從天城往西行到地名柳林堡，迎遇西南來達賊約有一千與人馬，對敵，被賊將吕遊擊右鬢射傷一箭，甲襖身上共射傷三箭，射傷軍人三名，官馬四匹，與賊各在被下營。差役走報。本日申時，據京營佐擊朱漢差夜不收李友道口報，本日巳時，佐擊領人馬從鎮河堡往東截殺去訖。又據北西路參將張涞差夜不收任朝口報，本日辰時，參將領人馬從助馬堡往東截殺去訖。貳拾柒日卯時，據副總兵趙臣差夜不收范大敖口報，副總兵二十五日酉時，領人馬到靖虜堡。二十六日五更時，與遊擊鄭捷、千總周池人馬合兵一處，往東邀賊，到於開山口，遇賊二百餘騎，對敵，將賊赶出山口。到於地名永康莊，遇賊三百餘騎，對敵，差役走報。本日時，又差夜不收吕景月、郭良右口報，二十六日申時，人馬到陽和後口，迎遇達賊約有五百餘騎，在彼對敵，斬獲首級一顆，奪獲戰馬三匹，内射死二匹，甲一副。其賊出邊。本日時，據京營參將麻隆差夜不收馮綱口報，二十六日午時，參將自應州領人馬往陽和截殺去訖。本日未時，據京營參將李欽差夜不收許現口報，二十六日二更時，參將領人馬從渾源往東襲賊，蒙總兵官吴瑛止回本城，照舊住防。本日時，又據參將王禄差夜不收李淮口報，二十六日未時，前項達賊從三邊小鵓鴿峪等處出口。本日時，又據參將焦澤差長哨夜不收李漢雲口報，二十六日未時，哨至大邊，召人莊窩團山等處，瞭見猫兒莊墩東空從南來精兵達賊約有二千餘騎，往北去訖。本日時，又據陽和城革任守備凌堂差家丁凌天爵口報，一十六日未時，領家丁十名到地名刺林兒，遇賊三騎。撲坎斬獲首級一顆，奪獲達馬一匹，夷器等件，陣亡家丁一名凌威。二十八日卯時，據軍門標下把總曹昶差家丁衛見報稱，二十五日，職領家丁一隊在地名欒家屯放馬，遇零賊十五騎前來赶馬，職率家丁與賊撲坎一處，周三就彼斬獲首級一顆，奪獲達馬七匹，被搶驢二頭，牛五隻，陣亡家丁一名，中傷二名。等因。據報到職。

會同鎮守大同總兵官吴瑛議照，邊外虜賊，時登高山，窺我邊隙，即今田禾被野，農作方殷，居民牛羊，趂草放牧。適值連日陰雨，賊忽突入，該路兵馬，趨邊不及。當夜大雨如注，總副、參遊等兵相繼對敵，間有斬獲，隨即出邊往北去訖。除將該地方誤事守操官員嚴行查究外，其有功人員量給銀牌、花紅犒獎，奪獲馬匹給獲功人役充賞，斬獲首級照例送巡按御史統驗明實，并賊出入地方有無失事緣由，一併查明具奏。及具題外，合咨煩請施行。

准此行間，又據總兵官吴瑛亦呈相同。續據標下遊擊吕勇、把總曹昶等呈開，在陣與賊對敵，斬獲首級一顆，奪獲達馬七匹，夷器弓刀等物五件，被虜牛驢一十一頭隻，射死登高走報家丁夜不收四名，射重回營身故一名數目前來。通據得此，查得，先節據宣府鎮哨報賊衆俱往東北行走，而獨石馬營又報虜賊連營，住近白草川、金字河等處，走回人口聽聞賊衆聲言要搶。玆既見形於此，不東犯遼薊，必西寇宣大。是以遵照兵部節次題奉欽依事理，嚴行各鎮整搠兵馬，擐甲以待。臣帶領標下并家丁馬芳等官軍一千餘員名，前往宣府適中住劄探報，已經具題。及馳報兵部，轉行遼薊，一體隄備間，各賊竊知有備，至二十四日起營，往西北行走。又經票行各官，比常加謹哨其向往，隨其聲勢，往來截殺。二十六日申時，據分守大同東路參將王禄差夜不收樊成成等走報，達賊萬餘從靖虜堡碾兒溝等墩空入境。得報，臣一面差人分投催調各營兵馬，併力截剿，一面冒雨馳行，躬親督戰。兵方四合，天降大雨，虜無所掠，退遁出境。是皆仰仗天威，上玄默佑所致。不然，虜既舉衆而來，豈肯不深入爲患。及照以少報多，乃邊方因習之弊。玆者賊止數千，而墩軍樊成成等又乃妄報萬餘，除以軍法痛加懲治，并將各營官軍對敵斬首、奪獲馬匹夷器與陣傷陣失及地方有無疏虞人畜等項，案行分巡冀北道體勘明實另行外，如蒙乞敕兵部合無轉行巡按御史，將有功有罪人員併行查勘，照依律例，參問發落。

謹題請旨。

議處極重邊鎮懇乞天恩大破常格亟加振飭以消虜患以圖治安疏

准巡撫大同右僉都御史侯咨，案查，先准兵部咨，該兵科給事中朱伯辰題前事内一款，議兩鎮之挑兵，該本部議擬，敕下兩鎮總督、鎮巡等官，從長計議，於見在之兵汰其老弱，補以精壯，而又於本鎮軍餘舍餘、土著壯夫之内，各添選驍勇，大同二萬，宣府一萬，以補原額消耗之數，量給衣裝銀兩。其馬匹、器械，官爲處給，設法操練，務使鎮巡别無牽制，責以三年不效，然後治罪。庶可振起兵威，自爲戰守。等因。題奉欽依，備咨前來。又准總督軍務兵部左侍郎蘇咨同前事，准此，俱經會行兵備、守巡道并副參、遊守等官欽遵，各將見在之兵汰其老弱，補以精壯，又於本鎮軍餘舍餘、土著壯夫内選補。去後，未見回報，催行間，續准總督軍務侍郎蘇咨催前事。

准此，會同鎮守總兵官吴瑛議照，大同一鎮兵馬除挑選京營九千餘員名，及通事、家丁五百名，并咸寧侯標下千總周池等五百員名，實有在鎮官軍七萬八千餘員名。内又除軍門標下二千餘員名，大同正奇遊援兵共九營，訖二萬九千員名，内見在馬一萬三千八百餘匹，缺馬一萬五千餘匹。實在步軍四萬七千餘員名，内除三萬六千名，分作三班，每班一萬二千名，分守邊臺一千二百座，每臺十人，每月一换，每季一週，上邊者巡瞭守邊，下班者操練守城。其各營馬軍，聽候聲息，重大之處，隨方策應。各色差占匠役尚有一萬一千餘員名，盡數清出，征操防守，庶亦足用。若不須於壯夫者，切見添選壯夫不便有五：

本鎮軍多民少，供億繁難，禄糧軍儲歲辨不及。抽補京營之後，重以差役煩擾，田多荒蕪，收入益微，民生憔悴。非獨天災使然，亦人事不獲盡也。若復挑選二萬，籍名在官，則舊業農事因而荒廢，生者益寡，食者益衆，此不便一也。足食足兵，備邊之要。然兵多則費益廣，食足而兵始强。本鎮原有軍士乏食，月支折色銀七錢，糴米不過數斗，嗷嗷殆不聊生。京發米石積貯懷來，懸價顧運，日望不至。錢糧不足，而顧多增軍士，此不便二也。壯夫取諸餘丁，未經操練，卒難使之領馬對陣，必暫令備城守。然往歲賊入，此輩身家在各城堡，必須戮力捍守，自保身家，是謂不食糧之軍。今籍名爲軍，月支糧米，歲給布花，遇賊入寇，不過據城自保，是謂食糧之餘丁。二萬壯夫，歲費月糧、布花銀兩，不下二十萬。其於邊防城守之資，猶夫往年，無分毫益也，此不便三也。前年挑選京營九千，處給賞銀一萬八千兩，那借公私銀兩，處補不前，後抽丁補缺，復其差辦，蠲其逋欠，民猶蹙額，戀其生理，不肯樂從。今復挑選二萬，責本鎮處給衣裝、馬匹、器械，計費不下二十萬兩。窮邊沙漠之地，饑饉之餘，不知何項錢糧可以那辦，此不便肆也。本鎮雖係極邊，而時值多事，押解錢糧，查勘功罪，探報聲息，催辦公事，使軺往來，道路如織。其車輛、夫馬、紙張、柴薪、鹽菜之類，一切取給於尖丁銀兩。蓋尖丁銀兩，即餘丁之所辦也。餘丁選爲壯夫，則原派差銀當免，前後免三萬丁，則供應益無從出，此不便五也。

今欲挑選壯夫二萬，而一應盔甲、馬匹、器械、月糧、布花，尖丁供應之費，皆當先爲設處有備，而後可責其防禦有效。與其選壯夫以補原伍之缺，不若留京營以原本鎮之防。而千總周池等續立家丁名色，仍歸麻隆等營，則内地不擾，而外侮可禦矣。不然，則壯夫之選，徒爲擾民費財而已。爲此合行移咨軍門，煩請施行。准此，行間，又准巡撫宣府右僉都御史劉咨開，查得，本鎮正奇遊兵并各路援兵營見在軍士，逐一嚴加沙汰，精壯者存留征戰，老弱有丁者摘牌替役，無丁者退回衛所。其揀退之數并先次挑去京營官軍、鎮城正奇遊兵，於神機後營衛所占役軍内挑選抵補已足，陸續逃故者又於兵車營見在壯軍内撥補。其新募軍人，西路一千三百四十五名，中路一百七名，北路九百八十二名，南路一千一百五十名，已經撥補，各足援兵三千之數。東路原未召募，將永寧副總兵所統奇兵，原係先年募軍充補，今副總兵既已回鎮，復協守之舊軍遺在彼，相應改充援兵，亦足三千。兹奉欽依，又於本鎮舍餘、土著壯夫内量選驍勇一萬，以補原額消耗。節經催行守巡道召選，俱稱地方舍餘連年召募，抽充已盡，累次示召，無人應募。咨乞裁奪。等因。備咨到臣。

案查，先准兵部咨前事，已經備行各鎮鎮巡官，轉行兵備、守巡等道及各大小將領，各照題奉欽依内事理，欽遵召選。續因大同巡撫兩次更置，久未回報。又經催行召選。去後，今准前因，看得，大同咨稱，本鎮正奇遊援兵共九營，該官軍二萬九千員名，内見在馬一萬三千八百餘匹，缺少馬一萬五千餘匹，實在步軍内除三班守邊外，清出各色差占匠役一萬一千有餘，征操防守，庶亦足用。添選壯夫不便有五，而宣府咨稱各營官軍選補數足，添選驍勇一萬，連年召募，抽充已盡，累次示召，無人應募各一節。切緣禦虜尅敵，固在乎兵；致遠追奔，尤資乎馬。今各鎮正奇遊援兵内，選去京營官軍并調去通事、家丁，俱稱補足。又有清出役占軍士，頗足防禦。但選補各營軍士，惟缺騎征馬匹。臣嘗具疏上請，仰蒙准給大同馬二千匹，銀一萬二千兩，宣府止給原發互市未用馬價銀三萬四千餘兩。今宣府咨稱，前銀未先，已差人前往蘇杭等處收買段疋，以備易馬應用，見在貯庫銀止有三千三百餘兩。本鎮倒失馬一萬九千餘匹，又抽補挑去京營官軍三千，亦各缺馬。大同咨稱，選補正奇遊援兵，缺馬一萬五千餘匹。然有軍無馬，不能致遠，與無軍同。再照京營選兵四枝，雖云留備該鎮防禦，然有警則該調去入衞，况大將軍題稱不許聽地方官掣肘，候七月初旬調入近京地方，以便統領截殺。是四營兵馬未調之先，足藉地方防禦，既調之後，將無所恃。今日選兵給馬，在本鎮莫急馬者矣。但各鎮倒失數多，固不敢望其全給。而京營選去馬一萬二千餘匹，亦應補足。如蒙伏望皇上軫念宣大乃畿輔重鎮，見今虜營離邊不遠，爲患叵測，乞敕兵部從長計議。除先發大同銀馬共三千匹，宣府見在銀三千三百餘兩，約買馬三百匹外，其餘未給馬九千餘匹，合無於太僕寺及順天府寄養馬内照數補發來邊，給軍騎操，聽候搗巢入援應用。其餘倒失馬匹，聽該鎮補買，庶兵馬自足，戰守有賴。地方幸甚，臣亦不勝幸甚。

謹題請旨。

懇乞聖明先事預防以弭虜患疏

據鎮守山西總兵官李淶呈，嘉靖三十一年六月初六日，准巡撫山西右副都御史許手本卷查，乞准兵部咨開，如遇賊犯内地，一聞警報，不拘遼東、宣大、三關、陜西各路人馬，即便統領精鋭，星馳入援，隨賊截殺，不必候本部明文，違者以失誤軍機論。具奏處置，節該題奉欽依，各鎮援兵近地，着聞報啓行。欽此。所據預備入援事宜，合行早爲議處。

准此，案查，又爲預陳安邊滅虜至計以圖久安長治事，蒙總督軍務兵部左侍郎蘇鈞帖，准兵部咨前事，該本部議擬，合行宣大、薊州各總督，每鎮聽主將各選精兵一萬，擇慣戰謀勇將官分領，賊果深入，除各該參將各守信地外，其主將統兵徑往虜地搗其營帳，副將、遊擊各率兵馬入援。蒙此，查得，本鎮遊兵係該入援之數，無容别議。其參將應守信地，事體重大，未敢定擬。呈乞照詳。得此，看得，所呈前蒙議擬，如遇賊犯内地，一聞警報，不拘宣大、三關，各路人馬即便統領精鋭，星馳入援，隨賊截殺。後蒙議擬，每鎮主將各選精兵一萬，賊果深入，除各參將各守信地外，其主將統兵徑往虜地搗其營帳一節，前後奏議有間，故李淶具文呈請，若照前議，宣大、三關各路兵馬俱當入援；若照後議，主將當搗賊營帳，參將當各守信地入援，則各部兵馬自有本管將領統率出搗，則令主將選兵一萬，緣主將選兵，正兵無幾，必當以各參將之兵充補。但參將議令各守信地，似不敢擅擬。及照山西三關相距京師，遠者一千三四百里，近者亦不下千餘里，有警入援，已慮緩不及事。近因延綏報稱，俺答部下兩箇頭兒率衆過河，本部議將山西遊兵與大同西路遊兵量移近地，聽侯延綏緊急，不待調遣，徑自馳赴應援。竊見議者往往以京師爲堂室，宣大爲門户。重門户，所以重堂室也。重堂室，所以重根本也。以故議將宣大選兵四枝，留備該鎮，聽總督、鎮巡操練，防禦有警，分佈截殺。七月初旬，調入近京地方，聽候統領截殺。近五月間，大賊營帳住近宣府獨石邊方，似有東犯奸謀。調到陝西客兵不知住劄處所，臣恐誤事，牌行各官查報，及令探報虜賊入犯，不候調遣，隨其聲勢截殺。參將徐洪呈，蒙平虜大將軍總統京邊兵馬咸寧侯仇批行，奉有欽依，有事入衛，不係宣大兵馬之數，似難准理。仰專聽入關，毋致誤事，仍呈總督衙門知會。此固重根本衛京師之至意。倘關輔警急，不止京營四枝與調到陝西兵馬入衛截殺，而宣大、山西兵馬亦當入關策應。但恐聲東擊西，賊或憑陵乎宣大；而刻期徵調兵，俱先趨乎關輔，則前項兵馬不可必得爲宣大之用。延綏有警，而大同、山西遊兵又量移近地，聽候截殺。是陝西客兵不得用於宣大，而大同、山西兵馬復遠援陝西，重增牽制。况選補京營，挑去官軍，缺少馬匹，臣嘗具疏奏請，未蒙全給。萬一賊果内犯，或三鎮别有警報，所遺地方空虚缺兵，入援捍禦，致誤事機，貽罪匪輕。且李淶所呈前後議奏不同，事難遵守。以此呈請，如蒙伏望皇上軫念宣大乃京師之門户，三關實山西之藩屏，乞敕兵部再加詳議，各鎮兵馬或照先議賊犯内地統領入援，或照後議主將選領搗巢殺賊。其各參將，或隨主將聽用，或止照原擬各守信地。其應援延綏兵馬，容令掣回，聽候防禦。宣大及關輔有警，督發入援。均乞明降，以便遵守。如此，庶兵有一定，而戰守可以成功；事無猶豫，而緩急不致誤事。

謹題請旨。

預擬分佈人馬以禦虜患疏

准巡撫宣府右僉都御史劉璽咨，准總督軍務兵部左侍郎蘇咨前事，該先任鎮守大同總兵官咸寧侯仇鸞題爲追往失陳利病請宸斷以出萬全事，要將大同小堡歸併大堡，擺邊官軍更列三等，老弱者仍守牆墩，精壯者掣回守堡，極精者隨營截殺。該本部議得，但老弱者恐有不堪，合無將小堡歸併大堡，擇其老弱者掣回歸併，與同在堡居住强壯軍餘民人堅壁清野，併力守堡；精壯者察其墻墩緊要偏緩，量留分派，以爲多寡，往來巡瞭；極精者隨營養鋭，視賊向往，相機截殺。題奉欽依，備行前來。已經通行遵守。去後，今照防秋伊邇，守墻、列營、守堡等項機宜，相應預行計處，合咨會同總兵等官，查照上年防秋事規，再加隨時斟酌，議擬作何分佈，應於何月日赴守，與一應戰守機宜，逐一從長計處明白具由，同定擬過地方官軍名數，一併回報，參酌施行。

准此，案查，先節准軍門咨，准兵部咨，爲遵明旨效愚忠以圖補報事，該本部議擬，防秋擺邊費用錢糧數多，欲將正奇、遊援兵馬分佈聯絡，迎敵截殺，可免擺墻之費，尤得守邊之要。合行各總督、鎮巡等官審度險要，分兵劄營，相機戰守，將擺邊之兵量爲減省。又爲預處兵馬據要害以便戰守事，該本部議擬，合候命下，一咨總督侍郎蘇，轉行宣府鎮巡，於防秋之時督發永寧參將兵馬一枝移駐四海冶，副總兵人馬一枝移駐永寧城，以防禦山後大小紅門。又爲奉旨會議事，該兵科等衙門議覆内開，李家莊零賊今已歸附北虜，誠恐縱其入犯，則四海冶、渤海所、南横嶺等口俱逼近陵寢，尤當預防。合行宣府都御史劉璽、駐守昌平都御史周琉作速設法經略，酌其要害處所，督發各該將領民兵設險，内外一體隄備，以伐其謀。又爲預陳安邊滅虜至計以圖久安長治事，該本部議行，選兵一萬，虜果深入，主將統兵擣其營帳，副將、遊擊率兵入援。各題奉欽依，備咨轉行到職案候間，今准前因，會同鎮守總兵官吴鼎、協守副總兵郭都議照，本鎮西、中、北、東四路節年防秋，派撥守墻、列營馬步官軍，雖有舊行事規，緣近年以來，賊勢甚非往昔，戰守亦難拘定。況有前項節次題奉明旨，俱當一一遵照處分。

查得，西路沿邊最爲緊要，較與他路不同。兼以原議應修求完邊工尚多，必須從宜通融計處，庶修守兩得，彼此克濟。今將鎮屬各營路并衛所馬步官軍，照依食糧文册查出，内除緊關差占守邊長哨、驛站局庫扛夫、老疾紀録食糧三六斗等項存留不定外，其餘官軍量其强弱，分其衝緩，坐派名數，定以起止界限防守。東路參將孫寶所屬守備、操守等官蘇登等無馬，并衛所官軍八千二百七十一員名，分派四海冶、永寧、靖胡堡沿邊一帶邊墻巡守。本官統領援兵，有馬官軍三千員名，駐劄四海冶，隨同附近邊堡養鋭列營。副總兵郭都統領所部奇兵有馬官軍二千四百二十四員名，駐劄永寧城，各遵照欽依防禦山後大小紅門等口。南横嶺等處副總兵仍嚴行哨探，虜果深入，亦要遵照兵部議行，率兵入援。參將孫寶仍提調一路戰守。滴水崖守備張問政、寧遠堡把總張勳無馬官軍七百一十三員名，就於本邊擺墻。有馬官軍一百六十一員名，隨同列營。長安嶺鵰鶚龍門馬步官軍一千四百四十二員名，就令各該守備、把總官帶領，與同河南秋班都司官丁守之所部官軍三千五百員名，相兼於内邊，自唐家嶺歷鵰鶚龍門，以至小白陽、六臺子止一帶，巡邏防守。中路參將許實所屬葛峪、趙川、大小白陽、常峪、青邊、羊房堡守備、操守等官潘銘等無馬官軍一千四百七十一員名，自六臺子起，直抵西路張家口接界，沿邊巡墻伏空擺守參將許實統領葛峪迤東趙川、大小白陽等堡援兵，并防守有馬官軍九百五十八員名，在於大白陽堡養鋭列營。坐管官石勇帶領葛峪迤西常峪、青邊、羊房等堡援兵，并防守有馬官軍七百五十九員名，在於青邊口堡養鋭列營。參將許實仍隨賊報勢，往來提調一路戰守。西路參將史略、南路參將麻宗、兵車營至營官李世勳、後營坐營官曹澐、河南春班都司官吴子英及西南二路守備、操守等官任鎮等，并各路城堡衛所無馬官軍二萬二千三百六十員名，自張家口，歷萬全右衛膳房、新開、新河、洗馬林、柴溝、渡口、西陽和沿邊一帶，各分起止，擺守巡墻。其西南二路援兵并防守有馬官軍六千三百二員名，隨同列營，架梁防工。參將史略仍隨賊聲勢，往來提調一路戰守。神機營見在兵馬不多，合將坐營官張鐄，令其量帶本營有馬官軍，沿邊往來，督理神火器械，教演放打，以備敵戰。北路墻垣厚薄不同，地里險夷有間，邊長人少，不敷遍守，原無分佈擺邊。參將李賢嚴督所屬守備、把總等官，各將無馬官軍分派，輪流各在本邊巡邏伏空防守。李賢仍隨賊聲勢，往來提調一路戰守。以上中、北、東路并河南秋班無馬官軍，已有前擬擺守地方。即今西路工程浩大，人力不敷，宜當從權調撥，除各量留巡墻伏空防守及北路松君二堡、寧遠堡孤懸要害免調外，其餘隨同防秋日期，俱赴西路萬全右衛取齊，聽侯分派，協濟脩工。如遇該路哨有重大虜情，似有侵犯之機，星飛傳報，即行督發前去，照依原擬擺守。或分發村屯併守，或隨其賊勢堵截，此又臨時權便，難以預定。京營參將歐陽安所統官軍一營，駐劄北路適中城堡，隨賊向往截殺。本官仍差人遠哨，如賊有侵犯薊鎮消息，不必等候調遣，徑自星馳入關應援。鎮城正兵内總兵官量帶巡邊，其餘與兩遊兵俱遵照該部所擬節省費用，操候鎮城，酌量邊報緩急，另行督發，仍探聽賊果深入，遵照兵部議行，正兵與選兵擣其營帳，遊擊各領所部入援。北路援兵仍在本路各城堡操候，遇有警急，隨宜調集截殺。鎮城存留摘兑馱馬并神機庫火器手及守城衛所官軍人等，着落都司官郝九皋提調，以爲守衛之兵。前項擺邊守城守堡無馬官軍四萬五千二百五十一員名，每五十名委管貼隊官二員，每二百五十名委把總官一員管領，各隨帶軍火、器械、蓆皮、鍋桶、鍬钁、斧鋸等器，照依定擬，各該邊墻俱聽列營將領，各照分定起止地方提調，督同各該守備、操守等官，遵照定派官軍數目，量其地理險夷衝僻，斟酌分派。其副參坐營等官統領有馬官軍一萬八千一百四十二員名，派照擬定地方駐劄，兼提調巡守邊墻中間一應戰守機宜，各遵照兵部節行明文，并節年條約，着實舉行。各要不時選差乖覺通事、家丁、夜不收分番出境，遠爲哨探。但聞有警，會合左右擺列將領等官，申嚴號令，整搠兵馬，擐甲以待。賊果近邊，督率所部兵馬與同巡墻伏空官軍併力拒敵，相機戰守。仍隨賊聲勢往來堵截，務使虜賊不得近墻，畏威遠遁。各官期心竭忠奮力，計出萬全，敢有畏懼退縮，防禦不謹，失誤軍機者，遵照節奉明旨及近日新例，應斬首者即於軍前斬首以徇，應取死罪招由者從重參究。前項防秋馬步官軍，俱於六月二十七日赴邊，各照議定地方分地戍守。如有警急，不候定期，先行督發。其腹裏分守、守備等官，亦當從宜調用。内參將麻宗調去西路，仍不妨原務，暫將本城守備郭撫鎮存留代理日行之事。東路新城、懷來，西路左衛、懷安，俱路當衝要，地方多事，各該守備存留辦理公務，其餘各該守備、操守所遺地方，另行會委相應官員暫代。總兵官吴鼎量統正兵營官軍、通事、家丁、夜不收駐劄西路適中萬全右衛等處，隨賊聲勢，往來調度。本職酌量聲息緩急，備西中則張家口、青邊口，東則懷來，北則龍門等處各適中地方，躬臨巡視，督勵官軍，共圖保障。等因。

又准巡撫山西右副都御史許許咨，據山西布按二司、雁門兵備等道副使等官南逢吉等會呈，查得，本鎮外内二邊共長七百八十六里二分，新舊堡四十四座，極衝隘口五十八處，次衝四十四處，稍衝七座。上年防秋，馬步官軍民壯四萬一千五十餘員名，内民壯又已七千餘名，壯年勇力既難皆同，邊長人少且亦不敷。所謂分墻擺守，糜費勞人，固知無益矣。但限革外内，墻稱天險，築墻不守，與無墻同。况山西大勢，譬之一家。大同一带外邊，其大門也。老營堡、丫角山墩起至平刑關、石窰菴止一帶内邊，其中門也。而省城則堂室矣。設使大門固，則中門已當無憂，況堂室乎？夫何往歲虜賊入寇，多在秋深。今自春初，已經屢犯大同地方，逼近寧、雁，騷動腹裏，則是中門内邊之守擺列，雖云無益，盡撤實亦甚難。以故查照兵部并總督軍門節次題准防秋事宜，參酌時勢，計量道里及一切地勢緩急，軍士多寡，除守墩軍夜并守城、守堡老弱不開外，定擬寧武關迤西切虜要害，則益以常操常備輪班官軍，迤東地遠口多，則先儘常操并太原、平陽、潞安各官軍，次撥民壯，止論隘口分註數目，仍令各參將分區提調守備官照界管轄。而雁門、岢嵐二兵備、冀寧二守巡照舊監督經理，呈乞施行。得此，除民壯已先發行，其餘官軍擇於六月初九日通行調取，上邊分發，擬定地方防守，兼修坍塌邊墻、敵臺等項工程，及行四道各路參遊、守備并供億總散委官查照遵守外，會同鎮守總兵官李淶議照，禦虜之道，大要不過戰守二端。在戰，則欲覘報之的，料敵之審，按伏之便，應援之捷；在守，則欲墻堡之固，分佈之嚴，收歛之速，拒敵之力。至於臨敵制變，戰守之互用，奇正之相生，並屬圓機，非可素定。若夫獎率將士，奮揚忠勇，治心治力之道，乘隙縱間，示遠示近，伐謀攻心之策，並在力行，文移難據。

本職亦嘗究心整飭，不敢時刻怠緩，前項事務頗有次第。至於防秋一節，於兵馬雖有易置，在方略固不出此。今據該道會議前來，復行逐款參定，各已詳明。如定擬正遊官兵制禦，嘉靖三十年掣回山西，併守大同兵馬，議擬鎮守總兵正兵隨宜駐劄，往來提調，老營堡遊擊統領本兵於平刑關，北樓口遊擊統領本兵於陽方口各駐劄，雖各分有地方，然於阨塞之會，首尾之勢，憑據猶欠周的，氣勢尚欠活動。今擬總兵官李淶部下有馬并聽領馬正兵官軍選鋒家丁三千七百二十六員名，於居中陽方堡駐劄，以便調度。老營堡遊擊丘陞部下有馬并聽領馬遊兵官軍二千九百八十八員名，北樓口遊擊李良臣部下有馬并聽領馬遊兵官軍二千五百七十員名，各於本堡東西駐劄，以便應援。有警則一擊二至，犄角取勝，不但兵機櫽括，麾馳捷便，且於入援京師，策應大同，俱無妨礙矣。定擬分守官兵駐劄，往年防秋，本鎮四路參將雖云分區駐守，其實各將本部官軍俵散各堡，名爲按伏，設使大虜卒至，收則不及，出則不敢，似失衆寡之用。今擬四路參將各統本路兵馬，查於後定地方一總駐劄，無事則喂養馬匹，整搠器甲，提調分管守備官責令各官兵兼事修守；有警則飛馳赴援，督率截殺，庶可以佚待勞，以守待攻，而於因敵變化之道不遠矣。定擬守備官員常變，往年防秋各城守備雖各分有駐劄地方，然馬匹不足，營伍未練，止是督率本管列邊官軍兼事修守而已，又何有併氣積力運兵計謀者哉。今擬本鎮八守備部下各補足馬三百匹，選給勇健軍士，責令統率，於分管界内定擬正奇二兵平居上令，在堡存住操練，兼修工程，每十日率領赴邊，教以正守奇應之法及督率馬軍捷發救援，一如遇敵之狀。一次朔望，分守官巡視查考。如此，庶伸縮之機不滯，而戰守之利可獲矣。

議免擺墻專力戰守，往年防秋軍壯列墻擺守，既犯，敵專我分，以一攻一之戒，而聞警遇戰，又無奇正相變之術。黠虜窺此，乘便取利，無恠其然也。今擬止量隘口衝次，以定軍壯多寡，常住操練修築，至於有事戰守。如賊犯寧武、陽方隘口，本口住守正奇兵既各乘墻敵應，隣口奇兵亦來應之，守備官在槖蓮臺堡聞警，又以馬軍馳來應之。本管參將在莜麥川聞警，亦來應之。正兵、遊兵聞警，俱來應之。逐節增重，氣勢自倍，堵截剿殺，無所不可。賊攻前口不得，必復犯大水口，則各正奇、參守等兵，俱各如前救應，所謂不可攻者在我矣。分別奇正，取便應守。往年防秋，止是照依邊墻丈尺，派人多寡，一字擺守。其正守奇應之法，俱未講及。今既專擬分守隘口，將後開各守備下撥定各守口軍壯數内，每隊分一半爲正兵，一半爲奇兵，無事亦同操練修工，有事亦同臨口拒敵。但遇賊攻本口不得，或分攻不意之處，即分此奇兵往禦。又如隣口兵力不支告急，亦即遣此奇兵往援。其正兵不許轉動，庶幾守應皆得，而逐處不致缺備矣。

照例支給行糧料草。節年官軍、民壯防秋到邊糧料草束，除原有主兵行糧外，其餘俱查照集衆論酌時宜以圖安邊事内開，大同、宣府、山西防秋擺邊兵馬行糧，係百里及五六十里之外，與正奇、遊援等營俱三十里以至百里之外，行糧草料俱全支。其擺邊在三十里之外者，更番休息，間日一支事例通行外，嘉靖三十年六月内，又該帶管兵備太僕寺陳卿查，將本年防秋合用錢糧及議各堡撥守三十里之外者，亦當全支緣由具呈巡撫許都御史。蒙批，歲歉軍貧，又值防秋，百里之内者亦准全支。蒙此，又經遵行外，今擬三十一年本鎮三關各堡防守兵馬相離後，擬信地若在百里并五六十里之外者，仍准全支；三十里之外者，間日一支；其正奇、遊援等營三十里以至百里之外者，亦俱全支。若在本城堡駐劄者，行糧固不支給，但馬匹主兵料草六月以後，例該停住。緣此，乃聞警聽發之兵難令牧放，料草亦常全支。除本色外，折色二箇月。外邊者，查照舊例，每行糧一升五合折銀一分五厘，料三升折銀二分五厘，草一束折銀三分；内邊，則每行糧一升五合折銀一分五厘，料三升折銀二分，草一束折銀二分五厘，庶或支放不混，費出有經，而錢糧亦可少省矣。

總計三關防秋兵馬，本鎮外内二邊，西自偏頭關老牛灣黄河東岸起，東至老營堡丫角山墩止，共長一百四里，是曰外邊。又自丫角山墩起，東南至平刑關盡境召窑菴止，共長六百八十二里二分，是曰内邊。今三十一年防秋，正遊、參守官軍并民壯通共三萬九千二百九十六員名，設立監督四道，岢嵐兵備道督察西路參將杜承勛部下有馬并聽領馬官軍二千員名，於水泉營舊堡駐劄。提調偏頭關守備曾懷忠下官軍三百員名，於適中草垛山舊堡駐劄。老營堡守備郭震下官軍三百員名，於適中白楊嶺堡駐劄。八角堡守備王臣下官軍三百員名，於衝要野猪溝新堡駐劄。分管外邊，西自偏頭關老牛灣黄河東岸起，東至丫角山墩止，共長一百四里。内邊，北自丫角山墩起，南至八角堡南界勒馬溝止，共長一百一十四里。防守官軍七千六百五十員名，分守冀寧道督察岢嵐參將郭綱部下有馬并聽領馬官軍八百員名，於莜麥川暗門駐劄。提調利民堡守備禓世勛下官軍三百員名，於本堡駐劄。神池堡守備孔賔下官軍三百員名，於適中圪垯礶舊堡駐劄。寧武關守備竇永下官軍三百員名，於適中槖蓮臺堡駐劄。分管内邊，北自利民堡勒馬溝起，東南至寧武關，東界王野梁止，共長一百里，防守官軍三千八百一十員名。雁門兵備道督察東路參將張宗部下有馬并聽領馬官軍二千二百五十二員名，於廣武城駐劄。提調廣武城守備魏寳下官軍三百員名，於盤道梁堡駐劄。恊守平陽營把總指揮馮大臣於白草溝舊廣武城駐劄。分管内邊，西自王野梁東界起，東至胡峪口東界東津峪止，共長一百八十三里七分，防守官軍民壯五千二百員名。分巡冀寧道督察大原參將殷尚質部下有馬并聽領馬官軍八百員名，於凌雲口舊堡駐劄。提調平刑關守備葉經下官軍三百員名，於適中葫蘆頭舊堡駐劄。恊守潞安營把總指揮孔魯儒，於人石口新堡駐劄。分管内邊，西自馬蘭口西界東津峪起，東至平刑關盡境石窑菴止，共長二百七十八里，防守官軍民壯五千員名。以上官軍民壯，各均分奇正，遇警正守奇應。

各道督察地方兵馬糧餉功罪姦弊備咨前來。又據二鎮總兵官吴鼎、李淶各呈同前因，又准巡撫大同右僉都御史侯咨，會同鎮守總兵官吴瑛議照，禦虜之策，守邊爲上，守堡次之，調兵截殺，策之下也。守邊不失天下之利也，守堡不失一堡之利也。虜賊之出没無常，我兵之駐劄尚遠，雖使墩臺星列，砲火風飛，然聞報啓行，已緩不相及，故多失事而罕成功。禦虜以墻守墻，以臺據高，應敵一可當百，較之平地野戰百不當一，功效相萬倍矣。賊之入掠也無定時，而我軍獨防於秋；賊之所犯者在小堡，而我軍皆駐於大城，徒費邊儲而長虜患，職此之弊也。

查得，本鎮上年防秋，通將城守雜差步軍四萬九千餘名，分爲兩班，分發各路參將、各堡守備分擺邊墻，畫地定守，名曰擺邊。正奇遊援九營馬軍各離本城屯駐要害，名曰列營，曰按伏。然擺邊者，每四丈五尺一人，衝風冒雨，日夜以爲常，提調以守備、操守及坐墩等官。提調者，各駐原堡，無督率點查之勤。擺邊者，多逃回各家，或就崖傍溝圪掘窰洞，僅容其身，以避風雨。賊每潰墻入掠，實蹈無人之地，是擺邊不足恃也。列營、按伏者，每至秋期，駐軍外堡，趂草牧馬，日支糧料。忽聞警報，發卒赶馬，比馬至而虜已出矣。如虜衆落川，又以孤軍不敢逼賊，依險自衛，無救搶掠，是列營、按伏不足恃也。今照三十一年防邊，相應斟酌舊規，稍加損益，以圖實效而節虚費。計本鎮邊墻，東自新平堡起，迤西直抵滅胡堡止，延長六百餘里，内邊敵臺一千二百座，每座該備火器十件，共該一萬二千件；火藥二十斤，共該二萬四千斤；藥線二百根，共該二十四萬根；鉛鐵石子一千箇，共該一百二十萬箇。查得，見在沿邊原設有銅鐵將軍、佛朗機、神鎗銃砲等火器，共一萬四千三百五十三位杆箇，鐵磁飛炸砲共七萬二千七百五十四個，鎗箭二萬二千四百九十九枝，火藥四千二百四十二斤，藥線一萬六百五十三根，大小鉛子二萬七千四百五十九箇，石子三千三十九箇，木馬子七千二百四十四箇。火器似足彀用，火藥該添一萬九千七百餘斤，藥線該添二十二萬九千餘根，鉛子鐵子該添一百一十六萬九千餘箇。再照沿邊各路平漫通賊衝口敵臺一百三十一座，每座加添快鎗伍杆，共該六百五十五杆，餘臺各加快鎗一杆，共一千一百六十一杆，通計新舊火器、火藥足彀守臺之用。今各路參將各揭報，增修敵臺每里二座衝口加密工程漸完，但臺房仍舊隘陋，不足以容多人。其臺各就以本堡爲名，如平遠堡即號平遠一臺，平遠二臺，盡界而止，皆自東而西順數，使臺號簡明，易於點查。每臺定撥精壯軍夜三十名，分作三班，每班十名，每月一換，每季一周，每臺除火器外，弓箭、骨朶、悶棍等器各執一事，每日子午分班，晝夜巡瞭。賊犯一臺，三臺相應。如空心敵臺，則就下層暗中點放火器；實心敵臺，則就下甕墻點放火器。蓋火性炎上，自上點放，所指不過盈尺之地，不如平地點放，所及而中者遠且多也。墻上不許露形，臺中不許露聲。若賊近墻成攢，或擁衆而來，則吾之火器可無虛發，中傷必多。又於山峻墻矮之處，令每人一日鍾成斗大一圓石，擺列墻頂，碗大石塊，堆集臺邊，緩急皆足應用。臺軍上班，隨帶本色米三斗，爲一月行糧，撥馬送之，每月盡更換。鎮巡衙門各置籤一千二百枝，上書沿邊臺名，盛以十二籤筒；置木牌亦一千二百面，上書臺軍姓名、年貌及限定時刻，門下日撥夜不收二十人，聽候抽籤領牌點邊各直走。本臺各路參將、各城守備，亦置籤牌，各點查其所轄在者，班滿犒勞，賞以折色糧銀一斗五升；不在者，定行重責枷號，於其臺班滿疏枷。如一臺十人，晝許二人採取柴水，夜則十名俱要在臺，不許破調以取糧米爲辭。每五臺，五十人統一隊長，每二十五臺，二百五十人統一把總，日給隨倉廪米二升，隨班更換，管内缺人失事者併罪。其隊長、把總每臺養犬一隻，卧之以筐，夜則懸之，月給犬米一斗五升；每臺油紙燈籠三箇，夜黑懸布邊墻，防賊乘暗竊入。上班者巡瞭守邊，下班者操練守城，無處不備，無時不守。計常川支行糧者，不過萬二千人。

本鎮續增墩及夜不收共一萬七千餘人，亦皆常川支給行糧，當無過費而獲實用。及查，本鎮見在正奇遊援馬步守城并山西、河南備禦及土兵、雜役等項官軍七萬九千餘員名，除無馬步軍内挑選精壯三萬六千名，分爲三班，輪流守敵臺外，其餘各發護守城堡操備。其正奇遊援九營兵馬，亦分爲兩班，總兵官吴瑛統領正兵，於弘賜等處駐劄，往來提調；左副總兵官趙臣統領奇兵，在於威遠等處，遊擊將軍李桂統領遊兵，在於左衛等處，鄭捷統領遊兵，在於天城等處，各駐劄列營防守。暫代東路參將朱雲漢仍駐陽和，北東路參將焦澤移駐鎮羌堡，北西路參將張涞仍駐助馬堡，中路參將尚表仍駐大同右衛，西路參將馮恩仍駐平虜城，各當適中之地，以便策應。遇有的確警報，知賊必入之路，即移軍駐遏其衝。有馬者擐甲聽候截殺，無馬者赴邊協守墻臺。分守道參議謝淮駐右衛城，往來鎮城以西三路；分巡道僉事王重光駐陽和城，往來鎮城以東二路。各點查邊備，催辦錢糧。本職往來各路，督勵將士巡閱墻臺。其腹裏村堡屬軍衛者，委該衛經歷屬有司者委州縣首領，遍歷所屬村堡，坍塌者及時修理，小堡不願歸併大堡者，責令於堡門外及四隅壘砌甕墻，安置砲眼，或於空閒處所，或就堡墻敵臺築一大墩，可容堡民，令其緩急足以自保。本鎮見在火器、火藥三分均發，一發守臺，一發守堡，一發隨營，各使足用。新造快鎗次第給之，期於火器收功。前項官軍擬於六月二十八日赴邊防禦，咨報施行。等因。

行間，又據鎮守大同總兵官吴瑛呈，查得，本鎮三邊墻，東自平遠堡界牌墩起，西至滅胡堡丫角山樺林兒墩止，延長五百六十八里一分，舊有并新增敵臺共一千三百六座。及查鎮屬各城堡實有馬步守城備禦官軍及士兵共九萬三千六百七十三員名，内除京營有馬官軍九千八百四十九員名，公差等項官軍三千七百三十員名，鎮城并各衛所三六斗幼軍把守門禁、倉庫等項三千四百四十九員名，見在有馬列營官軍一萬一千一百二十三員名，見在有馬擺邊步守官軍土兵六萬五千五百二十一員名。其敵臺每座瞭守官軍十名，邊墻每一里擺守官軍八十五員名，先儘各城堡官軍派守，如有不敷，於腹裏别城及大同鎮城無馬步守及河南、山西備禦官軍、土兵内湊補擺守。該路參將、守備、操守等官各有所轄，分守信地，通融往來提調。及照三邊外鎮羌、得勝、拒墻、拒門、助馬、保安等六堡弧懸於外，行令該路參將督同守備、操守、把總等官，將無馬步軍儘數酌量分派墻墩，自爲防守。遇有小寇，併力堵截。儻有大賊，通掣各回本堡固守。其應該列營將領，照依往年事規，各統有馬官軍，接聯分駐。本職統領正兵官軍，在適中近墻列營駐劄，往來提調左副總兵官趙臣統領奇兵，在於威遠等處，遊擊李桂統領本營遊兵，在於左衛等處，鄭捷統領本部遊兵，在於天城等處，暫代東路參將朱雲漢、中路參將尚表、西路參將馮恩，各統領援兵，於本處地方，各近墻駐劄，列營防守。各該守備、操守等官，於本地方墻上，各照分定信地，提調擺守，無事監督軍士日間習演武藝，儹餧馬臕，夜間分作二班，一班在營餧馬，一班登墻，與擺墻無馬步守官軍相兼擺守。仍各選差慣哨人役，每夜出邊，伏路聽聲，兼以遠哨。如有警急，有馬官軍一齊登墻，各用火器、鎗砲、石塊、弓矢等器，倚墻併守，互相堵殺，共除邊患，務保無虞。據呈，得此，看得，巡撫侯鉞咨稱，沿邊敵臺每座該備火器十件，衝口每座加快鎗五杆，餘臺加快鎗一杆，每臺定撥精壯軍夜三十名，分作三班，每班十名，每月一换，每季一周，晝夜巡瞭，正奇遊援九營兵馬，亦分爲兩班，總副、參遊將領各統領分地駐劄，遇有的確警報，知賊必入之路，即移軍駐遏其衝，有馬者擐甲以待，無馬者赴墻協守；總兵官吴瑛呈稱，每敵臺瞭守官軍十名，每邊墻一里擺守官軍八十五員名，先儘各城堡官軍派守不敷，於腹裏别城及大同無馬步守，河南、山西備禦土兵内湊補，擺守列營將領照依往年事規，各統有馬官軍接聯分駐適中，近墻列營防守，各一節。但無畫一之議，致有矛盾之殊。邊墩與官軍數目既乃不同，近墻列營與分班城駐，又爾各異，事無一定，有礙具題。又經駁行各官，一面照依原擬日期督發赴守，一面從長議處，務歸至當。

去後，續准侯鉞咨，會同總兵官吴瑛查得，本鎮上年防秋，通將城守雜差步軍四萬九千餘名，分爲兩班，分發各路參將，各城堡守備分擺邊墻。今准前因覆議得，今歲本鎮三邊，東自平遠堡界牌墩起，西至城胡堡丫角山樺林兒墩止，東西延長五百四十八座一分，舊有并新增敵臺共一千三百六座，鎮羌等六堡二邊一百一十八里，敵臺一百一十八里。及查得鎮屬各路城堡實有馬步守城并山西、河南二班備禦官軍及土兵共九萬三千六百七十二員名，内除京營有馬官軍九千八百四十九員名，鎮城并各衛所公差雜役及三六斗紉軍守把門禁、倉庫等項官軍共七千一百七十九員名，見在并新增京關有馬官軍一萬三千一百二十三員名，無馬步守官軍七兵六萬三千五百二十一員名，分作兩班輪月守哨，每班三萬一千七百五十餘員名，每臺十名，所餘軍士量其衝緩，斟酌定撥。每日子午，分班晝夜巡瞭。每臺火器十件，鉛鐵石子一千箇，火藥二千斤，藥線二百根。每衝口敵臺各加快鎗五杆，弓箭、刃鎗、骨朶、悶棍各執一事。每五十名立一隊長，每二百五十名統一把總。上班者巡瞭守邊，下班者操練守城。先儘本路沿邊城堡官軍，分班就近守瞭，内有不敷，於南路各衛所無馬步軍内湊補，各照上年原分地方加意嚴守。該路參將、守備、操守等官，各於所轄往來提調應。該列營將領各統有馬官軍，分駐衝要城堡。總兵官吴瑛領正兵官軍，在適中弘賜等堡近墻駐劄往來提調。左副總兵官趙臣領奇兵，在於威遠等處，遊擊將軍李桂，在於左衛等處，鄭捷在於天城等處，各領遊兵，各近墻列營駐劄。

暫代東路參將朱雲漢、中路參將尚表、西路參將馮恩、北東路參將焦澤、北西路參將張淶，各統領援兵，於本處適中地方，近墻列營防守。遇有警報，相機截殺。分守道參議謝淮駐右衛城，往來鎮城以西三路。分巡道僉事王重光駐陽和城，往來鎮城以東二路。各點查邊備，催辦錢糧。本職往來各路，督勵將士巡閱墻臺。其腹裏軍民堡寨并應發火器、火藥等項事宜，查照先行事理施行外，前項官軍改擬七月初六日赴邊防禦，備咨回報前來。續據總兵官吴瑛亦呈相同。等因。通具咨呈到臣。案查，先節准兵部咨前事，已經通行各鎮遵照訖，兹因今歲防秋在邇，備將先今節次題奉欽依事理，又經通行宣大、山西鎮巡等官各查照，將本鎮守墻、列營、守堡等項兵馬數目、戰守機宜再加隨時斟酌議擬分佈去後，事不允當者，復又駁查。今各隨機審勢，因時制宜，斟酌地方衝緩，定擬兵馬多寡，或擺墻巡守，或分界駐劄，或撥軍更番守臺，或沿墻列營防戍，無事併修邊墩，有警馳赴應援，計處詳悉，分撥允當，復行各官查照依期赴邊外，謹具題知。

題爲遵奉明旨奮忠殺賊乞憐早賜陞賞以圖補報以勵後效疏

據陽和衛左所小旗馬芳告稱，先奉總督宣大軍門召充家丁，嘉靖貳拾玖年捌月内，北虜犯順，侵擾畿輔。跟隨參將李朝陽在於關南新店兒，與大舉達賊鏖戰，就陣斬獲賊首壹顆，蒙陞小旗。續蒙軍門見芳驍勇，行委總管家丁通事。嘉靖叁拾年陸月内，又蒙軍門出示内開，該兵部發到信票壹千張，許令軍民人等有能臨陣擒斬賊首壹顆者，陞壹級，仍賞銀叁拾兩；有能擒斬有名酋首者，賞銀伍百兩，仍不次推陞。軍門委官紀驗明實，即時給與壹張，不必多官審驗，以致稽遲。芳壹聞，踊躍誓衆，情願盡忠殺賊。叁拾壹年正月内，大虜連犯大同邊境，蒙令芳帶領家丁、通事伍百名，前去威遠城按伏。貳月初七日，賊果侵犯本處地方，芳即督同家丁人等奮勇直前，與賊對敵，將賊殺敗，共斬獲賊首玖顆。内芳親斬賊級貳顆，壹顆係俺答妻弟酋首沈答汗，壹顆爲因不知事例，恐重報不陞，遂乃報於芳男馬鏜名下。叁月初四日，又領前項家丁人等，在於新平堡邊外野馬川，與大賊對敵。各營共斬獲賊首肆拾貳顆，内芳與部下斬首貳拾陸顆。比芳遇賊，首先率衆衝入賊陣，芳連殺肆賊，俱斬割首級，芳自報壹顆，其餘叁顆報於男馬欽、馬鏜，弟馬進才名下。俱蒙軍門巡按、各道委官審驗明實，給票存照。至今未蒙陞賞。緣芳自奉明示以來，思奮愚忠，誓以殺賊報國，倡率各丁，無不同心戮力，共圖效死，屢獲微功，未蒙陞賞，告乞轉達施行。等因。備告到臣。

案查，先准兵部咨，發信票壹千張，已經出示曉諭。及因虜賊犯寇，臣督發各丁并各營兵馬按伏截殺，各遇賊對敵，斬獲功級，俱經備由具題。去後，今據前因，切緣信賞必罰，乃國家懲勸大典，故古之賞不踰時，罰不遷列，無非勸勇敢，懲懦怯也。比者醜虜逆天，大肆猖獗，兵馬疲弱，軍威弗振，每一交鋒，未見全勝。今春酋首俺答等又乃背義忘恩，渝盟犯順，仰賴我皇上赫然震怒，命下大將及臣等將調到各兵分佈，相機剿殺，毋得觀望誤事。欽此。臣即欽遵，設伏官軍并家丁、通事馬芳等，隨賊聲勢，相機截殺。芳等乃能遵奉明旨及兵部信票，思奮忠勇，遇虜血戰，各有殺獲功級，賊鋒少剉。芳又能兩次首入賊陣，一次斬首貳顆，内壹顆係俺答妻弟，雖非有名酋首，亦乃領兵劇賊；壹次斬首肆顆，爲因生長邊方，不諳事例，慮恐重報不陞，故皆報於伊男、伊弟名下。緣馬芳出身行伍，志存忠勇，壹蒙委管家丁、通事，誓衆同心，以身許國。每遇賊衆，必挺身突陣。使人人效芳如此，則軍威可振，敵愾可增，而胡虜有不足滅者。但獲功日久，未蒙陞録，不無解體。如蒙伏望皇上軫念士氣積弱，乞勅兵部從長詳議，合無不拘常例，將馬芳斬獲賊級并斬獲俺答妻弟沈答漢首級，查照原題，量爲累陞。原報伊弟馬進才，伊男馬鐙、馬欽名下功級，併乞改正陞録。如此，庶怯者思奮，而勇者愈增感激矣。

謹題請旨。

走回人口供報夷情疏

准巡撫大同右僉都御史侯咨，據威虜堡守備官黄龍呈，七月二十五日，寬溝墩收送虜中走回男子張爪根子供，係山西靜樂縣民，嘉靖十六年失記月日，被大舉達子搶去，住過一十五年。在虜營時，聽得再箇月兒上來黄台吉、把都兒、擺腰、俺不孩，會小王子，要往東搶。俺答同小把都兒、孩都卜兒、孩都，要同滿冠鎮達子將帳房起到沿邊住著，圍困堡塞，要搶大同地方，作踐田禾。又據鎮羌堡守備官丁淳呈，本月二十八日，卧羊墩收送走回男子楊時貴供，係山西靈石縣人，失記年月，被賊搶去，住過一十二年。一名鐵勾赤，失迷鄉貫人，今在黄台吉營，跟隨到於大邊外猫兒莊一帶住牧。聽得虜賊要搶大同地方，見田禾未熟，到八月初二、三不來，准在十五、六月明來搶。等語。會同鎮守總兵官吴瑛議，查得，本鎮地方沿長六百餘里，村堡零落，見在正奇、遊援玖營，有馬官軍不及一萬三千員，多挑殘疲弱之卒，分駐五路，俱不成營。祇恐邊長地廣，賊聚我分，衆寡不敵，俾再得志，爲患益熾。咨乞奏請添兵防禦。行間，又據總兵官吴瑛呈同前因。得此，查得，又據本官塘報并鎮邊、鎮川貳堡哨報，境外牛角川海子東岸孤山等處大舉達賊下營住牧。又准宣府巡撫都御史劉咨稱，通事賈住哨報夷情，已經具題及嚴行宣大、山西三鎮大小將領，整兵隄備，擐甲以待及差人多方哨探外，切以用兵之道，貴先計謀。故兵法曰："多筭勝，少筭不勝。"語曰：

“凡事豫則立，有備而無患。”

近將宣大選兵四枝，已調赴近京地方駐劄，專聽入援，事重京師，慎固根本，擅難別議。但所遺貳鎮奇遊援兵，雖稱補足，然皆挑剩新抽，半多未經戰陣。在宣府挑去止於三千，數少尤可；在大同連家丁、通事挑去九千五百餘名，正馱馬一萬一千有奇，近雖奏給本折馬匹，數亦不多。大約計之，拾方補其貳叁。且又散布各路城堡，防秋擺邊，勢不能團聚待報。山西兵馬雖嚴行整搠，而雁門、寧武等關實三晉之屏障，陽方、陽武、白草等口又賊行之樞衝。虜賊寇不與寇，此地兵不敢缺。況遊兵貳枝，亦係聽候關輔有急，應該入援之數。餘兵計數不多，自顧尚慮不敷，又豈能遠調他鎮地方。一有警急，似不敢輕移擅動者也。據今降人所言，黄台吉、把都兒等要往東搶，俺答、小把都兒孩等要將帳房起到沿邊住著，搶掠大同地方，作踐田禾，圍困堡寨。緣點虜桀驁，動稱數萬，姦謀狡譎，變態不常，聲東擊西，難以逆料。且部落繁多，非止一二，分投寇掠，亦乃常事。矧今宣府互市雖未拒絶，然夷狄貪殘，性同犬豕，見利即趨，豈能守信。萬一竊知宣大精兵盡赴關輔，薊遼一帶，預防周密，畏威恐懼，不敢東向，或別遣部落乘隙西侵，在我防範俱當預備。緣三鎮地里遼遠，兵馬寡弱，不敷戰守，誤事匪細。如蒙伏望皇上軫念宣大乃上京師鎖鑰重鎮，兩鎮安危實關國家安危，乞敕兵部從長詳議，合無將延寧奇遊兵馬，量調二三枝，兼程前來宣大地方駐劄防禦。遇賊侵犯，聽臣調度往來，捍禦截殺。如此，庶地方有賴，緩急不致誤事。

謹題請旨。

計安邊方預擬來朝正官疏

准巡撫山西右副都御史許咨，據山西布按二司左布政使等官江東等呈，蒙本官案驗，准吏部并總督軍門咨前事，依蒙會同冀寧等道分守兵備右參政等官楊時泰等議，查得，大同地方逼隣虜境，見今醜類住牧邊外，時爲窺伺，其知府并所屬應、渾、蔚、朔四州，大同、懷仁、山陰、馬邑、靈丘、廣昌、廣靈七縣正官，保障攸司，行太僕寺馬政所關，俱應留任。又查得，太原府迤北保徳、岢嵐、忻、代四州，河曲、興嵐、繁峙、五臺、靜樂、臨崞、定襄九縣，雖在關南，然地方衝要，皆係虜賊侵犯之地，知州、知縣均有防禦之責，亦應暫留。至於十月防秋以後，雖若稍緩，虜情叵測，保境安民，俱該正官經理。合無備行前項府州縣，行令正官留任，盡心供職，共圖邊事。照例令佐二或首領官一員，帶領該吏齎册應朝。若係裁減衙門首領員缺，亦止令該吏赴京朝覲，其餘俱遵照原奉勘合，定限起程。據呈。備咨到臣。

案查，先准吏部咨前事，該本部議擬，合候命下本部移文前項各邊督撫等衙門，及咨都察院轉行各巡按御史，即便會議停當，分别明白，果係見今賊勢所向要害警急地方，許留正官在任幹理防禦，止令佐二或首領官造册來朝。其餘偏緩去處，仍定限掌印官朝覲，毋容推托濫免。一面徑自具奏，一面備行所屬知會。等因。題奉欽依，備行前來。已經通行查議。去後，今准前因，看得，所呈前項寺府州縣，逼隣邊境，地當衝要，即曰醜虜猖狂，侵寇無時，各該正官委應留任，共圖防禦。既該各官查議明白，咨報前來，相應依擬，除行各官轉行應留官員各盡心供職，應朝官員依限起程外，如蒙乞敕該部查照施行。

謹題請旨。

大虜出邊等疏

准巡撫大同右僉都御史侯咨，云云。准此，續據鎮守大同總兵官吴瑛、山西總兵官李淶各呈同前因，得此，案查，先節據宣府總兵官吴鼎塘報，本年八月十八等日，哨見北路馬營獨石境外達賊聚衆，由白草川、金字河、大山墩聯絡往來前年入犯舊路，行早已過大松林迤東，路遠山厚，前進亦不知所向。又稱據其所言，必犯關南内地。若轉東北，或犯遼東。俱當防範。具報到臣。恐犯薊鎮，當以行令大同、山西，各將應該入援兵馬探報。賊果東犯，督發兼程入援。仍將見在兵馬整搠，聽候出搗營帳，及發家丁、通事劉漢、馬芳、周池等官軍人等一千餘員名，於沿邊鎮川、弘賜等堡哨賊營帳遠近虚實，相機出搗。臣自陽和起程，督臨宣府適中駐劄調度。二十七日，至保安新城。據鎮守大同總兵官吴瑛塘報，本月二十五日四更時，據威遠城守備官王倫差夜不收張大本報，二十四日午時，瞭見西北來達賊約有三萬餘騎，到於本城西南下營，後陸續灰塵不斷。據報，臣差人探得，薊鎮無警。隨即復回大同，督調宣大、山西各鎮兵馬併力捍禦。二十七日，劉漢、馬芳等從鎮川堡出境。二十八日，哨至猫兒莊，瞭見大賊精兵營火滿川，掣兵回還。二十九日，復從陽和鐵裹門出境。九月初一日，哨至剪子關大小野馬川、威寧海子迤北原住賊營，方各起往西南入寇侵犯，急領兵回還。本日午時，臣行至天城迤西，聽聞沿邊砲響，馳赴陽和探勦間，本日夜三更時分，據弘賜堡守備官周淮差夜不收焦見走報，本日卯時，大舉達賊二萬餘騎從石彦莊溝進入，往南行走，後有灰塵不斷。隨據守巡冀北道參議等官謝淮等揭報，前賊於本日已時，由孤店村鎮城東教場内往南行走，至菜園分爲二股，一股往西南懷仁縣，一股往瓮城口分投南下。臣一面催調宣府西路參將史略、西陽河擺邊南路参將麻宗各帶領本部兵馬，由沿邊徑赴弘賜堡堵口，候賊回邀擊。及催調遊擊張四教、仝江各領本部兵馬前來大同援勦；一面傳令總兵官吴瑛統領所屬威遠截殺將領并山西兵馬星馳前來，相合夾攻。臣督率標下遊擊呂勇等官軍一千餘員名，及馳調劉漢、馬芳、周池等官軍各襲南下之賊。呂勇兵初三日至方城堡迤西，卒遇哨馬達賊三十餘騎，督兵追至畢家阜村，續添精兵達賊二千餘騎前來迎敵。嚴令官軍各用弓矢、火器，齊力射打，至晚方退，對疊下營。初四日黎明，督兵臺營攻敵，賊衆退走，我兵且戰且行，至石家寨，賊見兵勁，旋馬號召南川達賊擁集前來，四面齊衝。當蒙軍門督陣旗牌張欽申嚴號令，官軍奮勇敵戰，死傷達賊數多，俱被拉去，至晚下營。初五日天明，賊見兵勇營陣整肅，退往北行。督兵追敵出邊，劉漢、馬芳、周池等兵馬初三日辰時，馳至安家阜，哨見達賊五百餘騎，在邢家莊攻堡。督兵急進，與賊對敵拾數陣，將賊射退，往西北去訖。兵馬於彼劄立，當差家丁賈良臣等八名前行哨探，至獨角寺，哨見達賊二百餘騎，在西梁站立，瞭見賈良臣等追赶前來，爲因賊衆被賊射砍死五名。内三名復回走報，即督兵撒馬，奮前撲砍，與賊血戰數陣。西北溝内又突出明盔明甲達賊三千餘騎，與前賊相合混戰，自未至酉鏖戰，傷死賊人肆伍拾餘，斬獲首級壹顆。其餘斬割間，賊衆衝急，俱被奪退往西北去訖。查得，在陣被賊射死家丁捌名，回營身故壹名，被傷官軍壹拾肆員名，射死官馬叁拾柒匹。初五日辰時，遊擊張四教兵至大同馬鋪里，迎遇精兵達賊五千餘騎，張打坐纛旗號，拍馬喊叫，連衝拾數餘陣。官軍各用弓矢、鎗砲、悶棍等器奮力敵打，自辰至未，射打死傷達賊數多，内有酋首壹騎，賊衆不能斬首，俱被拉去。奪獲鍍金鎗頭鎗蓋坐纛旗壹杆，達弓柒張，刀伍把，腦包盔旗等物壹百陸拾捌件枝。陣亡官軍玖員名，被傷官軍壹百肆拾肆員名，陣失馬壹百捌拾叁匹。賊見遊擊仝江領兵急來救援，合兵一處，人見各處兵馬四集，不復攻戰搶掠，退回去訖。參將史略、麻宗兵馬合營，共貳千五百餘員名，于初四日夜三更時分，到於弘賜堡。初五日寅時到邊，於舊陸墩子等口設伏。賊從南來，官軍各用鎗砲、矢石敵打，賊見勇猛，遁往迤東石彦莊等口出境往北去訖。奪獲虜人口三名，達箭一捆，達帽一頂。被傷官軍二十二員名，射死官馬八匹。等因。各先後咨呈。開報到臣。

除斬獲首級、奪獲馬匹與陣亡、被傷官軍及搶殺人畜地方有功、有罪人員候查明，另行參奏外，切以醜虜姦謀詭譎，始而聚衆東行。若犯先年舊路，繼而突入威遠，方督兵拒戰，尚未出境，又復糾衆從弘賜堡邊方深入大同城，意在分番迭出，大肆剽掠。仰仗天威，兵馬四集，人殊死戰，顧彼衆我寡，勢不相敵。然將士用命，遂爾退遁，前後斬首三十餘級。但虜勢驕貪，尚未大挫，復寇之舉難保必無。督令各鎮大小將領，整兵抹馬，擐甲以待。及督哨守人員晝夜加謹隄備，省諭村堡堅壁清野。

謹具題知。

事發監禁設計脱逃稔惡不悛復謀背叛疏

據整飭朔州兵備副使馬九德呈，云云。備招，具呈到臣。卷查，先爲假藉聲勢詐稱差遣侵盗沿邊錢糧事，已將藍伏勝違法事情具本參奏。去後，今據前因，除李岐等先行發落外，參照山西行都司高山衛中所正千户藍伏勝，姦詭小人，驕貪成性，自知惡貫罪盈，必干顯戮，故乃托贓設保，欲逭明條。始而惑聽於楊大朋，反側之機已動；繼而通謀於張禄，叛逆之跡昭彰。若非緝捕之嚴，幾貽地方之患。事屬十惡，法在五刑。相應究問，緣係軍職，謹題請旨。

大舉達賊擁衆入境官軍血戰敵退出邊斬獲首級奪獲戰馬夷器等疏

准巡撫大同右僉都御史侯咨，云云。又准巡撫山西右副都御史許咨，云云。准此案查，先因走回降人供報，賊衆要搶及時臨防秋，節經通行各鎮分佈兵馬，加謹防範，修飭堡砦，收斂人畜。遇賊侵寇，相機拒堵，併力截剿，多方哨探。去後，八月十八等日，節據宣府哨報，賊衆東行。臣恐侵犯關輔，事體爲重，是以行令大同、山西，各將應該入援兵馬探報。賊果東犯，督發入援。仍將見在兵馬整搠，聽候出搗營帳及發家丁、通事，於沿邊哨賊遠近虚實，相機出搗。并留朔州兵備副使馬九德整搠見在陽和火車營步軍，聽候東西有警，督發往來策應。臣帶同贊畫兵部主事王扇，自陽和督臨宣府適中駐劄調度。二十七日，到保安新城。據大同威遠報，賊三萬入境。臣連夜復回大同，督調各鎮兵馬，併力捍禦，敵賊出境。

今該前因，除虜賊出入地方并所至之處，有無搶虜人畜與應參誤事人員，案行朔州兵備、冀北守巡道會同查勘，至日另行參奏外，切以醜虜姦詭，大肆侵陵，豕欲狼貪，馳鶩不已。兩犯朔州，志在窺伺三關；一寇大同，意在蹂躪渾應。觀其降人所言，與夫對陣答話，皆云酋首俺答父子、兄弟要分番寇擾，攻跑堡砦。兹者東出西没，隨去復來，旬日之間，舉衆三犯，無非使我兵馬奔馳，首尾不救，冀得逞欲肆姦。不意我兵人皆奮死血戰，轉鬭愈力，與各處設伏官兵召集壯勇，隨其向往，併力拒敵。前後斬獲首級共四十二顆，奪獲達賊馬贏三十九匹頭，并夷器等件，敵賊退遁。然以挑選餘兵，分番策應，以少拒衆，以弱敵强，視諸往時，頗增敵愾。況鄉村堡砦，自春徂秋，屢行脩飭歸併，設伏既早，收斂亦預，大賊所至，難免踈虞，未如往年之失也。且賊舉深入，既不得潰三關之墻，又不得飲馬河上，在今日邊方之所難者，俾賊知我有兵，而大逞之萌行將少息矣。是皆仰仗皇上威孚，上玄默祐，賞罰嚴明，人懷畏感所致。

巡撫大同右僉都御史侯既協謀總兵，設伏防禦，猶躬臨戰陣，督勵兼前，血戰之功，有可嘉尚。巡撫山西右副都御使許賊未至能先事預防，賊已至復督軍拒守，保障之績，尤屬全功。鎮守大同總兵官吴瑛以挑殘疲弱之兵，拒驕貪詭計之虜，間關轉鬬，亦克有功。鎮守山西總兵官李淶分佈周密，調度適宜，拒再寇弗得進墻，保二晉全獲安枕。大同副總兵趙臣，參將張淶、焦澤、馮恩，遊擊李桂，坐營官楊德，把總馬芳、劉漢、原章、劉英、馬奈、喬勲、楊貴、谷本清，千總官孫繼業、周廷輔、施珮、丁奉、狄英，指揮徐陞等，山西遊擊李良臣奮勇追敵，人殊死戰。宣府遊擊張四教急於承調，勇於衝鋒，臨陣雖有損傷，奪旗可讋驕虜。遊擊仝江兵雖後至，策應乃先。標下遊擊吕勇馳出賊前，阻其寇掠，雖無斬馘之能，頗有拒虜之跡。宣府南路參將麻宗、西路參將史略兵到固有後先，堵截少獲犄角。兵部主事王扇隨軍賛畫，頗歷艱辛。兵備副使馬九德整兵策應，盡厥委任。分守右參議謝淮、分巡僉事王重光巡守關城，獲人委用，伏發火器，傷賊頗多。分督雁門等關邊垣敵拒，虜賊不得近墻，該道官員亦屬有功。立功千户喻時、河間衛立功指揮王烶、監生楊汲等或調度戍兵，保守邊堡，或督軍臨陣，摧剉賊鋒，職任固有不同，禦寇均皆勞。勩臣叨總戎務，已逾三秋，雖勉有壹心，而兵馬未副，亦嚴督諸將，而機會猶違。上無以大慰西顧之懷，下無以即紓近塞之患。徒躬擐甲胄，奔走道途，待罪不遑，實懷惴畏。如蒙乞敕兵部再加詳議，將前有功人員量示獎勸，以勵後效。

謹題請旨。

大舉達賊入犯官軍堵截血戰斬獲首級奪獲達馬夷器追逐出境等疏

准巡撫大同右僉都御史侯咨，云云。案查，先據總兵官李淶呈，據老營堡遊擊兵陞原差平虜傳事夜不收郭廷相報，九月二十三日，平虜馮參將原差哨探夜不收康江等報，北沙河達賊到邊，官軍拒敵間，内壹賊答話，要搶山西偏老地方。及捉獲姦細供稱，賊衆要於十月初三日還來朔州川下營，要搶山西地方。據呈，已經通行大同、山西鎮巡官，嚴行本鎮大小將領并按伏等官，各整搠兵馬，擐甲待戰。及督擺守官軍晝夜加謹，併力拒堵，并調發步軍壯勇設伏村屯，探報剿殺間，據平虜二邊楊家大溝墩夜不收郭虎等報，二十九日卯時，達賊三千餘騎從西來，到於本墩東空，又一千餘騎到於曹家北山墩，各入境往南行走。又據參將馮恩差石會梁墩夜不收郭禮報，本時賊衆一萬餘騎，於本墩并秀才林、白羊嶺、曹家西山、曹家窪入境。據報，又經督發各枝兵馬拒敵追剿及揭報去後，覲該各鎮鎮巡官咨呈到臣。

查得，先報賊數彼此不同，除與虜賊出入地方并所至之處有無虜傷人畜并應參誤事人員，案行雁門兵備及分巡冀北道會查，至日另行參奏外，臣惟北狄酋虜，大逞驕貪，垂涎三關，已非一日。前嘗兩犯朔州，實欲南下。幸賴天威遠布，將士齊心，拒堵敵戰，不能侵入，節有斬獲，退遁去訖。兹者攻墻答話與捉獲姦細，皆云刻期要搶山西。臣惟犬羊之性，貪得無厭，苟非大挫賊鋒，無以破其驕悍之志。是以分佈官軍，嚴加以待。今果舉衆，復從平虜等邊侵入山西地方，意在大逞。不意官兵所至，虜即授首，驚惶奔遁，乘夜出邊。各營共斬獲首級二十一顆，奪獲達馬、夷器等件。是皆仰仗皇上神武孔昭，玄威震讋，廟謨預定，指示維光所致。巡撫山西右副都御史許先事預防，已見籌畫之略；臨敵拒堵，竟成保障之力。鎮守總兵官署都督僉事李淶預防惟謹，賊計莫施，足占其謀；督軍血戰，克退强虜，足占其勇。遊擊將軍署都指揮僉事丘陞、李良臣分守西路，右參將署都指揮僉事杜承勛分守岢嵐，右參將署都指揮僉事郭綱、守備老營堡指揮同知郭震督軍血戰，拒寇無侵。功級固有不同，勞勣則皆可尚。整飭岢嵐兵備副使吴嶽督官軍以拒强虜，勞績已彰；募死士以驚連營，謀猷更壯。如蒙乞敕兵部再加詳議，合無將前有功人員量示奬勸，并行巡按御史將獲功陣亡、被傷等項人員覈實明白，造册繳部，照例陞賞，以勵將來。

謹題請旨。

大舉達賊入境官軍拒敵責令家丁通事搗巢以牽制虜勢疏

准巡撫大同右僉都御史侯鉞咨，准鎮守總兵官吴瑛會稿，卷查，節蒙總督軍門鈞帖，准兵部咨，該本部題奉欽依，如果虜賊侵犯内地，總兵官整搠兵馬，乘機搗其營帳，剿殺老小，大遭挫衄，建立奇功，具奏陞賞。備行前來，欽遵外，嘉靖三十一年八月二十四等日，節據會差遠哨家丁栗方等哨報，二十二等日，瞭見境外地名單于王達賊約有六七萬餘騎，自東北來，向雲川城南行。揆度此賊營帳，原哨報威寧海岸涼城兒、牛角川住劄，今盡數西移，必大舉入犯我西路井朔，南可侵掠山西，東可窺伺紫荆，其老小應留原駐地方。一面火速傳報鎮守山西總兵官李淶并本境川原村堡作急歸併大堡，收斂人畜，總兵官吴瑛於本月二十五日午時，當統原擬弘賜堡正兵官軍隨賊聲勢剿殺。一面選差把總官劉欽、旗牌官范世傑督領總管家丁許伯達、張鐸家丁吴來住等五百餘員名出口搗巢去訖。本日行至破虜堡，迎遇參將尚表差夜不收何見報知，賊於是日由紅土等墩邊墻進入，總兵官吴瑛與職各督兵趨朔北追剿出境，已具題外，九月初二日，據原差總管家丁許伯達、張鐸，通事吴來住等回還供報，八月二十五日戌時，從黑山兒門出口往北行走。二十六日，至大邊外黄土坡。天晚，二十七日寅時，至涼城兒躧哨，瞭見營帳約有一百餘頂。役等一齊撲砍進入，斬獲首級八顆。不料把都兒等大舉達賊忽至，四面圍砍。役等知入虜穴，奮力死戰，下馬步行，且戰且却，被追二百餘里，將前首級遺失，止存二顆。一顆爲首隨征靖虜衛家丁小旗來祥，爲從家丁甄達子；一顆爲首平虜衛後所小旗張瓚，爲從右衛中所家丁張安。陣亡旗牌官一員范世傑，把總官一員劉欽，管隊官七員張勳、曹勲、李月、王祐、周臣、史寬、劉春，各城家丁、通事劉大斤等一百九十九名。重傷軍人四名，輕傷家丁二名，陣失并射死官馬三百六十匹。

備咨行間，又據鎮守總兵官吴瑛呈開，陣亡旗牌官一員范世傑，把總官一員劉欽，管隊官六員張勳、曹勲、李月、王祐、史寬、劉春，各城家丁通事劉大斤等一百七十一名，重傷軍人四名，輕傷家丁二名，陣失并射死官馬一百九十二匹。等因。得此，查比原報，陣亡管隊官七員内少一員，家丁、通事内少二十八名，陣失射死馬内少一百六十七匹。比時倉卒查報，數或不真。

除行查外，看得黠虜驕悍，舉衆侵陵，該鎮遵奉欽依，遣兵直擣營帳，實欲使虜牽顧。詎意虜分兩路，奄忽相遭，斬獲不多，而損傷頗重。是皆鎮守總兵官都督同知吴瑛、巡撫右僉都御史侯偵探不明，發縱未當，故雖未遂大挫虜計，使虜知有此舉，猶足以牽其自顧，不敢深入之心，亦用兵之法而邊臣之志也。但官軍范世傑等皆挑選精兵，索稱驍勇，一旦承差出境，直擣虜巢，卒遇賊衆，殞於鋒鏑，身膏野草，情實可憐。如蒙伏望皇上軫念各官軍歿於王事，與獲功被傷人員，乞敕兵部轉行巡按御史，通行查勘，紀驗明白，照例奏請陞賞，以慰死者之靈，用爲將來之勸。吴瑛、侯鉞量加戒飭，俯乞聖裁。

謹題請旨。

督府疏議卷之五

災傷疏

准巡撫大同右僉都御史侯咨，據山西布政司分守冀北道右參議謝淮呈，行據大同府申，據委官檢校知縣等官陶夢龍、許光宗等踏勘過山西行都司所屬大同前後左右雲川、玉林、威遠、平虜、井坪、朔州、馬邑、山陰各衛所并本府所屬朔州、大同、懷仁、山陰、馬邑各州縣本年秋田災傷分數、地糧文册到道。據此，案照，先蒙總督撫按衙門批，據威遠、玉林、大同前後等衛所，朔懷等州縣及平虜守備劉卿等各呈申，本地極臨邊境，地瘠民窮，連年災傷，人民流亡，田多荒蕪。今年田苗得雨，播種比昔有望。不意八月初一日，天降冰雹，平地數寸，當夜苦霜，禾盡枯折。加以虜患頻仍，人心洶洶，不能聊生。該徵糧石，無從出辦，乞行委官踏勘，轉達分豁。等情。俱蒙批仰分守冀北道查勘。蒙此，備行各官沿坵履畝踏勘。去後，今據前因，理合備造文册，呈乞施行。得此，簿查，已經批行勘報前來。惟恐不的，又經復行查實造册。今據繳到除將造完黄册奏繳外，合行移咨，煩請施行，備咨轉行到臣。

切惟大同地方，極臨朔漠，形勢高聳，土多沙鹻，露冷風寒，春遲霜早。至於威、平、井、朔左右等衛，尤稱絶塞，連年被災，禾黍不登。加以虜寇頻仍，民不堪命。即目井里蕭條，閭閻悉困，全室枵腹，盈街乞丐。秋後若此，來春可知。若不早爲議處，誠恐窮荒極迫，苟非逃散流移，必至委填溝壑。除行巡撫衙門量，將京運糧米設法處運，准作月糧，稍蘇目前之急。如蒙伏望皇上軫念極邊生靈，累遭荒歉，乞敕該部從長酌議，合無將被火地方田糧照數蠲免，仍亟賜議處賑濟，以捄困苦。如此，庶官軍不致流離，而邊防有所倚賴。

謹題請旨。

急缺將官推用疏

准巡撫宣府右僉都御史劉、巡撫大同右僉都御史侯、巡撫山西右副都御史許各咨，據兵備、守巡等道參議等官馬九德等呈，將訪舉過見任指揮千百户及廢棄將官職名到臣。案查，先准兵部咨前事，該本部議擬，合俟命下，通行遼、薊、宣大、山西、保定、昌平、延、寧、甘、固及浙江等十三省各總督、撫按衙門，南北兩京直隸巡按、巡關、巡視京營科道等官，多方諮訪，查將各衛所見任指揮千百户内，如有武藝熟閑，謀勇素著，年力精壯，堪爲將領者，逐一開註各官實跡，如某堪大將，某堪偏裨，某堪邊方，某堪腹裏，備細履歷緣由，不拘名數，近者一月，遠者不過三月，作速奏保前來，以憑從公酌量推用。其廢棄將官，除犯人犯重刑外，如有偶因詿誤及細小贓私等罪被劾閒住者，若有年力未衰，向經戰陣，堪爲衝鋒破敵，極衝要害之用者，一體奏保，務要諮訪具切，舉薦得人，毋得徒采虚名，不濟實用，及因循延緩，有誤邊計。等因。題奉欽依，備咨前來。已經道行查訪。

去後，今該前因，臣惟人才難得，每嘗留心諮訪，多方試察，欲得智勇兼全，謀猷出衆者固難，其人中間但有謀可禦虜，勇可當鋒，一藝一能，堪爲副參、遊守之任者，故特録之。參與各官所舉相同，謹疏名上陳。如宣府遊擊歐陽安生長邊方，練習戎務，熟知地利，而境外險夷明如指掌，加意訓練，而部下將士咸有鬪心，精强甲於一時，御下不聞科尅，膽勇雄於儔輩，聞警敢於直前，堪任大將者也。分守大同北西路參將都指揮同知張淶文雅而人射藝兼精，沉毅有謀，營務素練，行義真能服衆，才識亦可超群；原任參將鎮虜衛都指揮僉事余勛出入京邊，練達事體，朴忠足以委重，敏識可以出奇。宣府遊擊張四教明敏之才，臨敵知變，驍勇之氣，遇戰能前，訓練勤而軍伍有律，撫卹至而士卒歸心，以上諸臣，堪任副總兵者也。宣府原任參將都指揮僉事祁勛明敏之才，勇敢之氣，臨敵不慑，而累立戰功，御軍有方，而常遺惠政。原任參將都指揮田世威氣剛守正，才敏識明，武藝淹通，而教習有法，軍務明練，而籌略尤聞。萬全都司軍政署都指揮僉事麻禄有貫革之能，負呑胡之志，歷任久而詳知戎務，經陣多而識曉敵情。山西行都司軍政署都指揮僉事陳力居官謙慎，處事詳明，周知邊圉衝緩而備禦有方，甄别將佐優劣而試用不爽。原任蘭州參將威遠衛都指揮同知張勲體貌雄偉，才識明辯，臨敵知變，御士有恩。原任都司大同左衛署都指揮僉事潘縉器識宏遠，志行毅方，才幹足以整廢墜而理繁難，忠勇足以當極衝而抗大敵。原任大同西路參將署都指揮僉事朱雲漢少年壯志，英發不群，整軍經武，大振頹風，衝鋒破敵，綽有餘勇。原任東官廳參將今裁革都指揮僉事完成體貌雄偉，而才亦精敏，委用勘處，而事多報完。守備保安舊城指揮同知楊世臣年青志鋭，久任而人無間言；事練才通，臨敵而多推敢勇。守備天城城指揮僉事柴愚體貌則桓桓甚武，設施亦井井有條。守備寧虜堡指揮僉事任漢志氣激烈，臨敵克奮。守備高山城指揮僉事劉承惠才識出衆，射藝稱雄。以上諸臣，堪任邊方參遊者也。原任大同右衛參將都指揮僉事張潤老成之器，練達之才，久歷邊方而熟知險易，曾經戰陣而諳曉兵機。原任參將都指揮僉事王臣氣度明粹而才略儘優，操持謹飭而戎事亦練。河南都同領春班宣府備禦指揮吴子英資性謹恪，才識明敏，領班三載而軍無間言，修工累年而勞勩懋著。以上諸臣，堪任腹裹參遊者也。原任萬全都司僉書都指揮僉事王鈺操履清慎，事體精詳。守備新平堡指揮同知王寧任事之忠，艱險不避，應變之智，倉卒可觀。以上諸臣，堪任都司者也。宣府原任守備署指揮僉事今充軍張桓射精百中，勇冠三軍，志氣不群，每敵敵而思奮；將心益勵，雖屢挫而不衰。原任守備指揮使今充軍王林生長邊方，明習軍務，才識可以御兵而料敵，膽氣可以陷陣而當鋒。開平衛納級指揮游杲氣壯才雄，精勤明敏。永寧衛指揮黄堯臣才識優於治劇，勇略可以籌邊。靖胡堡操守武舉所鎮撫劉楷處創立之邊城，經理就緒；撫新募之士卒，教練有條。龍門衛指揮使周源資性沉毅，才幹優長。大同原任守備朔州城右衛指揮同知周國梟雄之資，挽强弓而中遠；明辯之智，處難事而通方。操守鎮門堡高山衛指揮僉事卜大經年力精强，志氣勇敢。大同右衛指揮僉事王堂才識通敏，氣節剛方。大同後衛指揮僉事劉瓆才性機警，幹濟亦勤。大同前衛指揮同知白雲當繁劇而應酌不倦，處轇轕而分析甚精。大同右衛指揮僉事狄英才猷英敏，營務肅然。本衛指揮同知徐陞青年雅志，才藝出群。大同前衛指揮同知周廷輔素負驍雄，不憚强禦。大同後衛指揮僉事陳忠委守邊堡而備禦有功，試驗才猷而器貌亦稱。平虜衛指揮同知張國卿通達世故，熟曉邊情，馭衆而人心孚，承委而事功濟。原任山陰城守備右衛指揮使儲臣委守孤堡，謹嚴夷夏之防；督率多方，足爲干城之助。原任應州守備高山衛指揮使凌堂智慮精敏，志向英明。山西太原右衛指揮使馬應期視衛篆而巨細畢舉，已徵才猷；司邊備則緩急有賴，可冀樹立。振武衛指揮僉事許昭訓器識不凡，騎射亦優，持身慎而尅削不行，視篆勤而廢墜聿舉。太原右衛納級指揮僉事白清識甚明瑩，心尤慎密，才可濟乎緩急，任允堪乎防禦。本衛納級指揮僉事林爵年力精健，騎射優閒，志欲遠圖而小利弗營，勇堪御衆而當先克稱。太原左衛納級指揮僉事王玉性習勤勞，心甚機警，較騎射已爲超群，論韜略允宜統衆。原任偏頭關守備太原左衛指揮同知劉勝氣甚勇槩，年正精强，若付鷙擊之任，可樹鷹揚之勲。原任朔州守備潞州衛指揮僉事申紹祖早掇武科，韜略素聞，久值廢棄，志氣彌礪，與論戰守之宜，能達奇正之變。以上諸臣，堪任邊方守備者也。原任守備宣府右衛指揮僉事陳鎮才識老成，事體明練，慎以將士而軍無怨言，忠以參謀而營無秕政。懷安衛都指揮同知李國珍才識精明，志趣向上。隆慶右衛指揮使杜椿儀貌豐偉，幹濟勤能。宣府右衛指揮使張世武存心謹畏，臨事精勤。以上諸臣，堪任腹裏守備者也。如蒙乞敕兵部再加查訪，如果臣言不謬，將各官遇有相應員缺，疏名上請推用，庶任不乏人，事多克濟。

謹題請旨。

欽奉聖諭疏

准兵部咨内一款，議調入衛邊兵，本部議擬，合候命下行移各鎮總督、撫按等官，將甘肅兵馬不必挑選，亦免入衛，俱存留本鎮防禦。其遼東、宣大去京不遠，不必更番，只將原選遼東劉大章一枝與大同朱漢、李欽、麻隆三枝，宣府歐陽安一枝各就本鎮操練。遇年防秋之時，哨探的確入援，題奉欽依，備行前來。續據宣府遊擊都指揮歐陽安呈，蒙提督軍務都督時陳差夜不收張言，傳調本職兵馬前赴沙河城駐劄防禦，依蒙於嘉靖三十一年十一月十一日領兵自冷口起程，十八日到彼防禦外，呈乞照驗，等因。具呈到臣。

查得，自嘉靖二十一等年節調延寧、遼固、保定等處兵馬多則十枝，少亦不下六枝、四枝應援宣大，蓋所以重門户之防，以爲京師之藩屏也。相須之勢，視諸遼陜等鎮則甚緊要焉。蓋切近虜巢，密邇關輔，不可一槩論者，夫人皆知之也。二十九年，咸寧侯仇鸞奏於宣府選兵一枝三千員名，大同選兵三枝九千員名，五月中赴京聽候分佈要地。兵部議得，大同一鎮西北孤懸，挑選兵數與諸鎮同，亦已足矣。獨擬三路選至九千，恐該鎮守禦有虧，且多寡之間不均興嘆，亦宜照依名鎮，止選三千，題奉欽依挑選間，仇鸞復奏必欲挑至九千，而九千之外又有家丁五百餘名，旗牌、書辦、跟隨、牢伴等項亦幾三四百員名，則是大同一鎮選去萬人，較諸各鎮之多，實四之三，已爲不堪，奈何挑選未幾不欲行者，則輒稱老弱賄買求免，欲行者則夤緣投充，兩相影射，至於馬匹，尅落草料，不肯餧養，一有瘦損，即行搶兑，在鎮各軍見其搶奪，不得自用，亦復不肯著心餧養，倒死相繼，以致正奇遊援兵馬皆不成，營伍雖嘗選補，減城操老弱舍餘等項，未經訓練，亦徒有其名耳。盔甲給領雖足，馬匹奏補未完，亦將何所用哉。夫以一營兵馬三千，行糧料草日費三百餘金，自五月至十月終，散兵計六箇月，一營大約費銀五萬四千餘兩。況自正月以後，即以團操爲名，錢糧支費日計月會，又不止六月已也，則其數可查矣。使在本鎮，時非防秋，則不團操防秋之外，事非警急，則不調發。既不團操調發，則不得支費錢糧，此各鎮歷年舊規也。但以京營爲名，則不時團聚，既已團聚，則日有供給，以各營通計，當百餘萬，又不止一營已也。司國計者當亦告匱，年復一年，將恐難繼，又不止一年已也。

臣恐有限之錢糧，不能應坐食之費。且如今歲六月間，邊報警急，各鎮入援兵馬俱調集宣大二鎮，各該將領既有所恃，雖邊塵警急，羽檄飛馳，亦不令一將一兵策應，是使有用之兵，置之無用之地，徒費國儲，曾無一效，豈能不動謀國者之憂哉。至於入衛之兵，心切君父，臣子共懷，但地里有遠近，事勢有緩急，議者未當其事，或未能無遺論矣。前項選兵猶候防秋哨探入援，夫既定擬入衛，防秋之際，不敢不先期入者，恐緩不及事，違誤之罪重也。在宣府距京不遠，進可以入衛，退不失捍禦。至於大同西路去京七八百里，東路去京五六百里，使分佈防禦，聞警疾馳，將恐救援不及。不惟空增疲勞，奸黠之虜乘虚而下，則本鎮亦且蹂躪矣。是選兵雖名屬宣大，實不得用。且知今秋誤傳賊犯古北口，臣督發前兵入衛，亦即東馳，方至保安，而虜酋乘虚南下，雖急奔馳，已緩不及事。况歐陽安一枝自夏調去薊鎮迤東冷口防禦至今，復防沙河，尚不得還鎮，緩急豈得濟哉。臣恐領兵官員襲訛踵謬，過有彼此自爲之分，不究理勢相須之重，將復徵調，而大同三枝兵馬又奔走之不暇矣。牽制猶存，内外莫用，不重可惜哉。矧宣大重鎮，視各邊維均，其密邇京師，逼近虜巢，則與各邊獨異。宣府選兵三千猶之可也，何大同則獨加挑選至九千邪？且夫賞罰所以别功罪也，兵馬所以備戰守也，爲將者兵馬果足，戰守可效，若夫平昔不能操練，紀律不明，臨敵又復逗遛，心懷觀望，法典甚明，誰能自逭。今也所統兵馬既已挑殘，所補老弱又非精練，馬匹不足，既難追逐虜寇，分番又非往昔，衆寡既不相侔，强弱亦復殊異，而勝敗因之，不重可矜念之邪。臣本疏庸，叨膺重寄，審度兵勢虜情，亦嘗具奏，鮮中機宜，待罪防秋。雖踰三載，力短心長，又無寸效。今歲黠虜窺知兩鎮人馬單弱，旬月之間分番三犯大同地方，仰仗天威，挑殘兵馬，尚能按戰，追迹出境，收保不及，疏失亦多，即臣之罪也。復荷皇上洞見幽遐，載垂寬宥，感恩圖報，期盡捐糜，不敢不昧死上塵天聽，切慮兵馬無用，錢糧虚費，機事有違，虜患未殄，將貽門户之憂，重塵堂室之念，臣雖萬死不足自贖，亦何益矣。伏望皇上軫念大同、宣府，實切門户，黠虜驕貪，殊非往昔。選調兵馬多寡不同，入衛道里遠近各異，事機牽制，違誤可惜，乞敕兵部再加詳議，合無將大同三枝兵馬查照各鎮止留一枝與宣府兵馬一枝，聽臣分佈，近境防守，探聽有警，督發入衛，其餘二技仍發正奇遊援兵營補足。原額如有不堪，官軍仍歸城操，馬匹不足，容臣查奏給補，仍照各年舊規，時在防秋，分佈要害，聯絡防守。事有緊急，則酌量調發，互相策應。機有可乘，外不失出擣，可以奪虜之心；内不失入援，可以爲國之衛。兵糧有用，戰守可圖矣。

謹題請旨。①

預陳戰守大計以圖實效疏

據守巡口北道右參議等官楊順等呈，行據綜工原任參將宋贇、周鐙呈稱，春間自膳房堡起，至西陽河止，脩完邊墻五十五里二百七十三步。又自永寧起，至西陽河止，修完敵臺二百四十二座。及據通判王一貫等呈開官軍、夫役支過行糧料草、口糧鹽菜等項，共用銀五萬九千七百四十二兩六錢四分四厘六毫數目到道。案查，先蒙總督軍務兵部左侍郎蘇案驗，備仰各道，即查本鎮原有餘剩見在銀若干，奏發銀若干，買過糧料草束若干，用過價銀若干，自某年月日起工某日軍夫兵馬各若干，該用行糧料草、口糧鹽菜各若干，支過本色若干，折色若干，每日每人脩工若干，計若干日脩過工程若干，與原議有無相合，是否堅固，未修邊墩若干，緣何日久不行修飭，未用糧銀若干，見在何處收貯，務見明白造册回報。

蒙此，案查，先蒙巡撫宣府右僉都御史劉案驗，准兵部咨，該總督侍郎蘇同本院并前任總兵官趙國忠題，查得，西路自西陽河鎮口臺起至張家口柳溝臺止，邊長二百三十八里一百七十三

① 《穀原奏議》無此四字。

步，共折四萬二千九百二十六丈五尺，舊墻高厚不等，通折高一丈二尺，厚一丈。今議加幫平高八尺，共高二丈，裏外女墻五尺，通高二丈五尺，幇厚八尺，共底闊一丈八尺，收頂一丈二尺。以軍夫三萬，每名日修一寸，日計三百丈，計一百四十四日可完。其敵臺東自四海冶起，歷北中西路西陽河止，應該添築敵臺五百座，每座身高三丈，女墻五尺，通高三丈五尺，方闊四丈，收頂二丈八尺，計二千丈。就於各邊隨便採打山木，上蓋鋪房一間。亦以軍夫三萬名，每名日修一分五厘，日計四十五丈，計四十五日可完。二項計一百八十九日，自三月十五日起工，除六七月炎暑陰雨外，約至十月内工畢。本鎮步軍二萬名，屯餘一萬名，每五百名該把總官二員，共一百二十員，内步軍二萬名，把總官八十員，架梁防護馬軍六千名，合用行糧料草，除六月十五日以後支用防秋錢糧外，自三月十五日起至六月十五日止，計九十日，每軍日支行糧米一升五合，該米三萬五千一百石。照依本地時估，該價銀三萬九千兩。把總官日支行糧米三升，該米二百一十六石，價銀二百四十兩。馬六千匹，每匹日支料豆三升，草一束，該豆一萬六千二百石，價銀一萬四千七百二十七兩，草五十四萬束，價銀二萬一千六百兩。屯餘一萬名，把總官四十員，自三月十五日起至九月二十四日止，計一百八十九日，共該行糧米二萬八千五百七十六石八斗，該價銀三萬三千一百八十九兩零。軍夫三萬名，把總官一百二十員，該支犒賞鹽菜銀一百八十九兩，官日支二分，軍夫一分，共該銀五萬七千一百五十三兩六錢，通共該銀一十六萬五千九百九兩六錢零。本鎮見貯上年修邊餘剩兩，并支剩糧料草束等項，折筭共銀一十三萬七千一百五十八兩二錢零，尚該銀二萬八千七百五十一兩四錢零，似應早爲給發。

該本部覆議，既該總督、鎮巡等官會議停當，相應依擬，合候命下，請給修補。完日，總督侍郎會同巡按御史閲視明白，通將修過工程用過銀兩稽查無弊，方許造册，奏繳青册，送部查考。如有冒破侵漁等項，聽各官從實參究。等因。題奉欽依，備咨轉行各道，親詣各路幇修添築間，今蒙前因，會同分巡口北道僉事朱笈謹詳原詳工，以兩季停分銀於二項兼用，自六月十五日以後至十月終止，計九十九日，分工邊墻一百一十四里三百四十七步四分，敵臺二百六十一座九分四厘一毫，因有防秋錢糧，止該銀四萬七千三十五兩一錢六分三厘二毫六絲而足，自三月十五日起至六月十五日止，計九十日，分工邊墻一百一十三里二百一十八步五分二厘，敵臺二百三十八座五厘九毫，全用修邊錢糧，該銀一十一萬八千八百七十四兩四錢三分六厘七毫四絲，大約邊墻一里，該銀八百七十五兩九錢，敵臺一座，該銀八十一兩三錢六分。春工一日，費銀一千三百二十兩八錢二分七厘七絲；秋工一日，費銀四百七十五兩一錢二厘六毫六絲。今據綜工委官宋贇等報稱，春間修完工程邊墻五十五里二百七十三步，敵臺二百四十二座，以原議言之，該銀六萬八千三百二十七兩五錢五分二厘二毫。及據通判王一貫等開報，實支止用過銀五萬九千七百四十二兩六錢四分四厘六毫，於内少用銀八千七百八十四兩九錢七厘六毫。原議糧料價值每銀一兩買米八斗八升二合二勺，豆一石一斗，今時估不等，米俱八斗以下，豆一石以下，共支過米豆二萬四百八十四石七斗五合，内多費銀三千四百二十七兩九錢。邊墻二寸，合用撥木一根，上下三層，以五十五里二百七十三步，細折一百萬三千六百四十四寸，用過撥木一百五十萬五千四百六十六根，每軍一名日採八根，行糧鹽菜銀二分七厘。原議曾未言及，内多費銀五千八十兩九錢四分七厘七毫五絲，凡此皆由架梁防護官軍減少撙節之數。修完工程俱有高厚丈尺，用過錢糧亦有實支文卷可考，但查未完工程，尚有邊墻一百八十二里一百六十步，敵臺二百五十八座，其修邊銀内邊墻止欠五十七里三百五步六寸四分，防秋銀内則欠一百一十四里三百四十七步四分；敵臺二百五十八座，俱係防秋欠數。修邊銀内已多修完四座，見剩銀六萬七千七百三十二兩三錢二分七厘六毫三絲一忽，内萬全都司官庫收貯銀三萬二千一百三兩一錢三分四毫九絲，萬億庫收貯銀二萬八千七百五十三兩七錢，内附餘銀二兩三錢，隆慶州庫收貯銀二十一兩九錢三分一毫三絲一忽，見催原領未交銀六千八百五十三兩五錢六分七厘一絲。糧二萬三十九石八斗零，料八千五百二十一石二斗零，草二十一萬七千四百五束零，共該銀三萬八千四百三十六兩九錢二分七厘七毫六絲九忽，見貯西陽河、洗馬林等二十八倉塲。以上銀糧料草，通共筭該見在銀一十萬六千一百六十九兩二錢五分五厘四毫，以五萬六百六十九兩九錢三分九厘一毫補春季之工，以五萬五千四百九十九兩三錢一分六厘三毫作秋季之工，綽然有餘。

然自今觀之，必須秋日工多，始合原議。各道竊計連年邊患，多在七八月間，自嘉靖三十年建議以來，彼時即值虜酋邀市，竟無坏土拳石之暇。令春經始入夏，且有新河口等處警報，迄無全工，明年何可逆料。各該綜工官員，若徒狃於修邊防秋名色，分析錢糧，不敢伸縮。萬一來秋復如今歲，未免坐致久違。合無行令各官不必挨靠防秋錢糧，亦不必拘泥三萬軍夫數目，趂其來春邊境閒暇，通將一鎮步軍餘丁調集工所，儘以見銀一十萬餘兩，通融修築，期在三四五月虜馬未騁之前，盡行完報，申請覈實，庶乎錢糧不煩，再給工役，免於愆期。擬合呈報。等因。備由具呈到臣。案查，先准兵部咨，該臣與該鎮鎮巡官員議修前項工程，其以三十年十月畢工，題奉欽依，備行前來。已經通行修飭，及不次督催，爲因過期未完，臣慮恐錢糧或有那移，花費工程或有不合程度，夫役或有私役賣放等弊，是以嚴行守巡各道查勘造報。續據各道會議，呈報前因，復因支剩錢糧未見明開收貯何所，又經駁查。去後，今據前因，看得，修飭邊墩，本爲設險禦虜，保障生靈。題奉欽依，議有期限。所司官員自宜併工督修，刻期完報可也。却乃過違，至於今歲，尚未告完。參照綜工原任參將宋贇、周堂各承委綜工，督理欠謹，軍夫逃亡，而不知挨捉；做工人少，而不即呈添；工既愆期，罪當首論。再照原任分守口北道山西布政司右參議今陞山西按察司副使趙文燿有提調之責，乏經略之方，亦當有罪。鎮守宣府總兵官署都督僉事吴鼎、巡撫右僉都御史劉督催不力，責亦難辭。但趙文燿已陞遷轉任，及查原議工程，期於去年三月起至十月工完，具疏奏請，至四月中公移方至，派夫間，復值互市議阻。今春警報頻仍，防禦無暇，四月初旬，方纔興工，採打撥木，又多費日。然計筭錢糧，不至過費；詢察夫役，未失農時。是亦邊臣撙節撫摩之微意也。如蒙乞敕兵部再加詳議，合無將各官嚴加戒飭，待至來春，俯從各道所議，不必拘泥三萬軍夫數目，亦不必專候防秋修理，將本鎮步軍屯餘盡數起調工所，併力修築，刻期完報，另行覈實具奏，惟復別請裁奪。

謹題請旨。

虜中走回人口傳報夷情懇乞天恩借給草束以資馬力以備征戰疏

嘉靖三十一年十二月初九日酉時，據大同陽和後口墩軍人曾叫化收送虜中走回男子韓介供稱，山西陽曲縣民嘉靖十九年八月内，被達賊擺腰啞不孩搶去，住過一十二年，思想家鄉，偷騎馬二匹脱走。一日夜到邊，在虜營時聽得俺答差人與擺腰啞不孩商説春二三月間要搶等語。備供到臣。

切緣虜逞驕悍，大肆貪殘，自春徂秋，垂涎南牧，幸賴天威遠布，將士齊力拒守，敵戰未遂大騁。玆者降人韓介傳聞酋首商説二三月間要搶。緣本人在虜年久，親聽其言，春初寇掠，恐不爲虚。除嚴行督屬大小將領操練兵馬，營繕戰具，聽候戰守外，但各鎮兵馬自春調防虜寇，入秋列戍擺邊，八月以來，虜賊舉衆，分番寇擾，隨其向往襲追拒剿，東奔西馳，月無寧日。至十月中旬，虜賊遭挫，移營北徙，度無侵寇之機，且慮錢糧供億不敷，遂將正奇遊援及臣標下官軍家丁人等放散，各回原城，儹喂馬膘，修飭戰具，平居無事，隨同本處官軍操練，遇警跟隨本路將領往來截殺，並不許私下鄉村遠出遊蕩，以致瘦損馬匹，失誤應敵。如違治以軍法，是名雖放散，而實團聚，候敵有兵，錢糧節省。但放散之後，宣大二鎮官軍下馬匹舊規止是秋月採打青草，自行堆垛，以備冬春喂飼，原無日支草束，以故邊臣節引延綏官軍馬匹冬春日支草束事例，奏請該部，以宣大原無舊規，恐增煩瀆，題覆未蒙俞允。矧宣大連年採草之時，正值警報頻仍，防戍緊急，官軍在邊捍禦，不得採積。又值霜旱爲災，黍稼不登，即目每銀一錢止買小草三四箇，斤重不及官草二束。至如大同左右等衛威平、井朔等城絶無穀草，盡皆扒摟蒿荻，掘乞草根，以充喂飼。况今冬深地凍，蒿荻已無，草根殆盡，若不亟爲酌處，臣愚伏思在邊買補一馬，官價一十二兩之外，軍復幇價五六兩，至於太僕寺給領山東、河南俵解馬匹，其原買價銀多則四五十兩，少亦不下三十餘兩，無草餧飼，豈靳死損，計值論費，其所需又不知幾何。若虜賊來春果如降人所言，二三月間肆鶩跳梁，舉衆侵寇，馬匹跌落倒損，將何應敵。

臣愚竊念事有經常，時當通變，經國遠圖者宜權其輕重而已，合無不拘常例，每年十二月，次年正月、二月、三月缺草之時，每月每馬於防秋草内借支十束，更乞天恩憫念朔漠邊方官軍貧苦，再賜官給五束，共一十五束，放給官軍，以爲一月之費，責令儹喂馬膘，以備征戰。待候七八月、十月防秋之日，草茂之時，應支草束每月每馬少給十束，用補前借。如此，則兵不團聚，而錢糧可省，馬有草飼，而免致跌落。公私兩利，人情便益。如蒙敕下户、兵二部再加詳議，果於國家邊方有益，早乞俯賜施行，庶馬匹不至餓損倒失，官軍不致負累逃竄，而防邊禦虜，皆有所仰賴矣。

謹題請旨。①

斬獲首級願告給賞疏

准巡撫山西右副都御史許咨，准鎮守山西總兵官李淶手本，據正兵營召募家丁申廷月、王定告稱，嘉靖三十一年二月十二日，大舉達賊從大同平虜地方上溝子入犯，月等跟隨李總兵官在於上水頭上圈梁與賊對敵，斬獲首級二顆。今蒙各陞一級。思得，月等委的隻身貧難，不願陞級，告乞給賞。行間，又據老營堡遊兵軍人張廷美、孫黑子、賈進忠，家丁史住、史筆告稱，本年三月初一日，跟隨史遊擊在於大同地方水頭川與賊對敵，斬獲首級六顆，内副千户王世臣願陞外，廷美等委因貧難，願告給賞，狀赴各衙門告理，未蒙明示，告乞轉達。據告合用手本前去，煩爲給賞施行。

准此，案查，先准兵部咨，爲傳報聲息事，該巡按山西御史吉澄題，該本部覆，題奉欽依，備咨前來内開，斬獲首級，爲首老營保所軍人張廷美、孫黑子、賈進忠，綏德衛前所隨任家丁史住、史筆，寧武所家丁申廷月、王定俱陞授小旗。等因。已經備行山西、陝西二都司，行令各衛所查照施行。去後，續據雁門兵備道副使南逢吉呈，蒙總督軍務兵部左侍郎蘇批，據張廷美等告

① 《穀原奏議》無此四字。

前事，本道查得，嘉靖三十年二月内，抄蒙本院案驗，爲預定防秋大計以禦虜患事，准兵部咨内一款，各邊總鎮等官查照見行賞功事例，先期徧貼簡明告示，曉諭軍民人等。如賊入内地，有能臨陣對敵，擒斬賊首一顆者，陞一級，仍賞銀三十兩；不願陞者，賞銀一百兩。除遵行外，今張廷美等雖已題奉欽依陞級，但各告稱委因貧難，情願受賞，與前例相合，呈乞施行。等因。已經備咨，裁處未示。今准前因，爲照官軍臨陣馘斬之功，乃冒白刃，出百死一生之地，其陞與賞已奉有題准明例，各隨所願。今張廷美等各因貧難，告願給賞。既經該道查有前例，相應議處，合無照例具題，行令山西布政司動支官銀，每名賞銀一百兩，仍行山西、陝西二都司，行令各該衛所開除原陞小旗名級，庶人心激勸，可期後效。合咨裁酌施行。等因。備咨到臣。案查，先准本官咨前事，已經備咨本部，未示，今准前因，切緣陞賞俱勸功之典，然各軍丁雖奉有欽依，已各陞級，但據其每每懇告，隻身貧難，情願受賞。又查有題准明例，以應俯從。如蒙乞敕兵部再加詳議，合無俯順其情，照例給賞，行令各該都司衛所將原陞旗役革除，以順人情，以勵後效。惟復别請裁奪。

謹題請旨。

舉劾有司以勵庶官疏

爲照三年朝覲，考察庶官，係干大典。况年歲屢凶，邊境多事，當今守令、通判等官使皆賢能奔走服役，猶恐不逮，豈容庸瑣貪鄙之人濫冒其中。非不能立政教人，而欲不僨事者鮮矣。臣於督屬大小官員賢否，觀言察行，稽行驗實，待罪三秋，頗得真切，謹爲陛下陳之。如平陽府知府王楠、大同府同知王彙征、蒲州同知翟澄、解州知州張習、應州知州孫存義、翼城縣知縣劉光遠各賢能任淺，不敢槩舉外，訪得太原府知府張祉沉毅有謀，剛果而斷，剖析疑獄，飫聞平刑不冤之頌；宰割雄郡，坐收理煩治劇之功。大同府知府馬慎器重質厚，才振守嚴，居危邊而鎮静得體，給軍餉而經畫有方。太原府同知桑蓁誠慤之性，明練之才，任重道遠，可期成功，剖煩理劇，實堪達變。宣府中路通判劉敏政器識高明，才猷練達，不受分例，召買稱平，委任稽查，綜覈悉當。平陽府推官劉贊丰采端凝，鞫讞詳審，群吏奏法，屬治歸心。大同府推官劉度持身不狥，物欲折獄，率協民情。潞安府推官强書儀狀清脩，精采流動，理詞訟而詳慎，委查盤而尤明。澤州知州邊侁學識淵源，政務博大，士子得以達才，小民悉獲樂業。蒲州知州陳應和器度清雅，識趣高明，聽訟獄多所平反，審均徭不事煩苛。隆慶州知州薛緯平易近民，醇謹奉法，節里甲而民懷實惠，查倉庫而人無怨言。代州同知丘瓚英年而達政體，長才足徵改官，砥勵節行，大任可稱。原任聞喜縣知縣今陞任楊九澤凝重之資，端嚴之守，博養宏才，望重儒紳，厚澤真心，惠洽黎庶。襄陵縣知縣王如綸周密如目，素閑精白，痛懲夙蠹，議地方之住劄，而不詭不隨，民有攸庇；查錢糧之奸弊，而惟明惟允，物無隱情。原任高平縣知縣今丁憂衛東吴丰神秀爽，不嚴爲威，崇理化勤，百廢俱舉。榆次縣知縣葉恩宅心以仁恕爲先，四境胥悦；立政而緩急適宜，庶績咸熙。静樂縣知縣楊縉儀容脩整，才識明暢，冰檗堅於自守，遠大誠爲可期。靈石縣知縣李微警敏之性，寅畏之操，酌里甲之偏袺，而輕重適均；折健訟之刁詞，而是非不謬。大同縣知縣王文源持守無間於清勤，幹濟不艱於緊劇。以上諸臣賢能昭著，所當薦舉者也。

又訪得宣府在城通判孟良弼以刻爲明，獄執深文而煆鍊；倚官爲市，商循常例以誅求，款婦私第通贓，幼女無辜逮斃。東路通判高尚禮雪以濟貪，巧能飾詐，召買計多寡以需求，理訟量重輕而科罰，官常已壞，清議難容。盂縣知縣萬鑑才識既短，權守亦疏，取常例於里甲，公議沸騰；濫科罰於詞訟，民言可畏。寧鄉縣知縣張鐙庸才廢事，貪聲大著。浮山縣知縣王文瑞立政無聞，守己多議，催徵而偏索常例，逋賦頗多；大户而槩求見面，損下愈甚。滎河縣知縣蕭奇任當刁敝，才亦昏庸，牌票盡付之吏書，鎖鑰不收於衙舍，審均徭而不量貧富，多金則降；受詞訟而不察是非，有力者直。臨縣知縣張天禄守身踰常，時事科罰，用財無度，增累下民。欒平縣知縣張魯性柔而才鈍，任久而政隳，事多決於吏胥，需求著於人口。以上諸臣皆貪污不職，所當罷黜者也。

宣府北路通判楊茬形神昏惰，志氣委靡，查盤遂吏識之奸欺，召買縱富商之拖欠，廢弛已極，驅策尤難。永寧縣知縣師桐洽當裁減，而性任疏慵，民際凋疲，而才違宣節，歷久不聞報政，將來何望改觀？以上二臣年老罷軟，所當糾劾者也。

萬泉縣知縣薛文通以柔克之性，處負固之民，問一事而吏胥盈庭，拘一犯而經年不獲，甲里更换，索見面禮銀；大户收糧，勒查匣分例。祁縣知縣車錦性雖廉静，政則舒緩，吏胥舞文而滋弊，豪强玩法以欺公。岳陽縣知縣邊价庸才而處凋弊之邑，是非多至混淆；事每決於吏胥之手，率由律例不諳。以上三臣歷任未久，官常未至大壞，所當改教者也。靈丘縣知縣趙從學才僅足以理疲敝之邑，而初政有聲；言不足以孚刁詐之民，而致身於訟，所當改調别縣者也。

如蒙乞敕吏部再加訪察，如果臣言不謬，將張祉等量資擢用，孟良弼等亟賜罷黜，薛文通等改教，趙從學調處。如此則黜陟既明，器使允當，而庶官知所懲勸矣。

謹題請旨。

薦舉方面官員以備任使疏

臣惟三載庭覲，黜陟惟期，方面所關，外服最重。其在山西、宣大，正當多事之時，加之地近邊方，人性刁悍，其表率下寮，經理庶務，非得賢能任使，曷以克濟時艱。臣於二司官員，嘗悉心訪察，觀諸治體，賢能昭著。如原任山西布政司左布政使今陞遼東巡撫江東右參政高翀，右參議謝淮、趙文耀，按察司副使張思已經陞任，歷任尚淺，僉事梁木、王繼、洛吉來獻，俱不敢槩舉外，訪得布政司左布政使趙廷松器識雅循，政治端敏，文學飭吏，久允擅乎三長；精恪守官，艱備常於歷試，蓋久操而不改其志，當特擢以旌其賢。左參政齊宗道性剛毅而能慈，才恢弘而有制，令行禁止，奸慝屏踪，政達訟平，善良歸德，韜畧素藴，允屬統馭之才；安攘咸宜，可備拊綏之寄。右參政楊時泰心甚誠確，才有劑量，防守寧武而嚴束伍之命，諸將戮力；分守冀寧而多巨盜之獲，百姓舉安，操持克勵於晚年，諳練尤更於久宦。原任分巡河東道按察司僉事今陞分守口北道布政司右參議楊順資性端平，知識敏達，秉憲度而貞紀不撓，司軍餉而理財有略，文經武緯，允屬全才，適變履常，實堪重任。按察司按察使李綸器局清修，操持端謹，心存欽恤而冤滯罔聞，體慎關防而風裁自著。提學副使閔煦文學綽有淵源，憲體習於臺察，身作模範鑒別，服考較之精風，化昭感孚之易。協堂副使張鈇德器惇凝，才思敷裕，協司務而讞議稱允，清戎政而營伍克充。分巡冀寧道僉事今丁憂胡賓剛方自守，清介有爲，分督防秋，宣力甚茂，巡察劇道，讞議多勞。分巡冀北道僉事王重光存心謹畏，敷政公勤，事每恆以身先，劑量岡滯；言弗徒滕口說，操守甚嚴。分巡口北道僉事朱笈學識宏博，操履方嚴，理刑獄而剖議無冤，談兵機而韜略多合。以上各官皆賢能素著，所當薦揚者也。如蒙乞敕吏部再加訪察，如果臣言不謬，將各官遇有相應員缺，隨宜擢用，庶賢能愈奮，而任用不致缺人矣。

謹題請旨。

薦舉賢能兵備官員以備任使疏

照得，宣大、山西接壤朔漠，連年虜患，制馭爲難。災傷頻仍，盜賊間發，防備亦急。其調度餱糧，脩築墩墻，整飭堡寨，與夫防秋擺邊，稽察姦弊，兵備官員，實爲緊要。臣待罪邊庭，防秋三載，其於各官委任，每切心思，故其人品才器，頗得真切，謹爲陛下陳之。如原任雁門兵備副使蘇志皐、尹綸各賢能，已經陞任，不敢槩舉外，訪得，岢嵐兵備副使吴嶽學術醇正，操履清嚴，思周民隱，而慈惠弘敷；慮切邊圉，而經理詳慎，節年防邊禦虜，勞績尤多著聞。雁門兵備副使南逢吉謹約不浮，精明日見，兵食墩堡，庶務叢集，而經理無遺；官市倉場，宿弊盤錯，而振剔罔滯，保障全晉，載見防秋。潞安兵備副使郭乹性資敦謹，法紀貞明，戎備允協，周詳地方，有賴事體，各適威愛，上下俱安。朔州兵備副使馬九德官階久歷，法理甚精，直諒中存，考往稽終，而器允屬乎遠大；平允外著，因材授任，才可備乎撫巡，向因查盤已得地方之要，今任兵備益悉戎務之衝。以上各官人品雖各不同，要皆賢能，所當薦揚者也。如蒙乞敕吏部再加訪察，如果臣言不謬，將各官遇有員缺，隨宜擢用，庶賢能知勸，而治理益惰，任用得人，而地方有賴矣。

謹題請旨。

預擬分佈人馬以禦虜患疏

准巡撫宣府右僉都御史劉、巡撫大同右僉都御史侯、巡撫山西右副都御史許各咨，據兵備、守巡等道副使等官馬九德等呈，將嘉靖三十一年防秋擺邊列營總副、參遊、守備及各差委監督閑住將領等官，稽其勤惰，驗其事蹟，分別功過具呈，移咨到臣。案查，先爲前事，已經備行查報。去後，今該前因，除賢能昭著，已經薦舉，及有功陞級轉任與幹事勤慎守備等官，量加禮待，才力與地相宜，功過相當官員，姑留任使，以責後效。不職操守以下官員徑行鎮巡衙門會選更易。誤事參將等官尚表等曾經論列，奉有欽依，降罰提問等項，俱不敢再行糾舉外，如鎮守宣府總兵官署都督僉事吴鼎謀勇素著，廉静不擾，調度諸營，保安全鎮。本鎮副總兵都指揮僉事郭都偉貌壯圖，沉機雅志，御軍不聞苛刻，紀律知嚴防邊，並著勤勞，士心亦服。分守西路左參將署都指揮僉事史略、遊擊將軍署都指揮僉事仝江、大同分守東路左參將署都指揮僉事殷尚質、山西分守太原參將署都指揮僉事孫寶、原任副總兵署都指揮僉事戚銘、原任潞安守備指揮使劉應麟，以上諸臣才識優長，謀勇兼濟，或提兵一路而坐制要衝，或策應隣封而重圍力解，或操練兵馬而號令嚴明，或稽查部伍而擺設周密，均屬有功，所當獎勸者也。

又如標下遊擊將軍都指揮同知吕勇徒負驍健之名，未著韜鈐之略，且性嗜麯蘗，復欲肆色淫，軍伍隳頹而不能振作，馬匹瘦損而不加儹餧，觀其志就委靡，難期績奏桑榆。山西北樓口遊擊將軍署都指揮僉事李良臣素有赴敵之勇，近獲斬馘之功，但抵换官騾而事發有証，占恡罪犯而事體多乖，似應别處，以戒將來。大同遊擊將軍署都指揮僉事鄭捷、守備弘賜堡指揮同知周淮、守備拒胡堡都指揮同知劉勳、守備鎮邊堡署都指揮僉事康玉、守備朔州城都指揮僉事李椿、守備威遠城指揮僉事王倫、守備威遠堡指揮使黄龍、宣府守備懷安城指揮僉事田章、守備馬營堡指揮同知方圓、守備懷來城指揮使都夢麒，以上諸臣才不足以禦侮，勇不足以臨戎，或忘情軍務而士馬疲弱，或偷安曠職而邊垣不脩，或貪黷貨利而私役剥削，或失誤邊防而貽患内地，均屬誤事，俱當罷黜者也。

如蒙乞敕兵部再加訪察，如果臣言不謬，將吴鼎量加獎勸，以久其任。郭都等待資擢用，呂勇等亟賜罷黜，別選謀勇，以代其任。如此，庶賢才益增奮勵，而不職者知所懲戒矣。

謹題請旨。

恭謝天恩疏

准兵部咨開，山西鎮官兵節次與達虜敵戰，斬獲功級，該本部議擬具覆，節奉聖旨："這虜寇屢次擾犯，各官設謀迎敵，斬護有功，蘇祐陞從二品俸，賞銀五十兩，紵絲四表裏。欽此。"續該公差百户石寶齎捧前項欽賞銀兩表裏到臣，隨望闕叩頭謝恩祗領訖。

伏念臣才非統馭，器鮮變通，叨際聖明，不棄猥瑣，付以兵戎之重，授以閫外之權，幸踰三年，慙無寸補。傾犬羊之驕貪雖逞，而廟謨之指授實先。勉力驅馳，用圖報稱。乃者將士用命，頗收斬獲之功；邊境乂安，少紓激昂之氣。是皆仰仗皇上神武布昭，玄威震疊所致。臣雖極輸駑劣，方懼無功，詎意冒荷恩私，載承大賚，寵之厚禄，加以匪頒，揣分捫心，感激愈切。敢不整兵抹馬，期永息夫氛塵；竭力盡忠，庶仰答乎鴻造。臣無任瞻天仰聖，激切感戴之至。

謹具奏聞。①

夷虜乘市入寇懇乞聖明戒諭邊臣罷止馬市以絶姦萌以振邊紀疏

准巡撫大同右僉都御史侯咨，據整飭朔州兵備副使馬九德、分巡冀北道僉事王重光呈，議得，賞枃兒等先因北虜酋首俺答等進馬求貢，羈禁在此，冀其悔罪自新，不復侵犯，仍各以禮遣

① 《穀原奏議》無此四字。

還，實朝廷浩蕩之恩也。但諸酋陽順陰逆，稔惡不悛，今秋更番入寇，大肆兇殘，雖盡行殄滅，猶未舒憤。第賞杓兒等原系來貢之人，其罪不在伊等，固難以禮遣還，啟彼狎侮之心；難置諸重典，傷我明正之意。似應照舊禁系，聽其自斃，各道未敢擅呈乞施行。據此，卷查，先爲接報夷情事，准兵部並總督軍務兵部左侍郎蘇咨，該前巡撫大同都御史何題稱，俺答差來虜使賞杓兒，黄台吉差來虜使火力赤等共六名，仍暫羈留，乞敕兵部從長計議。應將該如何處置遣發，上請定奪，行下臣等遵奉施行。該本部議，擬合無將賞杓兒等羈禁嚴密處所，從權管待，不許仍留鎮城，縱容出入，致生事端。及令通事人員待有虜使叩邊，從實宣諭各酋，如果悔罪自新，不敢侵犯，防秋之後，許其轉奏天朝，將賞杓兒等以禮遣還。如順逆無定，朝廷自有殺伐明威，另行議處。等因。備諮前巡撫都御史於，已經備行羈禁。去後，近爲夷虜乘市入寇，懇乞聖明戒諭邊臣，罷止馬市，以絕奸萌，以振邊紀，事准兵部諮該巡按直隸監察御史蔡樸題前事，要將馬市閉關絕約，一意戰守，該本部議擬，節奉聖旨：“各邊開市，自今日不許再行，都著禁止。敢有效逆建言的，處斬。欽此。”備咨轉行到職。及准都督侍郎蘇咨同前因，内又稱羈禁虜使賞杓兒等作何發落，矧今馬市既乃閉絕，前項夷使亦當早爲區處，作速計議，回報施行。准此，俱經備行各道會議。

去後，今據前因，會同鎮守總兵官吴瑛議得，北虜遣賞杓兒等以求市貢馬，弛我邊備，貢馬未出鎮城，胡騎已滿西路，是蓋以賞杓兒等爲餌，以釣重利。既已自棄之矣，縱之歸則不足以示恩，肆諸市亦不足以示武，誠如該道所議，合咨軍門施行。等因。備咨到臣。行間，又據鎮守總兵官吴瑛呈同前因，得此，案查，先爲前事，已經備行議處。去後，今該前因，爲照虜酋俺答等既遣賞杓兒等貢馬求市，復乃糾衆寇掠，奸謀詭計，變詐多端。兹者仰蒙皇上日月之明，乾剛奮斷，閉關絕市，一意戰守，但賞杓兒等未經區處，是以備行該鎮計議。今稱縱之歸不足以示恩，肆諸市不足以示武，要行牢固監禁，待其自斃一節，相應奏請，如蒙乞敕兵部再加詳議，上請定奪，行下臣等遵奉施行。

謹題請旨。

遵明旨效愚忠以圖補報疏

准巡撫宣府右僉都御史劉咨，准總督軍務兵部左侍郎蘇咨前事，煩查總督侍郎叢原奏，果以糧草若干爲軍儲，户部扣歲額銀二萬兩爲馬價，本鎮節年完過糧草與本部解發并萬億庫領出銀兩有無相當，今該部既不給發銀兩，前項糧草應否歸還本鎮易銀買馬，或别有議處，查明作速咨報施行。等因。案查，先准户部咨，該本職題前事，節該本部覆議，查得團種粗糧一十萬六千二百石，穀草五萬三千七百束。及查先年題准事例，每年徵完細糧五萬三千一百石，穀草五萬七百束，繳有通關到部，方准扣發銀二萬兩。今查本部節發該鎮馬價，自嘉靖元年以來，共發銀三十二萬兩，計該鎮已完糧五十二萬八千八百七十五百二斗六升，草五十九萬七千四百六十三束，以糧爲率，止够抵賞前發銀内一十九萬九千一百九十九兩有奇，原發之數反多銀一十二萬八百一兩，多發之銀尚無可抵補也。合候督催完日，另行議發。

再照田制屬之户部，馬政屬之兵部，《諸司職掌》爲例甚明。即今夏秋税糧，庶土交正，而宣府一鎮持團種以與朝廷回易，終非事體宜然，合無以後團種地土，備行管糧郎中徵收本色糧草，專備本鎮軍餉。其騎征馬匹缺乏，該鎮查照各邊事例奏行兵部撥給，永爲定規，題奉欽依，備咨前來。案查，已經具題，去後，今准前因，爲照前項團種田地先於成化初年該巡撫都御史葉盛見得本鎮極邊窮荒，俱係軍衛，原無有司，邊軍騎征馬匹無處出產，以此設立前地，遞年征收雜糧，連牛料子種通計粗糧一十萬六千二百石，穀草五萬三千七百束，每遇豐年，行令花户以粗折細草，每束折豆五升，各隨所在倉分上納完日，照依官軍折糧則例，於萬億庫總領價銀，或遇凶年，則令從便折銀，都司官庫收貯，專備買補騎操戰馬，行之數十餘年，馬價無累，稱爲利便。後於正德十年，該總督侍郎叢具題，户部議將團種粗糧每二石折細一石，作爲軍儲，每年於京運年例銀十萬兩内，秤出二萬兩，另鞘裝盛，徑解巡撫衙門，轉發都司，督買戰馬，給軍騎操。當時議題止以糧草總數計之，其牛料子種，略未備載。至於遇例蠲免災傷拖欠等項，歲不能無。今以嘉靖元年起至二十九年止，除蠲免拖欠等項外，實徵完糧五十二萬八千八百七十五石二斗六升零，草折豆二萬九千八百七十三石一十五升零，通共五十五萬八千七百石有奇，以本鎮折糧爲則，約該銀二十九萬一千餘兩，以時估計之，亦不下五十餘萬兩，其三十年、三十一年徵完者尚不在數内。該部發過銀二十九萬七千餘兩，今稱三十二萬兩，猶内多發銀一十二萬餘兩，況前項錢糧設立買馬已經九十餘年，兩爲稱便。今一旦改議，專備軍餉，其騎征馬匹奏行兵部撥給。及查先該兵部議稱，今後該鎮官軍缺馬騎征，即於椿朋、地畝、團種銀兩相兼買補，不得一槩奏討。況二部所議各有異同，未蒙會處允當。本鎮見今急缺馬匹數多，止靠前項錢糧買補，委的再無別處。軍儲、戰馬二者皆邊方要務，軍儲固所當裕，而戰馬尢在所急。矧今春初胡馬未動，若不及時買補，整搠將來，夏秋虜騎交横，缺馬追征，誤事匪輕。合無具奏，勑下户、兵二部從長會計。若將團種屬之户部，專備軍餉，不發年例銀兩，兵部預定每年議發本鎮本色馬匹若干，或發馬價銀兩若干，惟復仍將團種糧草自嘉靖三十二年爲始，查照先年原設事規，照舊徵納本色上倉，以完過數目照依官軍折糧則例，於萬億庫領銀買馬。其京運年例歲額銀二萬兩，照舊解發管糧郎中，仍作軍儲支銷，合咨煩請裁酌施行。等因。備咨到臣。

案查，先准户部咨前事，已經備行本鎮查議，去後，今准前因，切緣宣府窮荒朔漠，界臨夷虜，官軍下騎征馬匹，遇有倒失，無錢買補。以故先年巡撫葉都御史於聖川等處設立團種地土，徵收雜糧易銀，專備買補騎操馬匹，原不係户部額例田土，後總督叢侍部以團種糧草易銀買馬官煩出糶，是以題准，將團種糧草改爲軍儲，户部扣歲額銀二萬兩爲馬價，一以省召糴之煩，一以免官糶之擾，兩爲便利。後因年歲不登，時有災傷蠲免及扣除牛料子種，户部以糧草數有未完，不肯依數給發，每致奏討。今該部議擬田制屬之户部，馬政屬之兵部，要將團種地土備行管糧郎中徵收本色，專備軍儲。騎征馬匹缺乏，該鎮查照各邊事例奏行兵部撥給，永爲定規。然邊方急務惟戰馬爲先，玆將前項糧草改爲軍儲，缺乏馬匹兵部撥給，未經兩部會議，萬一兵部以有舊規，不肯撥給馬匹，不無耽閣。況今大虜久住近邊，宣府一鎮缺馬數多，除此錢糧之外别無區處買補。如蒙伏望皇上軫念軍馬錢糧皆係國家重務，在邊方戰馬尤爲緊急，乞敕户、兵二部會行查議前項地土，果係先年巡撫衙門處設專備買補騎操馬匹，不係户部額例田土，合無自嘉靖三十二年爲始，查照原設事規，照舊徵納本色，易銀買馬；若係户部額田，聽其徵收本色，專備軍儲，兵部定擬每年解發本色馬若干匹，或馬價銀若干兩來邊，永爲定例，免致奏擾。如此，庶馬政不致隳廢，而邊方有所仰賴矣。

謹題請旨。①

---

① 《穀原奏議》無此四字。

聲息疏

准巡撫宣府右僉都御史劉咨，據山西布按貳同守巡口北道參議楊順、僉事朱笈呈，據西路通判沈仲熙等呈稱，審得，范子江供係萬全右衛右所百户楊進下軍，見在新開口堡邊東水溝堡守瞭，狀招嘉靖叁拾貳年正月内，總督蘇侍郎明文，因宣府西陽河洗馬林邊迭報大虜營帳近境，累遣精騎往來窺伺，節行副參、遊守等官整搠兵馬，加謹哨瞭。有分守本路先存今陣亡參將都指揮僉事史略遵依行令各該守備等官嚴加隄備外，比有守備本堡都指揮僉事李塘不合將長哨墩軍不行查點又不與，新河口堡指揮僉事周一元亦不合防禦不周，提調邊墩新開口把總在官百户康元、管墩在逃百户徐奉、新河口在官把總百户白甫、管墩在逃百户温江各不合督瞭不謹。本年二月初八日，新開口輪該長哨夜不收在逃田寶先未殺死陰玉等，從沿邊小尖山臺西空新河口，輪該長哨在逃夜不收孫頭口、郭仲林等，從東砦臺西空各出境哨探。比時，田寶、孫頭口、郭仲林等各不合與陰玉不行遠哨，子江與本臺在官墩軍康萬庫、劉大江，在逃韓林朝、姚大先、程守雲，已殺死夜不收李大江、新河口西水溝臺墩軍在官程冲，未到喬志友、吴秀、董守云、王勉、蔡祥，左右鄰墩軍德勝臺在官武大名，在逃梁友成、梁慶，夜不收劉安，秃尾龍臺在官墩軍安伏義，夜不收閻世傑，各不合失於瞭望。周一元、李塘各又不合不行設備，被境外達賊約有百十餘騎，從子江所守東水溝臺西空新河口堡西水溝臺東空外口積擁冰沙去處，拆開三處，入境搶掠。康萬庫方纔瞭見，舉放砲火，被賊捉去。新開口堡虞臺嶺西空小臺傳事墩軍一名張敬賢，有新河口堡未到官地方總旗趙山不合不即收人，被賊虜去。採柴未到張英男張大小子、張二小子二名，李塘、周一元聞砲，各領兵馳至地名大紅溝等處，迎遇前賊對敵，李塘、周一元各又不合督戰欠嚴，就陣被賊射傷李塘下軍人張面兒、前營督哨家丁山猪、周一元下夜不收二名王大才、傅文秀，軍人五名，張僧兒、陰僧驢、何大朝、郝的禮、曹文寶。比有守備指揮膳房堡王汗、洗馬林堡李國各聞砲火，各不合不行應援。參將史略與萬全右衛城先存今陣亡守備納級指揮僉事任鎮亦聞砲火，領兵前去截殺。賊見灰塵大起，出境去訖。李塘、周一元明知虜賊拆開墻空，各又不合互相推調，不行砌塞。

本月十二日，蒙鎮巡衙門將李塘、周一元、王汗、李國俱調鎮城責治。參將史略委任官指揮侯鵬暫代李塘，千户徐恕暫代周一元，未到指揮尚賓暫代王汗，田果暫代李國。各地方事務及將李塘、周一元不行應援緣由，通行呈報。蒙總督蘇侍郎批，仰分守口北道查報繳行間，比有侯鵬明知邊報有警，不合不行設備，徐恕亦不合防禦不周，各將前拆墻口亦不砌壘。本月十三日，蒙鎮巡衙門見得，累報達賊臨邊，慮恐竊入，會發遊兵營遊擊張四教帶領官軍七百一員名，在於萬全左衛城坐營指揮，吴勳帶領官軍五百員名，前去柴溝堡適中地方各按伏。張四教、吴勳各不合不行差人遠爲哨探。十四日，參將史略行委本衛經歷趙尚仁，查勘達賊出入墻口，將閆世傑行拘到城，審取口詞疎放，伊又不合不即赴臺守瞭。十五日巳時，柴溝堡邊外達賊五十餘騎到邊，有本堡守備指揮張世勳按伏，遊兵坐營指揮吴勳差夜不收劉虎、劉朝報知遊擊張四教與同萬全左衛委守備指揮王尚文各領兵前去應援，劉朝等與史略差夜不收趙堂至申時分，俱到鎮城，走報鎮巡衙門，會發遊擊仝江先行速進，副總兵與正兵人馬劄隊聽候間，張世勳、吴勳各差夜不收杜俊等報稱，達賊復回舊路去訖，仝江領兵回城。本日，輪該子江與程冲、劉安直地形兵勢既未審圖，部伍營陣又不齊一，賊非大衆，急未攻圍，橫罹死傷，全失偵探。是騈死固重爲王事可憫，而失計亦當爲諸將之懲。顧邊事多艱，死敵不易，與任鎮、楊倫等宜爲優恤。如蒙乞敕兵部再加詳議，上請施行。仍行巡按御史查勘有無隱匿别情，併加參究，庶人心所知警戒，軍威得以振揚矣。

謹題請旨。

欽奉聖諭疏

嘉靖三十二年三月十四日，據延綏遊擊都指揮丁碧、孫邦各呈稱，蒙提督軍務都督時陳鈞帖，備仰各官照依先今鈞帖，備奉欽依内事理，即將本營兵馬，除千把總管貼隊之外，務足三千之數，限二月十五日起行，挨程前來。原擬懷來、隆慶等處聽候本府出關分佈截殺，蒙此遵依，於本月十八日自榆林起程，丁碧營於三月初二日，孫邦營於初四日，各過河挨程前赴原擬懷來、隆慶等處地方，聽候提督時陳出關分佈截殺外，呈乞照（照）［詳］。得此，查得，先准巡撫宣府右僉都御史劉咨，據分守西路左參將陳力呈稱，本月初九日，新開口堡邊外走回男子李大虎子等供稱，在虜營時，聽得虜首把都兒、黄台吉等會調下四營人馬，每營一萬，還有一營未到。見今殺馬祭天，不日要搶，仍要移住邊内，攻圍墩臺等活。會同總兵官吴鼎議得，先因虜賊久住邊外，已將奇兵并舊遊兵有馬官軍分佈西路緊要城堡按伏，各營無馬及兵車營步軍派撥衝要堡砦防守。去後，今據李大虎子等供稱，前賊調集衆多，不日要搶，言俱有據，事已然眉。除將正兵及新遊兵擐甲以待外，但恐賊衆兵寡，戰守不敷，且本鎮逼近居庸，咫尺陵寢，聞得陜西入衛兵馬已陸續過河，希催促各該將領兼程前來，隨賊向往應援截殺。准此行間，今據前因，案查，先准兵部咨前事内一定入衛邊兵期限，看得入衛邊兵必須定以限期，使便遵守，合令寧夏、固原兵馬每年二月初旬起程，延綏兵馬二月中旬起程，俱赴宣大適中去處駐劄，聽總督、鎮巡官調遣截殺。七月初旬，俱移住宣府迤東懷來、保安等處，與遼東劉大章兵馬，於七月初旬先期入關，俱聽提督邊兵武臣分佈。等因。節該題奉欽依："這一應事宜，你每既議處停當，都准行。欽此。"備咨到臣。已經通行欽遵訖。

今據遊擊丁碧、孫邦各呈，蒙提督時陳鈞帖，行令各官挨程前來懷來、隆慶等處，聽本官出關分佈截殺。查與兵部原議不同。各該將領即欲領兵赴懷來、隆慶等處駐劄，并詢差來投文人役，又稱寧固兵馬已從南路去訖。及查去年十二月内，據宣府遊擊歐陽安呈稱，蒙本官鈞帖内開，題奉欽依，將所部兵馬行令帶領出關，隆慶州等處駐劄，防禦大小紅門一帶。今二月内，又據鎮守大同總兵官吴瑛呈，爲催調又衛家丁事，據山西行都司呈，蒙提督時陳鈞帖内開，該本官題奉欽依，備仰本司，將原發該鎮家丁二百八十二名，逐名整點齊備，搶兑馬匹，責差的當人員，押送赴府。如有在逃者，緝拏正身，務足原數。又據守備偏頭關指揮曾懷忠呈，爲查取效力家丁以便戰守事，亦蒙本官鈞帖，調取家丁長定子、羅達子、平益等各具呈到臣。查得，大同家丁已該兵部題奉明旨，通行改正，發回本鎮操備，偏頭關長定子等又舊所無，今一槩徑自調取，似於事體紛更，已經咨行本部，查無本官具奏，乃徑行調用，行臣查照，節經題准事理施行。又經通行遵奉去後，今本官又將各枝兵馬未及七月，輙調懷來等處駐劄，又稱候本府出關分佈。及查寧固兵馬又從南路去訖，而歐陽安久住隆慶州，俱屬掣肘，不無誤事。

竊見本兵之議，以宣大乃京師門户，虜賊侵寇，必先由宣大，以及關輔。所以議將各枝兵馬駐劄宣大適中，無非欲外不失防禦，内不失入衛。兹者，各官不查本兵原議，以致調擬地方，經行道路，與原奉欽依殊不相合。且歐陽安以前奉有欽依，又不敢自便。况今中春，賊馬尚弱，雖欲肆逞，不過侵擾沿邊地方，似難深入。而宣府走回人口傳言，虜酋調集賊衆，不日要搶，正在緊關用兵之際。若各營兵馬春日虜賊近邊之時，乃駐劄關外，及至秋高，又先入關，則是有用之兵不得一用，不過徒增糜費，爲諸將避難之地耳。内遊擊丁碧兵馬，於本月十五日前到陽和，臣隨發前去宣府，聽鎮巡官分佈防禦外，如蒙乞敕兵部再加查議，行臣等遵奉施行。

謹題請旨。

督府疏議卷之六

奉敕總督宣大山西等處地方軍務兼理糧餉都察院右都御史兼兵部左侍郎臣蘇祐恭謝天恩以圖補報疏

嘉靖三十二年六月二十一日，伏覩邸報，准吏部咨，爲給由事内開，臣歷從二品俸三年，例當給由，題奉聖旨："蘇祐陞都察院右都御史，仍兼兵部左侍郎，照舊在彼管事。欽此。"

臣捧讀綸音，曷勝感激。伏念臣才識庸劣，幸際明時，叨總戎兵，實多疏誤。歷俸雖踰載考，稽效殊乏纖毫。屢蒙聖慈，曲垂寬貸。兹當考績，伏俟黜幽。仰荷天恩，不加擯斥。更沐洪造，荐陟崇階。爰加總憲之銜，仍加兵戎之寄。固天地之大，無所不容；而犬馬之徵，實懷自奮。臣誓竭駑駘，期圖後效。臣無任激切感戴天恩之至。

謹具奏聞。[1]

哨報虜情等疏

據鎮守宣府總兵官劉大章呈，據原會差遠哨通事家丁山猪、火力赤、栗朝等報稱，蒙差前往北路同參將李賢下家丁陸堂等於六月二十一日，從滴水崖邊方出口，哨至獨石邊外明沙灘。二十

① 《穀原奏議》無此四字。

三日，哨至白草川、金字河、三間房等處，止有零賊往來行走。又哨至赤把都，遇着三箇達子，赶牛六隻，馬五疋。役等就彼問，説是朶顔達子，名唤卜賴、阿胡賴、打不合。因問大營達子求討先日搶去馬匹。把都兒回説，你們順我就與你馬匹，不順時不與還，要尋殺你們。等語。有卜賴等平日結義達子四箇，把乞兒、舍人把孫、大五慎、都剌忙會等，共與牛六隻，馬五匹，并羊皮二馱。又聽得達子説，小王子差四箇達子到把都兒營内會話，有把都兒説我定奪不住。又差四箇達子，共八箇，往把都兒哥哥俺答處會話，着他定奪。又聽河西達子説，往東來搶關南，路遠難行，要從宣府地方進入，搶關南，路近好走。又説達子甚多，一處行不下，要兩三處進入，已聚兵在長水海子西北山後住牧。役等聞此夷情，於二十五日入境。有李家莊夷人那那户等六名并獨石夜不收郭景良等前去各水頭哨探，還未回來。等情。據呈行間，又據大同總兵官吴瑛塘報，據大同左衛大邊龍王堂墩夜不收王佐報，本月二十五日，瞭見正北灰塵，往東北行走。本日辰時，從北來達賊六騎，到於墩下，内一賊説是南朝人，有頭兒俺答領衆達子這月起馬往東要搶舊路。説畢，仍往東北去訖。又據萬全都司呈譯，審得獨石邊方走回男子翟羌、劉保住、梁李鐵兒、樊小住兒各供稱，在虜營時，見得大虜營帳在於地名克咧哈答住劄。有達子頭兒哈喇臭台吉營内達子俱殺羊曬下乾肉，縫下毛口袋等。這箇月兒上來，要搶京東地方。遠處達子也將調到。又聽得説，獨石邊外三間房兒會兵，近處達子至初三日方纔捉馬，要同一處搶掠。又據分守西路參將陳力呈送膳房堡走回男子王尚保斷供稱，在虜營時見得達賊衆多，有河西達子已過河東了，會合一處，聽得説曬肉，要在這箇月裏搶迤東地方，餘情不知。等因。各呈報到臣。案查，先據分守宣府北路參將李賢送到走回男子翟羌等俱報前項夷情，惟恐不的，已經發審。

去後，今據前因，查得，先因宣府水患異常，邊墩堡寨坍塌數多，又無各鎮呈報。走回人口傳言，賊衆要搶。緣宣府切近關輔，是以臣東行躬督各該守巡道并各參守等官併修隄備間，今又據總兵等官劉大章等呈報，哨探人役審據朶顔夷人與走回人口傳報虜情，雖各不一，入言搶掠，大畧相同。矧時直秋防，正虜賊跳梁之際，在我防範不容少緩。除嚴行各鎮鎮巡等官，將各所有步兵盡數分發鄉村堡寨有馬官軍，查照原擬，督發緊要城堡駐劄。并行標下遊擊朱雲漢及大同遊擊竇永、余勛、張勲，各將所部遊兵挨程前來大同東路、宣府西路地方駐劄按伏，擐甲以待。如遇虜賊侵寇，不待調遣，隨其聲勢，會合所在兵馬，併力勦殺。并選差乖覺通夜家丁多方設法，遠爲偵探大虜動定消息，星飛傳報外，如蒙乞敕兵部，合無轉行各鎮督撫總兵官，亦各多方探聽，聞報虜賊入寇，督發應援兵馬，掎角襲擊，表裏夾攻，相機戰守，務使虜賊進無所得，退有畏忌，大遭挫衂，以共圖報稱，地方幸甚。

謹題請旨。

督兵血戰斬獲首級防護畿輔以彰天威疏

查得，大賊入寇緣由，已經差人及具揭節，續馳報兵部并具題外，因賊東向，臣將宣府總兵官劉大章，遊擊田世威、竇永等兵馬督發，從蔚州南馳，用防紫荆關口。臣督標下遊擊朱雲漢併山西大同總兵官李淶、吴瑛，各統本鎮兵馬，由渾源磁窯口襲賊攻擊。其賊結陣長驅，收斂既早，野無所掠。連日攻戰，各營斬獲賊級三十餘顆。二十五日早，臣發靈丘縣以東，道路險狹，大同總兵官吴瑛統領副總兵張淶，參將馮恩、仝江、郭震，遊擊張勲、余勛，李桂標下遊擊朱雲漢兵馬，由槍頭嶺；臣督山西總兵官李淶，統領遊擊趙綸、劉承惠并大同參將殷尚質、麻禄及跟臣標下把總馬芳等兵馬，由銀釵、易馬嶺分道并進。至午時分，臣追至廣昌迤西二十里未安堡。賊衆見兵逼臨，酋首俺答率單騎精兵萬餘，横衝前來，四面圍敵。臣躬擐甲冑，親冒矢石，分佈旗牌，申嚴軍令，懸以重賞，激勵官軍，併力射打。自午至戌，撲衝四五十陣。仰仗皇上天威，上玄默祐，我軍奮勇，皆一當百，矢石所及，無不斃傷，死者遍地，衝急不能盡行斬割，止獲首級二十餘顆，并戰馬、夷器。其頭陣衝來，官軍將執打招旗一賊打落馬下，當就拉入營内斬割首級，賊即喪氣。衝戰移日，彼賊終無得利。官軍蹀血死戰，無不帶傷，陣亡者十餘人。至晚，賊見勢不可奪，方纔退去迤東，聯絡大賊下營。即今仍在廣昌周圍遍滿，川原遊騎，千百成群，馳騖數十里之外，傳報不通。吴瑛等戰於土黄溝，劉大章等戰於黑石嶺等處，尚未報到。候報到另行，今將前項戰畧，謹具題知。

敵拒大虜不得深入闗隘起營退遁奉慰聖懷疏

臣於七月二十五日，躬督山西總兵官李淶等兵馬，追賊至廣昌迤西，與賊大戰，已將畧節緣由具題訖。自後賊見臣等兵馬拒戰於永安堡，大同總兵官吴瑛等兵馬拒戰於土黄溝，宣府總兵官劉大章等兵馬拒戰於黑石嶺等處，犄角敵殺。其賊疑畏襲堵，劄營廣昌周圍，不敢深入，連日分遣輕騎精兵誘敵。見我兵馬四集，連戰不利，殺傷數多，於二十七日早瞭見灰塵大起，往廣昌迤北行走。二十八日辰時，精兵達賊數萬復從廣昌地方西來，往永安堡迤南山坡遁走。臣躬擐甲冑，復督官兵拒堵邀擊。自辰至申，戰無休息，每來衝敵，俱混砍一處，傷死賊人賊馬無數，賊衆衝急，不能斬首，俱被拉去。賊酋忿恨，吹鳴箄篥，盡將精兵聚集四圍攻衝。臣分遣旗牌，申嚴軍法，凡不用命者，輕則聅耳截鼻，重則斬首以狥。復令贊畫兵部主事王扇遍行營壘，傳諭諸將，以血戰爲功，不以損軍爲罪。但官軍攻戰四日，飲食不充，雖買辦牛羊給賞，數亦不多。又以忠義之言激之，兵不滿萬，無不奮勵，裹瘡血戰，攻殺益力。至酉時分，賊因被傷數多，愈加忿恨，馬步並衝，官軍殊死敵打。賊見勇猛，方纔掣退往西北去訖。在陣各有斬獲賊首，奪獲旗纛、戰馬、夷器等物。及陣亡官軍尚未查明，臣復督各鎮兵馬追襲勦殺。但犬羊狡黠，糾衆遠來，意在大逞。今既不利於此，恐別圖侵掠。除傳諭各處收保設伏，邀擊隄備，待其出境與各斬獲首級及攻戰緣由，查明另行具題外，謹具題知。

分兵追逐大虜連日敵殺退遁出境疏

嘉靖三十二年七月二十八日，臣督兵在於廣昌迤西永安堡，將大虜敵退，已經具題訖。二十九日早，賊衆恐兵跟襲，復遣精兵五六千餘，於本堡西南二山登高擺列防護，賊行不敢下戰。至晚，俱各遁去。臣當即督發各鎮兵馬，從傍取徑，分投邀擊。其賊到於靈丘縣地方，分爲三股，一股往北由廣靈縣、蔚州、順聖川、東城、懷安、萬全左衛，從新開口、柴溝堡等邊出境；一股往西北由渾源州磁窯口、應州抵大同左衛邊出境；一股由平型關、大安嶺、團城子渃、代州川，從白草溝出口，經馬邑、朔州，從大同中路威胡堡等邊，於初七等日俱各出境去訖。各營官軍連日跟襲鏖戰，各有斬獲功級，奪獲夷器、馬匹等項，但未收兵還鎮，除候查明，另行具奏捷音，謹具題知。

捷音疏

案查，先節准兵部咨，爲陳時弊度虜情慮貽捋來大患懇乞聖明申敕臣工務懷永圖責實效以保萬世治安事，該兵科都給事中王國禎題前事，議擬每歲預將防秋事宜通限三月以裏，條列具奏，題奉欽依，備行前來。臣欽遵備行各鎮鎮巡官從長酌議，本鎮馬步官軍各有若干，作何擺守；宣府切近關輔，與大同應否相同；遇賊侵犯，守者作何邀擊，可以取勝，戰者作何設伏，可以敵拒，務使外禦内援兩不失誤。續該各鎮咨呈，議得宣大皆北邊重鎮，而宣府比大同爲急，以其切近京師也。邊長軍少，擺守疲勞，虜既入邊，我兵反在其後，内地空虛，遂使得利而去。大要守墻莫若守墩，守墩當併守堡。將各鎮馬步官軍照依食糧文册盡數查出，無馬者就近分伏各設城堡、大小村屯兼同民壯併力固守，有馬者分佈要害城堡，按兵休息，逸以待勞。虜衆入寇，收斂人畜，堅壁清野，虜若攻堡，奮勇拒守，則處處有備。虜若入邊，鎮兵以遏於外，客兵以待於内，則處處有兵，自不敢侈然無忌，深入重地矣。又准本部咨，爲申定防秋事宜便遵守以圖實效事，該本部議擬内一款，分佈邊兵，務嚴捍禦，再照防守莫大於京師，應援莫先於入衛。萬一醜虜侵犯近京一帶地方，聲勢重大，在東關則宣府、遼東，在西關則山西、大同，各鎮除正援二兵分有信地外，奇遊兵馬俱不必候明文，總督等官即便督調，盡數星馳入關應援，獲功重加陞賞。如有逗遛觀望，致誤軍機者，聽本部參奏，拏問究治。等因具題。奉聖旨："這申定防秋事宜，都依擬行。欽此。"

又爲傳報聲息事，本部咨，該薊州巡撫衙門揭報，虜酋安灘等九箇頭兒商量，在大同迤東古北口進搶。又説從宣大進去搶到京，小王子哥哥從黑水過來要到七月進去。又説辛愛殺羊祭天，曬乾肉，聚兵齊了，東西進搶。又説把都兒台吉調兵在北山後駐營，小王子差四箇達子到把都兒營。又差四箇達子往俺答處會話，等俺答來進搶。備咨嚴行隄備，多方哨探。如虜犯宣大，本鎮兵馬戮力血戰；如犯薊鎮，副參遊擊星馳應援，正兵人馬，探聽虛實，出奇擣巢，俱要相機舉行，毋得輕率。准此，已經通行各鎮遵奉訖，及查先節據各鎮呈報虜中走回降人趙來小厮等供報，虜酋會集，要搶關南。臣思北虜自二十一年侵犯山西，二十九年驚擾關輔之後，垂涎内地，已非一日。今兹之言，恐不爲虚。備行各鎮，將所有步軍分屯堡砦，有馬官軍設伏要衝，逸以待勞，静以待動。臣又慮宣府近京師，護衛陵寢，衝口數多，皆賊行道路。又兼霪雨連綿，水患異常，城堡邊墩多被淋浸坍塌，萬一果如其言，從此深入，未免震驚畿輔，非邊臣捍禦之道，是以東行設備，督併修飭。又慮犬羊譎詐，變態不常，聲東擊西，奸謀叵測，但恐竊知東鎮有備，乘隙西侵，臣遠在宣府，急不能躬臨調度。又節經備行大同、山西嚴加隄備，多方探報，遇有警急，互相應援，相機出搗，務成克捷，以紓皇上西顧之懷，以絶醜虜覬覦之望。并傳報兵部及薊保等處總督巡撫，如賊寇關，督發兵馬拒堵於内，臣督邊兵敵殺於外，用圖夾攻，共圖制勝。去後及又節次選差乖覺通夜人等分番遠出哨探，一向通無消息。臣度虜賊狡猾，知我有出搗之謀，必遠送老小，將圖深入。

又經傳報薊鎮軍門及保定巡撫都御史艾多方隄備間，七月十三日，宣府新河口堡邊方走回男婦陳氏等供報，虜酋黄台吉精兵賊衆已於初七日離邊往西邊搶去了。又據原差遠哨通事丁來等報稱，本日巳時，哨見西陽河境外白海子達賊三千餘騎往西南行走。十四日二更時分，哨見威寧海子後截達賊精兵五萬餘騎在彼。臣料此賊先該降人傳言聚兵上都，要搶關南，今兹西轉，必知東鎮防範周密，不敢肆侵，意欲西由大同入境，若不南犯山西三關，則必東犯紫荆、倒馬。隨又傳報薊保等處及將原調宣府設伏標下遊擊朱雲漢、大同遊擊張勳督發西馳，隨賊捍禦，及傳令各鎮整兵探援，收保設伏。十七日未時，據大同北東路參將麻禄差夜不收張文相口報，十五日哨至牛心山墩，東西二空達賊約有四萬餘騎往南行走至牛心山南住劄。得報，臣隨於十八日帶同贊畫兵部主事王扇從宣府冒雨起行，躬臨調度。十九日寅時，又據鎮守大同總兵官吴瑛差夜不收蘇傑走報，十五日大舉達賊一股從北西路破堡子沙河兒進入，十六日至大同城西。一股從北東路弘賜堡邊方進入，至十七日戌時，亦到大同城川，合營南行。臣即分投差人催督朱雲漢等隨同吴瑛相機截剿，一面傳令山西總兵官李淶督兵拒守雁門等關，隨賊截殺。及令宣府總兵官劉大章統領本鎮應援官軍，并遊擊田世威、竇永兵徑從南路蔚州拒堵，紫荆等關存留西北東中四路參將陳力、李欽、李賢、歐陽安預防東侵，探報出搗，各責差旗牌官胡江等監督，一面傳報三鎮巡撫都御史查照兵部題奉欽依内事理，或發步兵設伏歸路，以俟邀擊，或發有馬官兵出境搗巢，以分其勢。及行朔州兵備副使馬九德整搠大車步兵防禦大同東路地方，聽布邀擊。於是宣府巡撫都御史劉親臨西路新開口堡，督發中路參將歐陽安、遊擊張四教統領有馬官軍三千員名出搗，副總兵焦澤、西路參將陳力帶領步軍於境外接應，於二十二日出境哨至白海子等處。離邊三百餘里，哨無賊營，回還大同。都御史侯督諸各路守備等官伏大砲七十餘處於賊歸路，候賊退遁，以走線點放。又帶領馬步官軍一千六百員名，各拏火器，於靈丘俟戰。臣標下把總指揮馬芳等帶領家丁通事七百餘員名，亦從新平堡出境搗殺，至野馬川威寧海子，亦無賊營，回還馳赴臣處追襲虜賊。山西巡撫都御史趙帶領義勇步兵同總兵官李淶馳至應州，因懷仁傳砲，恐西路有警，迎敵住兵廣武。臣督領標下跟隨官軍及大同遊擊佘勛兵馬兼程馳行至甕城驛，探得賊衆已入渾源磁窯口東行，臣當將佘勛督發前行，與吴瑛合營併力殺賊。及發牌票，諭以朝廷威恩，禍福利害，差遣旗牌官張欽等齊執令旗、令牌分詣各該將領監督襲戰，仍傳諭兵部題准事例，惟以血戰爲功，不以損傷兵馬爲罪。各官争奮前進，連日轉戰，與賊攻敵，各有斬獲賊級，奪獲戰馬、夷器等物。

二十四日，臣抵靈丘縣，次日早發，追及各鎮兵馬。比因道路險狹，吴瑛統領本鎮副参遊擊張洓、仝江、馮恩、郭震、張勲、余勛、李柱、朱雲漢兵馬由槍頭嶺，臣督山西總兵官李洓、遊擊趙綸、劉承惠并大同東路參將殷尚質、北東路參將麻禄標下家丁通事把總官馬芳等，并朱雲漢營前鋒官千户郝英等共官軍八千餘員名，由銀釵易馬嶺分道并進，本日午時至廣昌迤西二十里劉家嘴永安堡。比有新設廣昌參將馮登領有馬官軍二百餘員名在彼設伏，大賊瞭見，從東驟馬前來，灰塵蔽天。臣即策馬疾馳，督令列營以待。酋首俺答率精兵萬餘披戴明盔明甲，張打旗號，吹鳴觱篥，四面圍衝。臣躬擐甲胄，親冒矢石，分佈旗牌，申嚴軍令，懸以重賞，諭以忠義，激勵官軍，賊遠則用快鎗、大砲、佛朗機、弓矢射打；若混戰一處，則用刀棍、骨朵、長鎗刺砍。復將銀三百兩、大小銀牌五十面、絹布一百疋分發總兵官李洓等、把總馬芳等，使將奮勇當先，肯向前殺賊之人就於陣前給賞，以勵人心。當有山西北樓口軍人姚堂、大同東路參將殷尚質營軍人張賢并臣家丁李西川、范報、蘇洓、蘇任、張奎、莊力赤各挺身向前，執持刀棍，捨命敵打，虜賊多有死傷，范報亦被賊射傷。自午至戌，撲衝四五十陣，我軍奮勇，一皆當百，賊衆稠密，矢石所及，無不斃傷，死者遍地，衝急不能盡行斬割，止獲首級二十三顆：總兵官李洓部下九顆，遊擊劉承惠部下一顆，大同參將麻禄部下三顆，標下遊擊朱雲漢營前鋒官郝英部下三顆，家丁把總指揮馬芳部下七顆，奪獲戰馬、夷器、盔甲等物。其賊頭陣衝來，官軍將執打招旗一賊砍落馬下，拉入營内，斬割首級，奪獲招旗一杆，賊即喪氣。衝戰移日，彼賊終無得利，官軍𧾷血死戰，無不帶傷。至晚，賊見勢不可奪，方纔退去迤東，聯絡大賊下營。

臣督李洓等兵馬列營於永安堡，大同總兵官吴瑛等兵馬列營於土黄溝，宣府總兵官劉大章等兵馬列營於黑石嶺，遊擊田世威、竇永兵馬列營於金家井等處，犄角敵殺。又值内口拒堵，其賊疑畏，盡將已入寧靜菴葫荽口之賊製回，劄營廣昌周圍，不敢深入。連日分遣輕騎精兵誘敵，槍砲矢石，多有傷死。賊見我兵四集，連戰不利，損傷數多，於二十七日早灰塵大起，往廣昌迤北行走。至二十八日辰時，精兵達賊數萬復從廣昌地方西來，往永安堡迤南山坡遁走。臣復督官兵拒堵邀擊，自辰至申，戰無休息。每來衝敵，則混砍一處，傷死賊人賊馬無數。賊衆衝急，不能斬首，俱被拉去。虜酋忿恨，吹鳴觱篥，盡將精兵聚集列營，四周腥塵滿野，日中似無我兵。臣分遣旗牌，申嚴軍法，凡不用命者輕則聅耳截鼻，重則斬首以狥。復令贊畫主事王扇遍行營壘，又復申明傳諭前令，督令官軍捨死敵打，但官軍攻戰四日，飲食不充，雖買辦牛羊，給賞數亦不多。又以忠義之言激之，兵不滿萬，無不奮勵，裹瘡血戰，攻殺益力。至酉時分，賊因被傷數多，愈加忿恨，將臨近歸併不堪艾河堡居民遺下門扇板卓等物臺拏前來，馬步併衝。仰仗皇上威靈，官軍殊死敵打，火藥匠軍人傅輔於營西北角點放火砲，將賊打分兩列，死者六七賊。賊人吹鳴觱篥，聚衆衝敵。通事伯顔都用箭將觱篥射破，掌觱篥之賊亦被射死。賊見勇猛，方纔掣退，往西劄立，滿營號哭，震動山谷，至有向兵馬磕頭者。在陣又斬獲賊首五十八顆：李淶部下一十六顆，遊擊劉承忠部下三顆，趙綸部下八顆，大同參將殷尚質部下五顆，麻禄部下五顆，家丁把總馬芳劉漢部下八顆，標下遊擊朱雲漢營前鋒官郝英部下九顆，參將馮登部下六顆。奪獲戰馬、夷器、坐纛、盔甲等物。賊衆慮恐追殺，二十九日早復遣精兵達賊五六千餘，於西南二山登高擺列防護，賊行不敢下戰，至晚乘夜裹屍遁去。當督宣大二鎮并標下遊擊朱雲漢家丁把總馬芳等兵馬從傍取徑，相機邀擊，并行令朔州兵備副使馬九德督發火車步軍，於賊歸路據險守要設伏拒戰。

山西兵馬鏖戰五日，人馬未得食飲，臣督領前至廣昌處辦餱糧，量加犒勞，於八月初一日督發西行襲剿。臣取徑馳行，冒大雷雨，至三更至北口。初二日巳時，據巡撫宣府都御史劉差夜不收鄭敏報，本官在蔚州防禦。初一日，大營達賊從西南廣靈直峪等口前來到蔚州城河北，督發標下人馬與賊對敵。至酉時往東北去訖，後賊陸續行走不斷。初三日，探得賊衆到於靈丘地方，道路窄狹，一股從廣靈直峪等口往蔚州東北，一股從渾源磁窯口，一股從太安嶺團城子往代州。各行走各鎮兵馬分道襲追。臣慮恐兵分勢弱，心力不齊，復差原任副總兵戚銘、遊擊戴昇各齎執旗牌，分投前去監督各該將領，使知虜賊遭挫敗退，務出奇剿殺，以成大功。又慮山西兵馬連日與賊攻戰，將見疲勞，恐衆寡不敵，又督發臣標下遊擊朱雲漢、大同副總兵張淶、遊擊張勲各統領本部兵馬前行追敵。及省諭鄉村堡皆原設伏官軍民壯人等，如遇賊至，併力拒打，相機取便出堡邀殺。續准巡撫山西右僉都御史趙咨准兵部官李淶手本内開，節日對敵，斬獲首級，除永安堡三十七顆前已開報外，李淶、趙綸營各奪獲坐纛旗一杆，遊擊劉承惠七月二十日在渾源渾河斬首一顆，署東路參將郭瀛在渾源東磨莊斬首二顆，遊擊趙綸二十一日在渾源李峪村斬首二顆，李淶二十五日在靈丘平城鋪斬首二顆，劉承惠斬首二顆，平刑守備許昭訓二十七日在團城子斬首一顆。其賊於三十日夜半，從團城子太安嶺擁衆入犯繁峙縣地方，落代州川，本官督令參將等官郭瀛等、中軍把總義士王介等各領官軍家丁勇士人等截殺，於代州東段村等處前後又擒斬賊首四十二名顆，奪獲達馬五十三匹并夷器等物及被虜馬牛驢數多。内把總許經部下初二日在東段村斬首一顆，達馬一匹。初三日在代州東十里鋪趙時春親督官兵斬首三顆，達馬三匹。王介部下斬首八顆，達馬二十五匹。郭瀛部下斬首七顆，達馬一匹。原任副總兵王懷邦部下斬首一顆。烙鉄縣等堡居民楊誦等初一等日斬首三顆，達馬一匹。郭瀛部下初四日在雁門關西香爐溝斬首二顆，達馬三匹。王介部下在白草溝斬首一顆。神池堡守備孔賓部下本日在白草溝斬首一顆。續報寧武關守備白清部下初五日在廣武城東斬首一顆。郭瀛部下初四日在雁門關雁塌嶺墩、榆渠嶺斬首二顆，達馬七匹。八角守備劉應麟部下初五日在白草溝斬首一顆，達馬一匹。白清部下本日在白草溝斬首二顆，達馬一匹。繁峙縣大峪村民張九敘等在本村斬全髮首級二顆。王介部下本日在白草溝太行嶺等處奪獲帳房一頂，盔甲一副，馬牛驢一百二十匹頭隻。廣武守備魏寶部下本日在白草溝斬首一顆，達馬六匹。利民守備周策部下初六日在白草溝斬首一顆，達馬一匹。雁門所餘丁楊天禄等在馬邑迤西刼營斬首一顆，達馬二匹。代州民解永寧等生擒達賊一名。武舍施子即小子的總兵官李淶解獲達婦一口。郭瀛部下在白草溝斬首一顆。平刑守備許昭訓部下在馬蘭口斬首一顆，達馬一匹。追賊於初七日未等時，由大同邵家、威胡等堡徐四嶺等處出境去訖。

又據鎮守大同總兵官吴瑛節差夜不收周宣等走報，本官督領本鎮各營兵馬追襲虜賊，在於弘賜堡邊及沿途與賊對敵，各有斬獲首級，奪獲達馬、夷器等物。二十八等日在於廣昌土黄溝等處將賊敵退，復有斬獲功級，追賊從渾源磁窯口并團城子、太安嶺、落代州川分投抄截邀擊。其賊至磁窯口，被巡撫都御史侯伏砲打退，從長業嶺西下，由左右衛地方出境。代州川賊從雁門關白草溝出口，追從平虜等處邊方出境去訖。續據本官呈，查得本鎮各營城堡除永安堡二十五、二十八日大戰，斬獲首級，前也開報外，節日又擒斬賊首一百一十九名顆：本官部下二十三顆，巡撫都御史侯標下六顆，副總兵張淶部下六顆，北東路參將麻禄部下一顆，北西路參將郭震部下六顆，西路參將馮恩部下四顆，遊擊張勲部下一十七顆，余勛部下一十一顆，李桂部下四顆，竇永部下一十顆，周邦部下二顆，高山城守備王堂下五顆，大同右衛守備胡朝、馬邑守備李璋、渾源守備張勇、鎮邊堡守備卜大經下各一顆。靈丘城守備黃尧臣下生擒一賊。各村堡設伏軍壯人等一十九顆。前後共奪獲戰馬一百四十三匹，夷器、盔甲等物四千九百一件枝。等因。

又據標下遊擊朱雲漢呈，蒙軍門督發，隨同總兵官吴瑛截殺，前哨官軍在於永安堡斬獲首級一十二顆，前已開報。七月二十一等日，在於下王莊等處遇賊對敵，斬獲首級六顆。八月初一日，領兵追賊到於靈丘迤西北口，與賊對敵，又斬獲首級四顆。前後共奪獲達馬一十五匹，夷器、盔甲等物六百一件枝。

初四日酉時，同大同遊擊張勳領兵至雁門關迤西麻布袋溝、連二山。精兵達賊將參將郭瀛拒圍，當蒙軍門原差旗牌洪堂、羅堂傳令官軍摘馬步行，本關掌印官處辦火把執打導引，隨差坐營官姜淮等領兵一千當先點放槍砲，將賊敵退。賊見兵勁，將原搶馬匹、衣糧丢弃，乘夜遁去。將郭瀛策應回關，奪回馬匹、衣糧，招主認領訖。

又據鎮守宣府總兵官劉大差呈，查得統領本鎮各營并遊擊田世威兵馬，七月二十八等日到於張家鋪等處及襲賊在於順聖川東西城一柳營等處，節次與賊對敵，除參將馮登二十八日在永安堡與賊大戰，斬獲首級六顆，前已開報，莭日又擒斬賊首一百八名顆：本官部下二十顆，副總兵焦澤部下五顆，遊擊田世威部下一十七顆，張四教部下一十顆，祁勛部下一十三顆，南路參將張堅部下一十二顆，西路參將陳力部下八顆，廣昌參將馮登部下二顆，村堡設伏軍將八顆，左衛守備張潤下四顆，深井操守李國珎下二名顆，兵車營坐營張鐄下村堡設伏官軍七名顆。前後共奪獲坐纛旗一杆，戰馬四十六匹，夷器、盔甲等物八百七十一件枝。

得此，查得，初四日巳時，據分守宣府北路左參將都指揮李賢差夜不收石聰報，七月三十日巳時，達賊約有二萬餘騎從獨石邊方段木溝哨馬拆墻入境。得報，臣慮恐本路相離居庸不遠，萬一賊衆乘隙南下，驚動關輔，一面差人傳報兵部及居庸永寧分守官多方設伏收保，相機拒堵邀擊；一面傳令巡撫都御史劉回還宣府調度，併傳調總兵官劉大章摘領本鎮并遊擊田世威、竇永兵馬，急行捍禦。又據總兵官劉大章差夜不收楊茂走報，本官領人馬到於順聖川東城七馬房與賊對敵，將賊敵退下營間，據參將李賢差人走報，獨石城邊方達賊入邊至滴水崖地方。臣復傳令，即移兵東趨，用防關輔。至初六日巳時，又據田世威差夜不收袁志亨報，初五日午時，本官領人馬至桃花迤東，迎遇劉巡撫差人報説，獨石賊退，令領兵照舊跟襲西虜。續據參將歐陽安差夜不收翟月走報，初三日三更時分，本官領兵至馬牙山，參將李賢用槍砲打住，本官領兵前去合營拒戰，打死虜賊數多，俱被拉去，共斬獲達賊首級九顆，生擒一賊。虜賊不能越過内邊，從龍門所邊方出境去訖。劉大章等兵馬復回追敵。西虜由順聖川東城丁寧嶺，經過懷安萬全左衛，於初八等日從萬全右衛新開口柴溝等堡邊方出境去訖。又據標下管領家丁通事把總指揮馬芳、劉漢呈稱，七月二十五、二十八日，蒙總督軍門督領，在於永安堡與賊大戰，斬獲首級一十三顆，前巳開報。八月初六日，領兵追賊到於蔚州安定堡北沙窪。精兵達賊三百餘騎，從北衝來。督令官軍撲砍一處，就陣斬獲賊首一十五顆。其賊敗退，追從宣府西路柴溝等堡邊方出境去訖。前後共奪獲達馬一十六匹，夷器盔甲等物六十三件。理合開報。及據原任宣府總兵官今軍門立功吴鼎稟稱，弟姪家丁分發各營，節於永安等堡奮力斬獲首級四顆，奪獲達馬二匹并夷器等物。

通據得此，案查前賊出入及節次戰畧巳經具題外，今該前因，切緣醜虜悖逆天道，大肆凶殘，糾集犬羊，屢寇宣大邊境，雖嘗督兵拒戰，未大遭挫衂。六月以來，各鎮走回降人每每傳言虜酋會話聚兵，要從宣府入搶關南。臣思宣府切近京師，拱衛陵寢，關係至重，是以東來設伏備禦，以便拒剿，免致震驚，少盡臣子犬馬之忠，用紓皇上西顧之慮。賊衆竊知有備，遂乃迂途遠從大同迤西入寇。觀其掃境而來，分道並進，臺營南下，其志叵測，實欲出我不意，直犯紫荆等關，深入爲患。仰賴皇上誠敬格天，上玄默祐，傳報既早，堡有設伏，收存亦預，野無所掠，兵馬四集，將士奮勇，連日蹀血死戰，將賊挫敗。疑畏不敢深進，旋復退歸。前後斬獲首虜三百八十六顆，生擒九名，内靈丘擒獲鐵背。夫臣於軍前審明其餘，發該道調審，另行奪獲坐纛旗三杆，招旗一杆并達馬、夷器等物，斬將未知真名，搴旗累見告驗，賊衆號哭，向營稽顙，裹屍護送，共所見聞。

夫臣以八千之兵，獨當數萬之虜，其既入之騎，復退掣大營，至於對敵，虜賊每至虛驚，我軍所向，彼多敗衂，遂歛兵結陣，自保分遁。我軍敵愾，殊異往年，實乃天威震讋，聖武丕昭，左右碩輔，運籌於中，本兵大臣，指授於外，命使經畧營伍充足，兵科建議得早改圖所致。如鎮守山西總兵官李淶御下無科歛之擾，素得士心，聞賊有關輔之侵，即嚴東向，枵腹督戰，蹀血鏖兵。鎮守大同總兵官吴瑛賊衆侵寇，雖由本鎮，追殺襲剿，各有成功。巡撫山西右僉都御史趙竭誠體國，虚已拊循，慷慨論兵，久抱平胡之志；勞苦率下，兼長統御之才，教練既精，措置多備，聞報督兵入援，果挫賊鋒；預戒設伏以防，復多斬馘。巡撫宣府右僉都御史劉調度適宜，機無舛錯，援禦得策，勞效馳驅，蔚蘿早防，已取勝於西虜；桃花夜渡，復拒退乎東侵。巡撫大同右僉都御史侯協力運謀，常懷共濟之策；臨機應變，動成克獲之功，火器置備於平時，設伏發用於臨敵，醜虜敗衂，資力爲多。以上諸臣似應分别甄録。内李淶、趙時春能遵成命，意重關輔，洡則苦戰乎東，春則拒敵於西，尤當重録。關内總督撫按諸臣督兵拒堵，虜不能侵。禮科左給事中徐經署無遺，戰守有賴。巡按直隸監察御史蔡毛、巡按山西監察御史李憲法嚴明，三軍思奮，激揚得體，諸將效忠，緣奉有禁例，應否加恩，臣敢不擅議。兵部主事王扇賛畫動中機宜，艱險罔避，應變克成勝捷，忠藎可占。總理山西糧儲户部主事張守宗、總理宣府糧儲户部郎中范充濁、總理大同糧儲户部署郎中事主事張愉、山西布政司右参政傳學禮區處周備，饋餉無缺乏之虞；查考精詳，帑藏有節縮之益。山西布政司右布政王崇、整飭朔州兵備副使馬九德、整飭雁門兵備副使趙大綱、守巡口北道参議楊順、僉事朱笈、分巡冀北道僉事王重光、山西按察司清軍副使高捷、驛傳僉事李九功、守巡冀寧道右参政周滿、僉事蔣勲或協力運謀，固守地方；或修邊飭堡，用全保障。内馬九德軍機多算，邊議常勞。以上諸臣亦當分别甄録。大同副總兵都指揮張洡，参將都指揮殷尚質、麻禄、郭震、馮恩，遊擊將軍都指揮竇永、張勲、余勛，標下遊擊將軍都指揮朱雲漢，宣府副總兵都指揮焦澤，参將都指揮張堅、陳力、李賢、馮登，遊擊將軍都指揮田世威、張四教、祁勛，山西原任参將郭瀛，遊擊將軍都指揮劉承惠、趙綸，標下管家丁通事，把總指揮馬芳、劉漢，前鋒千户郝英或摧强破鋭，蹀血死戰；或出奇應援，克成偉功。以上諸臣所當陞録，内朱雲漢、張勲每前驅破虜，勇冠諸軍；復出奇解圍，謀超衆將。馬芳、劉漢、郝英遇戰則争奮直前，功每多於諸將；衝敵則忘身徇義，虜輙至於驚惶，尤當重録。臣下中軍原任参將都指揮僉事王禄、柴縉傳令明切，士無返顧之心；督陣勤勞，克成全勝之捷。臣下當該典吏蔣林取用聽撥，當該吏劉大壽、原任百户霍天錫傳報軍機，多履危蹈險之勞；調布兵馬，有奔馳書辦之苦，亦宜收録。内柴縉懲創日久，才堪任用；王禄先因邊事革職，霍天錫買功謫戍，俱應准贖。臣下旗牌官張欽、洪堂、羅堂，原任副總兵戚銘，遊擊戴昇監督兵馬，無愆期之失；催軍督陣，有擒斬之功。北樓口軍人姚堂，陽和城軍人張賢，臣下家丁李西川、范報、蘇來、蘇任、張奎、莊力赤，火藥匠軍人傅輔，標下通事伯顏都或賊衆衝急，而累次當先殺虜；或射箭放砲，而能致强敵敗亡，雖無斬首之功，臣於陣前親見效力，當先均宜陞賞。承差張榮、陳謹、胡崇德臨陣催督，共歷艱險，亦宜收録。原任總兵官今軍門立功吴鼎亦有首功，另當具奏。其餘各鎮委用有功有勞官吏勇士人等，已該本鎮徑自查録具奏，臣不敢復敘。

臣本以書生，待罪總督，將及四載，未效才長。兹者虜衆掃境侵犯，臣意重内援，乃躬臨戰陣，督率官兵，敵拒不得深入關南，各營復有斬獲，地方亦無大失，不過仰遵廟謨，奉揚德意，犬馬職分，豈敢言勞。除將奪獲達馬犒賞原獲及無馬軍士，夷器查給缺少什物之人，陣亡被傷官軍行令各鎮量加優衈，首級開送巡按御史紀驗造報，矧今時當秋深，正彼跳梁之際，况復遭挫，未得大逞，復寇之舉，難保必無。除行各鎮嚴督大小將領整搠兵馬，擐甲以待，及選差乖覺人役遠爲偵探，遇賊侵寇，相機戰守。臣親臨戰陣，各該將領尚有觀望襲常者，容臣與地方失事官員另行查參外，如蒙伏望皇上軫念官軍鋒鏑微勞，乞敕兵部查照諸臣勞勩，分别上請，將斬首、陣亡等項有功人員早賜行查，具奏陞賞，以勵人心，以圖後效。臣無任懇切仰望之至。

謹題請旨。①

虜賊侵寇官兵追敵出境損傷將領疏

嘉靖三十二年九月初七日戌時，據鎮守大同總兵官吴瑛差百

---

① 《毅原奏議》無此四字。

户苟世富；初八日未時，據老營堡遊擊王懷邦差夜不收杜天爵，偏關參將孫寳差夜不收許海各報稱，初三日午時，王懷邦、孫寳同鎮守山西總兵官李淶等及大同副參遊擊張淶、馮恩、張勲、李桂，各領兵合營一處，從鄧家山步行臺營追賊，轉戰三十餘里，至申時分，到於八角迤北窯窯上。其賊慌懼，將原搶糧米、頭畜丢弃。李淶等乘勝追逐撲砍，窮寇死鬭，將李淶并參將馮恩、遊擊李桂俱射砍身死，其賊退去。及審據節差走報人役供報，節日各有斬獲功級，陣亡官軍約有二百。

據報，案查，先准兵部咨，爲虜寇深入殘害地方，懇乞聖明戒諭邊臣急圖追逐，以報國威，以安邊境事，該本部議擬具題，奉聖旨："這所言賊至，已經旬日，寇掠可知。今雖暫退，當急圖追剿，使之遭挫。各該地方官如有踵襲舊套，觀望尾送的，著從實查參來説。兵部知道。欽此。"備咨前來。已經通行各鎮鎮巡等官，嚴行各該大小將領一體欽遵去後。八月十七日，據大同中路參將仝江差夜不收高彦章報，十六日，大邊黄土山墩收送虜中走回男婦四名，説稱達子在豐州雲内住收曬肉，要搶老營堡地方。臣思虜衆先未得利，遭挫遁歸，今降人傳言要搶，恐不爲虛。是以備行山西、大同大小將領，整搠兵馬，加謹哨探，遇賊侵寇，小則會合隣兵，相機戰守；大則急爲收歛，用保無虞。仍將緊要去處設伏以待，使野無所掠，攻又不能，彼必自退。待其惰歸，或倚就山險，多設火器；或按伏要衝，出奇邀擊。如此，則無不制勝。本月二十四日，又據宣府北路參將李賢呈開，八月十九日，獨石邊外收送虜中走回男婦劉斌等供報，小王子傳來説稱，天氣不冷不熱，待這箇月兒黑了，那箇月兒上來，不會别營達子，會了大東北上住的虎剌赤頭兒，要搶京東有村疃好搶地方。二十一日，雲州邊方收送男子馮山供報，衆達子殺了牛羊曬肉要搶。俺答克克那言達子俱馱盔甲三箇，頭兒已到把都兒營内，見在駱駝山聚兵。還有十一箇頭兒未到，等齊，不日要搶未搶去處。又聽得漢兒人説，要搶居庸一帶地方。如今只説射牲，恐我們走脱，傳知隄備。等語。臣思前次降人傳言要搶老營堡，今次降人復言要搶京東及居庸一帶地方，聲東擊西，雖未可定，而審重度輕，要當所急。矧宣府切近關輔，萬一從彼侵犯，不無震驚。是以一面又復備行各鎮鎮巡官，備行各該大小將領，整兵嚴加防禦，務斟酌輕重，相機戰守，并諭以秋深草枯，預爲收保，使野無所掠，彼將自遁；一面督統標下遊擊朱雲漢兵馬東來，將所在各營馬步官軍分佈要衝，按甲以待。及將大同遊擊余勛分佈天城，家丁把總馬芳分佈陽和各村堡，聯絡住劄，添設塘馬，探報迤東有警，急趨應援。又據李賢差長哨夜不收蕭淮報，二十九日，哨至馬營境外獅子溝口，哨見達賊約有一萬餘騎，從東往西行走。連日節據北中二路傳報前賊馱帶盔甲，或在近境，或入大邊往來打牲，日事窺伺。俱經節報兵部及請兵前來懷來等處防禦間，九月初三日卯時，據鎮守大同總兵官吴瑛差夜不收吕賢報，八月二十九日，達賊約有一萬餘騎，從平虜城西往南行走，本官領兵前去截殺。又據平虜參將馮恩差小青山墩夜不收杜春報，八月二十八日巳時，達賊約有二萬餘騎，從本墩西空拆墻進入，往南行走，後有灰塵不斷。據報，臣恐深入山西爲患，隨即差人分投傳令大同、山西各總兵等官相機併力拒堵遏截。又據鎮守山西總兵官李淶差夜不收賀興等報，八月二十九日酉時，達賊一百餘騎，到莜麥川墻下，杜參將領兵在彼擺墻，用鎗砲將賊打住。九月初一日午時，達賊七千餘騎到思氣嶺，拆墻進入，潴利民神池等處地方。後有灰塵不斷。續據本官差人走報，節次拒戰對敵，斬有首級，案候間。

今據前因，切緣醜虜先從大同掃境而來，迂途南下，意在入關大逞。仰伏天威，上玄默祐，被我兵馬拒戰，未遂搶掠，大遭挫衄，犬羊蓄恨，陰謀報復，糾衆在東，佯以打牲爲名，觀其馱帶盔甲，實欲伺隙侵寇。竊知有備，未敢輕進。復遣賊衆從大同邊方侵犯，山西總兵官李淶、大同參將馮恩、遊擊李桂心存報國，志在滅虜，不避危險，奮勇先登，卒與窮寇鏖戰，殞於鋒鏑，忠勇具可嘉尚。除與陣亡官軍先行收歛優卹，及將達賊出入邊墩與官兵攻戰緣由，及地方疏失通候查明，另行具奏外，參照鎮守大同總兵官都督同知吴瑛爲一鎮之主，統五路之兵，預防失策，每致虜寇之侵陵；臨敵之謀，遂使將領之殞歿，因循怯懦，惟知避敵偷安；蹈襲故常，每見失機僨事，情罪頗重。巡撫大同右僉都御史侯防禦無先事之嚴，載見賊寇侵犯；臨敵乏贊理之策，復致將領殞傷；巡撫山西右僉都御史趙即戎固其素志，狃勝或之先機，致主將之喪亡，貽地方之疏失，俱屬有罪。臣責專總督，徒竭驅馳，關輔雖重於東防，地方忽遺忽西患，臣之疏誤，待罪何辭。如蒙伏望皇上軫念李淶、馮恩、李桂效忠奮勇，殞於鋒鏑，乞敕兵部先行議擬上請恩卹，以勵人心。仍轉行巡按御史將有功罪人員，一併查勘明白，分別具奏懲勸。

謹題請旨。

乞恩俯順人情保留將領照舊供職共圖殺賊補報疏

據標下遊兵管官軍土繼等家丁通事王孟夏等各擁門告稱，遊擊朱雲漢、把總馬芳與士卒同甘苦，又無剥削，兵將相和，上下一心，且各官能奮忠出力，身先戰陣。近日大虜侵寇，各官督領兵馬在於廣昌劉家㟍等處，節日與賊鏖戰，矢石交加，生死不避，賊衝愈急，督戰益甚，故斬獲比諸將獨多。内朱雲漢每戰前驅，復能出奇解圍。兹聞推陞參將、守備，誠恐新官未臨，兵將不識，人心解體，告乞保留，共圖殺賊。得此近覩邸報，該兵部推標下遊擊將軍朱雲漢分守大同中路地方，管家丁通事把總指揮馬芳守備鎮川堡。切以因才授任，乃擇將之道；因時用人，實俯順之方。訪得遊擊將軍朱雲漢莅任甫及數月，教練法出百端，掊剋無聞，撫摩立見；把總指揮馬芳馭下能同甘苦，衆樂爲用，捐貲厚養人士，戰多獲功。兹者一聞推轉，衆即擁門懇告。夫求將固難，而得人心尤難者也。况二臣在臣標下，東西有警，首先督發，捍禦截殺，素倚成功。今皆推陞轉任，固荐有向進之階，足慰將士之心。但以一時所見，似未有謀勇大過者可繼其任。况虜正猖狂，兵將卒未相識，又非所以俯順人情而圖後效。且馬芳夷虜知名，所領家丁通事皆召集四方勇士及投降夷人，久相信向，情同手足，此臣時加犒賞，日所親見，故能樂其撫馭，共倚成功。若使領者未易得人，將恐涣散，不無誤事可惜。如蒙伏望皇上軫念邊方多警，各該將領才堪提掇而行，能服衆者鮮少。乞敕兵部再加詳議，容令各官照舊供職。倘憫念馬芳節有勞效，量加將領職銜，以後與朱雲漢再有獲功，惟陞職級，厚其賞賚，使人心服從，而臣亦得以驅策倚用。其大同中路參將、鎮川堡守備員缺，另推相應官員代補。如此，庶任用各得其人，而緩急有濟，人心和悦，而上下思奮圖報矣。

謹題請旨。①

奉敕總督宣大山西等處地方軍務兼理糧餉兵部尚書兼都察院右都御史臣蘇祐乞恩辭免陞廕疏②

嘉靖三十二年十月十五日，准兵部咨，爲捷音事，該本部議

---

① 《穀原奏議》無此四字。

② 《穀原奏議》作“乞恩辭免陞廕疏”。

擬覆題，節奉聖旨："蘇祐陞兵部尚書兼右都御史，照舊總督還廕一子，與做錦衣衛千户。同何楝各賞銀五十兩、紵絲四表裏。欽此。"備咨到臣。

伏以聖德含弘，固曲鑒夫微遠；臣心感激，奚仰答於高深。緣念臣本以庸愚，歷官部院，叨承綸命，總督兵戎，防邊雖積有歲年，竭力實臣之職分。兹者酋虜逆天，竊圖侵犯，官兵用命，幸奏膚功。寔皇上誠敬上孚，玄穹下鑒，聖武遠布，故敵愾益增；神祉默成，斯渠魁授首。於臣之分，更有何勞。乃猥蒙渥恩，載加大賚，白金彩幣，已極豐腆；陞職廕子，復過駢蕃。況尚書聯八座之崇，而世禄極千户之貴，臣捫心自揣，稽首良驚；伏望聖慈俯鑒愚悃，收回成命，容臣照舊供職，庶臣安知足之分，得少效於涓埃；勉益勵之心，期永圖於補報。臣不勝屏營懇切感仰之至。

謹具奏聞。①

恭謝天恩疏

准吏部咨，該臣奏爲乞恩辭免陞廕事，奉聖旨："卿剿逐虜寇，克著勞績，加恩已有成命了，不允辭。該部知道。欽此。"備咨前來。隨該臣原差百户石寶齎捧欽賞銀五十兩、紵絲四表裏到臣，即祗領望闕叩首謝恩外，謹稽首頓首上言稱謝者。

伏以名器之頒，庸著勸揚之典；物采之備，式昭喜悦之懷。詎意凡庸，猥蒙恩賚。仰惟皇上明同日月，神化孚於上玄；道合乾坤，含納敷於下土。臣之譾劣，時幸遭逄，肆載防秋，叨寄總督之任；三鎮捷奏，少輸勉效之忱。計虜寇之逞凶，實欲入關肆侮；相神明之助順，幾見對壘虚驚。乃遂遏其憑陵，爰復多成斬

① 《穀原奏議》無此四字。

獲。是皆天錫威筭，而敵愾倍增；允賴神握玄機，而虜魄自奪。顧臣之分，曾未補於絲毫；貪天之功，將何安於肝膈。是用陳懇，復荷温綸，加臣以尚書之銜，録子以世禄之廕。白金重賜，推食豈止於投膠；采幣載頒，解衣奚啻於挾纊。辭不獲允，報將何能。惟矢心效一面之勤，期以身壯長城之倚。俾呼韓稽顙，而函夏傾心。耿命不釐，化洽舞干之盛；神武廣運，歷超定鼎之隆。臣無任瞻天仰聖，激切感戴之至。

謹具奏聞。①

虜賊大舉入境復讎官軍奮勇相持敵退獲功疏

准巡撫山西右僉都御史趙咨，簿查嘉靖三十二年十月初三日，准兵部咨，爲緊急軍務事，准職咨，據大同傳事總旗馮林禀稱，本年九月初十日，該大同弘賜堡參將麻禄差家丁過事黄廷用等瓜哨大邊貓兒莊墩以外威寧海子東、南、西三岸住牧達賊帳房約有一千餘頂，又西來精兵達賊往東行走。又據虜中走回婦人喬氏供稱，八月初一日，搶去虜營，住至九月初七日走回，見得達賊從西搶回到帳房裏。又説要搶，不知搶那里。禀報到職。除通行隄備外，移咨兵部。該本部看得，虜本犬羊，貪嗜無厭，聲東寇西，乃其常態。不犯宣大，即擾山西。在我防範，不可不慎。備咨到職。及節准本部并總督軍門咨文，適因防秋行糧支盡，燒荒該撤兵。職只將腹裏弱兵壯撤放，仍以職下選鋒應援精兵，各發補各邊地方前缺，俱嚴行各該大小將領加謹隄備，相機堵截。去後，及查，先准兵部咨，爲陳時弊度虜情，慮貽將來大患，懇乞聖明申敕臣工務懷永圖責實效，以保萬世治安事，該本部議覆兵科都給事中王國禎題稱，祛積習虚文，務戰守實效。等因。題

① 《穀原奏議》無此四字。

奉欽依，備咨到職，通行欽遵外，又准兵部咨，爲申定防秋事宜便遵守以圖實效事，該本部條議，各該將官止以血戰爲功，奮勇當先，首挫賊鋒者，雖有死傷，不論損軍之罪。題奉欽依，備咨到職，俱經通行各該大小將領欽遵外，本年十月初九日巳時，據整飭雁門兵部副使趙大剛原差瓜探夜不收李仲良，接報平虜衛迎恩堡臺山墩達賊約有二三萬騎，進入大邊。職即行飛票，嚴督署正兵遊擊王懷邦、偏頭關參將孫竇、守備馬應期、老營堡守備高尚古、遊兵坐營指揮王清、神池守備申紹祖、署八角守備劉應麟、利民守備周策、寧武守備曰清、廣武守備魏竇、署岢嵐參將事劉勝、署東路參將事王介、北樓口遊擊趙綸，各統所部馬步官軍前去隄備堵截。本日戌時，又據神池守備申紹祖差夜不收薛安接報，初八日卯時，大舉達賊前哨約有二千餘騎，從老營堡地方馬頭山進墻後，灰塵不斷，已落鄢頭寺坪。職又即行飛票各該大小將領，相機剿殺堵截，已經具題外。初十日未時，據老營遊兵坐營指揮王清報稱，本月初八日，大舉達賊前哨精兵約有二三千騎，從馬頭山進入，到於馬肚帶梁，指揮王清、守備高尚古、署岢嵐參將事劉勝各領人馬，在於林家坪堵截，與賊對陣，混砍一處，死傷達賊數多，俱被拉馱去訖。陣亡百户一員蔡陞，死傷軍人，失傷馬匹不知的數，待查明另報。又據劉勝、高尚古報同。職又即行王懷邦等堅壁清野，晝剿哨騎，夜劫賊營，毋蹈前失，務收全功。又催王介、李繼孜領職家丁與趙綸等兵馬星馳策應，以張兵勢，絶賊南侵。又行令孫竇、高尚古、王清邀賊歸路設伏，二將軍等各項火器，於所出邊口兩旁中腰攻打邀擊。續據新任岢嵐參將張四維呈稱，與署參將事劉勝交代人馬訖。職即急催張四維策應王懷邦等相機剿殺。十一日申時，據雁門兵備副使趙大綱原差夜不收石江至八角地方瓜探前賊在八角迤西狼窩、三岔地方劄營，與王懷邦、申紹祖、劉應麟、周策各營兵馬對壘相持。十二日酉時，據署總兵事遊擊王懷邦差夜不收郝思榮報稱，本官初十日夜，撥選鋒兵二百騎，在於狼窩山梨樹窊夜劫賊營，斬獲首級二顆，奪獲達馬二匹。十三日戌時，據署東路參將事王介差夜不收趙伯達報稱，十二日午時，在於柳巖坪等處對陣，賊衆兵寡，王介縱騎疏行，順風揚塵，賊驚西遁，斬獲首級七顆，奪獲達馬五匹。十四日卯時，據老營堡守備高尚古差夜不收崔經報稱，十一日戌時，在於閻家村埋伏斬獲首級一顆，奪獲達馬一匹。又據偏頭關守備馬應期差夜不收盧士安報稱，初十日午時，在於馬梁兒與賊對陣，敵退，奪獲牛九隻，驢三頭，婦人一口，賊退往北去。十五日卯時，據署總兵事遊擊王懷邦差夜不收韓義之報稱，十一等日，在於狼窩山等處，節與賊對陣，斬獲首級八顆。又據老營遊兵坐營指揮王清差夜不收董禮報稱，十二日酉時，在於鷹架山與賊對陣，斬獲首級三顆，奪獲達馬二匹。又據利民堡守備周策差夜不收胡元報稱，十一等日，在於狼窩山等處與賊對陣，斬獲首級三顆，奪獲達馬三匹。本日辰時，又據偏頭關守備馬應期差夜不收張雲報稱，十二日午時，在於張家塢與賊對陣，斬獲首級二顆。十六日丑時，據岢嵐參將張四維差夜不收李希武報稱，十一日寅時，在於富佐山與賊對陣，斬獲首級四顆，奪獲達馬二匹。又據老營遊兵坐營指揮王清差夜不收李玘報稱，十三日寅時，在於鷹架西溝山與賊對陣，斬獲首級四顆，奪獲達馬一匹。本日卯時，據老營堡守備高尚古差夜不收陣爵報稱，各城堡暗伏官軍與賊對陣，斬獲首級一顆，奪獲達馬一匹。又據署八角守備劉應麟差夜不收趙廷保報稱，十一日在於小村坡等處與賊對陣，斬獲首級三顆。又據神池堡守備申紹祖差夜不收王大斌報稱，十二日卯時，在於蒿溝梁與賊對陣，斬獲首級二顆。本日申時，赶至富佐山，又斬獲首級一顆。本日未時，又據偏頭開參將孫寶差夜不收白九皋報稱，十二日申時，在於八柳樹坪與賊對陣，斬獲首級三顆，奪獲達馬三匹。據此，查得，各營共斬獲首級四十四顆，奪獲達馬、夷器等件。隨據老營堡守備高尚古差夜不收陳爵、神池堡守備申紹祖差夜不收榮廷相各報稱，十三日寅等時，大舉達賊從馬頭山迤東拒虜墩迤西等處出口，往北去訖。等因。各到職。除嚴行老營守備高尚古等將賊原拆墻口即行堵砌，各用心嚴加防備外，等因。備咨到臣。

案查，先於本年十月初十日卯時，據老管堡守備官高尚古差圪臺墩夜不收米文玘報，本月初八日卯時，瞭見達賊二千餘騎往南行走，後有灰塵不斷。又據老營堡遊兵坐營官王清差夜不收朱冒報，本日辰時，前賊一千餘騎從馬頭山進入，到營盤梁堢頭寺，後有灰塵不斷。本官領人馬到營頭梁溝南，賊在溝北。又據署大同西路參將事原任參將完成差朔州迎恩堡大邊臺山墩夜不收高文報，初七日午時，瞭見達賊二萬餘騎，從本墩拆墻進入，往南行走，據報聲勢重大，恐其深入山西地方爲患。一面分投差人傳督山西、大同兵馬，隨賊聲勢，相機援勦；一面當督標下遊兵并家丁、通事兼程前進，躬臨督戰。十三日，將至威遠城，爪得山西兵馬，將賊敵退出境去訖。已經揭報兵部，并行雁門、岢嵐兵備道，會同分守冀寧道查勘虜賊出入邊墩與經過地方有無疏虞，及各營兵馬對敵斬獲功級，陣亡被傷軍馬數目，有功有罪人員，另行具題。

去後，今准前因，臣看得黠虜驕貪，每肆侵寇，自廣昌失利宵遁，兩犯山西。乃竊知東防慎密，意在乘隙西掠，仰仗聖武孔昭，文武陳力，設謀出奇，敵殺敗退，斬首四十四顆，并戰馬、夷器等物，人心振奮，敵愾倍增。巡撫右僉都御史趙選士練兵，志存滅虜，繕甲修器，氣欲安邊。故山西將士敢於敵戰，勇愈平時，莫不感恩思奮，遵例血戰，但兵馬難免損傷。賊衆既入，收保不及，地方脱有疏誤。其各功罪，須候查明，方敢具題。

如蒙伏望皇上軫念官軍累戰强敵，勞苦倍常，乞敕兵部再加詳議有功人員，早賜甄録。其餘領兵斬首陣亡誤事等項官軍，轉行巡按御史通行覈實明白，分別功罪，應陞賞與應罪應贖，上請定奪。

謹題請旨。

參劾主將庸懦衰病隳廢邊務懇乞聖明亟賜罷黜別選賢將以修戎政以禦虜患疏

據山西按察司整飭朔州兵備副使馬九德呈問得吴鼎招云云，參呈巡按蔡御史并禮科徐給事中、總督蘇侍郎，各將鼎參行兵部覆題，奉聖旨："是。吴鼎身任主將，致虜深入失事，本當拏問重治。姑依擬革了職，發軍門取具罪名招由，殺賊立功，防秋畢日，奏來定奪。欽此。"備行蘇總督，案行朔州兵備道，行提吴鼎取具罪名招由，仍令帶領家丁在於軍門殺賊立功，防秋畢日，有無功次，通呈具奏。本道行提鼎并親供貼黄及原參問文卷前來。因時制宜，邊工不至全廢，軍餘得少蘇息，撫摩存恤，意兼有之。似應俯從原奏，發錢糧合查，照原行行巡按御史查覈，未動者截收貯庫，其三鎮防秋應布兵馬，選撥沙汰官兵，增修火器戰具，補葺邊墻墩臺，教演敵戰等項，似皆詳悉。

臣愚又謂，用兵之要，在乎審勢度機，知强弱，識衆寡，知彼己，多籌筭而已。矧各鎮士卒連歲擺邊修守，勞憊已極，荒歉相仍，貧困益甚，追剿日繼，馬匹損傷，見在者因歉缺飼，又多瘦弱，驅之戰陣，非不能期收全勝，而或反致誤事。故臣每議守墩守堡，無非少蘇軍力，俟機而動。賊若止於沿邊寇擾，我則謹間諜，明烽堠，急收保，使野無所掠，而彼自困，困則思遁，伺其惰歸，伏兵肆出，相機敵殺，期使彼則失利，以挫其鋒，庶我不勞而彼自困。倘若蠢虜驕貪，仍蹈故轍，長驅徑進，遼、陝、薊、保兵馬拒戰於内，臣督三鎮官兵追敵於外，併氣集力，合勢夾攻，期使彼賊痛遭挫衂，庶覬覦關輔之機不興，而垂涎内地之念可絶矣。如蒙乞敕兵部，將各鎮應議事宜，再加詳議上。

聖明申敕臣工務懷永圖責實效以保萬世治安疏

准巡撫宣府右僉都御史劉咨，云云。又准巡撫大同右僉都御史侯咨云云，看得宣大二鎮地方逼近沙漠，土瘠人貧，百無所産，較諸腹裏，財力大不相同。故二鎮一切公費，在宣府止有公務餘地，新增驛傳租糧，在大同止有牛具、尖丁、户口、鹽糧、商税、煤課各銀兩，使每歲盡數徵完，尚不足供一歲之用，况災傷蠲免，虜患逃亡，常不及十分之六，以致宗室冠服、房墳、祭價併各公費等項積欠數多。雖各該巡撫極力措處，供億浩繁，已難支持。今該部復將宣府公務餘地等銀改爲官吏、孤老、驛站歲用之數，大同商税、鹽糧、課程、尖丁銀兩改爲代府官校并衛所官吏、武舉等項俸糧及驛站馬騾料豆牛具銀括入屯田項下，改解銀億庫軍儲支用，裒多將以益寡，顧此不免失彼。且宣大軍站難比州縣民驛，民驛自有審編馬騾夫役協濟等項公用，軍站不過撥軍走遞，合用廪糧馬騾料豆比照土木、榆林等軍站積於軍儲倉，支給宗室冠服房墳祭價，先年原係禮、工二部關領，後因内帑詘乏，行大同府并山西行都司於鹽課等銀内支用牛具銀，先該兵部議覆，題奉欽依，專備買馬。

嘉靖二十四年，該吏科給事中李文進等條奏節浮費以經財用，亦知牛具銀係該鎮買馬必用之費，款内原未開載，及查宣府有買馬團種銀二萬兩。大同比宣府用馬尤多，止有前數，不敷應用。公務餘地等項糧銀係各鎮巡撫賞功給降恤亡犒賞，與夫諸凡供億胥此取給尖丁銀，係各衛所均徭出辦，自有各項支銷。若盡行搜括，纖毫不遺，在衛所官吏驛站既以遵照户部裁革，不敢關領軍儲，及支前項銀兩，又以供億各有定項，一歲之所入，尚不敷一歲之所出，輒行告匱，卒使官吏困憊，馬騾倒損，驛站廢墜，機務停閣，其弊將有不可勝言者矣。況巡撫大臣撫治一鎮，使賞勞不行，其誰用命，優恤不給，其何示勸，馬匹不補，其孰敵愾。宗室房墳冠祭，例不可少；驛站供應走遞，勢不可無。供費既乏，展布殊難。不惟坐誤事機，亦恐有傷國體。如蒙伏望皇上軫念宣大重鎮，百凡供億，俱在緊急，乞敕户、禮、兵、工四部從長計議，將各鎮所請前項地租、牛具、商税、鹽糧、課程等項銀兩俱照舊存留該鎮公用，并買補馬匹騎操，其官吏旗校孤老俸糧、驛遞馬騾料草俱仍查照舊例，於軍儲倉銀億庫關支。如户部必欲更革，乞敕禮、兵、工三部另議，請發銀兩以給各鎮買補操馬并驛遞馬騾廩糧、草料及各宗室冠服、房墳、祭價等項應用，庶公務不致偏廢，而邊臣亦得少盡職矣。

謹題請旨。①

比例乞恩改給誥命疏

臣嘉靖三十二年二月内，以兵部侍郎兼都察院右僉都御史，總督宣大、山西等處地方軍務，六年考滿，移咨吏部，查照侍郎總督各邊事例，題奉聖旨："蘇祐陞都察院右都御史，仍兼兵部左侍郎，照舊在彼管事。欽此。"又該吏部題爲請給誥命事，奉聖旨："是。欽此。"欽遵。恭俟撰寫間，續准兵部咨，爲捷音事，荷蒙聖旨，陞臣兵部尚書兼右都御史，照舊總督。臣不勝感戴，思得右都御史與尚書俱係正二品，及查得南京都察院右都御史胡訓三年考滿，赴部請給誥命，奉聖旨："是。欽此。"欽遵。

① 《穀原奏議》無此四字。

撰寫間，又蒙陞任南京工部尚書。本官比照總督三邊軍務兵部尚書兼都察院左都御史劉天和，刑部尚書周期雍，太子少保、刑部尚書唐龍等事例，各以見任職銜，荷蒙聖慈，改給誥命。

陛下以至孝治天下，故諸臣得霑曠蕩之恩，各得以顯揚其親也。臣與胡訓、劉天和等事體相同，臣烏鳥之情寔不能已，如蒙伏望皇上一視同仁，乞敕吏部查照諸臣事例，以臣今職改給，庶臣祖、臣父光賁於九泉，而臣報親之少盡矣。舉家存歿，不勝感戴天恩之至。

謹具奏聞。①

地方十分饑荒軍糧缺乏懇乞天恩早賜空運糧餉以救窮邊以全重鎮疏

准巡撫宣府右副都御史劉咨云云，等因，備咨到臣。節據各該城堡，亦呈相同。切惟宣大地方，極臨邊境，地瘠民窮，又兼連年災傷，今歲爲最。加以虜寇頻仍，軍士愈見艱窘。詢問鄉市耆老，咸稱自來罕有今歲凶荒。即今百姓，十有九人，覓食尚無求討之所，人心洶洶，不能聊生。若不早爲酌處，誠恐窮荒極迫，必至逃散流離，抑或死填溝壑。除行該鎮巡撫衙門，量將懷來見在倉糧，每軍給與五斗，以爲安插，并候大同查議，至日另行具題外，如蒙伏望皇上軫念宣大一帶接近關輔重地，軍民百姓，累遭荒歉，乞敕户部再加酌議，俯從所請，速發京通倉内收貯糧米二十萬石運邊，以濟主客官兵給用，庶使邊境官軍不致流離，地方有所倚賴矣。

謹題請旨。

---

① 《穀原奏議》無此四字。

進繳敕諭疏

嘉靖三十二年十二月十八日，節該欽奉敕諭："兵部尚書兼都察院右都御史蘇祐，今仍命爾總督宣大、山西等處軍務，兼理糧餉。欽此。"除欽遵望闕叩頭領受訖，所據先奉兵部左侍郎兼都察院右僉都御史敕諭，相應進繳。爲此，今將前項敕諭一道具本進繳。

謹具奏聞。

督府疏議卷之七

官軍急缺馬匹懇乞天恩速賜給發以備征調疏

准巡撫宣府右副都御史劉咨，會同鎮守總兵官署都督同知劉大章議，查得，本鎮樁朋銀兩各營路陸續追收，隨即湊買馬匹外，及查先爲陳時弊度虜情，慮貽將來大患，懇乞聖明申敕臣工務懷永圖責實效，以保萬世治安事，准兵部咨，該巡按蔡御史題前事，本部議擬，將見在段紬布褐作速易價銀四萬八千兩，收買膘壯好馬，分給官軍騎操。等因。題奉欽依，備行前來。續爲官軍急缺戰馬，懇乞天恩俯賜給發，以備防秋事，准兵部咨，該職等會題，防秋已近，缺馬數多，雖有易馬段匹，急難變價緣由，該本部議擬，動支馬價銀四萬八千兩，運送買馬，給軍騎操，仍將段紬布褐作速變賣貯庫，不許冒破浪費。備咨前來。已將解到銀兩分發鎮城正兵營五千四百八十兩，奇兵營六十兩，軍門標下一千兩，新舊遊兵營各六千兩，西路七千七百四十兩，北路七千七百兩，中路四千八百兩，東路三千二百八十兩，督令買補馬匹。續據呈報，陸續已買完馬正兵營三百九十九匹，奇兵營六百匹，舊遊兵營四百二匹，新遊兵營一百八十九匹，西路七百七十四匹，北路七百七十匹，中路四百四十七匹，東路三百一十四匹；未買馬正兵營一百四十九匹，舊遊兵營一百九十八匹，新遊兵營四百一十一匹，中路三十三匹，東路一十四匹，軍門標下一百匹。節行督催買補間，七月内，大虜自大同入犯廣昌等處，從本鎮西路出邊，各營兵馬與賊鏖戰浹旬，追戰五百餘里，陣失、殺傷及沿途走傷、倒死等項馬正兵營二十七匹，奇兵營一十六匹，舊遊兵營九十九匹，新遊兵營一十三匹，遊擊田世威營一千九百四十七匹，西路一十二匹，中路一十七匹，北路一十八匹，南路八十匹，參將馮登營一匹，通共二千二百三十匹。

及照先該蔡御史經畧查得，宣府一鎮原額馬四萬七千五百五十八匹，除節年倒死外，見存二萬二千三百四十八匹，仍缺二萬五千二百一十匹，該補一萬一千六百九十九匹。當時兵部因馬匹銀兩缺少，止給馬二千匹，銀四萬八千兩，該買馬四千匹，僅及一半。邊地窮苦，商販不通，至今尚未買完，都司貯庫再無堪動銀兩。今次與虜追戰，殺傷倒失又復二千二百三十匹。是以馬匹愈少，軍威欠振。極邊重鎮，若不及時請補，誤事匪輕。况入衛一營，入春即當整搠聽調，其軍士皆經選練，是以金家井之役鏖戰甚力，大挫賊鋒，故其損失最多。今該營原額馬三千匹，陣傷倒死共一千九百六十二匹，所餘不多。軍雖精鋭，徒步難行，一或遇警承調，何以赴敵。其餘各營陣失，亦係一鎮前鋒，尤不可缺。查得，陝西入衛遊擊朱玉、陳鳳與賊鏖戰成功，陣失馬匹，即准補給。今照各營戰失馬匹，與朱玉、陳鳳事體相同。合無軫念近京重鎮及入衛兵馬，題請給發本色馬四千匹，填補各營。

准此，又准巡撫山西右僉都御史趙咨，准兵部咨，爲虜賊侵寇官兵追敵出境損傷將領事，該本部議擬，仍行巡撫山西都御史趙，會同總兵官韓承慶備查各營缺少士馬數目，官軍作何處補，馬匹應否給發，一併具奏定奪。題奉欽依，備咨前來。除陣亡官員已即選補軍士，抽選精壯户丁替補外，查得，山西各營路及各守備等營原額馬贏共二萬九千二百四十三匹，節年追賊，促死、傷亡、倒死一萬三千二百一十九匹，雖屢經買補，節有死亡，亦難全原額。嘉靖三十一年，蒙發市馬，餘段五千匹，易馬五百餘匹，及各營雖有些小椿朋銀兩，苦追嚴併，隨到隨買，及本職節次處給贓罰馬約有三百餘匹，俱俵散各營，查給缺馬官軍勇士騎征訖，亦節有死傷。及查得，今秋各營東征西戰，追賊促死并陣失亡傷病死馬贏八千六百七匹，各營即今見在馬贏九千一百三十匹，較之原額缺少馬二萬一百一十三匹，會同鎮守總兵官韓承慶議照各營官軍，今秋東護紫荆，遇賊於廣昌永安堡等處，對壘相持旬日，血戰數百餘合，繼而虜賊復讎於大蟲嶺，總兵官李淶等死戰，官軍亡傷雖少，馬匹損失爲多。績於十月初旬，虜復再寇老營馬頭山，三軍血戰於林家坪，虜衆兵寡，遂失馬八百餘匹。俱因年終苦戰，節次倒死失亡，致有前項缺少之數。本職叨任提督三關，兼巡撫重任，凡於軍馬錢糧，夙夜憂心，多方設處。今以支剩民壯盤纏餘銀四萬三千六百餘兩，見貯代州官庫，内除一萬兩以備防何兵壯之用。今歲山西擒斬賊首共二百一十六名顆，賞功又該用銀幾二萬兩。除雁門道呈允動支二萬兩，名員馬贏每匹頭用銀一十五六兩，可買馬一千二三百，餘以補給騎操，其餘不足之數，山西民窮財盡，實難搜括，煩爲題請，或發太僕寺寄養馬三四千匹，或發馬價銀七八萬兩前來買補。其餘不足之數，容本職再行處補。備咨。

准此，又據鎮守大同總兵官署都督僉事張堅呈，會同巡撫右僉都御史侯議，查得，山西行都司官庫原收京運并樁頭、牛具、餘地、草價、豌豆、易賣老馬，減價銀共七萬五千六百四十八兩九錢四分一絲三忽七微五纖，京運段一萬疋，梭布六千三百八十九匹，已支買馬用過銀五萬四千四百六十七兩四錢一分六釐，見在銀二萬一千一百八十一兩五錢二分四釐一絲三忽七微五纖。京運段一萬段，内賞功用過段故三百七十四疋，見在段九千六百二十六疋，估價變銀不等，共銀一萬一千三百八兩一錢，梭布六千三百八十九疋，内賞功用過布六百七十三疋，見在布五千七百一十六疋，每疋估銀九分七釐三絲，共銀五百五十四兩六錢一分四釐四毫八絲，通計算該買馬二千七百餘匹，及查本鎮原額馬五萬五千八百六十三匹，節年倒失馬三萬七千六百三十一匹，今歲節次倒死及追賊征戰傷失馬二千七百四十八匹，除見在銀物估買馬匹外，尚少馬三萬七千餘匹，備由呈報到臣。

案查，先因今歲自春徂冬，虜賊屢次侵寇，各鎮官兵鏖戰追敵，原騎馬匹傷失與節年倒失數多，行伍參差，恐難禦敵，已經備行查報。去後，今該前因，查得，大同收貯原發買馬段布，比因久無承買，急難變賣。今秋克捷，故動支給賞獲功官軍，已行該鎮照依估定價值，於賞功銀内動支補還，與各鎮見在銀物及未完馬匹拖欠樁朋銀兩設法追收，督令上緊尋買堪中扇馬，給軍騎征外，切惟防邊禦虜，固在官兵，追奔逐北，尤藉馬力。緣宣大、山西三鎮俱臨虜境，皆用武重鎮，而宣大切近關輔，尤爲至急。内入衛遊兵二枝，又在緊關聽調之數。今秋虜衆不逞，即有新河、青邊之役。秋冬二犯廣昌，再寇山西，官兵追剿防禦，東奔西馳，月無寧日。故馬匹促死傷失，與節年倒失三鎮，大約缺馬八萬餘匹，雖有買補未完馬匹及見在銀物，拖欠樁朋數亦不多，縱使盡數買全，亦不能完，缺少十分之一。矧今冬暮，水凍草枯，賊衆聯營，尚爾住近邊境，日遣輕騎，窺伺不已。將來春融，草長馬飽，難保不來爲患。苟非兵精馬足，將何捍禦。臣待罪邊方，總督軍務，晝夜思惟，計無所施。欲督軍買補，但軍士連年征戰防戍，修邊飭堡，窮困已極，不惟追併不出，抑恐逼迫逃移，欲官爲處買。緣庫無蓄積，應動官錢，不得已敢爲塵瀆。臣復思虜酋桀黠，各邊多事，内帑詘乏，供億不資，不敢望其全給。但量爲給發，聽臣斟酌衝緩，分俵官軍，儹編營伍，聽候征戰，用免誤事。如蒙伏望皇上軫念極邊重鎮，騎征馬匹缺乏數多，乞敕兵部從長計議，合無於太僕寺及順天府寄養馬内，每鎮量給本色馬五六千匹，再各發銀四五萬兩來邊，與收貯見在銀物及追出樁朋銀兩，相兼召買堪中馬匹，給軍騎征。如此，庶戰守有賴，而緩急不致誤事矣。

謹題請旨。

再乞天恩議復地方公用錢糧以便供應以免疏誤疏

案查，先准巡撫宣府右副都御史劉咨云，等因，各備咨到臣。已經具題，乞敕户、禮、兵、工四部從長計議，將各鎮所請前項地租、牛具、商税、鹽糧、課程等項銀兩俱照舊存留，該鎮公用并買補馬匹騎操，其官吏、旗校孤老俸糧、驛遞馬贏料草，俱仍查照舊例，於軍儲倉銀億庫關支。如户部必欲更革，乞敕禮、兵、工三部另議請發銀兩，以給各鎮買補馬匹并驛站馬贏廪糧料草及各宗室冠服、房墳、祭價等項應用。去後，仰候日久，未見議覆。臣愚竊謂該部必曰即今邊方多事，軍儲在急，地方公費當緩。此廟堂之見，不知邊臣責任之難也。夫宣大地方，設在窮荒，極臨虜境，别無供億，止是先年巡撫官員設處前項錢糧，以應百費，行之年久，已非一日。兹者，該部盡皆搜括，改爲官吏孤老俸糧，收入屯田項下，遂使各項供應及買補馬匹無一錢可支。况巡撫大臣撫治一鎮，時值虜寇頻仍，年荒歲歉，犒勞哨探走報，給賞敢勇獲功，優恤陣亡被傷，激勸來降人口，非錢何以勵衆？與夫城垣、樓鋪之傾頽，橋梁、公署之損壞，非錢何以修葺？各衙門供應廪給，心紅紙劄，油燭柴炭，賫本盤纏，及王府冠服、房墳、祭價，春秋祭祀等項，非錢又何以支應？此皆理不能廢，勢不能免者。今一旦更革，惟束手坐觀，事何由濟？空言仰衆，孰肯用命？又如宣大驛站多屬軍衛，非有司可比。有司驛站自有審編馬贏夫頭，供應庫役又有偏僻州縣協濟幇貼，所以百凡優裕，不費軍儲。軍衛驛站不過定撥，不堪養馬，貧難次弱軍士應充走遞，答應往還使客并無絲毫官錢，又無審編人户，故使客廩糧、馬贏月糧皆於軍儲支給。今兹更革，致累軍士逃竄無餘，馬贏倒死殆盡。公差人員無所支應，束腹忍饑，徒行奔走。不惟人情不堪，抑且多致誤事。及查宣府原有團種租糧草束，易銀買馬，後總督叢侍郎奏改軍儲，户部扣歲額銀二萬兩，徑解巡撫衙門買補馬匹。近本部以田制屬之户部，馬政屬之兵部，亦改入軍儲徵收，本色馬匹缺乏，行令奏行兵部撥給。臣與巡撫都御史劉具題，乞請查照原設事規，照舊發銀買馬，本部竟不肯從，必至兵部論奏，方纔改正。今大同牛具銀兩，亦先年鎮守等官遵照詔旨，奏准改正，相兼椿朋銀兩買補馬匹之數。今該部括入屯田項下比較專備軍餉，不知本鎮馬匹又將何買補。臣叨膺總督，目擊其艱，不容緘默。如蒙伏望皇上軫念窮邊重鎮，公務爲急，乞敕户、禮、兵、工四部再加從長詳議。如臣所言果於國家、地方有益，俯從議覆，將前各項錢糧照舊存留該鎮，以備供應，并買補操馬。其官吏、旗校孤老俸糧，驛站馬贏料草，仍查照舊規，於軍儲倉銀億庫支給。或臣言妄謬，無補國政，有害地方，亦須明白論列，上請罷斥。如此，庶公務不致廢弛，邊臣少得展布。地方幸甚，臣等幸甚。

謹題請旨。

陳時弊度虜情慮貽將來大患懇乞聖明申敕臣工務懷永圖責實效以保萬世治安疏

准巡撫宣府等處右副都御史等官劉等咨，及據兵備、守巡等道副使等官楊順等呈，將嘉靖三十二年防秋列戍及領兵追敵總副、參遊、守備等官，稽其勤惰，驗其事蹟，分別功過賢否具呈，移咨到臣。案查，先准兵部咨，該兵科都給事中王國禎題前事，本部議擬防秋畢日，仍將所屬官員有無盡職誤事，一體奏聞，以憑旌引。又一款，總副、參遊等官，多務賄求，以階拔擢總督、撫按，嚴爲察訪，必廉靜恤軍，勤於訓練，謀勇出衆，立有戰功者，方與明開實跡，具本保薦，附簿推用。其奔競無恥，剥削部軍，專以私家爲事，全無報效之心者，即便指實參劾，從重究治。等因。題奉欽依，備行前來。已經通行遵守防秋畢日，又經備行查報。

去後，今該前因，除鎮守宣府總兵官劉大章、副總兵焦澤、南路參將田世威、大同東路參將殷尚質、中路參將朱雲漢、北西路參將郭震各曾經薦舉，鎮守大同總兵官吴瑛、副總（官）［兵］張淶、宣府西路參將陳力、東路參將李欽、山西西路參將孫寶等各經巡按御史并臣等論列，俱奉欽依，陞賞革任。其山西東路參將施霖、宣府萬全左衛守備楊振、洗馬林堡守備鄭魁、大同靖虜堡守備狄英、新平堡守備劉昇、鎮羌堡守備陳忠、威胡堡中備楊貴、井坪城守備谷本清、朔州城守備周卿、迎恩堡守備劉鳳梧俱各新任不開外，訪得，宣府保安舊城守備楊世臣、新河口堡守備周一元、滴水崖堡守備張問政、葛峪堡守備張縉、雲州堡守備翟瀚、四海治堡守備劉楷、馬營堡守備王林、長安嶺守備章湧、懷來城守備游杲、保安新城守備丁松、大同高山城守備王堂、懷仁城守備王勲、廣靈城守備王良臣、渾源城守備張勇、破虜堡守備許國禎、大同右衛城守備胡朝、平虜城守備劉卿，以上各官防秋無過，相應留用者也。宣府北路左參將都指揮李賢節勵廉隅，望隆鎖鑰，推赤心而服譎虜，疆絶窺伺之虞；提孤旅而抗强鋒，關輔藉全安之利。標下中軍原任宣府中路參將都指揮柴縉久歷邊方，暢曉戎務，遇敵則奮力先登，每致克獲；防邊則傾心圖畫，動中機宜。以上二臣堪備副將之選者也。萬全都司軍政都指揮王鈺督墻墩於紅門等處，屢報完功。本司軍政都指揮李官謹哨備於松樺諸溝，克收成績。河南都司領秋班宣府備禦指揮許廉勞來戍役，任脩築而竭力經營。龍門所守備指揮張世業召輯降夷，使效款而純心鄉導。大同遊擊將軍都指揮丁淳戰陣慣經於邊地，而摧堅破鋭，久著威名。山西行都司軍政都指揮孫易才猷藴藉於壯年，而蒐器選軍，悉收勝筭。鎮川堡守備指揮馬芳部下盡蕃漢之鋭，驍勇冠絶乎諸營。威虜堡守備指揮周廷輔挺身援主將之危，慷慨獨當乎流矢。馬邑城守備指揮李璋預嚴譏呵，奉行清野之方。靈丘城守備指揮黄堯臣首據要衝，沮抑長驅之勢。坐營中軍指揮薛蓁掌中軍旗鼓，誓戒精明。以上諸臣堪備參遊之選者也。山西領班大同備禦指揮潘亮文雅警敏，方面克堪。宣府隆慶州城守備都指揮高遷吏事長於武備，器識春融。大同陽和城守備指揮劉勛疏通馴雅，閫寄攸宜。山西寧武關守備指揮曰清勤慎知，謹乎官箴，儒雅堪當大閫寄。廣武城守備都指揮魏寶發身於武科，精通乎吏事。以上諸臣堪備都司之選者也。宣府青邊口堡操守千户岳嵩駿步監於前車，施爲精采。宣府前衛指揮張鑌辯計之智，久著望於兵車。隆慶衛指揮魏卿機警之才，多效勞於分佈。委守柴溝堡宣府前衛指揮張嵩久歷邊方，而戎務諳練；因疾求退，而才猷克堪。大同玉林衛指揮張鳳膽略機權，遠塞之干城堪託。陽和衛指揮許東暘叢幕下之委，應酬敏捷。本衛守口堡指揮吴昂涖邊方之任，哨瞭嚴明。山西太原前衛指揮許經首犯敵鋒，勇冠諸士。太原右衛指揮林爵練習兵事，技藝可觀。太原前衛指揮黄龍曾任守備而長於軍政，鄰封誤事而致累革黜。寧武所千户李景勇鋭之士。老營堡所千户孫吴曾經戰陣。以上諸臣堪備守備之選者也。宣府遊擊將軍都指揮祁勛、張四教蚤奮賢科，并收時譽，一眚而追奪全俸，足示深懲；累次而斬獲首功，未蒙給復，似應開俸者也。又訪得，宣府膳房堡守備指揮王漢墩哨徵求常例，逼累逃亡。張家口堡守備指揮尚真營司尅扣行糧，指稱使喚。萬全右衛守備指揮王佐全驅念重虜壓境，而束手送歸。新開口堡守備指揮善謀避難機熟，時戒嚴而移文詐病。永寧城守備指揮朱瀚、懷安城守備指揮劉登東脂韋而日營歸計，緩急何賴於要衝。蔚州城守備指揮尹鳳梧、順聖川西城守備指揮鄢廷仁玩愒而地若無官，姑息終妨於戰守。順聖川東城守備指揮馬鎮羣醜連營於信地，日事沉酗。柴溝堡守備指揮張世勲輕騎充斥於門庭，因循退縮。龍門城守備指揮裴綸蒞任之幹濟無聞，一歲之疏虞屢見。大同北東路參將都指揮麻禄剥軍肥己，而縱恣谿壑之貪。遊擊將軍都指揮周邦弃馬資敵，而僥倖竄伏之計。山西行都司軍政都指揮馬繼宗昏愚不辨菽麥，閫政久弛。鎮邊堡守備指揮卜大經狡黠徒善傾危，職思總廢。應州城守備都指揮劉珮力隨齒憊，不任驅馳。大同左衛守備指揮常齡事多寬緩，才與地違。威遠城守備指揮李繁縱家丁而勒商行之物價，厭恶喧騰。鎮虜堡守備指揮張繼宗假公用而扣軍士之糧銀，贓私狼藉。以上諸臣俱屬不堪，相應黜革者也。内常齡似應改調腹裏，以全其才。

如蒙乞敕兵部再加訪察，如果臣言不謬，將李賢等待資擢用，潘亮等俟缺陞任，常齡改調腹裏，祁勛等收支俸糧，王漢等亟與罷黜，别選謀勇，以代其任。如此，庶賢能知勸，而不識者有所懲戒矣。

謹題請旨。

邊儲疏

准巡撫宣府等處右副都御史等官劉等咨，據兵備、守巡等道副使等官趙大綱等，會同管糧郎中等官朱天俸等查得云，等因。備咨具呈到臣。案查，先節准户部咨發前項銀兩及備行借放主兵月糧等項，已經通行趂時召買，會計借給。去後，今該前因，爲照宣大、山西三鎮計算防秋并經過入衛兵馬應用錢糧數目，似俱詳悉。但虜情叵測，每出意外。靈、廣、蔚、渾，素稱偏僻，昨年秋間，虜衆亦嘗寇犯，先事預圖，須當在在有備，斯免告匱。及查去歲自春徂冬，虜寇頻警，而各鎮錢糧費比往年似頗差少。大抵分班伏堡，無擺邊全費，掣發以待，得少節縮故耳。矧今年歲荒歉，糧料、草束價皆騰貴。入秋以後，即行召買，苦無應者。雖設法召報，然每市絶糶賣，糴買不出，督責雖加，完納不前。將來客兵供億，大可隱憂。所據各鎮會計三十三年防秋并經過入衛兵馬應用錢糧及負欠商價空日折支與額外請計多發銀糧料豆，伏望皇上軫念極邊重鎮，多事之秋，連歲荒歉，收買艱難，乞敕户部再行從長查議，速請解發各該巡撫衙門，會同管糧郎中，備行兵備、守巡各道查照，將糧料收貯，聽候支用銀兩，速爲設法多方召買本色，以備防秋兵馬及收備折色應用。如邊報少警，額外銀糧料豆留作下年客兵之用，不許别項支銷。如此，庶財用有經，而邊方克濟，先事有備，而緩急不致誤事矣。

謹題請旨。

走回人口傳報夷情乞請預計兵糧以便防勦疏

據大同鎮羌堡守備指揮陳忠呈，嘉靖三十二年十二月十六日，該水口二墩夜不收陸信收送虜中走回男子柳順供，係陝西凉州衛軍，在洪溝墩哨備。嘉靖二十八年九月内，被賊攻毁墩臺搶去。在虜營時，見得達子調在一處，説要正、二月内，將荷葉伍、藍採子，用駱駝馱木梯子攻它，又見打造盔甲等語。番語荷葉五、藍採子，乃鎮羌、得勝二堡。又據宣府北路參將李賢呈，據獨石城守備指揮周源呈，該棠梨墩夜不收王和報，本月二十二日，收送走回男子李天祐供係順聖川東城餘丁，本年八月内被賊搶去。在虜營時，聽得衆達賊説大頭兒差七箇達子，往西邊會小王子去了。到正、二月，要領大勢達子來，把大城堡圍着，將小堡盡數都要攻了。又據帶管山西老營堡守備事分守東路参將施霖呈，嘉靖三十三年正月初一日，據二邊吾眼井墩夜不收王世雄收送走回男子劉仁供，係井坪所總旗劉天伏男，三十一年八月内，被俺答部下頭兒擺只厚搶去，住過二年，脱走回還。在虜營時，聽得衆達子説去年差達子二名，俱係漢人，一叫苦魯會，一不知名，前來腹裏，踏探道路。行至靈丘縣等處地方，唆哄木匠二名，詐説偷盜達馬，到於虜營，引見王子，説了衆達子方纔進搶，行至南山，見得道路險峻，兵馬重大，堵截不能前進，復回要殺苦魯會等，内一賊勸説饒了。衆達子與小王子在古城内運甎，就着木匠蓋房。今三十二年十二月間，又差苦魯會等前來，復看山西京南道路。衆賊説等苦魯會回還，待草飽了要搶等語。等因。各備由具呈到臣。

除嚴行各該將領整搠兵馬，鋒利戰具，加謹哨探，多方設備，不堪墻垣墩臺，稍候土脉融和，即爲修飭，更令沿邊小堡居住軍民多積柴草，處辦食米，及將衝要缺糧去處，行令管糧郎中并守巡等道設法召買乞運，以備有警應用，并督巡捕人員盤詰緝捕外，切緣北狄醜類，恃其部落繁夥，加以俺答諸酋狡譎兇殘，奸謀叵測，自去歲春初，即兩犯宣府，入秋舉衆徑趨紫荆，至冬再寇山西，千方百計，實欲大逞。幸賴玄威默相，聖武遠昭，將士奮忠，敵殺敗遁。然狼貪豕欲，終不能已。節據各鎮哨報，聯營疊帳，住近邊境，東西相望，絡繹不絶。雖隆冬祁寒，日遣遊騎，或攻圍墩臺，或撲捉巡哨，未嘗傾刻而不在侵擾也。兹據降人柳順等供報前項賊情，固未可深信，但各回自虜地，目擊耳聞，或亦不虚。緣各鎮官兵節年屢經戰陣，防邊列戍，修工飭堡，疲困已極。又值連歲荒歉，五穀不登，軍民缺食，死亡相繼，甚有全家相望，自縊、投崖、跳井、仰藥。已該撫按衙門議請賑卹，未蒙議覆。庫無儲蓄，錢糧缺乏。官庫月糧拖欠三四箇月，冬衣布花尚未全給，見在馬匹缺草餧飼，日漸餓損倒死。

卷查嘉靖三十一年十二月内，爲虜中走回人口傳報夷情，懇乞天恩借給草束，以資馬力，以備征戰事，臣因各鎮官軍連年自七月初督發擺邊列戍，防禦追賊，至十月，方得掣散。雖有田地，不暇耕耘。縱有草場，豈能採積。冬時缺草，多至扒摟蒿莜，掘乞草根，以充餧飼。日久人衆或因地凍天寒，採乞既難，無錢買辦，往往跌落倒死。計一馬之失，官私價值動則三四十兩。是以具疏上請，不拘常例，每年十二月至次年正二三月缺草之時，每月每馬於防秋草内借支十束。更乞天恩，憫念艱苦，再賜官給五束，以爲一月之費。候七、八、九、十月防秋草茂之日，每月每馬少給十束，用補前借，亦朝三暮四之術。該部以爲國用不足，恐援引成例，行令查勘牧馬草場，令騎操馬匹，當夏秋之月，趁時牧放採積，以備冬春之用。誠澄本塞源，爲國惜財至計。但時有變故，事有經權，似不得執一論也。使年歲豐稔，邊塵不警，孰敢妄爲陳乞？矧凶荒相繼，虜寇桀黠，往歲秋高馬肥，方爾大逞，故擺邊列戍，防禦截剿，止在秋月。今則春夏冬時，亦多長驅寇擾，所以兵用無常，四時防剿，東奔西馳，月無寧日。自己田地，尚爾荒蕪，牧馬草束，使誰採積。茲不惜給草束，固云省費，然馬匹餓損，因而倒死，不知所費孰多。即目軍疲馬困，日甚一日。近據宣府獨石傳報，哨見境外賊衆萬餘，西往東行，近邊窺伺，萬一果如柳順等所言，舉衆侵犯，或攻堡，或搶掠，無馬官軍，僅能伏堡，有馬官軍，計數不多，將何應敵？若不預爲上請，將來誤事，罪實難辭。如蒙伏望皇上軫念猾虜驕貪，侵寇無時，地方凶荒，兵馬疲憊，錢糧缺乏，軍民窘迫，乞敕户、兵二部從長計議，將節年各省拖欠宣大二鎮主兵糧銀布花，或嚴限速爲解運，或請發内帑補給，并將撫按奏請賑卹，與臣等會計三十三年應用防秋錢糧，均乞早賜議覆，給發來邊，補給拖欠月糧布花，賑卹貧困，召買糧料草束，以備應用。其騎征馬匹缺乏草束，固知邊方多事，國用不足。臣濫叨兼理，亦當節縮，原請官給伍束，不敢望賜。惟於防秋草內自十一、二月至次年正、二月缺草之時，每月借支十束，俟防秋草茂之時，照數扣補。或有按伏守城，百里内外，例不該支，不得如數扣補。查於所欠之人月糧銀内計筭扣還，務足原借之數，一則可濟目前缺乏，一則用救馬匹餓損。財不妄費，而有濟急之實；軍無逼迫，當興感激之報。公私兩便，利實大焉。併將陜西入衛兵馬，不必拘以限期，調發前來宣大地方駐劄防禦，遇賊侵寇，聽臣調度，遏截拒戰。如此，庶兵糧充足，馬匹存省，而緩急有所倚賴；先事預圖，早計防剿，而臨敵不致倉皇。地方幸甚，官軍幸甚，臣亦不勝幸甚。

謹題請旨。

虜賊侵寇查参誤事官員疏

據山西布按二司朔州兵備道副使楊順、守巡冀北道参議王朝相、僉事張鎬呈問得，犯人孫宜招云，等因，備招具呈到臣。案查，先爲虜賊侵寇官兵追敵出境損傷將領事，已將前賊出入及官軍追戰損傷將領等項緣由具題，并行各道查勘。續爲虜賊侵犯查参誤事官員事，據雁門兵備等道呈，將查勘過山西地方獲功誤事緣由，呈報前來，又經具題。去後，今據前因，除孫宜等先行發落外，参照征西前將軍鎮守大同地方總兵官中軍都督府都督同知吴瑛責任重於元戎，統領兼乎全鎮，坐弛邊備，縱羣醜分道長驅；遠避賊鋒，致士女駢頭受戮，邊人至今遺恨，革任寧盡其辜。分守大同中路地方右参將署都指揮僉事仝江年既衰遲，性兼怯懦，承調而在途延住，故違趨利之機宜；遇敵而伏堡深藏，忍作逗遛之故態。協守大同副總（官）［兵］都指揮僉事張淶、大同遊繫將軍都指揮僉事張勳統領偏師，宜知紀律，徒挫鋒前之鋭，全無斬獲之功。全江營千總大同右衛都指揮僉事馬愷既承領軍而謀乏贊助，甘同主將逗遛。馮恩營千總朔州衛指揮僉事姚繼及本營中軍平虜衛前所實授百户張彌，李桂營千總大同前衛指揮僉事鄭勳，大同右衛指揮僉事林椿，平虜衛指揮僉事張勳，張涞營千總大同後衛指揮僉事劉君寵，張勳營千總大同右衛指揮使劉光祚，各司局伍而督戰不力，士馬多被損傷。守備迎恩堡大同前衛指揮同知史唐，守備平虜城大同右衛指揮同知劉卿，守備井坪城天城衛指揮僉事温栗，守備朔州城平虜衛指揮僉事張國卿，操守敗胡堡大同前衛前所正千户李天爵，本堡擺墻把總平虜衛右所實授百户周江，共寄專城，而設備欠周，寇虐恣其延蔓。井坪所掌印正千户程鈺，管堡正千户楊璉，朔州衛掌印正千指揮僉事王夢能，管保指揮同知杜鑰，前所掌印正千户陳京，敗胡堡坐堡平虜衛中所署副千户蔣臣，聞警而收斂不早，則人畜之趨避何以預知。平虜城提調大同右衛前所實授百户錢堂，虜入而烽火失傳，則村堡之荼毒皆其延誤。以上各官皆屬有罪。内張涞、張勳奮勇先登，重傷鋒刃，查照血戰之例，似應略其損軍。李天爵虜所由入之處，姚繼、張彌、鄭勳、林椿、張勳不同主將之危，在法俱難輕縱。但吴暵先奉欽依，革回原衛，張涞、張勳准贖，陣亡參將馮恩、遊擊李桂亦蒙恩邺贈廕，無容别議。如蒙乞敕兵部轉行巡按御史再行查勘明白，行提各該誤事人員，照依律例，從重問擬，上請發落。

謹題請旨。

陳時弊度虜情貽將來大患懇乞聖明申敕臣工務懷永圖責實效以保萬世治安疏

准巡撫山西右副都御史王咨，接管卷查，先准兵部咨，該兵科都給事中王國禎題，該本部覆議，合侯命下，將總督、鎮巡等官不必拘以文法，使得隨宜展布，各官每歲預將防秋事宜，通限三月以裏，條列具奏。又准本部咨，爲追往失責來效以預定安攘至計事，亦該兵科都給事中王國禎等題内肆形勢，該本部覆議，虜不全利不深入，挫之數年，自當悔禍。若夫力拒外邊，俾不深入，該科所議誠爲上策。然先議其所以足食足兵之方，兵食足而後士卒附，士卒附而後戰守可圖。合行總督、鎮巡等官圖上方略。等因。各題奉欽依，備咨前來。又節准總督軍務兵部尚書蘇咨，同前因備咨，煩會同總兵官督同各道并諸將領將防秋事宜，并遇賊侵犯，拒禦戰守收保等項方略，多方計議，明確咨報，以憑參酌，會題施行。准此。

爲照山西疆里大勢，以大同爲藩籬，以三關爲門户，以内省爲堂室。先年大同有守，則内地恃以無恐，蓋藩籬固而門户自嚴，堂室自安也。頃年以來，大同守疏，雖三關亦大邊耳。如去年三犯山西，俱從大同而入。而三關兵馬，雖經遵奉守邊不如守墩，守墩不如守堡之議，將官兵分列三四大營，屯於緊急受敵去處，團結操練，彼此應援。每日輪遣遊騎二三百名往來巡邏，似爲得策。但三關延袤八百餘里，大蹊小徑，皆爲要衝。而山西崎仄，急難合濟，遂致黠虜乘間竊入。是時將士亦非不欲大衄彼也，無奈虜勢强盛，動稱十數萬騎，而我兵可戰者僅三萬人，厥有俘馘，無乃幸耳。職嘗思之，古者蓄兵教以數歲，必使可赴水火，然後可與言戰。近來將士數易，既疏訓練，亦鮮恩信。所謂朝秉旄而暮傳警，誠驅市人而戰之也。況於彼衆我寡，兵力且十此者乎。必欲戰以取勝，勝以示威，恐非計之得者。故《易》稱王公設險，重門待暴。蓋言守也。職嘗行委兵備、守巡副使等官趙大綱等，督同守備有司大小官二十二員，各赴原分邊界，隨地相度，丈計工程。職亦徧歷諸隘，循墻覈視，所至商確，面爲可否。大率依山爲城，因溝作塹，敵臺星羅，雉堞鱗次，前人已一一爲之所矣。顧歲久人遷，兵更守懈，有爲久雨所淋塌者，有爲積潦所沉倒者，有爲暴溜所衝决者，有爲飛沙所淤塞者，亦有意見不同而藩籬尚疏，工夫未到而版築可隱。於是應增高者增高，應挑濬者挑濬，應建置者建置，應修葺者修葺。人力責之額編，修守民壯工食出於原編，應得銀兩兼用本處軍人，秋毫勿民擾也。候另具題外，職又案行各該兵備將領議，凡通賊要路，務各因地置守，度險易以定多寡之數，責提轄以識分合之宜，愼聯絡以急首尾之應，時番代以節勞逸之情。

又惟火器乃中國長技，而虜人之所畏者。特此即將各衛所局庫貯有堪用各種火器及搜括應該改造廢器，允與堪動官錢添造神火飛鎗二萬杆，雙火飛槍一萬杆，鐵邊箭二百萬枝，分發各該將領，嚴督軍士分類教演，日事考較，定擬勸懲。兵備、守巡更迭閲視，不務虚文，必臻實用。及通行各該守巡、兵備等道嚴督所屬府衛州縣掌印等官，脩飭境内堡寨，選立鄉保，整捌器火，務使處處有備，在在皆兵。又經申明令甲，傳示各營，時常預遣間諜，遠出境外，甞賊動静，來則併力遏拒，犯則相勢敵殺。萬一大舉入寇，急難攖其鋭鋒，一面嚴明烽堠，收斂人畜，堅壁清野，使之必無所掠；一面料賊向往，據險守要多方，以誤其前進，張疑以制其妄動，設伏以待其分搶，邀擊以瞯其惰歸，或乖其所必之，或伺其所不備，一見其隙，而巧以乘之，鮮有不得志者矣。是蓋以逸待勞，以主待客，合於利則動，不合於利即止，即不得虜，内地無患矣。職又節該行准鎮守總兵官韓承慶及據布按二司糧儲兵備、守巡等道右布政使等官蘇志皐等，參遊、守備等官施霖等，各將計處過防秋事宜，各行移申呈到職，參集衆論，審酌時宜，列爲六事。除具題外，合咨查照施行。等因。備咨到臣。

看得，本官咨内一曰卹非常之災，以作士鋭。乞請發帑銀六萬兩，運送三關管糧衙門，添給軍士月糧。二曰停不急之征，以足兵食。乞將布政司庫貯聽補往年各項銀兩，除該緊急解京不動外，其餘儘數借作三關折色。今年主兵支用俱足食之道，已該本官具題，乞勑户部詳議，無容别議。其三曰更無用之卒，以足邊戍。内稱參遊等官施霖等呈稱，所部軍人多有老弱不堪，與事故等項名缺。查得，山西土著之兵民壯，既不諳弓馬，軍伍又率多老弱，雖有總參遊守數枝，度其可征戰者甚少，而其事故等項乃有一萬一千七百餘名。至於外募流民，緩則蟻聚而食，急則烏散而去耳。切謂欲益邊操，不必召募，只須選補。蓋三關邊戍，非必父老而子替也。要皆老户祖軍一有逃亡，合户皆可補役。人至合户，豈無一二壯丁。今每以户族弃人，不問老弱，期於補伍了事。以是各營軍士不堪之數甚多，徒滋冗食，無益於用。又有一等食糧健兒串通官吏，假借勢豪，充納月錢，躲避邊苦。但有查及怨謗風蜚，機巧蜮動，必脱乃已。夫介冑之士，本爲捍禦而設。今乃不能躡足行伍，而顧隸身私門，少者數人，多者逾十，又何惑乎。邊伍久於空虚，姑以老弱備數。除將民壯已經行令有司簡選施行外，合無將三關總參、遊守所部邊軍，聽職行令各該兵備、守巡等官，公同將領挑選，可用好漢，照舊存留，其汰去光弱不堪并事故等項名缺，就將振武等沿邊各衛所吊取實在食糧真册，著落衛所掌印官員查拘，先令造册積年主文識字，不分見役退役，名名到官，務將册内食糧軍人逐名挨實正身，一面將挑出城操精壯，撥補汰過老弱不堪名伍；一面將前項影射健兒盡數另立一營，專官統領，立法稽查，務防弊脱，與同邊操軍人一體訓齊，聽候調用。庶使勞逸適均，邊疆充實，兵不再募，而自無不足也。四曰申勿貳之令，以壹將志。查得，往年鎮守總兵官隨宜駐劄，到處提調，其老營堡遊擊統領本兵於平刑關，北樓口遊擊統領本兵於陽方口各駐劄，兵形涣散，不便麾馳。是於扼塞之會未周，而首尾之勢猶泥。况一遇有警，又顧而之他。如上年老營遊擊先期調赴良鄉，本鎮反不得用，即總兵一技爲孤懸耳。今議鎮守總兵官韓承慶正兵營馬步官軍選鋒家丁共三千八百四員名，於適中陽方堡駐劄，以便調度。老營遊擊翟瀚營馬步官軍二千九百三十五員名，北樓口遊擊高尚古營馬步官軍二千四百六十四員名，各於本堡東西駐劄，以便應援。無事則整兵秣馬，操練武藝，有警則一擊二至，相爲掎角，左右夾攻，勢甚順利。倘賊聲東擊西，或由隣境突犯三關地方，又當料賊多寡，小則總兵官督率正兵，與該地方參守有馬官軍相機追剿。守口官軍遇到夾攻，大則一面掣調各路參遊守備，有馬官軍同心併力，聲勢相倚，首尾相應，拒墻以守。不可貪功啓釁，倚險以戰，不可輕敵寡謀。至於相機應變，又在臨時，難以預定也。再照總兵一官，所以綱維將領，便宜調度，統攝全鎮之兵者也。故職任特重而威權獨尊，奉有旗牌，得專生殺，且三關防秋兵馬一向止是畫地分守，遇警全在正遊各兵往來策應。今遊兵二枝又係聞警應援之數，止靠正兵一枝，以爲一方之保障耳。况當殘挫之餘，人心驚疑之際，若非先期料理，務令充實，何以慰安地方。查得，兵部明文，如遇賊犯内地，一聞警報，不拘宣大三關各路人馬，即便統領精鋭，星馳入援，隨賊截殺，不必候本部明文。三十二年，又奉本部明文，醜虜侵犯近京一帶地方，聲勢重大，在東關則宣府、遼東，在西關則山西、大同，各鎮除正援二兵分有信地外，其奇遊兵馬俱不必候明文，總督等官即便督調，盡數星馳入援。除遵行外，切詳部文，止云正援分有信地，則本兵計慮已周，亦嘗及此。但未明開總兵官不必入援字樣，本官自不敢不去，以致地方空虚，人心震恐。合無奏請，將本鎮老營堡、北樓口遊擊兵馬，除入援紫荆外，勿在先期别調，以孤本鎮兵威。必本鎮無事，鄰境有急，方行相機應援。其總兵官應否入援，明白開示，以表進止。庶責任專一，事體詳明，彼此不惟諉矣。五曰聯必合之勢，以約事情。查得，往年防秋，本鎮四營參將分區而守，各將本部官兵散駐各堡，名曰按伏。及至大虜卒至，收則不及，出則不敢，坐致失事。其各城守備駐劄，雖有信地，但馬匹不足，營伍未練，止是督率本管列邊官軍，兼事修守而已，未見有并力合謀，以正待敵，以奇取勝而戰者也。況軍壯列墻擺守，敵衆我分，無所不寡。及聞警遇戰，又無奇正相生之術，以此黠虜乘便取利。今議併力專守，止量隘口衝次，以定軍壯多寡分佈。西路偏頭關參將王懷邦統領本營馬步官軍，於水泉營堡駐劄提調。偏頭關守備張文領所部兵馬，駐劄適中草垛山舊堡。老營堡守備林爵，禦冬把總指揮俞龍、千户馮恩各鎮所部兵馬駐劄適中新築白楊嶺堡，各照信地分管外邊，西自偏頭關老牛灣黄河東岸起，東至丫角山墩止，邊長一百四里；内邊，北自丫角山墩起，南至八角堡野猪溝止，邊長九十里，共長一百九十四里，防守馬步官軍、民壯共六千五百員名。岢嵐參將張四維統領本營馬步官軍，於莜麥川暗門駐劄提調，八角堡守備劉應麟領所部兵馬駐劄衝要野猪溝新堡，利民堡守備許經領所部兵馬駐劄本堡，神池堡守備申紹祖領所部兵馬駐劄適中圪垞墭舊堡，寧武關守備曰清領所部兵馬駐劄適中橐蓮臺堡，各照信地分管内邊，北自野猪溝起，南至寧武關王野梁止，共邊長一百三十里，防守馬步官軍共四千九百六十員名。東路參將施霖統領本營馬步官軍，於廣武城駐劄提調；廣武城守備魏賓領所部兵馬駐劄新策盤、道梁堡協守；把總指揮施相駐劄白草溝口舊廣武城，各照信地分管内邊，西自王野梁東界起，東至胡峪口東界東津峪止，邊長一百八十三里七分，防守馬步官軍、民壯共五千六百員名。太原參將朱玉統領本營馬步官軍，上年擬駐八角野猪溝堡，而平刑一帶遂疎。先據雁門兵備道開呈，本道巡歷至長柴嶺，見得本嶺雖屬大同之地，渾源州之民，而實山西平刑嶺、太安嶺、團城子一帶之門户，若賊一犯長柴嶺迤西，則入黄土坡，而胡盧頭、長峪、柴木嶺等處攖其鋒，迤東則入磁窯口，而太安嶺、團城子一帶罹其害，前人於兹築墻，深爲有見。近年棄而不守，殊爲失計。且墻之内，有山西新築土堡一座，又有大同原築土堡一座，兼有房屋。二堡相去甚近，太原營人馬往年防秋，原駐此嶺，今應查復舊規。太原參將於長柴嶺新舊二堡駐劄提調，平刑關守備王世臣領所部兵馬駐劄太安嶺協守，把總指揮李斌駐劄大石口新堡，各照信地分管内邊，西自馬蘭口西界東津峪起，東至平刑關盡境石窯菴止，邊長二百七十八里五分，防守馬步官軍民壯共五千二百員名。各城守備各與補足馬三百匹，選給勇健軍士，責令統率，各駐擬定信地，將撥定守口軍壯數内每隊分一半爲正兵，一半爲奇兵，在平居止令各兵在堡存駐，一同操修，蓄威養鋭，有事一同臨口，協謀拒敵。每十日，各守備官率領各兵赴邊，教以正守奇應之法，及督率馬軍捷發救援，一如禦敵之狀。久則自熟，臨期不亂。仍每十人内，每日輪一名，分番在墻守瞭，以節勞逸。如探有虜犯消息，盡發各軍據墻拒守，兵備、守巡不時查考，務俾伸縮之機不戾，而往來之應如響。各參將無事則撫恤士卒，餧養馬匹，整搠器甲，操練戰法，教習火器，及提調各分管守備官責令各官兵兼事修守，每月朔望，巡視振揚，有警則飛馳赴援，督率截殺。如賊犯寧武陽方隘口，本口駐守正奇兵既各乘墻應敵，臨口奇兵亦急來應之。守備官在橐蓮臺聞警，又急以馬軍馳來應之；本管參將在莜麥川聞警，亦急來應之；正兵、遊兵聞警，俱急來應之，逐節增重，氣勢自倍，堵截勦殺，無所不可。又如賊攻陽方隘口不破，復攻犯大水口，則各正奇守參等兵俱各如前救應。如隣口兵力不支告急，亦即遣奇兵往援，共張聲勢。其守口正兵不許輕動，致賊乘虚。如此，則我兵分而能合，近可致遠，以守以戰，無往非可恃之實矣。六曰收不戰之功，以屈虜計。先命總參、遊守將官平時料敵極要分明，制勝諸籌亦須素定。如賊入某口，必搶某處，先該按伏，某處村莊必由某路，先該扼守，某處險要，按伏者必伺零散，因以圖之，扼守者必據隘阻，使易爲力。各營仍預選乖巧夜不收各三五十名，每五名爲一朋，每朋給大小銃砲數箇并藥，各色輕旗數十杆，專一隨營，以備調遣，先賊所往，張疑之用。諸所陰埋詭伏，虚聲僞形，足以落魄奪氣者，一一教令精熟。萬一賊入内地，聲勢重大，各將官一面分兵埋伏必搶村莊，扼守必由道路，一面聯集各營兵丁會於一處，與賊相望結營，或隨賊向往，或出賊左右，賊行則行，賊止則止，多設拒馬神鎗、飛火邊箭毒砲并嚴陣固守之具，使賊欲戰不能，欲攻不□，以牽制其有所不敢，仍各處多張疑幟，遠設僞形。如彼山此嶺，重關疊隘，隱隱皆兵之狀，夜則或重募死士，以砍其營，或亂放飛砲，以擾其止。如火牛、火車、火箭、鈴鴿之類，務使虜數夜驚，自不敢久，思遁。待其回營之時，氣衰力惰，多方埋伏，伺其可擊，因以擊之，是亦可以得利也。行間，又准巡撫宣府右僉都御史劉咨，會同鎮守總兵官署都督同知劉大章議照，連年胡虜猖獗，窺伺近關，垂涎内地，邊臣殫力經畫，未有息肩之期者。蓋强弱之勢不同，而攻守之情各異故也。

竊謂方今制禦之策，求以紓九重北顧之懷，壯内地藩籬之勢，不過兵、食、戰、守四者而已。查得，本鎮食糧官軍總計八萬有餘，隨營征操，自奇兵而下，三遊擊五路援兵，俱不敷三千之數。近雖節行沙汰選補，但將領樂於因循，軍士習於驕惰，督責雖嚴，迄無實效。合嚴行各該領兵官，將本營人馬親自揀選，老弱者盡數沙汰，着落原籍衛所，先儘占役，裁革不敷之數，仍於守城及餘丁内選補，務求精壯，以足原額。其旗牌管隊員役不堪者，亦行革退，招選各官員下才勇應襲舍人替補，候有軍功，一體陞賞。仍嚴行加意撫恤，置備鋒利器械及機巧火器，如法訓練，期於營額充實，以皆可用。至於兵馬調集，糧餉爲先。若非先事預圖，未免臨期告乏。查得，嘉靖三十三年防秋兵馬應用本折錢糧，以三十二年用過爲準，除倉塲見在并節次預發銀兩、鹽引及三十二年未完鹽引外，仍該添買銀兩，已經會本請討。去後，除預發并鹽引銀一十八萬三千五百三十五兩八錢，改撥京運米價銀六萬七千六百八十一兩八錢，今止發銀一萬八千二百六十三兩三錢，其陝西客兵二枝并本鎮入衛官軍，部議未經調集，合用糧草銀共二十九萬一千四百五十一兩六錢，尚未給發。但今地方荒歉，糧草騰貴，大異往年。節據商富告稱，無從糴買，催併雖嚴，率多違限。兹三月將終，各枝調遣肆集，供費尤爲加倍。臨期召買，難以卒辦。萬一致誤軍機，咎將誰諉。合無將前未發銀兩，早爲議發前來，分投召買，以備前項兵馬支用，則兵食充足，而後戰守可圖也。及查本鎮西北路一帶邊墻，歷年坍塌，該兵部建議，咨行前巡撫都御史劉查勘修理，圖惟一勞永逸之計。奈工程浩大，事變靡常，一二載間，合全鎮之利，從事畚鍤，致將各該城堡墩臺不遑修理。兼以去秋霪雨浸淋，半多傾圮。春初，方欲嚴併興工間，又據各地方官軍告稱，饑饉逃竄，嗷嗷待哺，荷蒙朝廷軫念，給發銀米，率口賑貸支頤，束腹之衆，稍望更生，而道殣頻仍，流移未復，若再驅之，數役竝舉，不惟心所不忍，抑恐勢有不能。合無准令前項邊墻暫停，工役已完者先行覈實未動錢糧，委官查筭明白，截收貯庫；未完者不許動支官銀，亦不必求合原議丈尺，責令參將、守備等官備查，大壞者督率本路軍夫逐時帶修，各該城堡軍役免其調集，差委心計官員分投各城堡墩臺查勘。不堪者，就令本處軍夫趂時修飭，務要堅深高厚，足保無虞。中間工夫費巨者，量用犒賞口糧、鹽菜之類。

各官具呈隨宜措處。及行守巡該道分投點查，因其勤惰遲速，量行賞罰激勸。仍除姦革弊，覈實程功，以期效驗。若夫追奔逐北，事未可以預圖，而救急補偏，謀莫先於防守。本鎮逼近虜巢，處處受患，築垣之議，亦先該守臣不得已，而欲爲萬全之慮也。但邊長兵寡，力分勢弱，無處不守，則無處不虛，以致往往折墻而入，一區有事，大勢俱隳。故議者審度利害，有謂守墻不如守墩，守墩當併守堡之説，誠有見也。爲今日計，莫如仍遵前議，宜於防秋前期，預將副參、遊擊統領各枝人馬分屯要害，其餘無馬步軍定撥衝要城堡，相兼屯壯餘丁，併力固守，一面嚴令各官多選伶利敢勇之人，示以嚴法，懸以厚賞，分番差遣，遠爲瓜哨，務得虜情，星飛傳報，仍嚴明烽堠，申飭號令，如有大舉消息，内地先知，收斂人畜，堅壁清野，各該將官即令查照原議，地方相機戰守，互相策應，期於挫虜成功。其守備官軍亦要省諭剿殺，零賊各不許觀望推諉，貪利惰計，致誤事機，違者參治重罪。夫虜之來也，我惟據險分守，以逸待勞，使入無所掠，勢自難久。復從而擊其惰歸，縱不能遏其必入，而地方免於殘蹂，關輔不至震驚，斯亦兵家之長筭也。所可慮者，本鎮地據要衝，視各鎮爲最重，而責兼捍衛，處時勢爲尤難。蓋懷來南山一帶，若火石嶺、幇水峪等處，接壤關南大小紅門、柳溝、張家口、四海冶、南横嶺，又京師後背邇，雖臣工建議列戍增防，而各處樵蘇來往，處處成路，本鎮兵馬除步軍守城外，馬軍數不滿萬，分給撥發，尚不足用，而議者不度地形，動謂軍府無事，則畿甸宴然。殊不知賊情狡猾，聲東擊西，分道併出，莫可測度。乃使宣府一隅之兵，仰面而守，顧此支彼，其勢自難合行。各鎮同心共濟，并力聲援，如果虜犯本鎮，其極力堵遏，不使南下者，責不敢諉。如此，廣昌一路，保定兵馬當憑險據守，務使不得入關，或由滴水崖、雲州突至隆永、懷來，犯白羊一帶隘口，或犯横嶺，窺黄花鎮等處，則薊鎮當悉心防禦，務使醜虜腹背受敵。如此，庶幾兵食不至缺乏，外足以蘇息，罷軍戰守，合乎時宜，内足以鞏固畿輔，其於安攘，不無小補矣。准此，又准巡撫大同右僉都御史侯咨，會同鎮守大同總兵官署都督僉事岳懋議照，我國家開閫置將，築邊屯兵，殫天下財力，以供邊儲，計在屏蔽天下，非特爲邊堡計也。故禦戎之策，守邊爲上，守堡次之，調兵截殺策之下也。去後，議添空心敵臺三百座，各當沿邊衝口鳩工辦料。至防秋時興工，爲阻虜患，僅完五分之一。今春召置直隸、山西匠役，及時早修，期屆完報。凡當衝口之處，增添戍卒火器，設法稽查，分班巡瞭，悉照上年舊規，令官軍人人知法，易於遵守。計沿邊磚臺三百座，每臺十五人，土臺一千壹百座，每臺七八人。蓋因衝緩而爲疏密也。共用步軍三萬人，分爲二班，每班一萬五千，分地哨探，夜不收即在其中，舊額長哨八千五百七十餘名，今止存二千二百餘名，督撫、總副、參遊、守操聽用夜不收各有定數，各路内外墩境各有定哨。如失警報，則罪坐本軍，沿邊内外衝口及走集之處預伏大砲，擊其不測。其入犯内關經行之路，如磁窯口、長柴嶺、銀釵嶺、鎗頭嶺、野利嶺、亂嶺關，皆建立空心敵臺，以遏其衝，斬崖削谷，以絕其徑。處處多伏火器大砲，俾不敢睥睨内地。本鎮正兵營總兵岳懋、奇兵營副總兵馮登、遊兵營定擬遊擊任漢三枝同住鎖城，五路援兵分駐各路，無故則操演兵馬，蓄鋭待戰；有驚則統領軍馬，相機成功。職所教兵車營、架砲營欲以步軍火器取勝，賊犯則二營併出，稍阻山河，則騾馱架砲，追而擊之，或破其鋒，或邀其歸，或搗其營，不患不勝，患虜望風奔潰耳。待虜棄死扶傷，惶懼敗北，諸營兵馬乃可馳逐也。大約一歲防秋，關支糧料不過百日，草不過五十日，可支則支，不拘拘於秋可也。本鎮併去遊擊周廷輔、王良臣、胡朝聽候別用，三營兵馬皆可補完舊數，正奇遊援之營正奇遊兵悉用馬軍，援兵則馬步兼用，隨征之馬雖減，而伏堡之兵則增矣。守臺、伏堡各不乏人，虜可無入，入亦無大失也。守巡兩道照舊分管鎮城東西，稽查邊備，催辦錢糧，庶責成各專，而緩急有賴矣。准此，又據鎮守山西總兵官韓承慶、宣府總兵官劉大章、大同總兵官岳懋呈大略相同。等因。各咨呈到臣。

案查，先准兵部咨前事，已經節行各鎮查議去後，今該前因，切惟九邊皆屬重鎮，而宣大、山西尤重者。蓋切近關輔，逼臨虜巢，外捍内衛，故該科建議本兵覆題，無非欲慎重秋防，悉力拒禦，使不得踰三鎮以窺諸關而擾内地，用免震驚畿輔。此實愚臣犬馬之素願也。但三鎮疆界頗長，衝口數多，加以醜類繁多，每逞桀黠，東出西没，寇擾無常，故先年有修築大墻之議。時至防秋，分地擺守，列營防戍，用保萬全。殊不慮垣長兵寡，豈能盡守？山谿溝澗，豈無空隙？師久暴露，能無懈弛？是數者有一焉，則乘隙侵寇者，所未免也。況驕虜聯營疊帳，易於糾合，我兵多布分屯，難於趨應。夫易合則衆而强，難趨則孤而弱。虜馬載馳，我墻多潰，外邊既不能拒堵其不入，而内堡又復無兵以抗敵，連年失事，職此之由。故臣愚計，謂守墻不如守墩，守墩當併守堡。去歲，醜虜大舉深入，然到處皆兵，竟未得志而去。今各鎮所議防秋事宜，雖各有所見，然大要不過因時致宜，足兵足食，然後與守與戰。山西又因部議，如賊犯内地，一聞警報，不拘宣大三關，各路人馬即便統領精鋭，星馳入援，隨賊截殺，不必候本部明文。又云醜虜侵犯近京一帶地方，聲勢重大，在東關則宣府、遼東，在西關則山西、大同，各鎮除正援二兵分有信地外，其奇遊兵馬俱不必候明文，總督等官即便督調，盡數星馳入援。該鎮以爲止云正援分有信地，但未明言總兵官不必入援字樣，本官自不敢不去，恐致地方空虚，人心震恐。又稱上年老營遊擊先期調赴良鄉，本鎮反不得用，即總兵一支爲孤懸耳。欲將老營北樓遊擊兵馬，除入援紫荊外，勿再别調，以孤本鎮兵威。必本鎮無事，隣境有急，方行相機應援。宣府因連年胡虜窺伺近關，垂涎内地，賊情狡猾，聲東擊西，分道併侵，莫可測度。乃使宣府一隅之兵，仰面而守，顧此支彼，或勢自難。欲行各鎮同心共濟，併力聲援。夫東西關如居庸、紫荊皆切近畿甸重地，賊從宣大邊方深入直犯，紫荊三鎮兵馬自當拒堵捍禦。往歲賊寇紫荊，已甞驗之矣。若從宣府突犯居庸，宣大兵馬亦能拒敵，但止可戰守於外，若關内無兵，恐難免乘虚衝突之患。如去歲寧靜菴使無陜西兵馬拒堵於前，三鎮兵馬襲敵於後，寧能禁其不深入者乎？兹宣府所議，如賊犯廣昌一路，保定兵馬當憑險據守，使不得入關；若由滴水崖、雲州突至隆永、懷來，犯白羊一帶隘口，或犯横嶺，窺黄花鎮等處，則薊鎮當悉心防禦，使醜虜腹背受敵，此亦併氣集力，共拯焚溺之計，不爲無見。至於京師又根本重地，一聞警報，孰敢不急趨而速赴應援者乎？但道途有遠近，兵將有存發，如本兵所云正援二兵分有信地，自不當調發。查得，援兵係各路參將之兵，而參將責任一路，不發可也。正兵乃總兵之兵。總兵，主帥也，全鎮兵馬號令指揮，悉聽調度，未見明言，應否入援。又云奇遊兵馬俱不必候明文，總督等官即便督調，盡數星馳入援。若賊從宣大邊方入犯，則宣府兵馬可預調於近京保安、懷來，大同兵馬可預調於懷安、天城，朝聞夕發，可應期而至。如山西兵馬遠在一方，雁門迤北皆屬别鎮，必欲預調聽援，既無可止之地，又無供億之所，實在難處。且虜賊譎詐，姦謀叵測，備東犯西，備西寇東，乃其故態。倘竊知我先期預備，陽於邊外趂逐水草，東馳西鶩，以老我師，或乘其所之攻我必救，陰從東鎮突入，比及傳報真知，未免愆期，而山西兵馬愈難調發，此皆牽制之患，用兵之難者也。若非預先請明，臨期似難進止。大同議修空心敵臺，與舊有土臺，定撥軍兵，分班輪守磚臺三百座，每臺十五人，土臺一千一百座，每臺七八人，蓋以衝緩而爲疏密也。又於内外衝口及走集去處預伏大砲，擊其不測。入犯内關經行之路，如磁窯口、長柴嶺等處，皆建立空心敵臺，以遏其衝，斬崖削谷，以絕其徑，多伏火器大砲，俾不敢睥睨内地，亦策之得者。但空心敵臺僅完五分之一，今春召置匠役修飭，尚未告完，相應催行償工完報。宣府又稱西北路一帶邊墻歷年坍塌，本兵建議修理，圖惟一勞永逸之計。奈工程浩大，事變靡常，一二載間，合全鎮之力，從事畚鍤，致將各城堡墩臺不遑修理，兼以去秋霪雨，半多傾圮。春初方欲興工，官軍告稱饑饉逃竄。若再驅之，數役竝舉，恐勢有不能。欲暫停工役，已完者先行覆實，未動錢糧，委官查筭，截收貯庫，未完者不許動支官銀，亦不必求合原議丈尺，責令參守官備查。大壞者，督率本路軍夫，逐時帶修。各該城堡軍餘免其調集，差委心計官員分投各城堡墩臺查勘，不堪者就令本處軍夫趂時修飭，務要堅深高厚，足保無虞。中間工夫費巨者，量用犒賞口糧、鹽菜之類，各官具呈，隨宜措給。守巡該道分投點查，除姦革弊，覈實程功，無乃因時制宜，邊工不至全廢，軍餘得少蘇息，撫摩存恤，意兼有之，似應俯從原奏，發錢糧合查，照原行行巡按御史查覈，未動者截收貯庫。其三鎮防秋應布兵馬選撥，沙汰官兵，增修火器戰具，補葺邊墻墩臺，教演敵戰等項，似皆詳悉。臣愚又謂用兵之要，在乎審勢度機，知强弱，識衆寡，知彼己，多籌筭而已。矧各鎮士卒連歲擺邊修守，勞憊已極，荒歉相仍，貧困益甚，追剿日繼，馬匹損傷，見在者因歉缺飼，又多瘦弱，驅之戰陣，非不能期收全勝，而或反致誤事。故臣每議守墩守堡，無非少蘇軍力，俟機而動，賊若止於沿邊寇擾，我則謹間諜，明烽堠，急收保，使野無所掠，而彼自困。困則思遁，伺其惰歸，伏兵肆出，相機勦殺，期使彼則失利，以挫其鋒，庶我不勞而彼自困。倘若蠢虜驕貪，仍蹈故轍，長驅徑進，遼、陝、薊、保兵馬拒戰於内，臣督三鎮官兵追敵於外，併氣集力，合勢夾攻，期使彼賊痛遭挫敗，庶覬覦關輔之機不興，而垂涎内地之念可絶矣。如蒙乞敕兵部，將各鎮應議事宜再加詳議，上請裁奪。更乞將應發、應存兵將併加斟酌遠近，定擬某官統率某兵，防禦本鎮，某官統領某兵，聞警入援，明示臣等，以便進止。併敕户部，將宣府未發客兵錢糧速議上請給發，令其早爲召買糧草，以備兵集應用。

謹題請旨。

計臣議處邊鎮錢糧與差官勘報互異未明懇乞聖慈俯念孤懸重地再賜亟行查處務昭實惠以安人心事

行據總理大同糧儲户部署郎中事主事張愉呈，行據大同前衛經歷韓待時呈，依蒙查得，大同府所屬州縣額徵户口食鹽一千二百九兩七錢五分，先年原係該府收候，專備坐給各王府房墳祭價之用。嘉靖三十二年會計之時，比因未蒙奉有明文，是以未曾收入會計數内。近於本年三月内，奉本部劄付，將前銀兩括入軍儲，坐給代府官軍、旗校等項月糧支用。遵依行令，本府自嘉靖三十二年爲始，遞年徵解銀億庫，聽候坐給前項官軍、旗校之用。山西布政司荒草銀二萬一千六百兩，先年原係徵解本鎮，專備守禦官軍支用。後嘉靖二十一年爲欽奉敕旨，議處修舉三關邊備事宜以防虜患事，該巡撫山西劉都御史因將本省防禦大同兩班官軍盡數掣回三關戍守，隨將前銀奏奉欽依，扣留本省，以供掣回班操官軍馬匹月糧料草支用，併無徵解，亦無收入會計數内。至嘉靖三十年，復將前項班軍仍發大同防禦。三十三年正月内，本部題奉欽依，行令山西布政司，將前荒草銀兩，自本年起，逓年徵解銀億庫，以充軍儲。嘉靖三十二年秋季簿内，原有支剩主兵本色米九千八百七十五石九斗五升，料豆七千七百四石七斗二升零。比時會計查得，除浥爛虧折外，實在止有米陸千二百九十四石四斗，料六千六百六十二石。後因年歲饑荒，各兵官軍缺食告討，會議預借本年十一月、十二月，每月借支本色米三斗，料四斗，將前實在數内，共借放過米五千八百三十四石，豆三千二百二十一石五斗八升。其餘見在米豆，以後月分亦放支盡絕。所以會計本内，止開實在之數，前項浥爛虧折米豆，難作實在項下。致蒙本部行查其下剩主兵草五十二萬二千三百六十七束，内除浥爛虧折草四十六萬四千五百束，止有實在草五萬七千八百六十七束，續又浥爛，不能放支。本部查有前草數目，致蒙駁查，相應行各通判，將拖欠浥爛虧折糧料草束人犯查追，中間果有正犯身故，家産盡絕，或奉詔蠲免等項勘實，另行奏請。又本鎮原徵夏秋屯糧一十一萬八千二百三十七石五斗，俱係各衛所軍餘辦納。先年豐收之時，照依舊例，斟酌地土肥瘠，每糧一石，或折銀七錢，或四錢、三錢者，共筭該銀折六萬二千五百九十八兩八錢，内多逃亡等項，遺地荒閑，尚有拖欠，不能完納，負累衛所包陪。今歲凶荒，比前尤甚，會計錢糧，定作本色，且地方屢被災傷，戎馬蹂踐，納糧人户率多操軍，以月支糧銀七錢論之，止易米二斗五六升，前項屯糧豈能完納。比時折價，斟酌時勢，以寬蘇邊士，遵行已久，人心頗安。若筭本色，比與山西腹裏民糧，每石止折徵銀一兩，尚有拖欠者。本鎮極臨邊境，地方荒歉，貧苦至甚。而納糧軍餘懇告兑扣軍士月糧，已該郎中張愉備由具呈。續奉本部劄付，將應徵屯田本色糧石姑准暫兑各軍月糧，待候來歲豐稔，地方稍寧，照例徵收本色，不許援例兑折，致損國計。除遵依通行外，今蒙扣筭本色每糧一石，乃以時估四斗計算，值銀二兩五錢，共該折銀二十九萬五千五百九十三兩七錢五分，内除前屯糧折銀六萬二千五百九十八兩八錢外，多扣原會計銀二十三萬二千九百九十四兩九錢五分。若使不行查發，極邊貧軍從何處辦，不惟速其逃亡，恐將激成禍變矣。今蒙多筭虧折等項糧三千五百八十一石五斗五升，扣銀八千九百五十三兩八錢七分五釐，料一千四十二石七斗二升，扣銀一千四百六十八兩六錢一分，是以虚數而准作實在，此銀將何補湊？又查得，嘉靖三十二年分官軍多用過閏月銀七萬七千七百九十六兩，災傷蠲免銀五千五百六十兩。以上五項共扣少銀三十二萬六千七百六十三兩零，併京運米發銀二十四萬七千七百五十一兩，俱係應補之數。若蒙扣除本折銀兩，必致短少。本鎮各城堡衛所官軍行月糧，自舊歲十月起，至本年二月止，計五個月，并布花撙折等項，共該銀二十六萬五千八十三兩五錢，至今未給，致累軍士，啼饑號寒，閭巷相聞，鬻男賣女，餓殍相望，逐日擁門告討，委難支持。

又該郎中張愉備由具呈本部，未蒙發運，合行奏討。又本鎮舊規，每遇年終，鎮巡衙門，因軍士馬匹動調疲弱，恐致倒死，會議加給草十萬束。其草價銀俱係主兵銀内處給，向未會計，止以邊儲簿内開報。後於嘉靖三十二年七月内，該郎中張愉會同巡撫衙門會計請發，不係重討，題准借支防秋草束之數。及查本鎮軍士採積秋青草二十二萬四千三百五十束，先年邊衛原無主兵草束，止是責令軍士多方採積，以備冬春喂養馬匹，嗣因兵馬不時動調，軍士無暇採積，該巡撫大同楊都御史題准前項青草，每束折銀三分，遞年於軍士該關月糧銀内扣留在庫，收入軍儲，遵行年久，人心允便。近該禮科左給事中徐綱題准，要將前草改徵本色。但今邊圉空虚，年歲凶荒，軍士困苦，日不聊生。況青草必待秋而後有，當此之時，正虜馬南牧，而軍士戮力捍禦且不暇矣。若使採積本色草束，以供馬食，其可得乎？不惟難於催徵，抑且有誤邊儲。合仍照舊例徵納折色，庶爲簡便。呈乞轉報緣由到職。案照，先奉總督軍門劄付，准户部咨前事，備仰本職即查户口食鹽、掣回荒草二項銀兩，併支剩主兵糧料草束，及借支重討浥爛虧折與屯田秋青糧草，或本或折，或應入額，逐件查明，應該奏討革除入額者，徑自呈請，應該議處查追者，著落經該人員嚴限設法，著實查追施行。仍具由呈報，奉此，已經行委本官查議。去後，今據前因，除大同府額徵户口食鹽并山西布政司掣回荒草二項銀兩，近奉欽依，已入軍儲徵解銀億庫支用，各倉支剩主兵實在米六千一百九十四石四斗，料六千六百六十二石，已經會議借放，各堡官軍月糧俱支盡絕。其浥爛虧折米三千五百八十一石五斗五升，料豆一千四十二石七斗二升，草五十二萬二千三百六十七束，備行各路管糧通判，於經該官攢商富名下，嚴限設法追陪完納間，有正犯物故，或家産盡絕，或奉詔蠲免者，結查是實，准與除豁。其山西行都司所屬衛所應徵本色屯田糧草，已奉本部劄付，姑准暫兑各軍月糧，待候來歲豐稔，地方稍寧，照例徵收本色，俱無容别議。爲照屯田每石以時估論之計筭，值銀二兩五錢，共該折銀二十九萬五千五百九十三兩七錢五分，折價止該銀六萬二千五百九十八兩八錢。今多扣原會計請討銀二十三萬二千九百九十四兩九錢五分，又多筭浥爛虧折糧三千五百八十一石五斗五升，該銀八千九百五十二兩八錢七分五釐，料一千四十二石七斗二升，該銀一千四百六十八兩六錢一分，官軍多用閏月糧七萬七千七百八十六兩，災傷蠲免銀五千五百六十兩。以上五項共該銀三十二萬六千七百六十三兩四錢三分五釐，并原未曾計加給草一十萬束，價銀五千五百兩，通共該銀三十三萬二千二百六十三兩四錢三分五釐，俱係應補之數。見今拖欠本鎮并各城堡衛所官軍行月糧數，計五箇月，并布花撙折等項，共該銀二十六萬五千八十三兩五錢，至今未給，合無俯念孤懸重鎮，將前扣留并京運未發銀兩早賜題請，運發前來，補給官軍，充濟時艱，呈乞施行。等因。備由具呈到臣。

案查，先准户部咨前事，已經劄行本官查議。去後，今據前因，切以防邊禦虜，必賴乎兵，兵馬精强，須資乎食。緣大同一鎮，挺出西北，極臨朔漠，地寒霜早，土瘠民貧，縱大有之年，尚爾缺食，况值連歲災傷，頻遭虜患，軍民疾苦，無異倒懸。今歲幸蒙皇上洪恩廣布，仁慈普施，俯從部議，給發大同鎮本色米七萬石來邊，使流移者得遂安業，垂死者復得更生。但計原運米石扣筭，每軍止給米七斗九升，已無餘矣。所據前項多扣及未發銀兩，相應請給。如蒙伏望皇上軫念孤懸重鎮，再罹虜患災傷，艱窘至極，乞敕户部從長查議，合無將前多扣并未發銀兩，早賜請發來邊，放給拖欠官軍，并以後月分行月糧銀等項應用，少救然眉之急。如此，庶官軍不致觖望，而緩急有所倚賴，地方幸甚，官軍幸甚，邊臣亦不勝幸甚矣。

謹題請旨。

敷陳末議懇乞聖明修舉實政以永保治安疏

准巡撫宣府右僉都御史劉咨，據山西布按二司守巡口北道右參議王重光、僉事朱笈會呈，節蒙前任巡撫都御史劉案驗，准兵部管前事，備行各道，照依該部議題，節奉欽依内事理，會同東北二路參將選差的當夜不收通事將李家莊等處達子用心招撫，果有歸順實意，就將撫處一應事宜及應用錢糧作何處備，會議停當，作速具呈，以憑奏請。備蒙行准先任分守東路右參將李欽手本回稱，會同委官原任參將范瑾親詣永寧邊外山墩，責令通事吴宇、長哨夜不收寧四兒等招誘虜酋燒餅、頭兒哱囉、頭兒孫、頭兒郭通事等帶同衆達子一百餘騎俱至墻下答話，諭以朝廷恩威，賞罰順逆，詳審犒賞，前虜頗有歸順之意。隨處酒食布疋等物，量行犒賞。職等議照，永寧山外零賊原係朶顏餘派，潛住於此，招撫降服，未必非真。犬羊之性，變態莫測，他日照管不周，難保無虞。又准先任分守北路左參將李賢回稱，公同東路參將李欽、原任參將范瑾赴滴水崖邊外，招到虜酋賽吉賴弟克例户、阿兒骨旦弟韓端公男、那那户、啞叭户等五十餘騎到邊。職等宣諭朝廷恩威，順逆利害，叮嚀招撫，及審問永寧邊外之賊。彼稱他是車兒營達子，我們與他不和。如若招撫，在永寧邊上招撫。本職量賞酒肉段疋訖，職同范瑾至龍門所差夜不收黄隆、通事劉永徑去虜營，調到酋首阿兒骨旦并弟韓端公、那那户、啞叭户、猛可布克、收卜賴父子七人，賽吉賴同弟克列户男脱探三人，帶領部落達子老小約八百餘騎前來塘子衝墻下。照前宣諭，你們如果順從，盟誓鑽刀，我大太師奏請討賞，以後一年二次賞賜，不許再犯邊境。各賊番説我們既巳歸順，就是一家。同你通事、夜不收、哨探大虜向往消息，如有侵犯你的地方動静，我們即報你們知道。各賊鑽刀盟誓，當備牛羊、酒食、細布，擇其等第撫賞，各行到道。中間事體尚有未盡，案行通判高淳、知州薛緯、守備田世威、張世業會同計處，續據各官呈稱，親詣龍門所永寧城會議，每年二次宴賞夷人，一次以六月十五日爲期，二次以十月二十日爲準。蓋我之於虜，其防在秋，欲彼爲我用，命亦莫及於秋。六月者，有事之始賞之，以中其慾而悦其心；十月者，解衆之際賞之，以酬其勞而起其後。庶事體天時，而恩亦當矣。如定其地，龍門所撫，待擇於塘子衝；永寧撫，待擇於蔡官人嶺；二處地勢平漫，可便關防，南山高聳，可便瞭望。凡撫勞之期，先傳各邊，嚴加防瞭，以杜窺竊。撫賞之處既定，宣諭與各大頭目，禁約各部下，每年二次大賞，及有功勞者，賞不拘時。此外再不許零賊竊偷到邊，騷擾墩軍，求討米布等物。如違奏請，罷賞舉兵問罪。如大頭目果能禁約夥内一年不來擾害者，臨賞之時另加花綵大段一疋，以酬鈐束之義。

其永寧邊外達賊審據夜不牧寧四兒、葉名，通事董福等説稱，前賊雖不屬花當都督管束，亦聽他調用。其頭目郭通事、孫頭兒、燒餅、頭目哮囉、頭目白通事、馬通事、王通事七名大約精兵有一百八九十名、老幼婦女有二百餘名口，住牧地名紅石灣、許家衝等處。其紅花頭目劉通事、土車押子、頭目擺腰、頭目阿藍、頭兒滿川、頭目大同、頭目俱係李家莊後夥賊，間來永寧求討。可行令北路參將，令郭景等將穩克與紅花通事唤來，宣諭李家莊與永寧俱係朝廷地方，今爾既歸順受賞，爾可傳示夥内再不許過永寧求討酒肉。若是不聽，我便勦殺爾，不許回護。若是聽説，照常賞賫。如此，庶杜零擾而事體歸一。其用撫賞之物，李家莊大酋長阿兒骨旦、賽吉賴、穩克每名色段一疋，潞紬一疋，布四疋；大頭目克列户等一十二名每名色段一疋，布二疋；小頭目阿不害等四十名，每名潞紬一疋，布二疋；精兵六百七十餘名，每名布二疋；老幼婦女八百餘名口，每名布一疋。虜住分三哨，每哨牛四隻，羊十隻，燒酒一簍，粟米一石，以上共用銀三百九十三兩二錢二分，二次共該銀七百八十六兩四錢四分。其東路永寧夷人郭通事等七名，每名色段一疋，布四疋；精兵一百八十餘名，每名布二疋；老幼婦女約二百名口，每名口布一疋，共牛四隻，羊十隻，粟米二石，燒酒二簍，以上共用銀一百五兩一錢六分，二次該銀二百一十兩三錢二分。二邊通共用銀九百九十六兩七錢六分，相應奏請給發官銀買辦。其餘不及之數，可於該路參守衛所等官，將自理詞訟紙贖銀兩，責令以城堡大小定擬等第湊補，處備紬布粟米多寡，以備額外求索之費。前項銀兩并用過貨物，仍置循環倒换，以備查考。仍嚴行參守等官不得指此冒破尅扣科斂，違者依律參治。至於防禦之計，要以先得虜情爲急。如前虜果能爲我哨探，覘有的確消息，使我有備，俾賊無所入，縱入無所掠，果謂有功，則宜厚賞，賞以段一疋，布四疋，羊一隻，酒一瓶。使之有所觀望，互相歆慕警訝，將謂哨探的實者，其酬待如此，若能斬殺首級者，其賞必厚，是乃當一動百之術。若賞輕，必不能動其貪，滿其慾，豈肯爲我所用哉。如哨探不得，亦可量賞布半疋，酒一瓶，肉一塊，以安其意。仍諭彼通知每哨不過二三人，如出此數，俱不准賞，庶虜情可得而賞不虛費矣。

若夫犬羊之性，變詐不常，以質爲信，事非不可。但前項虜人所以依聽於我者，不過貪我之利與畏大虜之迫脅耳。我之所以撫彼者，亦因彼之所欲所畏而羈縻之耳。如果傾心拱順，不質而自固，否則雖質而無益，反生戎心，况沿邊求索與先事傳報，其在往時，彼與墩軍亦嘗相通，所謂因其勢而導之，其機在我。彼後少有依違，即與謝絕，彼犬羊嗜利，固肯捨其所欲耶？一或大虜犯順，彼能爲我用命，併力堵截，立有功績，是以夷攻夷，中國之福，則當破格重賞，如大花五彩花段及動夷眼目段紬金頂大帽、牛羊酒米之類，臨時計度，量功賞勞，約所費銀僅足五十兩，使虜傍覩垂涎，自相吞併。如前夷勝，則讐在大虜，而利在中國；大虜勝，則害除肘腋，而中國亦利，亦古人以夷攻夷之術也。又審據夜不收黄隆等説稱，龍門所賽吉賴等但聞大舉消息，要將老小頭畜入墻潛住，據此緣前夷歸向未久，心尚携二，若不從長議處，恐爲大虜挾收，反被虜用，貽患中國。議欲於原撫塘子衝一帶險峻之處，就崖剷削，挑空營盤，有警使之潛避，以施固結之恩，爲我藩籬，未敢輕議。及照李家莊賊情恭順之意，頗有七八；永寧零賊原無頭領，涣散難制，但係李家莊餘黨，乞行令北路參將宣令穩克及阿兒骨旦、賽吉賴，將郭通事等調赴李家莊收服歸一，似爲便益。不然省諭推一頭領鈐束其衆，又不然明白示以既不聽撫，調兵剿殺之意。此皆事關邊方大計，在守土者所撫何如耳。其日久變異，難保善終，非職等所能預料。等因。備呈到道。

議得，中國之待夷狄也，順則撫之，逆則剿之。撫之者，所以擴包荒之仁；剿之者，所以示殺伐之義。撫剿并行，恩威相濟，斯不失制禦之常道，可以保境而安民也。李家莊之賊本朵顔餘孽，盤據山後，依憑險阻，黨類漸繁，沿邊爲患，蓋有年矣。舊時將領曾搗其巢，因而搆怨，每乘機以肆其毒，然吾亦幸其善竊大虜之馬，自保巢穴，不敢深入爲害，間常招之，緣無機會，卒亦中止。去年彼以妻子牛羊投虜，被其凌虐，由是志氣消阻，又懼我乘其敝，乃心悔禍，陰欲順附。先該科道建議兵部題奉欽依，我始宣諭朝廷恩威，示以順逆禍福，故彼忻然聽從，要盟希賞，此夷情向背之機，疆圉安危之所係也。其永寧山後一帶逼近陵寢京師，而道路山川彼固稔知者，失今不爲撫處，萬一迫降於虜，爲彼所用，則將來隱憂深可寒心。審時度勢，杜漸防微，其在今日，蓋有不可不撫，而亦有不得不撫者矣。各官之議似爲有見，除永寧零賊原無頭領涣散，反側待候，設法撫順，另行議報。其李家莊之虜效順頗真，而參將李賢區畫已定，合無將各官所議再加裁審，如果無礙，行令該路參將一面責令原宣諭官夜傳布准從歸附先行犒賞之意，一面仍差老成伶俐官夜通事申明朝廷恩威，審果真心歸順，即與鑽刀説誓，擇其頭領約束部落，爲我哨探，作我藩籬，待後防秋有功，奏行兵部，照依各官所估銀兩給發前來，分給各該參將委官收貯，買辦各物聽候。如前撫賞應用其餘不及之數，仍行本路所屬城堡守備、操守、掌印等官，將自理詞訟紙贖銀兩次第湊買紬布米糧資補，仍嚴行參守等官不得指此剋扣科斂，及行各官務要嚴加防範，禁絶交通，勿以撫賞爲安，恒以戰守爲慮。再照機會固不可輕失，而事變亦不可以不預防。大抵今日所撫之夷，不過因彼逼迫於虜，我是以招來而牢籠之，蓋内以施字小之仁，弘中國之體；外以伐大虜之謀，省目前之慮。此臺諫建白之初心，廟堂設策之定擬也。若真謂歸誠，倚爲屏翰，抑恐犬羊之性叛服無常，或生聚日繁，而漸肆桀驁；或乞求不遂，而輒挑釁端，甚至鼠竊狗偷，而駕言别部；陽順陰逆，而包藏禍心。此則將來之事，莫知所終，利害幾微，固非各道所能逆睹，已經備由通呈。

續准參將李賢手本，蒙前巡撫都御史劉鈞帖，准總督軍門咨，備行本職，即將發去銀三百九十三兩三錢二分，選委廉幹官員收買段布等物停當，責令原宣諭官夜傳布虜人准從歸附先行犒賞之意，仍差乖覺人員再加譯審，如果誠心歸順是實，查照原議數目撫賞。蒙此，本職預差原撫官郭昇、夜不收黄隆等徑往虜營細查男婦夷名，案查原報虜人名數大約一千五百餘名口，今查實在虜人一千八百九十五名口在官，將發到銀兩照數收領，分發所屬獨石馬營等城堡守備防守官張塘等，各將合用段疋、細布、牛羊、酒米照依原降數目買完，帶領龍門雲州守備張世業、翟瀚於七月初六、初七日到邊撫賞阿兒骨旦、賽吉賴等部落訖。本月三十日，大虜從獨石進境南下，本職責差通事劉永前去傳調虜首阿兒骨旦等帶領頭目哱囉、紅花、白通事等五十餘人前來龍門所，隨同兵馬夾擊斬獲首級陣亡石頭頭目、孫旗牌等二名，被傷白通事、朶朶力等二名已索軍門先行優恤，後該兵部題奉欽依，又蒙議賞訖。九月初二等日，北虜萬餘馳奔馬營邊外南行，復調前夷賽吉賴等五百餘人至邊聽候。五日，因傳大虜圍彼，方各散回，再照前虜先經招撫，向未竊寇，二次調遣，俱集隨用，觀其所行，頗歸向化。

又准分守東路參將李欽手本，行據永寧、四海冶、靖胡三城堡守備等官朱瀚等各稱，督同提調把總長哨官旗谷堂等選領諳曉夷情通事吴宇軍、夜寧四兒等親詣外山墩等處，招撫虜酋郭通事等到邊。備將節蒙鈞帖撫賞事宜傳諭各虜，每年比照李家莊事例二次撫賞，其虜俱各順從。隨將郭通事、燒餅頭目等七名，每名段一疋，布四疋；餘賊一百八十餘名，每名布二疋；老小婦女二百餘名口，每人布一疋。其喫食之物牛四隻，羊十隻，粟米二石，燒酒二簍給賞，仍諭郭通事等以後不許時常赴邊求討，擾害墩軍，亦不許前往李家莊虜營索討酒食，自起釁端。其賊各情願歸順，似難拒絕。及准二路參將手本，查得李家莊永寧夷人原議每年二次撫賞，共用銀九百九十六兩七錢六分，今開報李家莊實在夷人比前又多三百七十餘名，各賞布疋牛羊酒米用銀二百一十兩，通前共該銀一千二百六兩七錢六分，總計人數銀物大約如此，但恐以後夷類消長不同，難拘前議，除隨時增損，另行議報。

會議得，夷狄叛服之情無常，而中國撫處之術靡定，故不當撫而撫之者，是謂務虚名而忘遠恤；當撫而不之撫者，是謂懷顧恐而昧機宜。幾微得失之間，利害安危之大較也。謹按李家莊之夷本朶顔餘裔，向屬羈縻，後因處置失宜，遂成携二，頻年擾邊爲患，議者久欲撫之，未能也。頃緣臺諫建白，兵部題奉欽依，邊臣仰承廟筭，宣布恩威，適值本夷結怨北虜，窮蹙内嚮，一歲之内，該路宴然。去秋八月内，小王子擁衆窺關，一聞傳調，哱囉等争先拒敵，横罹凶鋒，大助軍聲，北虜奪氣。而去近於今年正月内，黄合吉諸部復聚兵於明沙灘，聲言入寇。當該韓頭目紅花傳報向往及羊羔兒等隨同軍夜黄隆等遠爲偵諜，悉知動静，且各夷憑高呼譟，警散賊營。即其屢效忠勤，足徵誠款。雖經具題賞賚，但止於調到哱囉等數十人，歆動全部垂涎，均希大賚，此亦可乘之會也。因而撫之，其理甚順，其勢甚易。若不早爲計處，萬一羣醜觖望，持疑兩端，脱爲大虜所併，資其鄉導，則東北二路將失藩籬。况密邇陵寢，關係重大，受患愈近，爲禍愈速，異日當謂邊臣計之不早也。所可慮者，犬羊嗜利之性，或者難保其有終，而相繼任事之人未必常得其心服，卒有事變反覆，議者不諒終始時勢，利害多寡，便相歸咎謀始者之不臧矣。理合備由具呈，乞將合用犒賞銀兩早爲請發二三千兩前來，收貯都司官庫，陸續預辦段布、牛酒等物，定於每年六月十五日、十月二十日爲止，先期傳示阿兒骨旦、郭通事等諸夷頭目督束各該人口，李家莊者俱赴塘子衝，永寧邊外者俱赴蔡官人嶺，挨次聽名給賞。令其感戴朝廷曠蕩之恩，誓圖報效。果能探報得實，戰陣有功如哱囉等，即與奏請，重加賞賜。如或驕悖怙恃，即嚴行拒絕，申明大義征討，以彰中國神武之威。等因到職。

接管卷查，先准兵部咨，該紀功禮科等衙門給事中等官袁洪愈等題，款開一撫夷，該本部議覆，獨石邊外李家莊之賊據險自守，雖嘗鼠竊狗盗，實亦爲我扼塞，合行巡撫都御史劉選差老成通事夜不收人等直入虜營，與酋首答話，諭以朝廷恩威，示以順逆利害。如肯效順向化，照依朶顔三衛事例，官以都督指揮等官，使之鈐東部落，遞年撫賞二次，平時領我通事人役，深入哨探，有警併力防守有功，照例陞賞。題奉欽依，備咨前來。續准總督軍務兵部尚書蘇咨，爲懇乞宸斷敕勵中外臣工圖實效以宏濟安攘大計事，准兵部咨，該兵科都給事中孟廷相等題，該本部覆議及行都御史劉選差能幹官員帶領通事人役前去李家莊賊營厚加賞賚，與之答話，密諭以北虜狼虎之心，天朝恩典之重，或官其頭目二三人，令其與同獨石長哨人役相兼出哨，遇有北虜入犯消息，星馳傳報，或能據險設伏，挫虜鋭氣，及斬首有功，俱照我官軍事例給賞。題奉欽依，備行前來，俱經節行該道公同東北二路参將等官查審計處，續據各道議呈前來，又經通行都司措處銀兩，隨宜撫賞，及行該道覆議。去後，今據前因，會同鎮守總兵官署都督同知劉大章議得，李家莊并永寧等處住牧夷人盤據龍門所一帶邊外，耕種自給，乘隙竊發，蓋亦有年。往時窺犯陵寢，邊臣亦嘗統兵搗其巢穴，彼此懷疑，邊地騷動，節行招撫，未見輸誠。近以言官建議，該部題奉欽依，行職等委官撫處。伏蒙我皇上誠格上玄，恩加朔漠，各夷即鑽刀盟誓，出哨聽調，效順頗真，誠今時難得者。但犬羊之性不常，嗜利之心難化，將來雖不可必，而目前已有明徵。今據守巡各道議呈到職，中間反覆區處，事頗詳悉，似應依擬。如蒙聖慈軫念邊民窮苦，藩籬近地，恩威撫剿，俯順機宜，乞敕兵部再加集議。如果情法俱安，事體不謬，准照諸臣前議，亟於該部量給銀二三千兩，早爲差官解邊預備。合用段紬布疋并肉食等物，候春秋二次依時撫賞。宣布朝廷恩威，俾悉心哨探，從實傳報，遇有大舉侵犯，併力堵截，有功照例奏請破格賞賚，年終將撫賞過銀物數目造册奏繳。如有餘剩，作正支銷。不敷之數，另行請給。其各道原議要於各該參守等官自理詞訟，紙贖銀兩，分别等第湊補，以備額外之求，意非不善。但饑荒殘害，邊人苦不忍言，萬一各官不能體念休養，指此爲由，加派科罰，反滋弊端，似難輕議。再照春生秋殺，天道之常；賞功罰罪，王政之大。古昔帝王所謂蕩蕩平平者，無外是也。前項夷人果能歲時效順，即依期犒賞，以酬其勞。若變詐靡常，要索無厭，不遂所欲，違命犯順，即大彰天威，擣巢殺伐，明正其罪。縱使今日行賞，明日犯順，不泥其舊功而廢正罪之法，不因其新變而悔既施之恩，仍通行參守等官無以歸順爲安，無以撫賞爲據，無恃其不來，恃吾有以待之。嚴督哨守人役，比常加謹防備，悉心防守，以爲久安長治之圖。庶恩威竝用，而國體愈尊；撫剿適宜，而邊境永賴矣。合咨裁酌施行，等因，備咨到臣。案查，先節准兵部咨前事，已經備行前巡撫都御史劉查處。

去後，今准前因，切惟李家莊夷人梗化，蓋有年矣，玆蒙聖恩俯從，建議招撫，即翻然效順，後來情狀固未能逆睹，目前之事頗見其傾心。既該鎮巡等官督同各道并參守等官將朝廷恩威賞罰、逆順禍福，叮嚀宣諭，又將撫賞等第，一一計處，似頗詳悉。相應上請，如蒙乞敕兵部再加詳議，如事果有益，別無窒礙，將應用犒賞銀兩請給巡撫衙門收買段紬布疋等物，聽候撫賞，謹題請旨。

懇乞天恩俯順人情容令謀勇官員以充將領統兵殺賊共圖補報疏

據標下家丁通事王孟夏等懇告，暫管家丁通事守備鎮川堡指揮馬芳與士卒同甘苦，又無剥削，上下相和，兵將一心。况本營新設，號召四方勇士及投降夷人，本官復能捐己俸資，厚加撫養，咸得其死力，故每遇强敵，彼皆奮身居前，所至無不克獲。去秋大虜侵寇，本官督領役等在於廣昌劉家嘴等處節日與賊鏖戰，矢石交加，生死不避，賊衝愈急，攻戰益甚，斬獲比諸將獨多。賊之挫敗，不敢深進，亦由本官力戰所致。後蒙推陞鎮川堡守備去訖，役等爲因缺官，統率告行大同鎮巡衙門，會委都指揮林叢蘭暫行代守，取令馬芳回還管領役等。近該巡撫大同侯都御史奏薦本官勇而能謀，家丁用命，威以濟惠，夷落歸心，爲今虜人所畏，有古驍將之風，宜任軍門遊擊。誠恐據此推陞他處，一時懇留，不能別委官員管領，兵將不識，心不相協，必致誤事。告乞常留本官管領，共圖殺賊補報。得此，案查，先准兵部咨，推本官鎮川堡守備，題奉欽依，備咨前來，已經通行欽遵訖。後因大同、山西報有警急，標下遊兵與家丁通事俱缺官統領，又值各丁懇告，是以暫調馬芳仍前管領家丁通事并署遊擊事務。

臣又思前項家丁通事數止五百餘名，常令獨當强鋒，非惟勢孤力弱，不能展布，抑恐卒遇大敵，難以成功。臣愚欲將見有家丁通事五百餘名，再爲召選勇士五百，共湊一千爲前鋒，與標下遊兵三千餘名，併合一營，量加馬芳遊擊職銜，總令統領，既省一官，復成營陣。方擬上請，該兵部推陞殺胡堡守備指揮胡言代補標下遊擊奉有成命，且胡吉久任邊方，素著勇略，節年防禦，頗見其能，故臣中止，不敢塵瀆。該家丁通事墾告，咸欲願得本官管領殺賊，切以量才受任，乃擇將之道；因時用人，實俯順之方。訪得守備指揮馬芳馭下能同甘苦，衆樂爲用，損資厚養勇士，戰多獲功。兹見巡撫薦揚，恐別轉他處，故再懇告。夫擇將固難，而得人心尤難者也。况馬芳在臣標下，東西有警，首先督發捍禦，連年偵探虜情，頗得真實；截殺出哨，多獲偉功。且夷虜知名，所領家丁通事，久相信向，情同手足，懇告泣戀，臣所親見。後委暫代遊擊事務，時亦不久。本營軍士亦欲得其統屬，推原其故，蓋本官廉以律己，無科擾之私；正以率下，無苛刻之政。兼而法令嚴明，賞罰信必，故人心無怨，僉樂其用。矧今之將領，勇者或失於貪，謀者或短於守，至如馬芳謀勇勤慎，實寡其儔。撫按交相奬薦，似應超擢，以勵其餘。如蒙伏望皇上軫念邊方多警，乞敕兵部再加詳議，合無俯順下情，將馬芳量加遊擊職銜，令代胡吉管事，將標下見有家丁通事五百，再召五百，共湊一千爲前鋒，與標下遊兵官軍三千餘員，名爲家當，并合一營，總令本官統率，聽候各鎮有警，督發往來防禦，剿殺有功，止照例加陞職級，勿令轉官。其胡吉查有相應地方員缺，另行推用。馬芳遺下鎮川堡守備員缺，亦乞別推相應官員代補。如此，庶任用得人，而緩急有濟，人心悦服，而上下思奮圖報，臣亦得以倚用矣。

謹題請旨。[1]

---

① 《穀原奏議》無此四字。

附録　爲辯明節討兵糧部臣捎吝不發乞賜查明以保全孤忠生命事

臣本一芥書生，誤蒙皇上付托總督重任，除歷任邊方巡撫外，總督宣大又近五年。功微罪重，每荷皇上天高地厚之恩，常欲粉骨碎身，仰報萬一，犬馬孤忠，言之流涕。近蒙特恩，憫臣衰老，放歸田里。臣身雖退休，念當恭叩玄恩，祝延聖壽，庶足以少伸臣子感激之情。五月二十七日，與總督侍郎許論交代，具本奏謝恩回籍外，後因六月初五日，大同總兵官岳懋陣亡，本兵慮防秋艱危，遂歸罪於臣，以圖將來藉口。是故論及士馬飢疲，錢糧缺乏，謂臣等在鎮，坐視不言。伏蒙皇上聖恩，緩臣誅罰，奉旨拏問。臣流離道路，仰辱恩命，罪死何辭。但兵部以一時憤激之言，而不察臣在鎮屢疏之懇，臣雖不敢愛死，亦不敢隱忍，以負聖明之世也。兵部論臣，兵馬錢糧，全無一言相及。臣自嘉靖二十九年閏六月到任，至嘉靖三十一年屢討兵馬錢糧不開外，臣查三十二年，爲邊儲事題請，乞敕户部將宣鎮客兵糧料草銀二十七萬八百餘兩、京通倉乞運料豆一十萬石前來接濟；爲邊儲事題請，乞勅户、兵二部議發防秋用過并會計標下官軍團聚聽征應錢糧；爲地方十分饑荒軍糧缺乏懇乞天恩早賜乞運糧餉以救窮邊以全重鎮事題請，乞勅户部速發京通倉糧米二十萬石以濟主客官兵；爲官軍急缺馬匹懇乞天恩速賜給發以備征調事題請，乞勅兵部每鎮量給本色馬五六千匹銀各四五萬兩；爲再乞天恩議覆地方公用錢糧以便供應以免疏誤事題請，將地租、牛具、商税、鹽糧、課程等項銀兩存留該鎮買補馬匹；爲邊儲事題請，乞敕户、兵二部議給三十三年防秋并經過入衛兵馬錢糧與額外討發銀兩料豆。嘉靖三十三年，爲陳此弊度虜情慮貽將來大患懇乞聖明申勑臣工務懷永圖責實效以保萬世治安事題請，乞勅户、兵二部計議各鎮事宜并討未繳銀兩；爲計臣議處邊鎮錢糧與差官勘報互異未明懇乞聖慈俯念孤豐重地再賜亟行查處務昭實惠以安人心事題請，多扣并未發銀兩；爲走回人口傳報夷情，乞請預計兵糧以便防勦事略節；爲各鎮官兵節年屢經戰陣，防邊列戍，修工飭堡，疲困已極，又值連歲荒歉，五穀不登，軍民缺食，死亡相繼，甚有全家相望自縊、投崖、跳井、仰藥，已該撫按議請賑卹，未蒙議覆，庫無儲蓄，錢糧缺乏，官軍月糧拖欠三四箇月，冬衣布花尚未全給。馬匹缺草餧飼日漸餓損倒死，官軍擺邊列戍，雖有田地，不暇耕耘，縱有草塲，豈能採積。冬時缺草，多至扒樓蒿荻，掘乞草根，或因地凍天寒，採乞既難，無錢買辦，往往倒死。計一馬之失，官私價值動則三四十兩，軍疲馬困，日甚一日。若不預爲上請，將來誤事，罪實難辭。伏望皇上軫念猾虜驕貪，地方凶荒，兵馬疲憊，錢糧缺乏，軍民窘迫，乞敕户、兵二部從長詳議，將各省拖欠宣大主兵糧銀布花，或嚴限速爲解運，或請發内帑補給，并將撫按奏請賑卹，與臣等會計防秋錢糧，均乞給發，賑卹貧困，召買糧草，并將陝西入衛兵馬，不必拘以限期，調發前來，聽臣調度遏截。此皆據臣疏稿所記者，一年之餘，討過兵糧九次，自覺冗繁，走回人口疏内尤爲激切。

顧邊方疏遠，該部多不見信，每每持議僻拗，不能仰體皇上軫念邊疆至意，動以缺乏爲言，緩於題覆，間有給，不過十得四五。節年屯種無徵錢糧，扣作本色正數，以公務驛傳抵作邊儲，再行巡撫衙門查勘議處，臣得交代回籍。且臣凡有題請，必具揭本兵陳時弊度虜情咨内，兵部覆議，各鎮合用錢糧，俱係養兵秣馬不容已之費。加以兵荒匱乏，人心動揺，邊陲安危所係，如總督蘇近日所題，他日必當有執其咎者。又計臣議處邊鎮錢糧咨内，户部會同兵部尚書聶看得，邊鎮節討錢糧，户部以帑藏空虚，邊費浩大，實難如數給發。既經總督尚書蘇具奏前來，蓋亦親見該鎮兵馬困疲，事勢危急，患在燃眉，有不容已於言者。查據兩次咨文，本兵已明，臣嘗具奏，户部不肯議發，今乃謂臣無一言相及，何其異也。但邊務紛瑣，不敢每事上煩聖聽。而窮邊荒歳，給發不前，凡可便益處置，無不攄愚竭力。如宣大地方節行鎮巡及管糧郎中、守巡、兵備等道，多方分投賑卹議處。其陽和等城尤所目擊者，動支無礙銀八百餘兩，官二錢，軍二錢，老幼一錢。案行朔州兵備會同守巡道唱名給散，懽聲滿道，無非廣皇王好生之心，慰邊鄙倒懸之望。即此一事，臣犬馬愚心可照鑒也。兵部又謂臣以玩愒自居，而以艱危遺他人。去年七月，追襲虜寇至劉家嘴，是時臣冒雨兼程，轉戰千里，兵不滿萬，敵虜二十餘萬，臣躬擐甲冑，親犯矢石，自分必死，以報聖恩，四面攻圍，鏖戰五日，仰仗玄威，前後斬獲四百有餘，虜賊痛哭而去，中外臣工所共知者。虜遑報復，今年豈不慮其再來。惟恨兵糧請討不給，設備難周，臣雖衰老餘年，未敢緣之求退。皇上洞照萬里之明，豈臣之愚所能逆覩，乃玩愒自居，而遺艱危於他人乎。兵部又據許總督揭報馬芳領兵四千，截殺無糧，令乘夜移營而回。臣聞宣大來人，云六月初六日許總督差旗牌官張進調回馬芳，原無乘夜移營之事。軍門意在急討兵糧，其詞不得不過爲激切。艱難喫糠，作踐田禾等語，安知非虜賊嚇詐離間之言，有何左驗，乃一槩論劾耶。竊念臣才力綿薄，識見昏庸，滅虜之志雖鋭，而調度容有所不及；恤軍之心雖切，而賑濟容有所未至。辜負皇恩，臣罪誠當萬死。但聖明在上，雖屢經請討，户部每行裁阻。臣已離任，兵部輒聽虚傳，妄加參論，使臣期死邊疆之心無以自見，不無虧枉。臣前後乞請數目奏抄在户部，奏本在該科，咨文在户、兵二部。伏願皇上察臣心跡孤危，事體掣肘，敕下查明奏目項數，特恩分豁，庶臣犬馬心跡得表白於君父之前矣。臣無任殞越待罪之至。

謹具奏聞。[①]

① 《穀原奏議》無此四字。

穀原先生奏議跋

先生奏議十二卷，皆邊境事也。聞之傳曰："邊境者，國之尾也。譬如牛馬，處暑之既至，寅蠡之既多，而不能掉其尾，是則可懼也。"昔歲雲中軍士殺主將李瑾以叛，兇焰熘灼，遠邇震駭。先生時按其地，疏屢上而明功罪，正紀綱，邊境賴以復寧，一時識者咸謂先生可當大任。嗣是再撫按山西，入貳本兵，復出總宣大軍務，先生益闡謨猷，威望日隆。朝廷倚以爲重，大寬西顧之憂。蓋昔猶多託諸言，而此則得以便宜從事，故其奏議存者亦惟督府居多焉。先生以名進士，督學江西，士人高其文行。至于臨敵決勝，奮勇出奇，則老將不如。如劉家嘴之捷，以不滿萬之兵，敵虜二十餘萬，躬擐甲胄，斬首四百有餘，虜痛哭而去。蓋其恩信素著，士卒樂爲之用，故能以寡覆衆。如此文武全才，雖周之尹吉甫奚讓焉。先生功成身退，優游林壑。天子追論邊功，猶加封三代，皆如其官。龍章烜赫，閭里榮之。大臣之進退始終如先生者，豈多得哉？不肖自丁酉辱先生鑒知，師生骨肉之愛二十年于此，幸承乏隣封，因求是集刊之。學士大夫頌中興傳名臣者，或有攷焉耳。若封疆之臣，師其意而行之，則譬之方傳于人，而功歸于己者，不害其爲良醫也。敬書以俟。

嘉靖戊午夏四月吉旦

賜進士第文林郎知大名府清豐縣事門人河東李汝寬嚴夫頓首拜書

圖書在版編目(CIP)數據

穀原先生奏議 /（明）蘇祐撰 ；張閎整理. -- 上海 ：上海古籍出版社，2025. 5. -- ISBN 978-7-5732-1618-2

Ⅰ. K248.065

中國國家版本館 CIP 數據核字第 2025GZ3882 號

蒙古史與多語文獻研究叢書

烏雲畢力格　主編

穀原先生奏議

［明］蘇　祐　撰

張　閎　整理

上海古籍出版社出版發行

（上海市閔行區號景路 159 弄 1－5 號 A 座 5F　郵政編碼 201101）

（1）網址：www.guji.com.cn

（2）E-mail：guji1@guji.com.cn

（3）易文網網址：www.ewen.co

山東韻傑文化科技有限公司印刷

開本 700×1000　1/16　印張 26　插頁 3　字數 318,000

2025 年 5 月第 1 版　2025 年 5 月第 1 次印刷

ISBN 978－7－5732－1618－2

K・3870　定價：118.00 元